한국 신종교와
개벽사상

韓國近代宗教叢書

한국/근대 종교 총서

05

윤승용 **지음**

한국 신종교와

개벽사상

모시는사람들

한국 근대 신종교는 유교와 불교 등 전통종교나 문명종교의 모델이 된 서구 기독교와 달리 우리 사회에 독특한 종교적 · 사회적 위상을 가진다. 신종교는 이 땅에 처음 등장한 근대적 형식을 갖춘 창립종교이자 동시에 근대 민중의 회원을 담은 민중종교이며, 한민족의 미래 비전을 담은 민족종교이다. 그렇기에 근대 신종교의 발자취는 근대 민중의 삶과 역사이고, 우리 민족의 미래 청사진이 투명하게 담겨 있다고 해도 과언이 아니다. 말하자면 문명성과 야만성을 동시에 지님으로써 야누스적인 타자라고 할 수 있는 근대의 거센 물결을 헤쳐나간 근대 한국 민중들의 힘찬 기상이 고스란히 배어 있는 종교다. 그렇다고 여기서 권력담론으로 전락하기 쉬운 근대 민족종교를 무조건 찬양하려는 것은 아니다. 다만, 적어도 남북 분단을 극복하고 이 땅에 평화통일을 깃들게 하기 위해서라도 근대 개벽정신만은 되살려한다는 생각에서 집필을 시작했다.

필자는 한국 근대 신종교의 종교적 · 사회적 성격을 밝히고자 이 책을 크게 세 부분으로 구성하였다. 첫 부분에서는 근대 신종교를 사회적 맥락 속에 위치 짓기 위해 주로 종교에 직접 영향을 준 근대적 사회 상황들을 서술하고자 하였다. 다음으로 근대 신종교가 민간신앙의 흥기와 민란의 혁세사상을 제도화하여 탄생했음을 밝히고 경전과 의례를 중심으로 그 전개과정을 서술하였다. 그리고 마지막 부분에서 근대 신종교의 핵심사상인 개벽사상의 형성과 내용을 밝히고, 그 전개 과정을 사회사적으로 살펴보았다. 특히, 개벽사상은 근대 신종교의 구원관이자 역사관으로서 신종교의 탄생과 정체성의 핵심을 이룬 개벽사상들을 사회적 맥락 속에 위치시키고 그 사회적 의미를 밝히고자 하였다.

근대 신종교는 시기에 따라 사회적·종교적으로 지향하는 바가 크게 달랐으며, 이에 개벽사상도 한말의 문명개화와 이후 식민지화가 진행됨에 따라 여러 형태의 개벽으로 분화되기도 하고 변모하기도 하였다. 구체적으로는 개항기에 사회변혁을 주도하며, 동학의 다시개벽과 정역의 역수개벽(曆數開闢)으로 출발한 개벽사상은 문명개화의 직접 영향을 받은 애국계몽기에는 증산교의 삼계개벽(三界開闢), 대종교의 개천개벽(開天開闢), 천도교의 문명개벽을 거쳐, 3·1운동 이후 1920년대에 들어 문화주의의 영향을 받은 천도교의 사회개벽, 이에 대한 반동으로 등장한 보천교의 복고개벽(復古開闢), 개벽을 보다 실용화한 원불교의 정신개벽 순으로 전개되었다.

이 책은 '한국 근대종교의 탄생과 정체성'이라는 주제로 기획된 '한국/근대/종교 총서' 전 5권—개설, 유교, 불교, 기독교, 신종교—중 신종교 편에 해당된다. 따라서 가능한 한 '한국/근대/종교 총서'의 기획 의도대로 근대 신종교의 종교적 사회적 정체성을 규정해 보고자 노력하였다. 다만 근대 신종교가 불교, 유교, 기독교와 같은 단일한 종교전통이 아니라 1860년 동학 창도 이후 등장한 다양한 종교전통들로 구성되어 있다. 그렇기 때문에 다른 분야의 연구와 달리 다양한 종교전통들을 아우르면서도 신종교 전체를 드러낼 수 있는 종교적 특성을 가지고 서술할 수밖에 없었다. 그래서 근대 신종교들의 사상, 신앙, 운동을 관통하는 개벽사상을 통해 신종교의 탄생과 정체성을 살펴본 것이다.

종교적 정체성의 입장에서 근대 신종교는 전통종교도 문명종교도 아닌 '제3의 근대종교'이자 동시에 민중들이 이 땅의 근대적 과제들을 주체적으로 해결하기 위해 이끌어낸 '민중의 종교'이다. 형태상으로는 근대 문명종교를 많이 닮아 있으나 실제로는 근대 민중들의 희원과 신앙을 담고 있기에 근대 문명종교라고 하기에는 부족한 점이 너무 많다는 점을 지적하였다. 그래서 근대 신종교는 불교나 유교와 같이 전통을 계승하는 근대적 전통종교도, 기독교와 같이 전통을 단절하는 서구적 문명종교도 아닌, 근대 민중이 창조적으로 형성한 '제3의 근대종교'로서 의미가 있다. 사회적 정체성 입장에서 근대 신종교는 서구문명의 세례를 받는 단순한 문명개화가 아니라 세상을 완전히 개벽하려는 '개벽의 종교'였다. 이러한 개벽을 위해 근대 신종교들은 각자의 위치에서 근대에 대해 수용 또는 저항을 시의적으로 선택하며 주체적으로 대응하였다. 그런 가운데 근대 신종교들은 근대종교로 나아가는 과정에서 문명종교와 민중종교의 갈등, 세속사회와의 관계문제로서 정교분리와 정교일치의 갈등, 세속권력과 협력관계에 있는 근대 과학과 종교영역에서 배제된 미신의 갈등, 세속 정치운동에서 근대국가의 건설과 한계 등을 보이며, 문명화 차원에서 근대를 일부 수용하면서도 식민지 근대에 대해서는 저항의 몸짓을 드러낼 수밖에 없었다. 그 결과 근대의 혼란 속에서도 한국 근대 민족운동의 주역으로 등장할 수 있었다.

유사종교나 미신으로 낙인 찍혀 고난을 겪었던 근대 신종교들은 해방 이후에도 별로 달라진 것이 없었다. 문명종교를 우대하는 사회의 인식은 그대로였고, 도리어 남북분단과 냉전체제로 말미암아 근대 신종교는 큰 상처를 입었다. 해방정국에서 '민족과 반공'은 서로 갈등을 일으키고 있었고, 미군정은 적산자산을 기독교계에 대거 불하하여 그들을 반공세력으로 성장하도록 지원하였다. 해방 이전 '문명종교와 민족종교'의 대립구도였던 것이 해방 이후 '반공종교와 민족종교'의 대립구도로 전환된 것에 불과했다. 이에 재출범한 개벽들은 냉전체제에 맞춰 기독교의 옷을 입기 시작하였으나 분열과 변신을 거듭하다가 그 세가 크게 약화되고 만다. 일부에서는 개벽이 반공적 기독교의 형식으로 다시 등장하기도 했다. 이들은 기성 기독교로부터 이단으로 취급받아 탄압받고 있지만, 민족의 미래 비전인 개벽을 꿈꾸며 스스로 변신을 거듭하는 중이다.

이 책 내용에는 '한국/근대/종교 총서' 기획에 맞춰 새롭게 쓴 글도 있고, 유사한 주제로 쓴 과거의 글도 포함되어 있다. 이전에 쓴 글도 모두 총서 기획의 취지에 맞추어 재정리하였다. 그러나 각 장별로 정리하다 보니 전체적으로 용어나 주석은 물론 내용의 일관성에서 크고 작은 문제가 산재해 있다. 그리고 당초에 계획했던 내용들이 빠지거 나 일부가 축소되기도 하였다. 예컨대 근대종교란 세속과 분리되어 있다고는 하지만, 세속을 완전히 떠나는 것이 아니라 이전과는 다른 방식으로 세속과 관계를 맺는다. 이번에 그 관계 맺는 방식을 다각도로 분석해 보려고 했으나 별 성과 없이 변죽만 울리고 말았다. 또 근대 신종교의 문명종교와 근대종교 만들기의 과정도 제대로 정리하지 못하고 말았다. 이 모두가 필자의 한계라고 생각한다. 또한 근대성을 중심으로 한 근대종교의 탄생과 정체성이라는 기획에 맞춰 근대 신종교를 정리한다는 것은 생각처럼 쉽지 않았다. 이 역시도 필자의 한계였다. 추후 과제로 남겨 놓을 수밖에 없었다.

그러나 한편으로 이번 '한국/근대/종교 총서' 기획에 참여할 수 있었던 것은 나에게 큰 행운이었다. 현대 종교문화를 주로 연구하고 있다고는 하지만 그 기반이 되는 근대 종교문화를 모르고는 반쪽의 앎에 지나지 않는다. 특히 필자가 이전에 출간한『현대 한국종교문화의 이해』(한울, 1997)가 해방 이후 현대의 종교문화를 정리한 것이었다면, 이번에 출간하는『한국 신종교와 개벽사상』은 근대의 종교문화를 나름대로 일별하는 기회가 되었다.

'한국/근대/종교 총서' 기획팀이 3년간 한자리에 모여 관련 세미나를 진행하지 않았다면 이 책의 출간 불가능했을 것이다. 이 책 속에 당시 세미나의 논의 내용들을 필자가 완전히 소화하지 않은 채 그대로 활용되고 있는 부분도 적지 않을 것이다. 세미나 팀원들에게 감사하면서 널리 독자의 양해를 바란다. 책의 원고를 출판사로 보내고 나니 주위의 모든 분들, 특히 한국종교문화연구소 정진홍, 이민용, 황선명 선생님, 그리고 연구소 동료, 선후배들의 얼굴이 떠오른다. 이 책의 출간이 이분들의 관심과 후의에 일부분이라도 보답이 되었으면 좋겠다. 그리고 총서의 기획을 지원해 주신 한국학진흥재단의 관계자 여러분과 거친 원고를 잘 다듬어주신 도서출판 모시는사람들에게도 감사드린다.

2017년 10월, (사)한국종교문화연구소 연구실에서

윤승용

차례

제 1 장

서론

1. 문제 제기

19세기 후반 조선은 전통 사회가 해체되고 서구 근대 문명이 유입되면서 이제까지 경험하지 못한 큰 위기를 맞았다. 이런 국내외 위기를 극복하고자 조선은 모든 영역에서 근대의 수용을 놓고 갈등하고 저항하는 힘겨운 모습을 보였다. 특히 문화 전통의 계승과 세속과의 분리를 동시에 요구받은 종교는 미증유의 새로운 시험대에 올랐다. 전통 사회에서 종교는 삶의 방식과 사회 구성의 원리를 제공해 왔으나, 근대사회[1]에서 종교는 세속과 분리되어 종교전통의 재편을 요구받고, 그 활동 범위는 근대 기획이 지정한 종교 영역 내로 제한받는다. 그러나 세속에서 분리되는 과정은 서구에서도 쉽지 않은 여정이었다. 더구나 당시 조선 사회는 혼미한 상황이었기 때문에 서구 근대의 수용도 저항도 모두 순조롭지 않아 국민국가 체제의 종교로 발전할 수 없었다. 그런 가운데 근대 한국의 종교들은 근대적 종교 모델이라고 할 수 있는 '문명종교'로의 지향과 '사회의 문명화' 그리고 '근대 국민국가 건설'에 적극 참여하였다. 그것은 국민을 통합하고 사회의 지향점을 제공할 세속적 이데올로기가 아직 등장하지 않아 국내외 위기에 대처하기 위해 이전처럼 계속 종교에 의지할 수밖에 없었기 때문이기도 했다. 이는 19세기 후반 서세동점의 위기를 맞은 동아시아의 일본이나 중국도 크게 다르지 않았다.

이 시기 서구 근대에 가장 적극적인 반응을 보여준 종교는 바로 민중을 기반으로 한 근대 신종교였다.[2] 유교나 불교와 같은 전통종교들은 그들이 가진 역사적 전통의 무게 때문에 근대 수용에 앞서 내부 개혁이 절대적으로 필요한 상황이었고, 서학과 개신교는 문화적인 이질감 때문에 민중통합을 주도할 만한 능력이 없었다. 따라서 이들 모두 국내외 위기를 해결하는 데 나서기에는 역부족인 상태였다. 그러나 민중을 기반으로 창립된 근대 신종교들은 이들과는 전혀 다른 입장이었다. 이들은 역사적 전통에 대한 부담도 없었을 뿐 아니라 오히려 민중의 요구에 부응하여 민중의 입장에서 근대적 과제들에 더 신속하게 대처할 수 있었다. 그로 인하여 민중의 신앙으로 쉽게 정착할 수 있었던 것이다. 이 신종교들은 스스로의 힘으로 1894년 동학 농민혁명, 1919년 3·1독립선언, 1920년대 민족독립운동과 같은 근대 한국의 민중·민족운동을 주도하였다. 이들이 주도한 민중·민족운동들은 대부분 역사 현실에서 실패로 끝나긴 했지만, 이들 신종교들이 한국의 근대를 이끈 역사적 주역이었다는 점[3]은 누구도 부인하기 어렵다.

근대 신종교는 근대사에서 주역을 담당하였지만 그로 인해 그들이 겪어야 했던 고초는 실로 엄청난 것이었다. 그들은 개항기에는 기성 체제의 변혁을 도모하는 민중의 종교라는 이유로 조선 정부로 부터 금압당했고, 식민지 시대에는 식민지의 저항종교라는 이유로 일제 당국에게 탄압받았다. 또 과학에 대립되는 미신이라는 이유로 '종교'로서 인정받지 못하고 줄곧 지배 권력에게서 배척을 받았다. 예컨대 이 땅의 첫 창립종교인 동학은 서학과 다르지 않다고 하여 좌도난적(左道亂賊)으로 지목되어 교조 최제우(崔濟愚)가 처형당했으며, 동학 이후 등장한 여러 신종교들은 근대적 종교 개념에 맞지 않고 민족운동 결사 단체의 성향이 있다는 이유로 종교가 아닌 '유사종교'나 '미신'으로 취급당해 제도적인 종교 영역에서 철저히 추방당했다. 그럼에도 불구하고 근대 신종교들은 근대적 사조에 대해 때로는 수용하고 때로는 저항하면서 굳건하게 민중의 종교로서 제자리를 지켰다.

근대 신종교의 창립 동기는 자신의 삶의 원리였던 동도(東道)를 개혁하는 것이었다. 즉, 대부분 병든 선천의 세상을 고치고자 후천개벽[4]을 추구하였다. 당시 개벽은 과거와의 단절과 새로운 미래를 상징하는 시대의 아이콘이었다.[5] 그것은 비록 '영원회귀(永遠回歸)'라는 동양의 전통적인 운수론(運數論)에 근거하고 있지만, 운수가 잘 맞기만 하면 아니 운수를 만들어 내서라도 사회변혁만이 아니라 천지의 개벽과 같은 우주적 변혁까지 가능케 한다는 것이다. 이 신종교들은 이른바 근대의 '문명종교'에서 보이는 개인 내면의 믿음에 의한 종교가 아니라, 동양의 전통종교에서 보이는 개인 수련과 수양에 의한 세상의 변혁, 나아가 세상에 함께 살아가는 모든 생명의 구제(救濟)를 주장했다. 말하자면 개벽은 인간과 사회와 세상의 변혁을 추구하는 표상이었다.

18세기 이후 민란이 야기한 민중의 희원은 혁세사상으로 수렴되고, 그 혁세사상이 종교화하여 개벽사상이 되었다. 이렇게 하여 당시 민중들의 대망사상(待望思想)으로서 근대 신종교가 정착한 것이다. 근대 신종교들은 민중의 희원을 담은 개벽사상을 기반으로 배태되고 성장하였기 때문에, 국가가 멸망한 가운데서도 자신의 지향점을 잃지 않고 보국안민의 입장에서 종교적·사회적 위기에 적극 대처할 수 있었다.

그러나 한편으로는 개벽사상 때문에 근대 신종교들은 제도화된 권력에 의해 배제되고 탄압받게 된다. 그리고 근대 수용과 공동체 유지라는 이중적 역할 때문에 이들은 서구 근대에 대하여 수용과 저항, 그리고 타협이라는 아주 복잡한 대응 양상을 보여주었다.

개항 이후 붕괴되어 가던 조선 정부는 해외에서 마구 밀려오는 서구 근대에 대하여 적극적으로 대처하는 것이 거의 불가능했지만, 자신의 삶과 공동체를 내팽개칠 수 없었던 민중은 근대 신종교들을 통해 하나같이 혁세(革世)라는 개벽을 외쳤다. 이들은 대부분 조선 후기 민중의식의 흥기를 기반으로 하여 배태되었고, 개항 이후 서세동점의 위기에 대응하여 자문화운동의 일환으로 창립된 종교들이다. 그래서 한국의 근대 신종교들은 민중종교이면서도 외세에 대한 자문화운동의 성격을 강하게 띤다. 이것은 위로부터의 사회 개혁을 주장하는 엘리트들의 개혁운동[6]과는 달랐다. 그들과 사회 개혁이라는 지향점은 같을지 몰라도 개혁의 방향과 성향은 전혀 달랐다. 근대 신종교들은 모두 기성의 종교와 사회구조에 대해 반(反)구조적인 성향을 띠고 있어서 근대에 대한 인식과 태도가 현실에서는 자기모순적일 수밖에 없었다. 말하자면 전통 사회의 제도와 구조에 저항했다는 측면에서는 근대적인 모습을 보여주었지만, 전통적 민중 문화를 기반으로 형성되었다는 측면에서는 전통적인 모습을 그대로 보여줄 수밖에 없었다.

세상을 바꾸려는 개벽은 평소에는 사회 표층 아래 머물러 그 실체가 잘 보이지 않는다. 그러다가도 사회가 위기에 처하게 되면 일시에 그 에너지를 폭발시키곤 한다. 이런 폭발성 때문에 현실의 삶에서 개벽이 지속되는 것은 불가능하다. 이는 현실의 삶에서 개벽을 지향하는 민중의 권력이 지속되기가 어렵다는 말이다. 그리고 개벽을 내면화한 이들 종교는 평소에는 시대의 흐름에 따라, 또는 자신이 처한 상황에 따라 전통과 근대의 양면성을 동시에 보여준다. 그러나 극한적인 위기에 몰리면 혁세의 물결에 일시에 휩쓸리게 된다. 그것이 개벽운동의 특성이다. 그래서 개벽의 꿈을 품고 있는 반구조적인 근대 신종교가 '근대 문명종교'로서 자신을 정립하는 것이 그리 쉬운 일은 아니다. 또 이들은 세속 권력에 의해 '미신'이나 '유사종교'로 낙인찍히지 않으려고 문명종교의 형식을 취하기는 했지만, 기실 신앙내용은 전혀 그렇지 않았다. 그러나 1930년대 이후 이들은 일제의 탄압으로 식민 체제에 내화(內化)하거나, 그렇지 않으면 결국 해산당하는 과정을 밟게 된다.

이 책은 개벽사상을 중심으로 근대 신종교의 탄생과 전개 과정을 살펴보고, 그것을 통해 근대 신종교의 종교적·사회적 정체성을 찾으려 한다. 구체적으로는 1) 개벽사상을 중심축으로 해서 근대 신종교들의 형성과 전개 과정을 전체적으로 조망해 보고, 2) 그런 조망을 통해 근대 신종교가 서구 근대에 대해 수용하고 저항하는 양상들을 종교적·사회적으로 분석해 봄으로써, 3) 개벽종교로서의 정체성을 지키면서도 서구 근대에 적극 대응한 과정을 보여줄 것이다. 이는 한국의 근대 신종교들이 자기 정체성을 확립하기 위해, 근대가 가져다 준 시대적 과제들을 해결하기 위해 어떤 노력을 기울였으며 그 성과가 무엇인지, 그리고 우리가 근대 신종교를 어떻게 이해해야 하는지 검토하는 일이다.

2. 선행 연구

한국 근대 신종교에 대한 연구는 신종교를 관리 통제하기 위한 일제 식민 정책의 일환으로 시작되었다. 대표적인 것이 1920-1930년대에 일제가 실시한 구관습(舊慣習) 조사다. 일제는 '구관습조사위원회'를 설치하여 조선의 관습을 존중한다는 명목하에 종교·신앙에 관하여 전반적인 조사를 하였다. 이 같은 조선의 구관습 조사는 식민 통치 이념인 동화주의를 합리화하거나 조선의 역사를 왜곡하는 데 활용되었다.[7] 특히 조선총독부의 촉탁 직원으로 근무한 무라야마 지준(村山智順)은 일제강점기 한국의 민속과 종교에 관련된 조사 자료를 많이 남겼다.[8] 그중에 일제강점기의 신종교들을 조사 보고한 『조선의 유사종교』(1935)가 있다. 이 보고서는 경찰을 통해 조사한 당시의 신종교 상황과 각종 통계가 수록된 방대한 양의 조사 자료다.[9] 그러나 한국

신종교를 부정적인 시각으로 서술한 부분이 많아 이후 신종교 연구에 많은 부작용을 가져다주었다.[10] 해방 이후 1960년대에 이르러 한국 학계에서 신종교의 조사 연구를 위해 현지답사를 하기 시작했다. 그런데 이때까지도 신종교 조사 연구의 목적은 주로 부정적인 비판을 위한 것이었다.[11] 서구적 종교 개념과 과학적 합리성의 잣대로 신종교를 평가함으로써 신종교는 여전히 부정적 평가를 받을 수밖에 없었다. 다시 말해 종교를 내면의 신앙이라고만 보았기 때문에 종교의 민족문화 정체성 측면은 전혀 고려되지 않았다. 예컨대, 동학농민혁명을 갑오농민전쟁으로 부르는 것도 동학이라는 종교를 부정적으로 인식하기 때문에 나타난 현상으로 이해할 수 있다.

1970년대가 되면 신종교에 대한 인식이 달라지기 시작한다. 신종교가 우리 국민의 전통·민속·감정을 그대로 안고 있는 민족문화 또는 민중문화의 중요한 부분으로 인식되면서 점차 신종교에 대한 부정적인 시각을 극복하기 시작했다.[12] 1980년대 들어와 비로소 신종교에 대한 본격적인 연구가 시작되었다.[13] 그럼에도 불구하고 새로운 종교로서 연구된 결과물은 거의 없었다. 신종교의 연구는 신종교들의 사상적·철학적 의미를 찾거나, 신종교가 한국 사회에 끼친 사회적 영향을 탐구하는 것에 국한되어 있었다. 2000년대에 들어 신종교의 연구 주제들이 대폭 확대되었고, 각 종립대학에서도 신종교 연구 성과물들을 내놓기 시작했다. 또한 현대 신종교인 신신종교 혹은 신영성운동에 대한 연구도 이루어졌다.[14]

기존 연구들은 대부분 종교의 보편성과 종교전통을 기조로 하는 세계종교 패러다임에 의한 연구이다. 본 연구와 같이 신종교의 내적 논리를 사회역사적인 비종교적 함수와 연결하여 접근한 연구는 보기 힘들다. 더욱이 근대적 종교로서의 신종교에 대하여 객관적으로 평가하거나 근대의 수용과 그 한계를 살펴본 연구는 거의 없다. 그러나 본 연구에서 검토하려는 개벽사상에 대한 연구는 신종교의 다른 주제들에 비해 비교적 많은 편이다. 개벽사상은 근대사회의 변혁운동에 핵심으로 작용하였기 때문에 근대사회의 변동이라는 측면에서 역사학계나 사회학계가 관심을 많이 보이는 주제다. 그러나 이들 연구도 세계종교 패러다임에 의해 종교전통을 중심으로 검토한 것이거나 혹은 종교의 내적 논리와 관계없이 비종교적 함수만 사용하여 종교운동의 고유성을 외면한 것이 적지 않다.

지금까지 개벽사상을 조망한 글들을 살펴보면, 첫째, 역사학과 사회과학에서 근대화에 대한 대응 양상으로 개벽사상을 설명한 글들이 많다.[15] 이들은 사회적 맥락에서 개벽사상을 설명하거나, 신종교의 발생 동인으로서 혹은 사회적 모순을 해결하기 위한 사회사상으로서 개벽사상을 설명한다.

둘째, 신종교의 개별적 연구로서 신종교의 창시자의 사상과 그 전개를 개벽사상을 통해 규명하려는 것들이다.[16] 이들은 대체로 개별 종교의 호교론적인 글들이거나 사회와의 관계가 단절된 종교전통의 맥락에서 쓴 글이 대부분이다.

셋째, 비교종교학적 입장에서 각 종교의 개벽사상의 특성을 밝히려는 글들이다.[17] 그러나 이들 대부분은 사상적 접근에만 그쳐 각 신종교의 발생과 전개 과정에서 나타난 개벽사상의 변화나 그 사회적인 의미를 검토한 내용은 거의 없다. 그리하여 본 연구는 신종교의 핵심 논리인 개벽사상을 중심으로 근대 수용과의 관계를 논하여, 그 과정에서 근대 신종교들이 어떻게 '근대종교 만들기'를 하면서 시대적 과제에 대응했는지를 밝히고 그 결과를 평가하며, 근대 신종교의 정체성이 무엇인지를 살펴보려고 한다.

3. 연구 범위, 내용, 방법

1. 연구 범위

신종교는 말 그대로 새로 발생한 종교다. 모든 창립종교가 교조가 있는 이상 반드시 새로운 종교 탄생의 과정을 거치는 것이라면, 신종교의 단계를 거치지 않는 종교는 없을 것이다. 또 신종교라고 하면 전통종교[18]를 제외한 거의 모든 종교들을 말한다. 그러나 그것만으로는 신종교 개념의 범주가 너무 모호하다. 따라서 신종교라는 학술어 개념은 신종교라고 할 수 있는 기점을 어떻게 잡느냐가 가장 중요한 문제가 된다. 그리고 새로 발생한 신종교에 다양한 명칭이 있고, 또 동일한 신앙전통을 가지는 파생 종파도 적지 않기 때문에 신종교의 명칭과 범위 역시 역사 사회적인 맥락이 없다면 대단히 모호하다. 그러나 이 글에서는 한국 종교학계에서 통용되는 신종교의 개념·명칭·범위를 그대로 사용하였다. 말하자면 개항기 한말에서 현대에 이르기까지 새로 창립된 모든 종교들을 신종교라고 하고, 그 중에서도 한말 이후 일제 시기까지 등장한 모든 신종교들은 '근대 신종교'라고 잠정적으로 설정하였다.[19]

근대 신종교는 단일한 종교전통이 아니라 여러 종교전통들이 모여 이루어진 종교 집합군이다. 더구나 한 시기에 일어난 것이 아니라, 각 시기마다 등장한 다양한 종교들로 구성된 군상이다. 최초로 등장한 수운(水雲)의 동학과 그 동학을 개신한 천도교 외에도 이운규의 남학계 종교, 신시(神市) 개천을 중광한 단군계 종교, 증산의 증산계 종교, 그리고 소태산의 원불교, 이선평의 각세도, 강대성의 갱정유도, 문선명의 통일교, 박태선의 전도관 등이 모두 여기에 포함된다. 이들은 대체로 서세동점의 개항기부터 국가를 잃은 식민지 시대까지의 시기에 형성된 종교로서 개벽의 이상을 계승한 개벽종교들이다. 여기서 통일교와 전도관은 일제강점기에 태동하였으나 해방 이후 교단을 형성한 것이고, 기독교 신앙 형식을 취하면서 민족 분단과 반공을 기반으로 한 종교이기 때문에 개벽종교에 포함되는 것이 옳은지는 이론(異論)의 여지가 없지 않다.[20]

이들 근대 신종교들은 과거와의 단절과 미래 대망의 표상인 개벽이라는 신앙의 틀과 사상을 가지고 있다. 그렇지만 이들이 개벽이라는 공통점이 있다 하더라도 각기 나름의 고유한 종교적 특성이 있다. 구체적으로 보면, 근대 신종교들은 개벽의 신앙 틀에 민중이 이해하는 유불선 삼교와 무속, 비기까지 신앙 내용으로 담았다. 또한 다양한 전통의 종교들이 모여 있기 때문에 근대 신종교의 장 혹은 근대 신종교 지형의 흐름을 분석하려면 많은 어려움이 따른다. 이 같은 다양한 종교전통과 신앙 형식을 하나로 묶어 낼 수 있는 기준이 필요한데, 그것 역시 개벽사상이다.

필자는 개벽사상을 분석함으로써 본 연구가 지향하는 '근대 신종교의 근대적 성격 분석'도 가능하리라고 본다. 그것은 개벽을 실현하려는 개벽운동의 주체가 바로 근대 신종교들이기 때문이다. 따라서 '근대종교의 탄생과 정체성'을 주제로 하여 '신종교 부분'을 담당한 이 책에서는 개벽종교의 탄생과 전개, 개벽사상과 그 이상세계, 그리고 개벽종교들의 근대적 정체성 분석을 연구의 중심 주제로 삼았다.

2. 연구 내용

이 책은 근대 신종교들의 발생과 전개 과정을 개벽사상을 중심축으로 조망해 보고, 그 개벽사상을 통해 이들이 서구 근대에 대응한 양상을 분석해 봄으로써 근대 신종교의 '근대적 성격'을 살펴보고자 한다. 이는 근대공간에서 근대 신종교들이 어떻게 탄생되고, 이들이 근대 대응을 통해 어떻게 자기 정체성을 확립해 갔는지 그 과정을 살펴보는 것이다. 개벽사상은 근대 신종교들의 공유점(共有點)일 뿐 아니라 각 근대 신종교들의 발생과 전개, 그리고 대사회적 사회운동 등 모두가 개벽사상을 중심으로 전개되고 있다는 점을 고려한 것이다. 더불어 이 책은 근대 신종교들의 근대적 성격을 밝히고자 한다. 근대 신종교들의 전개와 더불어 그 신앙의 핵심을 이루는 개벽사상이 어떻게 형성되었으며, 이후 한국 사회의 문명화와 식민지화 과정에서 그들이 어떻게 변모되었는가, 또 그들이 근대사회의 문화적 맥락 속에서 어떤 역할을 했는가를 중점적으로 분석해 보고자 한다. 그런 분석을 통하여 그들이 '근대종교'로서 자신의 종교적·사회적 정체성을 어떤 형식으로 확립해 갔는지 또 근대사회에 어떻게 대응했는지를 살펴보려는 것이다.

그런데 이 책이 근대 신종교들의 전개 과정과 그 근대적 성격을 논한다고 해서 각 종교전통만을 가지고 이해하려는 것은 아니다. 오히려 근대 신종교의 핵심인 개벽사상을 중심으로 근대 신종교들의 지형 변화와 그 전개 과정을 사회사(社會史)적인 입장에서 이해해 보고자 한다. 그래서 각 장에서 다루는 주제들은 개별 종교를 논하고 있다 하더라도, 모두가 거시적인 '종교의 장(場)'을 전제로 한 것이기 때문에 관련 설명이 다소 추상적일 수 있다는 점을 먼저 밝혀 둔다. 또한 이 글의 모든 장(章)의 주제들은 각기 책을 한 권씩 쓰고도 남을 만큼 근대 신종교 연구에 중요한 주제들이다. 그럼에도 불구하고 이 주제들을 함께 묶어 한 권의 책으로 정리해 보려는 것은 근대 신종교의 장(場) 전체의 변화를 한눈에 보여줌으로써 개항기 이후 한국 근대 신종교들의 흐름을 총괄적으로 이해해 보고자 하는 것이다.

제1장 〈서문〉에서는 근대 신종교의 종교적·사회적 성격을 개벽사상을

중심으로 조망하는 이유를 밝혔다. 근대 공간에서 근대 신종교가 어떻게 탄생되었고, 이후 자기 정체성을 확립해 가면서 근대에 어떻게 대응했는가를 살펴보려는 본 연구의 내용과 방법을 간략하게 제시하였다.

제2장 〈근대 기획과 종교〉에서는 근대 기획에 의해 형성된 '근대종교' 그리고 근대사회와 종교의 관계를 살펴보았다. 구체적으로 문명종교와 세계종교의 개념 형성으로 비서구 국가의 종교들이 어떻게 재편되는지, 그리고 근대 국민국가의 형성으로 말미암아 종교와 세속의 분리, 세속 사회에서 종교의 위상 등을 검토하고, 국민국가의 종교와 그렇지 않은 종교 간의 차이를 검토하였다. 마지막으로 한국의 근대 신종교에 영향을 준 근대 사조에 종교가 어떻게 대응하였는지 살펴보았다. 여기서 종교 전반을 논의했지만, 실제로는 근대 신종교를 중심에 놓고 논의하려고 노력하였다. 이들의 체계적인 정리는 근대 신종교의 개벽사상이 서구 근대에 어떻게 대응을 했는가를 분석하기 위한 기초를 마련하는 데 의의가 있다.

제3장 〈근대 신종교의 탄생〉에서는 근대 신종교의 탄생 과정과 그 성격을 개벽사상과 관련하여 살펴보았다. 근대 신종교는 민간신앙의 흥기와 농민들의 민란 확산에 이어 나타난 민중종교운동의 결과물이다. 따라서 조선 말기 민란에서 드러난 혁세사상이 근대 신종교에서 개벽사상으로 정착해 가는 과정을 살펴보고, 개벽사상을 근간으로 한 근대 신종교가 반구조적인 성향을 띨 수밖에 없었다는 것으로 정리했다. 말하자면 조선의 흥망과 피장지(避藏地)를 점지하는 비결신앙의 유행, 그리고 신명들을 위해하거나 달래는 무속신앙과 같은 민간신앙의 흥기에서 시작하여 한말 세도정치의 폭정에 저항한 민란의 혁세사상을 거쳐, 1860년 '다시개벽'을 주창하는 동학이 창도되어 첫 근대 신종교로 정착해 나가는 과정을 살펴보았다.

제4장 〈근대 신종교의 경전과 의례〉는 신앙전통이 다른 4개의 대표적인

신종교들을 선택하여 근대적 종교 만들기 차원에서 각 종교의 경전과 의례를 간략하게 살펴보았다. 각 종교전통의 특성들을 살펴보되, 그들의 개벽사상이 각기 어떻게 다른지에 대해서도 검토하였다. 이것을 통하여 우리는 전통적 민중종교에서 근대적 문명종교로 탈바꿈하는 과정도 함께 이해할 수 있을 것이다. 이 장은 근대 신종교들의 신앙전통의 특성을 이해한다는 측면도 있지만, 이후의 장에서 근대 신종교의 지형을 개벽사상을 중심으로 설명할 수 있는 근거를 마련하는 데 필요한 장이다.

제5장 〈개벽사상과 지상천국〉에서는 개벽사상이 어떻게 근대 신종교의 구원 논리로 발전하여 지상천국을 대망하게 되었는가를 살펴보았다. 개벽사상의 기본적인 틀은 운수론이라고 볼 수 있다. 이 운수론에 공동체의 위기의식이 결합하여 종교적 구원론으로 발전하였다. 종교적인 구원론으로서 개벽사상은 해당 사회의 위기를 해소하기 위해 지상천국 건설에 역점을 둔다. 그리고 인간은 이 지상천국에 들기 위해 운도에 따른 시운을 받아야 하는데, 그렇게 하기 위해서는 운기(運氣)를 조정하는 조화옹(造化翁)을 모시고 수양과 수련을 해야 한다. 그렇다면 개벽사상에는 시운사상(時運思想), 지상천국 등이 중요한 주제가 된다. 여기에 한민족의 위기의식이 연결되어 종교운동으로 발전해 간 것이다. 한말 민중들에게 가장 설득력이 있었던 근대 신종교의 구원재(救援財)가 바로 새로운 세계의 도래를 꿈꾸는 대망신앙이었으며, 그 대망신앙을 담은 것이 개벽사상이다. 그 청사진에는 유불선 삼교는 물론 기독교 등의 여러 이상 세계들이 합류하였는데, 이 이상세계들이 어떻게 지상천국으로 변모하고 있는가도 살펴보았다.

제6장 〈개벽사상의 종교별 전개〉에서는 개벽사상의 전개 과정을 각 종교별로 살펴보고, 그 종교가 지향하는 이상사회의 특성들을 논의하였다. 각 종교전통은 뿌리가 동일한 개벽사상을 가지고 있음에도 각 종교전통의 특

성에 따라 지향하는 바가 조금씩 다르다. 그들이 추구하는 이상사회나 그것을 실현하는 방법 등을 비교 검토해 보았다. 특히 시기별로 각 종교의 개벽사상의 해석이 어떻게 달라지는지를 살펴보았다.

제7장 〈개벽종교들의 사회사적 전개〉에서는 사회사와 연계하여 개벽종교들의 시대별 전개 양상을 살펴보았다. 각 시기마다 근대성의 확산 수준도 다르고, 또 각 시기의 시대정신과 그에 따른 사회적 과제도 다르다. 그것에 대응하여 각 종교들의 개벽운동은 스스로 변모할 수밖에 없을 것이다. 사회적 환경과 민중의 요구가 달라지면 새로운 개벽종교들이 등장하기도 하고, 기존의 개벽종교들은 새로운 개벽운동을 전개하기도 한다. 여기서는 근대 신종교의 출발인 1864년 동학 창도, 1894년 동학농민혁명, 1919년 3·1운동, 1931년 만주사변을 각각의 기점으로 하여, 시기별로 시대적 과제와 개벽사상의 관계를 근대의 수용과 저항이라는 차원에서 분석해 보았다.

제8장 〈결론과 전망〉에서는 개벽종교의 근대 대응 문제와 그 정체성으로서 '제3의 근대적 종교론'을 논하고, 향후 개벽종교의 전망을 간단하게 언급하였다.

결론에서는 근대 신종교가 일으키는 전통과 근대의 갈등 양상을 4가지 차원에서 정리하였다. 종교적 정체성으로서 문명종교와 민중종교의 갈등, 세속과의 관계 정체성으로서 정교분리와 정교일치의 갈등, 문화운동의 정체성으로서 과학과 미신의 갈등, 정치운동의 정체성으로서 식민 체제하에서의 민족국가 건설 등의 갈등을 개벽사상과 관련하여 서술해 보았다. 그 결과 개벽종교는 전통의 이해가 앞서는 불교와 유교 같은 전통종교의 길도 아니고 문화적으로 수용하기 힘든 문명종교의 길도 아닌 제3의 길을 가게 되었는데, 이를 여기서는 '제3의 근대종교'라고 명명하였다.

전망에서는 일제탄압 때문에 고난을 겪었던 근대 신종교들이 해방 이후에도 종교에 대한 사회적 인식 때문에 사회적 대우가 별로 달라지지 않았다는 점을 서술하였다. 특히 남북 분단과 냉전 체제가 고착되어 '민족과 반공'이 서로 갈등을 일으키면서 개벽의 종교들은 민족적 통합의 상징성을 상실하거나 반공과 기독교의 옷을 입고 다시 등장하였다. 이에 민중과 민족의 종교 성향을 보여주었던 근대 신종교들은 쇠퇴의 길을 갈 수밖에 없었다. 이후 경제 성장 중심의 사회가 정착되면서 공동체의 전통 가치들이 약화되어 근대 신종교의 기반은 더욱 침식당하고 말았다.

3. 연구 방법

지금까지 종교 연구는 대체로 개별 종교의 전통을 기반으로 하는 세계종교 패러다임[21]이라는 틀 속에서 이루어져 왔다. 이 세계종교 패러다임은 '종교의 근대성'이라는 이름으로 비서구 종교 연구에 지대한 영향을 미쳤다. 그런 입장의 종교 연구는 종교전통들이 이미 만들어 놓은 담론의 수로를 따라갈 수밖에 없다는 것을 의미한다. 이러한 패러다임 때문에 종교전통의 연구가 아니면 종교 연구가 아닌 것처럼 인식되었고, 종교 연구는 각 종교들의 전통을 확립하는 데 봉사하는 부속 학문쯤으로 여겨져 왔다. 그런데 이 세계종교라는 개념은 최근 서구 근대사회에서 형성되어 19세기 말이 되어서야 비로소 동아시아에 수입된 것이다. 근대 신종교가 형성되고 활동한 시기는 바로 이 패러다임이 유입되어 작동하던 시기와 거의 일치한다. 본 연구는 세계종교 패러다임에서 벗어나 종교전통을 활용하되 사회 역사적인 맥락과 연결해서 근대 신종교를 바라보는 사회사적 입장을 취했다.

본 연구에서는 1) 근대 신종교를 전체적으로 조망하면서 종교사회사의 입장을 취했다. 여기에 더하여 2) 한국 근대 신종교의 특성을 분석하기 위하여는 비교사적 방법, 3) 근대 신종교의 근대 수용과 저항을 검토하기 위하여는 담론 분석 방법, 그리고 4) 근대 신종교의 성격을 분석하기 위하여는 근대적 분류 체제를 적절히 활용하였다.

첫째, 근대 신종교를 사회사(社會史)적인 방법으로 조망하였다. 개항기 이후 근대 신종교들의 흐름을 총괄적으로 이해해 보는 것이 우선적으로 필요했다. 더구나 근대 신종교의 핵심인 개벽사상을 중심으로 근대 신종교들의 지형 형성과 그 전개 과정을 살펴보려면 사회사적인 방법으로 접근하는 것이 더 적합하다고 보았다. 그것은 근대사회 변동이라는 측면에서 근대 신종교 운동을 총체적으로 살펴봄으로써 근대 신종교의 종교적 · 사회적 성격을 논할 수 있기 때문이다. 그리고 종교전통 중심의 세계종교 패러다임에서 벗어나 비종교적 함수와 종교전통의 관계를 분석하는 데에도 사회사적 방법은 보다 유용하다.

둘째, 신앙 양식과 종교사상의 동일성과 차이성을 비교 검토하는 방법을 사용하였다. 이러한 방법은 동아시아 3국의 신종교 형성 과정을 분석하는 데 유용하다. 서양을 중심으로 만들어진 세계종교의 패러다임은 비슷한 시기에 동아시아의 한중일 세 나라에 수용 확산되었다. 그뿐 아니라 동아시아 각 나라가 근대를 수용하는 과정에서 등장한 신종교의 비교 검토는 한국 '근대종교'의 형성과 성격을 이해하는 데 큰 도움을 준다. 과거 전통으로부터 자유로운 각국의 근대 신종교들은 각국의 고유한 특성들을 잘 보여준다. 특히 근대 세속 국가 형성, 민중종교의 역할, 종교와 미신의 구별 등을 비교 검토하는 일은 이들 국가의 근대 신종교의 특성을 살펴보는 데 상당히 유용하다.

셋째, 개벽사상에 대한 각 종교의 담론을 분석하였다. 담론 분석은 일반적으로 개념 분석보다 훨씬 더 포괄적인 분석 방법이다. 개념 분석이 개념의 단위를 분석한다면, 담론 분석은 그 개념에 관련한 연결망을 고려하고 상호 관계를 분석한다. 이에 담론 분석을 통해 해당 자료를 검토하면서 각 담론이 도모하는 포함과 배제의 전략을 함께 살펴볼 수 있다. 많은 종교 담론들에는 다양한 층위와 세력들이 서로 충돌하면서 형성된 개념들이 많다. 이 책에 수록된 서세동점의 문명 담론과 제1차 세계대전 이후에 등장한 문화 담론, 그리고 사회주의 반종교 담론들이 그러하다. 이들은 서구와 비서구, 문명국가와 식민지, 여러 계층과 지역에 따라 다양한 층위가 포함된 담론들이다. 그런 담론 분석 작업을 통해 근대 신종교가 시도한 정체성을 수립하는 방식을 살펴보려고 하였다. 담론 분석 방법은 개신교가 근대적 종교 모델로 등장하는 종교 인식 틀과 전혀 다른 문화 상황 속에 이식되는 과정을 살피는 데도 아주 유용한 관점을 제공한다. 특히 문명종교에 대한 모방과 저항의 담론 분석은 신종교의 종교적 정체성을 분석하는 데 상당히 유효하다.

넷째, 근대적 종교의 분류 체계를 근대 신종교의 정체성과 형성 과정을 분석하는 도구로 활용하였다. '우리'라는 것은 늘 '그들'과의 대비 속에서만 의미가 있는 것이기 때문에 종교 분류의 시스템 전체를 고려해야만 자신의 정체성 형성 과정을 제대로 파악할 수 있다. 종교 개념도 마찬가지다. '세계종교'와 '문명종교'의 개념은 지금도 그 영향력이 상당하다. 이런 근대적 종교의 분류 기준은 각 종교들의 성격을 분석하는 데 좋은 분석 도구가 될 수 있다. 더구나 근대 신종교는 여러 다양한 종교가 공존해 있는 집합군이기 때문에 다양한 특성을 설명하는 데에 분류 체계를 활용하는 것은 본 연구에서 필수적이다. 특히 사회 권력이 근대 신종교를 어떤 기준으로 분류하는지, 그리고 그들 스스로가 자신의 정체성을 어떻게 인식하는지를 살펴보는 것은 근대 신종교의 성격을 찾아가는 데 중요한 일이다. 예컨대, 세계종교에 대해 전통문화를 기반으로 한 민속종교, 개인의 구원보다도 민족의 구원을 지향하는 민족종교, 소위 문명종교에 대한 야만의 종교, 과학에 대칭되는 미신과 근대종교가 아닌 유사종교, 그리고 종교와 세속이 분리되지 않은 민중종교 등의 종교 개념들은 근대 신종교들의 정체성의 정립 과정을 설명하는 데 많은 도움을 준다. 그리고 개인을 구성원으로 하는 근대적 조직을 가진 '조직의 종교'와 공동체의 문화를 기반으로 하는 삶의 방식으로서의 '문화적 종교'는 근본적인 차이가 있다. 근대 조직의 힘을 가진 종교는 사회제도를 활용함으로써 사회 정치적인 힘을 발휘한다. 그러나 실제 종교 현장에서는 그런 종교 문화의 진정성과 효용성에 강한 의문이 제기될 수 있다.

종교 분류와 관련되지만 본론의 서술에 들어가기에 앞서 독자들이 유의해야 할 몇 가지 낯선 용어나 개념들을 미리 정리해 두는 것이 독자의 이해에 도움이 될 듯하다.

첫째, 이 책에 자주 등장할 '근대 신종교'와 '개벽종교'라는 용어의 문제다. 근대 신종교라는 말이 근대에 창립된 신종교를 지칭한다면, 근대에 발생한 모든 신종교가 개벽을 신앙 주제로 한 개벽종교는 아니다. 근대 신종교 중에는 개벽을 신앙 주제로 하지 않는 종교들도 적지 않다. 물법교와 같이 치병을 중심으로 하는 종교도 있고, 중국이나 일본의 영향을 받아 형성된 국제도덕협회나 한국천리교도 있다. 이들도 개벽종교나 근대 신종교와 같이 민중종교의 성격이 있으며 지상천국을 대망한다. 그렇지만 민족의 표상들을 성화(聖化)하거나 민족의 미래의 영광을 기약하지는 않는다. 민족종교로서의 성격이 분명치 않다는 것이다. 개벽종교란 서세동점의 위기에 자신의 생활 터전인 한반도와 '우리'라는 집단의 정체성을 강조하는 신종교들을 통칭한 것이다. 이 책에서는 근대 신종교와 개벽종교라는 용어를 문맥의 필요에 따라 선택적으로 사용하고 있음을 미리 밝혀 둔다.

둘째, 근대적 종교와 문명종교라는 용어에 관한 문제다. 근대적 종교란 근대 공간에 존재하는 종교이면서 이른바 근대적 특성이 있는 종교들을 말한다. 여기서 근대적 특성이란 교조와 경전이 있고, 조직이 분명하며, 전통적인 '교(敎)'가 아닌 '종교(宗敎)'를 의미한다. 근대적 종교는 근대적 사조의 영향을 받아 전통종교들의 개혁을 통해 등장하기도 하고, 민간신앙을 기조로 새롭게 종교가 창시되기도 한다. 어떤 형태든 근대에 들어와 전통적인 '교'와는 다른 새로운 근대적 '종교'로 등장한 것이다. 그중에 근대 기획과 서구 근대성을 반영한 종교를 우리는 문명종교라고 한다. 이런 서구적 문명종교는 비서구적 야만종교에 대칭되는 것으로서 서구 기독교를 전제로 하여 형성된 종교 개념이다. 따라서 기독교적인 종교 이해의 편향성이 있는 이데올로기적 용어로 볼 수 있다. 이 책에서도 문명종교라는 말은 이 같은 이중적인 의미로 쓰이고 있다는 점을 미리 밝혀 둔다.

셋째, 민중종교와 민족종교의 용어에 관한 문제다. 민중종교는 민중이 스스로 구원 의식을 발현한 종교들을 말한다. 민중의 의식과 열망을 모아 만든 종교라는 의미다. 그러므로 민중종교는 현세 이익을 반영한 지상천국을 대망하며, 종교전통에 얽매이지 않는 민중신앙을 아주 거칠게 제도화한 종교라고 할 수 있다. 민중종교는 민중의 종교이지, 해방신학과 같은 민중을 위한 종교가 아니다. 즉 민중들의 신앙 의식이 표출된 종교이지, 민중신학[22]과 같이 엘리트들이 민중을 위해 만든 종교가 아니다. 반면, 민족종교는 민족의 표상들을 성화하고 민족의 영광과 미래를 기약하는 근대적 종교이다. 민족이라는 말이 근대의 산물인 점을 고려한다면[23] 민족종교는 근대 민족국가의 형성과 직접 관련된다. 민족 구성원을 통합하고 교화해서 근대 민족국가에 기여하고자 하는 종교를 말하는 것이다. 근대 개벽종교들은 원시반본(原始返本)을 말하면서도 근대 민족주의적 성향을 강하게 깔고 있기 때문에 이들을 민족종교라고도 한다.

넷째, 종교전통과 전통종교의 용어에 관한 문제다. 전통종교는 근대 이전부터 있던 종교들을 말한다. 일반적으로 문화적 전통과 전통적 삶의 방식을 가진 고전종교이다. 우리에게 잘 알려진 유교와 불교, 그리고 선교와 같은 개별 종교들을 의미한다. 경우에 따라서는 서학과 개신교도 포함한다. 한국의 전통종교와 기독교를 포함한 서구의 전통종교는 사용되는 문맥으로 충분히 구분할 수 있을 것이다. 반면, 종교전통은 특정 종교가 걸어온 발자취에서 주요한 흐름과 특성들을 말한다. 이들은 대부분 근대에 들어 근대적 종교로 정착하면서 새롭게 재구성된 것이다. 그러나 종교전통이라는 용어는 한 종교가 과거부터 현재까지 변하지 않는 불변 요소를 전제하고, 그 종교의 특성을 종교전통이라고 말하는 경우가 많다. 여기서는 근대에 형성된 각 종교들의 전통을 의미하는 말로 사용하였다.

제 2 장

근대와 종교, 그리고 신종교

1. 서론

서구 근대성이 근대 문명이라는 이름으로 전 지구적으로 확산되는 과정, 또는 그러한 현상을 우리는 '근대 기획'이라고 일컫는다.[1] 근대 기획은 한편으로는 권리와 책임을 가진 근대적 개인이 탄생하고, 다른 한편으로는 정치·경제·사회 모든 영역에서 서구 근대성이 확산되는 과정이다. 정치적으로는 민주주의, 경제적으로는 자본주의, 사회적으로는 시민사회가 형성되는 과정으로도 볼 수 있다. 다른 면에서 보면, 서구 근대성 확산은 비서구의 전통적 공동체가 근대라는 세계 체제 또는 서구 문명에 편입되는 과정이기도 하다.

서구 근대성은 주체와 객체를 분리하는 대립적 이항의 사유 구조를 가진다. 주체가 객체를 정복하여 수단화하는 인식의 틀을 가진다.[2] 이런 인식의 틀을 통해 인간이 예측 불가능한 자연을 정복하여 활용하는 것을 문명화(文明化)라고 한다.[3] 이런 문명화는 비문명화 지역에 대해 계몽적인 사명감을 갖게 한다. 또 서구 근대성은 주체를 중심에 놓고 그것을 절대화하는 한편, 객체인 타자를 상대화하고 주변화시키는 성향이 있다. 그러므로 객체인 타자는 자연히 배제되고, 주체는 자신을 절대화함으로써 자신의 정체성(identity)과 자기중심성(egocentrism)을 정립한다. 이렇게 하여 자연의 품속에서 자신의 자의식이 해방되고, 기존의 전통과 신분에서 벗어나 근대적 개인이 탄생하였다.

근대적 개인은 자연을 지배할 수 있는 이성(理性)을 가지며, 그런 개인은 누구도 침범할 수 없는 인간으로서의 권리(人權)와 사적 소유권(物權)을 가진다. 이렇게 천부의 권리가 있는 개인들이 서로의 권리가 충돌하지 않도록 사회 계약을 통해 근대 세속 국가를 만들어 낸 것이다. 그러므로 근대 세속 국가는 어떠한 경우에도 개인의 천부의 인권과 사적 소유권을 침해할 수 없다. 여기에 인간의 기본권을 대표하는 것이 종교를 자유로이 믿을 수 있는 신앙의 자유였다.

종교가 세속과 분리되자 종교는 세속과 다르다는 것을 보여주기 위해 자신만의 전문영역을 구축했다. 그것이 바로 종교전통이었고, 그 전통을 합리화하는 것이 교리였으며, 그 교리를 반복해서 몸에 붙이도록 하는 것이 의례였다. 초자연적인 종교적 권위만으로는 세속에서 인정받기가 쉽지 않았기 때문에 그런 것들이 필요했다. 따라서 근대적 종교는 순수한 자신만의 종교전통을 만들고, 자신의 경전과 의례를 정립해 갔다. 이로써 근대종교는 이전의 전통적 종교와 전혀 다른 종교 개념과 사회적 위상을 가지게 되었다.[4] 즉 문명종교, 세속과 분리된 종교가 되었다. 예를 들면 전통 사회의 불교는 근대사회의 불교로서 종교 체제를 정비하려고 노력했다.[5] 그것이 근대 세속 국가와 분리되어 불교 전통을 새롭게 구성하는 근대종교를 추구하는 불교 개혁이다.

이 같은 근대 조건에 적응하기 위해 종교들은 '근대적 종교 만들기'에 매진하였다. 즉 새로운 종교전통이 확립되도록 종교개혁을 적극 시도하거나 혹은 이전의 전통적 요소들을 근대적으로 재해석하여 새로운 종파나 창립 종교들을 만들었다. 전자에 해당되는 것이 불교와 유교 같은 전통종교의 경우라면, 후자에 해당되는 것이 한국의 근대 신종교, 즉 이 책에서 논의하고자 하는 '개벽의 종교'들이다. 개벽의 종교들은 근대가 만든 새로운 종교이기는 하지만 반구조적인 성향 때문에 한말 지배 권력이나 식민지 지배 세력에게 탄압받을 수밖에 없었다.

여기서는 근대사의 주역으로 등장한 근대 신종교들이 탄생 이후 근대국가와 그리고 근대의 시대사조와 어떤 관계가 있는지 간단하게 살펴보려고한다.

2. 근대 기획과 종교

1. 근대 기획과 근대종교

서구 근대성을 기반으로 형성된 모든 문물과 제도를 근대 문명이라고 한다. 근대 문명은 근대 기획에 의해 근대사회의 여러 영역에 확산되었고, 그결과 종교 영역에도 큰 영향을 미쳤다. 이에 같은 명칭의 종교라고 하더라도 근대적 종교는 이전의 전통종교와는 전혀 다른 모습을 보이게 되었다.

근대 문명의 확산 즉 서구 근대성의 확산이란 결국 자연에 대한 지배가확대되는 것이고, 그 지배의 확대 정도에 의해 문명화의 정도를 가늠할 수있는 것이다. 여기에는 문명과 야만이라는 근대적 인식 틀이 전제된다. 이같은 문명화의 도식은 자타(自他)를 구분할 수 있는 모든 영역에 적용될 수있다. 정신과 육체, 이성과 감성 등과 같은 인간의 내부만이 아니라 종교와국가 같은 사회집단에 이르기까지 적용된다. 이 도식은 인간 삶의 모든 영역에 침투하여 우리의 전근대적인 의식과 전통적 사회구조를 바꾸어 놓는다. 나아가 제국주의 국가와 식민지 국가라는 국가 간 위계 관계도 만들고,[6] 서구와 비서구 간의 불평등 관계, 또 서구의 비서구에 대한 지배를 정당화하는 기제도 이런 문명화의 도식에서 비롯된 것임은 두말할 필요가 없다.[7]

이런 근대적 인식 틀에서 개인의 해방과 자유, 근대과학과 식산흥업, 사회계약과 근대국가, 제국주의 국가와 피식민지 국가 등의 근대적 개념들이 생성되었다. 이들 모두가 신을 대체한 이성을 가진 개인을 전제하고 있지만 근대의 역사 주체는 그런 개인이 아니라 국민국가였다. 국민국가가 없으면 근대는 개인의 인권도 물권도 보장할 수 없는 구조였다. 이들 서구의 근대적 개념들은 문명화라는 이름으로 국민국가의 개념이 없었던 비서구 사회에 일시에 밀려왔다. 근대 비서구 사회에서는 문명개화와 식민지화가 동시에 진행되었는데, 문명개화와 관련해서는 개인의 해방과 천부인권 보장, 과학에 의한 식산흥업과 미신의 추방 등의 근대 과제들이, 그리고 식민지화와 관련해서는 식민지적 근대화 추진, 근대국가 형성에 대한 열망, 식민 지배 권력에 대한 저항 등의 근대 과제들이 주어졌다. 이런 근대 과제들은 이전의 사회 구성의 원리를 제공한 종교와 서로 얽히면서 한층 더 복잡한 양상으로 전개되었다.

한편 이성과 진보를 기반으로 하는 문명화의 진행은 비서구 국가의 문화 정체성 보존과 국가 구성원의 통합이라는 중차대한 문제를 제기했다. 비서구 공동체의 정체성을 드러내는 시간(역사)과 공간(시장)의 특수성을 근대 문명이라는 보편성의 이름으로 덮어 버렸다. 그런 다음 계몽의 사명감으로 비서구 문명을 청산되어야 할 것, 즉 미래에 청산해야 할 야만의 문명으로 인식하였다. 그리하여 문명화는 근대 비서구 문화와 종교의 정체성을 위협하는 중요 요인으로 등장했다. 제도적 차원에서만 아니라 실제 삶의 양식에까지도 문명화의 척도가 적용됨으로써 동아시아의 전통종교를 포함하여 사회 전체를 뿌리째 흔들어 놓았다. 특히 근대적 종교는 믿음 체계 중심이기 때문에 삶의 현장에서 이루어지는 실천적 종교에는 크게 관심을 두지 않았다. 그것은 그들의 삶의 문제가 아니었기 때문이다. 그렇게 비서구 현장의 실천적 종교들은 모두 야만의 종교가 되거나 아니면 반문명적 종교로 전락할 위기에 직면했다. 그리하여 비서구의 현장 종교는 이전에 담당해 왔던 해당 공동체의 문화 정체성 보존도 구성원의 통합도 할 수 없는 지경에 이른 것이다.

이런 문명화 도식을 비서구 종교 영역에 적용하면, 기독교 중심의 '오리엔탈리즘(orietalism)'으로 나타난다. 서구 근대 문명과 밀착된 기독교는 특권적인 종교 모델로 설정되고, 그런 모델을 기준으로 삼아 비서구 종교를 평가한 것이다. 또한 문명화의 길은 비서구를 문명화해야 한다는 계몽의 사명을 수반하지만, 실상은 자본주의적 시장 개척과 더 밀접한 관련이 있다. 시장 개척은 개인의 자유계약을 전제로 하기 때문에 비서구의 문화 전통과 공동체를 파괴하여 자유로운 개인을 창출하지 않고는 근대적 시장이 성립되지 않는다. 여기에 식민지 위기에 처한 민중들은 자신들의 삶의 방식을 지키기 위해 자신들의 종교를 통해 식민 지배에 저항하게 된다. 이렇게 문명화의 길에는 민중들로 하여금 근대 문명을 수용하든지, 아니면 저항하든지, 또는 동도서기(東道西器)와 같이 정신과 물질을 분리해 정신만은 지키든지, 그것도 아니면 서도서기(西道西器)와 같이 물질만이 아니라 정신도 같이 개조하든지 등의 서구 근대에 대한 다양한 대응 방법들이 제기되었다. 특히 아직 세속 문화가 정착되지 않은 비서구의 상황에서 '정신의 문제'는 종교의 문제로 전이될 수밖에 없었고, 결국 종교의 문제로 비화하여 사회에 표출되었다.

2. 문명종교와 세계종교

근대적 종교 개념은 앞에서 언급한 대로 근대 기획의 산물이다. 근대 종교개념의 중심축은 문명종교 개념과 세계종교의 개념이다. 개인 내면의 믿음 체계가 종교의 중심을 이루고 사회적으로 정교분리 체제를 받아들이는 종교가 문명종교라면, 자신의 종교전통을 금과옥조로 여기고, 여기에 자신의 존립 정당성과 종교적 권위를 두는 종교가 세계종교다. 이 개념들은 근대 세속사회의 형성과 함께 만들어졌으나, 세계종교의 개념은 문명종교의 개념을 토대로 한 것이기 때문에 2차적인 개념이다. 그것들은 현대인에게 이미 상식적인 개념으로 자리를 잡았지만, 모두 서구 개신교를 모델로 한 것이어서 지극히 서구 중심적이다. 그리고 종교와 세속의 분리 과정은 종교는 종교대로 세속은 세속대로 자기 특성을 가지고 전개된다. 순수한 전통을 주장하는 종교는 기독교 · 이슬람교 · 불교 · 유교 등으로 분화되고, 반면 세속은 정치 · 경제 · 사회 · 문화 등으로 분화되어 간다.

먼저 근대의 문명종교 개념부터 살펴보자. 근대 기획은 세속과 종교를 분리하기 위해 우선 종교를 초자연 · 비이성 · 비합리 · 감성의 영역과 인간 내면의 사적 영역에 배치한다. 이런 배치로 인하여 종교는 인간 외부의 공적인 정치 · 경제 · 사회 · 문화와는 자연히 구분된다. 종교를 중심으로 보면, 근대의 기획은 인간이 지배할 수 있는 '자연'의 영역을 '과학'에, 인간이 합리적으로 통제할 수 없는 '초자연' 영역을 '종교'에 각각 배치시켰다. 이는 이전에 세속과의 경계가 모호했던 종교를 구분하기 위한 것이다. 말하자면 합리적인 과학과 비합리적인 종교를 명확하게 구분하기 위해 종교를 세속과 차등화(差等化)할 필요가 있었기 때문이다. 그것은 거기에 그치지 않고 초자연 영역에 배치된 종교를 이성으로 파악할 수 있는 자연종교(自然宗敎)와 이성으로 파악할 수 없는 초자연종교(超自然宗敎)로 구분하고, 초자연종교에 미신과 문명종교를 함께 배치시켰다. 이에 자연종교는 이성으로 파악할 수 있는 이신론(理神論)적 개념의 종교라면, 미신과 문명종교는 이성으로는 파악할 수 없는 초자연종교가 된다.

초자연 영역에 할당된 미신과 종교를 명확하게 구분하려면 또 다른 새로운 기준점이 필요하다. 참종교와 거짓 종교가 그것이다. 같은 초자연 영역에 있지만 문명종교는 참종교이고, 미신은 거짓 종교라는 것이다. 그러나 양자는 초자연적 종교현상만을 가지고 참과 거짓으로 구분하기 힘들다. 양자의 구분을 가능하게 하는 것은 볼 수 없는 내적인 것이 아니라 오로지 보고 판단할 수 있는 외적인 것이다. 말하자면, 문명종교는 세속과 관계없는 인간 내면의 종교이고, 미신은 세속과 관계있는 습속과 관습에 관련된 속신(俗信)의 종교다. 그러나 종교 현장에서 보면, 전자는 대체로 근대적 분류 편제에 근거한 '법적·정치적 종교'이고, 후자는 대체로 인간의 삶을 중심으로 하는 '문화적 종교'이다. 이같이 미신과 문명종교 간의 차이점은 종교현상의 본질적인 차이가 아니라 종교의 외형적 형식과 분류의 차이에 지나지 않는다. 즉, 삶의 문화 형식의 차이에 지나지 않는다. 양자의 구분은 문화적 관습과 법적·정치적 제도에 따른 것이지 근대적 합리성이나 진보와 별 상관관계가 없다. 그럼에도 이런 분류 방식에 의하면, 법적·제도적 종교는 참종교로 분류되는 반면, 민중의 삶을 중시하는 문화적 종교는 대체로 거짓 종교가 될 가능성이 크다. 문제는 일단 거짓과 참의 종교로 사회적으로 분류가 되고 나면, 이들의 사회적 위상과 종교 활동 범위에 엄청난 차이가 생긴다는 데 있다. 근대 공간에서 거짓 종교인 미신은 과학을 기조로 하는 세속의 공격 대상이 되지만, 소위 문명종교는 같은 초자연 영역에 있으면서도 법적·제도적 보호를 받아 종교 활동의 자유를 누린다. 이때문에 문화적 토착종교들은 자신들이 미신의 범주에 들지 않으려고 각고의 노력을 기울인다. 이 모두가 문명종교의 개념이 만들어 낸 비서구 종교의 멍에다.

다른 한편, 자연종교[8]는 인간 정신으로부터 자연적으로 형성된 것이라는 종교 개념이다. 여기서는 종교 역시 자연현상의 하나로 간주되며, 인간의 인지능력으로 종교를 충분히 인식할 수 있다고 본다. 이 개념은 인간의 자연적 이성이나 통찰에 바탕을 둔 종교 개념으로서 인간의 이성을 초월한 계시종교와 정면으로 대립하는 종교 개념이다. 이 자연종교를 지지하는 사람들은 인간 이성에 대한 신뢰, 독단주의와 불관용을 초래하는 계시에 대한 불신, 질서정연한 우주의 합리적 건축자로서 조화옹(造化翁)이나 합리적인 신(神) 등에 대한 이해를 전제한다. 요컨대, 종교도 자연의 일부로서 이성의 빛으로 이해가 가능하다는 입장이다. 이에 반해 문명종교의 개념은 종교의 초월적인 고유성을 보호하기 위해 합리적인 이성이 아니라 감성적인 정조(情操)에 기반을 두고, 인간 내면의 사적인 영역에 종교를 배치시킨 것이다. 이는 초월적인 종교와 합리적인 이성의 역할 분담을 전제로 구성된 종교 개념이다. 이러한 것이 교조적인 사회주의자들이 근대종교의 모델이 된 기독교 신앙도 한갓 미신에 지나지 않는다고 비난하는 근거다. 그렇게 본다면, 근대 문명종교의 개념에는 자연과 초자연이 날카롭게 대립하는 근대의 이분법적 사유 형식이 내재해 있으며, 그 안에서 유대-기독교적 전통과 반종교적인 계몽주의적 원리가 서로 타협하고 있다는 것을 알 수 있다. 근대 문명종교를 대표하는 기독교는 자연과 초자연이 날카롭게 대립하고 있으나 서로 공존하기 위해 반종교적인 계몽주의 원리가 적용되지 않는 예외적 영역으로 인정받고, 그 대신 종교는 공적인 세속에 대해서는 관여하지 않기로 이미 묵약(黙約)이 되어 있기 때문으로 보인다. 이런 묵약을 상황에 따라 적절히 관리하는 센터가 바로 근대의 주체인 국민국가다.

이렇게 근대적 종교의 모델로서 문명종교가 성립되면, 그 모델을 기준으로 이전의 종교들은 재평가되기 시작한다. 가장 많은 피해를 입는 종교는 비서구사회의 관습적인 속신(俗信)과 전통종교들이다. 문명종교의 기준인 믿음체계와 내면의 종교성만으로 종교를 재평가하는 것은 실천중심의 전통종교에게 너무나 낯선 것이었다. 이에 전통종교는 모두 하자가 많은 종교로서 평가받게 될 가능성이 크다. 그러한 평가를 받는 비서구 종교들은 종교 영역에서 주변으로 몰리는 것은 물론 이전의 사회 문화적인 힘까지 상실하게 된다. 전통종교들은 이제 종교개혁을 통해 새로운 정체성을 확보하는 것이 시급한 과제가 되었으며, 이에 대처하여 문명종교의 기준에 부합한 근대적 '종교성(宗敎性) 개발과 그들의 종교경험을 합리화하는 경전 편찬, 그리고 근대적 의례와 조직 개발' 등을 위해 스스로 근대적 개혁에 나서지 않을 수 없게 된다. 우리는 그것을 전통종교들의 근대 개혁이라고 칭한다. 이른바 세속적인 근대화의 종교판이다. 전통종교들은 근대 기획에 따르는 문명종교가 되고자 끊임없이 사상과 의례를 합리화하고 체계화하고자 한다. 그러나 이들 개혁의 본질은 결국 기독교 따라 하기에 지나지 않거나 세속을 주도하는 종교 시장 질서에 적응할 수 있는 체제를 마련하는 것이다.

다음 세계종교 개념의 등장이다. 세계종교 개념은 근대 들어 새롭게 다듬어진 종교전통을 전제로 한다. 세계종교 개념에는 이런 종교전통의 순수성을 전제로 하여 종교 발전이라는 진화론적 개념과 제국주의적인 근대 국민 국가의 요구가 함축되어 있다. 종교전통의 순수성은 바로 세속과 타 종교를 타자로 삼아 자신의 정체성을 구축할 수 있는 기반을 제공한다. 이는 각 종교들이 종교전통을 통해서 자신만의 독자적인 폐쇄 회로를 가진다는 의미이기도 하다. 또 진화론적 개념을 함축하고 있음으로써 세계종교는 종교의 진리성과 보편성을 지향하는 가장 이상적인 종교 개념이라는 것을 은연중에 표출한다. 세계종교는 모든 종교들이 거쳐 가는 최종적인 발전 단계로서의 의미가 있다. 그리고 근대 제국주의는 계몽의 사명감을 위장하기 위해 소위 보편적인 진리를 가졌다는 세계종교를 앞세웠다. 요컨대, 세계종교 개념에는 이런 종교전통의 순수성만이 아니라 종교의 최종 발전 단계라는 진화론적 개념이 함께 작동하고 있는 것이다. 그리고 그것을 활용한 주체는 결국 근대 국민국가다.

초자연 영역에 할당된 종교를 다시 이성의 이름으로 재단하여 종교를 거부하는 개념이 '반종교적 종교 개념'이라면, 세계종교 개념은 종교를 초자연 영역에 그대로 둔 채로 거기에 다시 '초월적인 이성'으로 한 번 더 덧칠한 개념으로 볼 수 있다. 이 세계종교 개념 역시 근대적 종교의 모델로 작용하는 서구 기독교를 전제한다. 실제로 세계종교 형성 과정을 보면, 기독교에 타자로서의 의미가 있는 이슬람교나 불교와 같은 종교만이 세계종교로 발돋움할 수 있었고, 기독교의 신앙 형식과 동떨어진 유교와 민족종교들은 세계종교 반열에 처음부터 들어갈 수 없었다. 말하자면 종교사상이나 구제의 대상이 보편적이라고 해서 세계종교가 되는 것이 아니고, 세계 패권을 차지한 서구 문명 세계가 기독교의 타자로서 인정할 때만 세계종교의 지위를 가질 수 있다는 것이다.

이렇게 세계종교 개념이 정착하자 종교에 관한 모든 문제를 종교전통 중심으로 바라보게 되었다. 그렇게 바라볼 때에만 종교의 이해가 가능하다는 근대의 고정관념이 생긴 것이다. 특정 종교가 인류의 시원과 함께 존재했다는 것처럼 종교전통은 영원불변한 것이며, 종교전통을 중심으로 종교를 읽고 사고해야만 종교의 이해가 가능하다고 인식되었다. 이는 부당한 종교적 도그마에 세속의 시민권을 부여한 것이나 다름없다. 그런데 문제는 어느 종교도 발생 때부터 순수할 수 없으며, 시대의 흐름에 따라 변하지 않는 종교는 없다는 데 있다. 심지어는 이런 전통의 순수성에 대한 인식은 여러 종교전통들을 모아 하나의 독창적인 신앙 체계를 형성하는 것조차도 싱크레티즘(syncretism, 통합주의)이라고 하여 저평가한다. 이것 역시 앞서 언급한 대로 종교전통에 대한 인식론적 패권과 관련된 문제다.

이러한 세계종교 개념의 확산으로 근대 이전에 존재한 근거가 없거나 특정 공간에만 제한된 모든 종교들은 세계종교 개념의 하위에 재편되었다. 그럼으로써 특정 종교가 아무리 보편적인 사상과 진리를 가진다고 하더라도 종교로서 평가받기가 어려운 환경이 되었다. 이에 따라 특정 지역에서 민중의 삶을 담보하고 있던 토착종교들은 당연히 지역에 한정된 종교로서 저평가받게 되었다. 그렇게 되자 근대의 많은 종교들은 근대 이전의 뿌리 찾기와 특정 공간을 넘어서는 다른 지역의 선교를 중요한 과제로 삼게 되었다. 즉 종교전통 만들기와 타 지역 선교가 근대종교에 아주 중요한 과제가 된 것이다. 결국 전자가 '근대 문명종교 만들기'의 한 방법이라면 후자는 '세계종교 만들기'의 한 방법이다.

또한 세계종교 개념은 원시종교, 민속종교, 민중종교, 토착종교, 민족종교 등의 상대적 개념들을 파생시켰다. 이들은 이미 명칭에서 시공의 제한을 드러내고 있기 때문에 세계종교 개념과 마주하는 즉시 그보다 열등한 종교가 되어 버린다. 특히 특수 집단의 정체성이나 고유한 민족 전통을 계승한 종교들은 앞서 문명종교 개념에 의해 저평가된 데다가 이 세계종교의 개념에 의해 한 번 더 저평가받을 위험성이 커졌다. 그뿐만 아니라 세계종교 개념은 비서구 지역에 낯선 기독교를 보편적인 종교로 둔갑시키는 기제로서 작용했다. 또 민중의 실제 생활이나 집단의 정체성을 담은, 근대에 새롭게 창립된 근대 신종교들에도 이 개념이 적용됨으로써 저평가되었다는 것은 말할 필요가 없다.

이상과 같은 과정을 거쳐 비서구의 근대종교들은 급격한 변동을 겪게 되었다. 근대적 종교 개념인 문명종교 개념과 세계종교 개념이 크게 확산되는 가운데 각 종교들은 그러한 흐름에 대응하고자 내부 개혁에 더욱 박차를 가하였다. 특히 근대 신종교들은 문명종교의 개념과 세계종교 개념에 의해 미신이나 열등종교로 몰리지 않으려고 그 경계선에서 끊임없이 줄타기를 해나갈 수밖에 없었다.

3. 근대국가 탄생과 종교

1. 종교와 세속의 분리

근대의 주체라고 할 수 있는 국민국가의 탄생은 종교에 기반을 둔 전통 사회 전반에 지각변동을 야기하였다. 세속 국가로부터 분리 대상이 되는 종교는 그 변동의 핵심에 있었다. 근대 세속 국가는 이전에 권력의 정당성을 제공하던 종교를 배제하고, 세속에 대한 지배의 정당성을 확보하기 위해 국민을 대표하는 의회와 근대국가가 지켜야 할 기본 규범인 헌법을 만들었다. 그 헌법에 의해 종교를 개인의 사적인 영역에 가두고, 개인의 내적인 신앙의 자유만 인정하고자 하였다. 그러나 이전의 종교 역할을 고려한다면 종교와 세속의 새로운 관계 정립은 결코 쉬운 일이 아니었다. 종교는 이전의 전통 사회에서 사회 구성의 원리와 삶의 방식을 제공하고, 나아가 해당 공동체의 이상(理想)까지 제공했기 때문에 동서(東西)를 막론하고 종교의 처리 문제가 근대사회로의 전환기에는 핵심에 놓일 수밖에 없었다. 이에 국민국가의 형성에 따른 새로운 근대적 종교 개념 형성과 종교의 사회적 위상 변동은 자연스럽게 당해 사회 전체의 문제가 되었다.[9]

근대 이행기의 종교 변동은 서구든 비서구든 간에 사회 전체의 변동과 맞물려 있었다. 근대 이행기의 많은 사회운동이 종교적인 성향을 강하게 띠는 것도, 서구에서 근대 형성기에 30년 종교전쟁과 종교개혁이 장기간에 걸쳐 일어난 것도, 모두 종교가 사회 전체의 변동과 맞물려 있기 때문이다. 서구에서 세속적인 국민국가의 형성은 종교전쟁과 종교개혁의 단계를 거쳐 영국의 명예혁명, 프랑스 대혁명, 미국의 독립전쟁 등의 시민혁명으로 겨우 종교와 세속이 분리되는 정교분리 체제를 수립함으로써 마무리되었다. 동아시아에서도 그 과정은 크게 다르지 않았다. 중국의 태평천국운동과 의화단사건, 일본의 국학 탄생과 국가신도의 형성, 한국의 동학농민혁명과 3·1운동 등에서 보는 바와 같이 국민국가의 형성에 모두 종교가 주역으로 등장하였다. 이 사실은 동아시아 3국에서도 종교의 문제가 근대 세속 국가의 형성에 중요한 함수가 되었다는 것을 잘 대변해 준다.

근대 이행기에 전통적인 종교들의 영향력이 살아 있는 지역에서는 세속의 국민국가 만들기가 결코 쉬운 일이 아니었다. 세속과의 분리에 아직도 저항하는 이슬람의 경우나 세속과의 완전 분리를 추진하려는 사회주의국가들의 경우를 보면, 종교와 세속의 관계 정립은 결코 쉽지 않은 일임을 알 수 있다. 왜냐하면 그것은 해당 국가의 사회 문화 상황과 역사적 현실을 고려해서 처리할 수밖에 없는 자신의 삶의 방식을 선택하는 문제이기 때문이다. 예컨대, 특정 종교를 국민국가의 국교로 만들어 종교와 국가가 서로 협력하는 방법을 택하는 경우가 있는가 하면, 특정 종교를 세속 권력에 완전히 복속시켜 국민 통합과 교화(教化)에 기여하게 하는 경우도 있고, 종교 전체를 세속 국가와 분리시켜 세속 사회에서 완전 추방하려는 경우도 있다. 그렇다면 종교를 어떻게 처리하는가에 따라 세속 국가의 형태와 종교의 사회적 위상이 결정된다는 것을 고려할 필요가 있다. 예를 들어 일본의 경우에는 세속 국가가 고유 신앙인 신도에서 종교성을 탈각시켜 국가신도라는 세속 문화로 만들어 종교를 개편하고, 한편에서는 신도에 종교성을 더욱 강화하여 교파신도라는 근대적 종교로 개편하였다. 그러나 한국이나 중국의 경우에는 근대 이행기에 국민국가를 제대로 형성하지 못했기 때문에 종교들이 근대국가 체제 내에서 자기 위치를 확실하게 잡지 못했다. 한국과 같은 식민지 국가에서는 식민 지배 체제 내에서 종교의 위치가 주어졌기 때문에 식민지 근대국가와 자신의 문화 정체성을 보존하려는 민중 사이에 아주 복잡한 관계가 형성되었다. 그리고 민중들이 가지는 종교들은 내밀하게는 식민지 근대국가 자체를 부정하기 때문에 식민지 국가의 이해보다 식민지 민중의 이해를 우선하게 되고, 나아가 식민 체제에 저항하는 저항의 종교로 나서게 되는 것이 일반적이다.

한편 종교와 세속의 분리 여부는 근대 문명국가의 중요한 기준이 되었다. 만국공법에 의하면 당시에는 세속과 종교의 분리가 문명국의 기준으로 통용되었다.[10] 그러나 비서구 사회에서 종교와 세속의 분리는 곧 전통 사회의 전면 해체이고 새로운 세속 사회를 구성하는 것과 맞물려 있다. 그래서 일부에서는 종교를 세속과 억지로 분리하는 것보다 국민국가를 건설하는 데 적극 활용하자는 주장이 제기되기도 한다. 서구 문명의 힘이 기독교에 뿌리를 두었다고 이해하고, 문명국이 되기 위해서는 서구 기독교와 같은 종교의 힘이 꼭 필요하다는 주장이다. 이들은 근대 세속 국가에 맞는 유사 국가 종교를 만들어 옛날처럼 인민의 도덕과 교화의 거점으로 삼자는 것이다. 그런 주장은 크게 두 가지로 구분할 수 있다. 하나는 세속 국가와의 협력을 전제로 특정 종교에 인민 교화의 책임을 부여하고, 국민을 통합하는 정치종교 기능을 담당하게 하는 국민국가의 종교 체제다. 이 체제는 서구에서 특정 종교를 국민종교로 지정해 국가교회의 역할을 맡기는 것을 의미한다. 근대 중국에서 유교를 끊임없이 국교화하려는 시도 역시 그런 형태다. 다른 하나는 특정 종교를 비종교화시켜 정교분리의 논쟁을 피하면서 국가기관의 일부로 편입하는 것이다. 근대 일본이 신도를 비종교화하여 천황제 국가의 정당성을 옹호하고 국민의 교화 기능을 담당케 한 것과 같은 경우다. 어느 쪽

이든 자신의 문화적 정체성을 가진 전통종교를 근대적으로 개편하거나 개혁해서 근대 세속 국가 건설에 활용하려는 것이다. 즉 종교를 인민을 통합하는 수단으로 활용하고, 문화적 정체성을 보존하는 구심점으로 이용하자는 것이다.

동아시아 3국을 본다면, 근대 이전의 동아시아 전통종교들은 왕조국가에 종속되어 국가 이데올로기 역할을 담당했기 때문에 성직자 계급이나 종교 조직이 독자적으로 발전하기 어려웠다. 일본 막부 체제하에서 지역사회 강(講)을 중심으로 하는 단가(檀家) 제도나, 중국 향촌사회 민중들의 회(會) 도(道) 문(門)의 비밀결사 조직이나, 한국 지방 마을에 존재했던 민중들의 향도 조직과 같은 전통적인 민중 조직들은 지역적인 이해에 그치고 있어 전국을 단위로 하는 국가권력으로부터 벗어나 독자적인 종교 조직으로 발전하기에는 한계가 있었다. 그럼에도 불구하고 동아시아 3국에서 근대 이행기에 발생한 민중종교들은 민중운동을 추동하는 구심점 역할을 하였다. 이들이 신봉하는 종교는 자신의 삶과 밀착되어 있기 때문에 평상시에는 민중들의 생활 속에 침잠해 있지만, 삶에 위기가 닥치면 기성종교와 권력에 저항하는 민중운동의 주역으로 등장하였다. 이 같은 상황에서 근대 국민국가가 민중종교에 자율 활동의 공간을 허용하는 것은 결코 쉬운 일이 아니다. 즉 전통적인 민간 조직들은 민중운동과 민중종교를 출발시키는 기초는 될 수 있었지만, 이들에게서 종교와 세속을 분리한다는 것은 거의 불가능한 일이었다. 또한 개인의 권리가 충분히 보장되지 않았던 비서구 사회에서 서구와 같이 세속과 완벽하게 분리하는 것도 쉽지 않았다. 삶의 현장에서 세속과 분리하는 것은 법적 정치적 차원의 분리만이 아니라 문화적 차원까지의 분리를 전제해야 하기 때문에 더욱 그랬다.

2. 세속의 종교 통제 시스템

그러면 문화적 차원에서 종교와 세속의 관계가 어떻게 처리되는지 살펴보자. 삶의 현장에서 종교를 간접적으로 통제하는 근대 시스템이 존재하는데, 이는 '종교·과학·미신'의 3자 구도 동학(動學)을 활용하는 것이다.[11] 이 3자 동학은 세속 국가 주도하에 법적 제도적 차원을 넘어 문화적 차원 혹은 개인의 삶의 차원에까지, 세속에서 한층 더 안전하게 종교를 격리시키는 수단을 제공한다. 여기에 덧붙여 폭발성이 잠재해 있는 종교현상들을 국가 문화재로 지정해 그 예봉을 꺾으려 한다.

근대 세속 국가는 법적 정치적 의미에서 이미 세속과 분리되어 있는 종교를 직접 통제할 수 없다. 여기에 근대 세속 국가의 종교 통제의 딜레마가 있다. 근대적 종교 개념에 의하면, 종교는 사적인 내면 영역을 지배하는 반면 세속 국가는 공적인 세속 영역을 관리한다. 그리고 공적인 세속을 운영하고 관리하는 원리는 세속의 나침반인 과학이다. 그렇지만 세속 국가는 마음만 먹으면 이 과학을 무기로 하여 종교를 간접적으로 통제할 수 있다. 국가권력에 불편을 주는 초자연적인 종교를 종교 아닌 것 혹은 미신으로 규정할 수 있다. 국가의 권력은 종교의 인정 유무나 종교의 사회적 기능을 고려하여 과학의 이름으로 종교를 얼마든지 재단할 수 있는 힘이 있다는 말이다. 이때 국가가 통제할 수 있는 힘의 크기는 종교가 존재할 수 있는 시민사회 영역의 유무와 그 성숙 정도에 따라 또 종교의 사회적 영향력에 따라 조금은 달라질 수 있다.

시민사회가 발전하지 못한 비서구에서는 국가의 종교 정책에 의해 종교의 사회적 위치와 역할이 크게 달라질 수밖에 없다. 세속 국가는 종교가 어디로 갈지 알 수 없는 위험물이기 때문에, 정교분리를 명분으로 종교를 일단 종교의 영역에 가두고 나서, 반국가적이거나 반사회적이면 과학의 이름으로 미신이나 사교로 처리해 버린다. 근대 이후 종교와 세속의 분리를 주장하는 세속 국가라 할지라도 종교가 반사회적이거나 미풍양속을 해치거나 국가권력에 저항할 경우에는 절대로 종교로 인정하지 않고 사회적 혜택도 주지 않는다. 사회적 영향력이 거의 없고 개인신앙의 차원에 있는 민간신앙과 같은 비조직 종교는 이 시스템에 의해 미신으로 간주되어 피해를 입을 가능성이 크다. 또한 기층신앙을 기반으로 발현한 민중신앙이 민중들에게 삶의 양식을 제공하고 공동체의 문화적 정체성을 표출하는 것이라 하더라도 또 그들이 영향력 있는 창립종교로 성장했다 하더라도 이 시스템에 의하면 비종교적 영역으로 배제될 가능성은 얼마든지 있다.

이와 관련하여 일제가 만든 '유사종교' 개념을 살펴볼 필요가 있다. 일제하의 한국의 신종교들은 이 유사종교 개념에 의해 '종교'로서 대우받지 못했다. 이 개념은 근대에 형성된 문명종교 개념에 근거하여 식민 지배 권력이 종교의 영역을 자의적으로 분류한 개념이다. 식민 지배 권력은 일차적으로 정교분리를 우선으로 하는 문명종교 개념에 의해 종교를 분류한다. 그 다음 그들의 종교 활동을 종교·과학·미신의 3자 동학에 의해 미신이나 사이비 종교로 분류하여 종교의 장에서 추방하고자 한다. 특히 일제는 근대 한국의 신종교들을 식민정책에 저항하는 민족운동의 본산으로 보고 이들을 유사 결사 단체로 규정하였다. 그리고는 구체적인 종교 활동을 3자 시스템에 의해 다시 평가한 것이다. 정치적 활동을 하는 종교는 종교가 아니며, 정교분리의 원칙을 지키지 않는 종교는 근대의 문명종교가 아니라는 것이다. 그리고 근대 신종교는 과학의 입장에서 볼 때도 문제가 많다는 것을 보여주려고 했다.

1919년 3월 3일 문부성 종교국이 발표한 통첩 제11호에 따르면, 신도와 불교 그리고 기독교는 공인된 종교이고, 공인되지 않은 채 마치 공인종교와 유사한 활동을 하는 종교는 유사종교라고 규정하였다. 공인종교는 문부성에서 관리했으며, 유사종교는 경무국 치안과의 단속 대상이 되었다. 그런데 일본은 근대 문명국가로서 체제를 갖추고자 1889년 신교의 자유를 규정한 명치헌법에 이미 종교와 정치의 분리를 규정하고 있었으나, 실제로는 그렇지 않았다. 국가신도는 종교가 아니라고 하면서도 종교 이상으로 보호하는 국가주의 종교 정책을 실시하였다. 특히 식민지였던 한국에서는 제국주의 국체를 보호·확대하는 데 유용하거나, 아니면 기독교처럼 거부할 경우 일본의 국제관계에 장애가 된다고 판단되는 종교를 공인하는 데 지나지 않았다. 공인받지 못한 종교들은 모두 유사종교가 되었다. 일단 유사종교라는 굴레를 쓰게 된 종교는 더 이상 종교가 아니기 때문에 국가가 우대하는 종교의 법적 지위가 박탈되고, 단지 종교의 허울을 쓴 단체로 낙인 찍힐 가능성이 매우 높았다. 이는 일제하 근대 신종교들의 사회 활동을 위축시키는 주요 요인이 되었다.

4. 근대적 사조와 종교

1. 문명주의와 근대 신종교

19세기 말에서 1910년 조선의 패망까지 조선 사회의 목표는 근대 국민국가 만들기였고, 이런 기획을 뒷받침한 것은 바로 '문명주의'라는 이념이었다. 이 문명주의의 대표적인 담론 주제는 만국공법과 같은 국제법과 근대 문명의 이기를 낳은 과학이었다. 이 문명주의가 종교에 직접적으로 영향을 준 것이 바로 문명종교 개념의 정착과 정교 관계의 문제였다.

조선에서는 1884년 개신교가 공식적으로 전래되고 1886년 한불조약이 체결되면서 근대적 문명종교의 개념이 널리 퍼져 나갔다. 전통적인 '교·학·도'와 같은 방식으로 존속해 온 전통종교들은 근대적 종교 개념인 '종교'의 이름으로 재편되어 갔다. 당시 대부분의 전통종교들은 종교적 구원의 개념에 인민 교화의 개념까지 포괄하는 '교'의 개념이었으나, 개인의 덕을 닦는 수도 즉 '도'의 개념을 가지고 있었다. '덕'(德)과 '교'(敎)는 동양 전통종교의 기초를 이루는 개념들이다. 스스로 수도하여 '덕'을 갖춘 성인이 되고, 그 성인이 자신의 덕을 다른 사람에게 베푸는 것이 '교'이다. 그 때문에 동양의 '교'는 종교와 교육의 의미가 동시에 있다. 그리고 전통적인 '교'는 성인의 가르침으로, 국가의 공인을 받아야만 한다. 그렇지 않으면 '교'가 아니라 이단사설(異端邪說)이 된다. 조선 후기 서학이나 동학도 모두 국가의 공인을 받지 못한 이단사설이었다. 그래서 그들은 성인의 가르침이 될 수 없었으며 심한 탄압을 받았다. 『중용』에서 보면, 도는 성품을 따르는 데 있고, 성품은 하늘의 명령을 따르는 '있는 그대로'의 모습임을 강조한다. 이렇게 보면, 동양 사회의 '교'란 위로는 하늘의 명령(天命)에 따르는 동시에 아래로는 민중에게 하늘의 뜻, 즉 천도(天道)를 전하는 것이다. 그런 점에서 동양의 전통종교는 교화이며 교육이기도 하다. 그러나 근대적 종교 개념이 정착되자 다양한 종교들은 문명화의 스펙트럼 선상에 한 줄로, 즉 문명종교·열등종교·비종교로 재편되었다. 이에 전통종교들은 모두 문명화된 근대적 종교를 향하여 매진하게 되었던 것이다.[12]

근대 전통종교들은 모두 근대 기획과 문명종교 개념에 따라 재편성되고 재평가되었다. 유교는 사회 구성 원리를 제공해 왔으나, 현세지향성과 윤리 도덕의 성향이 강하기 때문에 초월성이 부족하다고 비종교로 취급되었다. 불교의 경우 많은 불보살과 신중들이 있다 하여 다신론의 종교로 이해되고, 유일신 관념이 결여되어 있다고 참종교가 아닌 열등한 종교로서 취급받았다. 다음 민중종교나 민간신앙, 토속신앙들은 비과학적이라 하여 종교 영역에서 추방시켜 이른바 미신이나 거짓 종교 또는 사이비종교로 간주되었다.[13] 이렇게 문명종교를 기준으로 할 경우 전통종교이거나 신종교이거나 간에 온전한 '근대적 종교'로서 인정받을 수 없었다. 그것은 근대적 종교 개념과 서구 근대성에 기초한 사회적 편제 때문이다. 그래서 불교와 유교는 자신을 '근대적 종교'로 개혁하는 데 심혈을 기울일 수밖에 없었고, 근대에 창립한 신종교들은 미신에 빠지지 않으려고 열심히 경전을 편찬하고 의례를 정비하였다. 동아시아의 근대 신종교들도 상황은 크게 다를 바가 없었다. 그들은 미신에 떨어질 위험성 때문에 항시 두려움에 시달려야 했다.

다음은 종교와 세속의 관계에서 지배종교의 문제다. 전통적인 국가들은 서구 근대성을 받아들여 사회 문명화를 이루고, 그것을 통하여 부국강병과 근대국가 건설을 도모하려 하였다. 그러나 그런 목표를 설정해 실천한다고 해서 모든 국가들이 근대 국민국가로 나아갈 수 있는 것은 아니다. 근대 국민국가의 필수 조건은 사회 문명화와 부국강병인데, 그 성패를 결정하는 요인은 다양하지만 비서구 국가에서는 다른 무엇보다도 세계 체제의 압력이 문제가 된다. 19세기 제국주의 시대에 그것을 극복할 수 없다면 식민지로 전락하고, 그러면 해당 식민지의 종교는 저항종교로 나서야 하는 것이 당연한 수순이다. 특히 경쟁에서 패퇴하여 국가가 위기 상황에 처해 있으나, 여전히 종교가 사회적 힘을 가지고 있는 상황이라면 종교에 거는 민중의 기대는 적지 않았을 것이다.

비서구 사회에서 영향력 있는 종교라면 인민을 통합하고 교화하는 역할을 요구받는 일은 자연스러운 일일 것이다. 그러나 근대 세속 사회에서 인민을 통합하고 교화하는 일을 어느 종교나 할 수 있는 것은 아니다. 이는 국민국가로부터 근대적 문명종교로서 인정받을 경우에만 가능한 일이다. 인정을 받지 못할 경우 종교는 종교적인 행위조차도 정치적인 행위로 간주되어 탄압을 피할 수 없다. 그래서 근대적 종교 개념에서 벗어나 있는 종교들은 종교로서 자격을 얻기 위해 인정 투쟁을 할 수밖에 없었다. 반면에 종교가 국민국가로부터 인정받을 경우 해당 종교가 행하는 정치적 행위까지도 국민의 통합과 교화를 증진하는 행위로 간주된다. 이는 앞서 언급한대로 지배 권력의 선택에 의해 미신과 문명종교를 구분하는 논리와 크게 다르지 않다. 식민지 사회에서 종교는 국민국가를 대신해 인민을 통합하고 교화하는 역할만하는 것이 아니라 문명개화와 부국강병을 추진할 주체로서 호명될 가능성도 적지 않다. 이는 다른 영역에 비해 종교에 그나마도 활동공간이 주어지고, 이전에 사회를 구성하는 원리를 제공하고 개인들에게는 삶의 방식을 제공하고 있었기 때문이다. 따라서 식민지 사회 종교는 국가를 대신해 유사 권력기관으로 부상할 가능성이 크다. 그 때문에 대부분 피식민지의 전통종교들은 민중의 열망을 전제로 종교의 근대화와 더불어 국가권력을 대행하는 정치종교의 역할을 떠맡게 된다. 그들은 식민 지배주의 권력에 저항하거나 혹은 저항하지 않더라도 식민 지배주의 권력을 외면하는 종교 행위를 통해 식민지 권력에 저항하는 효과를 표출한다. 그러나 식민지 종교의 정치적 역할은 역시 종교와 세속의 분리라는 '근대적 종교 체제'와 갈등을 야기할 수밖에 없었다. 식민지 인민의 교화와 통합에 종교를 활용하고자 하는 식민 지배 권력과 식민 지배 체제를 부정하고 기성 체제에 저항하는 식민지 정치종교 간의 갈등은 피할 수 없다. 여기에 근대 문명종교의 개념과 종교와 세속의 분리 원칙이 식민지 종교 활동에 대한 탄압의 명분을 제공할 가능성이 크다.

일제하의 근대 신종교들도 문명종교의 체제에 편입되기 위해 끊임없이 노력하는 한편, 문명개화와 부국강병을 추진할 주체로서 등장하였다. 그러나 인민의 통합과 교화를 요구하는 민중의 요청과 종교를 통제하려는 식민지 당국 간의 갈등은 피할 수 없었다. 문명종교의 눈으로 보면, 근대 신종교들이 떠맡은 일들은 모두가 정교분리를 넘어선 정치종교의 역할에 해당된다. 즉, 근대 신종교들은 근대의 힘과 전통의 힘이 부딪치는 경계에 놓이게 된다. 이들은 자신의 생존을 위해 식민지 지배 권력과 타협하면서 동시에 민중의 요구에 따라 저항해야 하는, 또는 식민지 지배 권력에 동조하여 근대화를 지향하면서도 근대 민족국가 건설에 나서야 하는 상호 배치된 모습을 보이게 된다. 더구나 일제하의 조선은 세계 체제에 바로 편입된 것이 아니라 서구 열강을 추종하는 일본 제국주의 지배 체제를 통해 편입됨으로써 서구열강과 일제의 이중적인 지배하에 있었다. 더욱이 일제 말기에는 일선동조론이라든가 대동아공영권과 같은 동아시아의 문화권에 근거한 식민 지배 담론들을 들고 나왔기 때문에 식민지 조선은 정치적 민족 독립과 문화 정체성이라는 면에서 많은 혼선을 겪게 되었다. 그래서 전통종교들은 식민 지배에 대한 저항종교(抵抗宗敎)로 확실하게 자리잡지 못했고, 또 서구 기독교는 민족 독립을 지원하는 정치적 성격과 문화 정체성을 부정하는 문화적 성격을 동시에 공유하고 있었다. 전자가 애국계몽기 독립협회를 주도한 지식인 집단이었다면, 후자는 종교적으로 개종한 기독교 근본주의자들을 말한다. 그럼에도 식민지 조선에서 기독교가 큰 영향력이 있었던 것은, 그것이 서구 열강의 종교이고 문명종교 개념에 의해 형성된 일종의 문화적 헤게모니(hegemony)를 쥐고 있었기 때문이다. 일본의 지배종교인 신도는 일본 헌법에서 비종교로 규정되었기 때문에 종교로서 영향력을 발휘할 수 없었다. 특히 불교와 유교 같은 전통종교는 일제와 종교 문화가 유사하다는 이유로 저항종교로서 대항하기는커녕 종교의 문명화라는 이름으로 쉽게 친일화의 길을 가게 되었다. 또 기독교는 조선 문명화를 위한 조력자라고 판단하여 그들이 민족문화 전통을 훼손하는 것에 대한 경계를 소홀히 하는 결과를 가져왔다.

2. 문화주의와 근대 신종교

1910년 일제의 조선 강점은 조선인들이 근대 기획의 주체가 될 수 없다는 사실을 분명하게 각인시켰다. 그렇게 되자 근대국가 건설을 목표로 한 문명주의 이념의 수정이 불가피했고, 문화가 정치보다 더 중요한 기준으로 등장하였다. 물질문명에 대한 비판과 새로운 발전 대안으로서 문화주의가 제시된 것인데, 인격 개조 혹은 정신 개조를 통한 문화 건설을 주장한다는 점에서 큰 차이가 있다. 그러나 문화주의도 서구 근대 문명을 기반으로 성립한 것이기 때문에 한말의 문명개화론의 연장선상에 있었다.

1919년 3·1운동을 전후하여 한국 지식인들의 문명화에 대한 관점이 변화하기 시작했다. 종래의 단일한 진화론에 근거한 문명 담론은 퇴조하고, '문화'와 '사회 개조'의 담론들이 조선 사회에서 주류를 차지하게 되었다.[14] 이런 문화주의는 제1차 세계대전 이후 자본주의의 모순과 이로부터 파생된 제반 문제들을 해결해야 한다는 공감대 위에서 형성되었다. 이러한 모순과 문제들을 근본적으로 해결하기 위해서는 새로운 '문화'를 수립해야 한다는 것이 문화주의의 논리다.[15]

문화주의는 독일의 신칸트주의[16]를 철학적 기초로 하여, 메이지 시대 후기부터 일본에서 이미 유행하고 있던 담론이다. 이는 인격주의나 수양주의, 그리고 제1차 세계대전 이후 쏟아진 다양한 개조론과 서로 교차하면서 성장한 담론이다. 문화의 가치를 진선미(眞善美)로 규정했고,[17] 이것의 함양을 통한 '인격'의 완성을 목표로 제시했으며, 이 인격 완성을 사회 개조의 출발점으로 삼았다. 이것이 1920년대 조선에서 부르주아 민족주의 세력이 주도하는 민족운동의 이념적 근거가 된다. 조선의 지식인들은 인격주의에서 문화주의로 이어지는 일본의 지적 흐름[18]과 다양한 개조론을 독해하는 방법의 하나로서 이 문화주의를 수용하여 활용한 것이다.

3·1운동 이후 조선 총독으로 부임한 사이토 마코토는 1919년 9월 훈시에서 주요 시정 방침으로 '문화의 발달과 민력의 충실'을 내세웠다. 그는 문화적 제도의 혁신으로 조선인을 이끌고 가르쳐 행복과 이익의 증진을 꾀하고, 조선의 문화와 관습을 존중하겠다고 말했다.[19] 이후 부분적으로 허락된 언론의 자유는 바로 사이토 마코토의 문화주의가 식민지 조선에 퍼져 가는 데 중요한 요인이 되었다. 그러나 당시 3·1독립선언서에서 강조되었던 '민족자결'의 내용은 거의 거론되지 않았다. 이후에도 문화주의는 민중 계몽의 문제에만 연결되고 민족 자체의 문제에는 거의 연결되지 않았다. 이같은 '문화주의'의 개념은 민족 공동체를 떠나 개인의 '인격 완성'을 추구하는 것을 목표로 설정하고 그것을 인간 생활의 가치 있는 성과로 간주하였다.[20] 특히 《동아일보》 창간호(1920.4.1) 창간사 내용을 보면 다음과 같은 문화주의를 제창하고 있다.

> 이(문화)는 개인이나 사회의 생활 내용을 충실히 하며 풍부히 하니 곧 부의 증진과 정치의 완성과 도덕의 순수와 종교의 풍성과 과학의 발달과 철학 예술의 深遠奧妙라. 환언하면 조선 민중으로 하야곰 세계 문명에 공헌케 하며 조선 강산으로 하야곰 문화의 낙원이 되게 함을 高唱하노니 이는 곳 조선 민족의 사명이요 생존의 가치라 사유한 연고라.[21]

다음은 당시 문화주의에 대한 인식과 문화주의를 인격주의와 연관해서 설명한 1920년 6월 『개벽』에 게재된 「문화와 인격적 평등(文化와 人格的 平等)」의 내용이다.

如斯한 文化는 人格主義로부터 出한 것이라 하면 文化는 무엇보다도 먼저 論理上 國土時代의 經驗的 內容을 超越한 先天的 基礎의 上에 立한 것일지며 그리하야 此를 有한 者는 論理上 먼저 先驗的 自我 卽 人格에 置重치 아니치 못할지로다. 故로 文化라 云하며 改造라 云함은 먼저 此와 如한 人格의 存在를 豫想할 것이며 그리하야 此와 如한 人格의 上에는 平等觀이 成立치 아니치 못할 것이로다. (중략) 所謂 「데모크라시」라 하는 것은 此 人格을 基礎로 하야 成立한 者이며 그리하야 此 人格主義를 基礎로 함에 의하야 往往히 平等主義의 流弊되는 平凡主義의 無法한 無差別 平等觀念을 此로부터 除去할 수 잇나니 何者오. 만일 「데모크라시」가 社會上의 平等을 期하야 事實上 多數를 占한 劣惡者의 水平線에 人을 引下한다 하면 이는 到底 世界改造와 文化라 云키 難할지오. 「데모크라시」가 全然히 人格으로써 그 水平線的 標準이라 하면 此 精神으로 社會에 流行케 함은 곳 그 時代에 在한 高度의 文化에 民衆을 引上케 하는 意味의 平等主義라 云할지니라. 此와 如한 平等主義야말로 처음으로 民衆의 儀表되는 天才의 存在를 認함을 可得하며 文化의 自由發展 所謂 生的 跳躍을 認容할 것이며 그리하야 一派의 人人이 曲解함과 如한 無法한 差別과 民本主義의 精神을 判然히 區別키 可能하리니 是에서 文化主義와 人格主義는 密接의 關係를 가젓다 할진저.[22]

여기서 우리는 문화주의가 '인격주의'로부터 출발했다는 것을 잘 알 수 있다. '인격상의 평등'을 전제로 문화가치의 실현과 나아가 '사회적 평등'까지 주장했다.

한편 개조론을 주장하는 쪽에서는 민족 문제 해결책의 하나로 인격이나 정신 개조만이 아니라 민족 개조를 통한 신문화 건설 운동을 주장하였다. 이 민족개조론은 단순히 한 개인의 개량성이나 식민 논리의 동화로만 보기는 어렵다. 그들의 주장은 '민족 개조'를 통해 민족적 정체성을 확보하고 민중을 문화운동으로 끌어들이고자 했기 때문이다. 민족개조론에는 개조의 지향성과 방법, 주체와 대상의 설정에 따라 다양한 형태의 담론들이 존재할 수 있는데, 보편적인 문화주의를 실현하기 위해 우리 민족의 부정적인 민족성을 극복해야 한다고 주장할 수밖에 없다는 데 문제가 있다. 따라서 부정적인 민족성을 극복하기 위한 대안으로서 등장한 개조 담론은 자체에 모순을 내포할 수밖에 없다는 점이 문제가 된다. 이것은 한편으로는 우리 민족의 역사와 문화를 강조하고, 다른 한편으로는 민족의 부정성을 극복하고 서구 문화를 모방하고자 한 것이기 때문이다. 그리고 이 담론은 즉각적인 저항보다는 점진적인 방식의 개조운동을 표방하고 있다는 점 또한 문제였다. 신문화운동의 이상과 같은 점들은 식민지 상황을 고려할 때 민족운동의 한계로 지적되지 않을 수 없었다.

이들은 민족 개조와 신문화운동을 슬로건으로 내걸었지만, 내용적으로는 식민 지배 권력의 문화 담론과 큰 차별성을 보여주지 못했다. 그리하여 식민 지배 권력이 주장하는 문화 담론에 포섭될 위험성이 컸다. 이 시기 지배 권력이 펼치고 있었던 '민풍 개선, 인격 수양과 같은 교풍운동'과 '신문화운동'을 민중들이 구별하기란 어려운 일이었다. 결국 민족개조론을 통한 신문화운동은 식민지 상황 속에서 민중적 지지를 받기가 쉽지 않았다. 그리하여 신문화운동은 문화주의 내부의 분열과 사회주의자들의 공격을 받아 민족운동의 주도권을 확보하는 데 실패하고 만다.[23] 여기에 대표적인 지식인으로

우니나라 최초의 근대 장편소설 『무정』을 쓴 춘원 이광수와 『개벽(開闢)』을 창간하여 천도교 교리를 근대적으로 해석하고 민족자주사상을 고취한 야뢰 이돈화를 들 수 있다.[24]

이상과 같이 문화주의가 정착되면서 천도교 신파만이 아니라 식민지 근대종교에도 많은 영향을 끼쳤다. 장석만은 이 담론이 근대적 종교의 개념과 접합하게 되면서 만들어진 효과를 세 가지로 정리했다.[25]

첫째, 문화 속에 포섭된 종교는 기존 체제에 영합하거나 그것에 대항하기 위해 통합과 침투의 긴밀한 상호작용이 이루어지는데, 이때 종교는 주체화의 동인으로서 움직일 것을 요청받는다는 것이다. 예컨대 전자는 황국신민화를 위한 일제의 심전개발운동에 직접 참여한 불교나 유교를 들 수 있고, 후자는 민족을 대표하여 3·1운동에 참여한 천도교와 기독교를 들 수 있다. 둘째, 그러한 요청에 불응하거나 역행할 경우, 유사종교 및 사이비종교라는 범주가 가동하여 자동 제거되는 절차를 진행시킨다는 것이다. 1930년대 후반에 해체 당한 보천교나 백백교의 경우이다. 셋째, 문화가 각 민족에 고착될 경우와 민족 경계를 넘어 더 넓은 영역으로 이동할 경우 종교적 대결이 심화되거나 유착이 일어나게 되는데, 전자의 사례로 대종교와 같이 민족 고유의 신교를 종교화하여 무장투쟁 전선에 나선 것을 들 수 있고, 후자의 사례로는 천도교 신파와 같이 민족과 인종의 경계를 넘나들며 문화의 보편성을 강조한 것을 들 수 있다. 일제가 주장하는 대동아공영권의 평화와 번영에 대한 환상도 여기에 속한다.

3. 사회주의와 근대 신종교

한국의 사회주의 운동은 앞서 언급한 문화주의 민족개조론으로는 조선의 독립이 불가능하다는 인식에서 출발하였다. 3·1운동 전후로 독립운동의 방향을 둘러싸고 비타협적인 투쟁을 강조하는 '절대독립론'과 식민지체제 내에서 조선 자치를 전제한 '독립준비론'이 서로 대립하였다.[26] 당시 사회주의 계열은 3·1운동으로 인한 농민과 노동자 세력의 성장에 고무되어 있었고, 대외적으로는 소련의 지원을 받아 운동 역량을 성장시킬 수 있다는 기대를 하고 있었다. 1920년대 초 민족개조론에 대한 사회주의 계열의 공격은 가열되었으나 조선의 현실은 실력을 양성하여 독립을 준비하자는 쪽으로 흘러갔다. 그것은 식민 통치를 당장 벗어날 수 없는 현실 상황을 감안한 것으로 이해할 수 있다. 그러나 젊은 사회주의자들은 이에 만족하지 않고 앞서 개량주의적인 민족운동만으로는 민족 독립을 실현하기 어렵다는 인식에서 민족독립운동에 대한 사상적 일대 전환을 요구한 것이다.

1920년대 사회주의는 모든 조선 지식인들이 공감하든 안 하든 유행적인 사조로 확산되었다. 이는 제1차 세계대전 이후의 국제적 상황과 밀접한 관련이 있다. 전후 처리 원칙의 하나로 제시된 민족자결주의가 크게 성과를 내지 못하자 사회주의는 민족운동의 새로운 방법으로서 주목받게 되었고, 여기에 민족운동에 투신한 젊은 지식인들이 대거 몰렸다. 게다가 1917년 러시아혁명에 성공한 레닌 정부가 식민지 민족 해방에 실질적 도움이 될 것으로 보였기 때문에, 특히 천도교인과 개신교인들 중 사회주의로 전향하는 자가 속출하였다. 그 대표적 인물이 첫 사회주의 단체인 '한인사회당'을 조직한 이동휘[27]와 중국공산당에 가입한 여운형이다.[28]

그리고 자생적으로 성장한 젊은 사회주의자들도 우파 민족운동은 실력양성주의에 빠져 식민지 상황에 대한 정치적 개혁만을 주장한다고 보고, 개량주의적인 우파의 각종 문화운동을 정면으로 부정하였다.[29] 1924년 4월에는 전국의 전위 조직인 조선노농총동맹과 조선청년총동맹이 결성되고, 1925년

4월에 지하조직으로 조선공산당이 정식으로 결성되었다. 이렇게 한국의 사회주의는 사회주의 이념의 실현이나 계급투쟁보다 민족운동의 노선 투쟁이라는 역사적 배경 속에서 식민지 조선에 확산되었다.

사회주의는 자본주의와 대척점에 있지만 서구의 근대성을 가장 충실하게 반영한 세속적인 이념이다. 그들은 반종교적인 계몽주의의 계승자로서 과학적 유물주의 세계관에 입각하여 종교적 유심주의 세계관을 전면 부정하고, 종교를 '민중의 한숨이자 아편'이라고 하여 박멸하려 했다. 철저한 과학주의를 표방하며 종교에 대한 반종교론(反宗教論)을 전개했다. 그들은 종교의 본질적 특징과 종교의 탄생과 발전에 관한 반종교 이론을 갖추고[30] 대중 생활 속에 존재하는 염세적 내세주의나 일체의 비과학적 미신적·종교적 제 요소들을 청산하는 것이 그들의 임무이고 과제라고 여겼다. 이렇게 본다면, 이론적으로는 그들의 사상투쟁에서 최우선적으로 타도되어야 할 대상이 바로 종교이다. 그럼에도 불구하고 한국의 사회주의자들은 근대 종교들과 대립 갈등의 관계만 보인 것은 아니다. 양자는 모두 인간 해방과 보국안민의 민족적 과제를 해결하려고 하는 지향점을 공유하고 있었기 때문이다. 더구나 근대 신종교들은 당시 국가가 없는 가운데 민족 공동체의 소명까지 감당하고 있었다는 점에서 더욱 그렇다. 그리고 근대 신종교들은 말세주의가 아니라 지상천국에 대한 대망주의, 내세주의가 아니라 인간 중심적인 현세주의를 주창하고 있다는 점에서도 협력의 가능성은 열려 있었다.

이 사회주의 운동에 민감한 반응을 보인 종교는 동학을 개신한 천도교였는데 활동 방향이 둘로 나뉘었다. 하나는 최시형의 맏아들인 최동희와 같이 공산주의의 계급 편파성을 거부하고 자체적으로 무산민중을 중심으로 한 무장투쟁을 전개하는 것이고, 다른 하나는 사회주의와의 결합을 도모한 것이었다.[31] 사회주의자들과 함께 사회운동을 벌이는 데는 천도교의 신파 구파가 따로 없었다. 구파의 경우 6·10만세운동이나 신간회 결성에 함께 참여했고, 신파는 조선농민사 창립이나 『개벽』 등의 잡지 발간에 사회주의자들과 함께 참여하여 활동을 하였다. 천도교 신문화운동의 주창자인 이돈화도 조선농민사 창립 후 조선농민사 이사회 명의로 적색농민인터내이션날에 가입을 청원하였고, 고려공산당을 조직했던 최동희는 레닌에게 조선혁명을 지원해 줄 것을 요청했다. 이 같이 1920년대 후반은 민족주의가 사회주의요, 사회주의가 민족주의인 시대였다. 당시 천도교와 사회주의자들의 민족운동과 사회 각 부분 운동들은 조선 사회의 물적 기초와 외세적 충동으로 인해 당연히 일어날 수밖에 없었고, 민족운동과 사회주의 운동의 전선이 같음을 주장하였다.[32] 사회주의 운동가인 양명은 『개벽』 65호에 「여시아관」이라는 제목으로 모든 운동의 전선이 같음을 다음과 같이 밝혔다.

금일 조선에는 민족주의와 사회주의의 대립이 민중 요구의 반영이 아니오, 다만 사상 경향의 차이에 불과한 것이니, 어느 민족주의자든지 물어보라. 그는 사회주의자의 정강보다 다른 것으로 대답하지 못할 것이다. 어느 사회주의자든지 물어보라. 그는 민족주의들의 말과 크게 다를 것이 없을 것이다.[33]

당시 한국 사회주의는 민족적 과제에 대해 민족진영과 공감하는 부분들이 많았기 때문에 민족주의 종교 세력과는 전략적으로 협력과 갈등이라는 이중적인 관계를 가졌다. 가끔 국제적 사회주의의 간섭으로 말미암아 협력과 연합의 길은 평탄치 않았지만 민족운동의 분열을 해결하기 위해 서로 협력하는 길을 찾기도 하였다. 특히 1926년 6·10만세운동을 둘러싸고 사회주의자들과 천도교인들의 격문을 보면, 민족해방을 목표로 하여 천도교 민족주의자와 공산주의가 합류한 원인을 잘 알 수 있다.

식민지 조선에서는 민족 해방이 곧 계급 해방이고 정치적 해방이 곧 경제적 해방이라는 것을 알지 않으면 안 된다. 식민지 민족이 총체적으로 무산자 계급이며 제국주의가 곧 자본주의이기 때문이다. 그러므로 현재 우리는 당면한 적인 침략국 일본으로부터 정치적 경제적인 모든 권리를 탈환하지 않으면 죽음의 땅을 탈출하는 것은 불가능하다.[34]

6·10만세운동의 연장선상에서 1927년 좌우합작의 신간회가 발족한 것도 이해되어야 할 것이다. 여기서 사회주의 수용은 민족 독립을 위한 것임을 분명히 드러내고 있으며, 조선인의 심경을 통해 제국주의와 싸워야 하는 조선 무산자의 식민지 현실을 충분히 말하고 있다. 결국 민족주의 진영의 절대독립론 세력(천도교 구파)[35]과 사회주의 진영이 합작하여 신간회(新幹會)를 결성하였다. 이 좌우 진영은 서로 이념은 달랐지만 독립운동을 비타협적으로 수행한다는 점에서는 서로 일치된 입장을 취했다. 그러나 어렵게 형성된 신간회는 일제의 탄압과 더불어 사회주의자들이 민족주의 세력과 연합할 필요성이 반감됨에 따라 1931년 해소되고 말았다. 정해정에 의하면, 신간회에서 사회주의 진영과 천도교 구파의 양측이 서로 협력하다 대립하게 된 것은 결국 천도교 수운주의와 사회주의자들의 반종교적 이론 간의 갈등, 천도교 영도권 주장과 계급 헤게모니, 천도교의 물심병행론(物心竝行論)과 마르크스주의적 유물론의 갈등 등이 문제가 되었다.[36]

한편 개항기 초기 개신교는 문명개화의 상징으로 비쳤지만 시간이 흐르면서 개신교가 문명 기호라는 인식이 약화되기 시작하였다. 1910년대 후반 이광수가 기독교를 비판한 것을 신호탄으로 하여 조선에서 개신교가 본격적으로 비판받기 시작하였다. 그는 개신교가 초기에는 문명의 선도자 역할을 하였으나 자신의 시대에는 문명에 뒤쳐진 종교라고 하면서 개신교의 합리성 결여와 미신성을 통렬하게 비판하였다.[37] 이 같은 시류를 타고 1920년 대 사회주의 진영은 개신교를 주 공격 대상으로 하면서 개신교의 환상적 세계관과 제국주의의 전위대 역할을 비판하였다. 이같이 이들의 종교에 대한 비판은 대체로 '종교의 본질'에 대한 이론적 비판과 제도종교의 사회적 기능 즉 자본주의와 제국주의의 첨병 역할에 대한 비판으로 채워졌다.

당시 사회주의의 반종교운동의 구호나 강령을 보면, 종교와 미신을 동일시하고, 종교와 과학을 날카롭게 대립시키고 있다. 그 논리 속에는 철저한 과학주의가 자리잡고 있었다. 말하자면 과학이 종교를 대체하는 것을 인류의 궁극적 해방으로 보고 있는 것이다. 예컨대, 1921년 상해에서 조직된 상해파 '고려공산당'의 강령에는 무산군중을 종교적 미신(迷信)으로부터 해방시키기 위하여 과학적 문화운동 및 종교배척운동을 전개할 것을 천명하고 있으며,[38] 1923년 3월 24일부터 진행된 '전조선청년당대회'에서는 종교의 존재 의의를 부인하기로 가결하였다.[39] 또 전조선민중운동자대회의 공동토의 사항 제6분과 '사상운동에 관한 건' 제5항에는 과학적 지식의 보급을 꾀하여 대중으로 하여금 자본가적 편견과 미신, 특히 종교적 미몽으로부터 탈출하게 할 것을 적시하였다.[40]

이 같은 사회주의자들의 종교에 대한 비판은 '반기독교의 날'을 제정할 만큼 기독교와의 대립 갈등 관계가 주 전선이었지만, 민족주의 천도교와의 대립 갈등도 마다하지 않았다. 다만 민족진영과는 전략적 차원을 고려하여 반종교운동의 강도를 조정했던 것으로 보인다. 한국의 사회주의 운동은 민족적 성향이 있었지만, 그들이 필요할 경우 천도교에 대해서도 반종교운동을 철저히 관철하였다. 천도교에 대해서는 '민족개량주의의 마녀(魔女)' '정녀(貞女)의 탈을 쓴 매춘부' 등으로 매도하고, 물심병행론의 수운주의에 대해 '사람의 몸뚱이에다 귀신의 대가리를 붙인 낮도깨비'라고 비난하고 냉소하였다.[41] 또 전통적 민중신앙에 대해서는 『정감록』을 근거로 하는 말세사상과 야소교의 내세천국의 신앙과 다를 바가 없다고 비판하고, 무산대중이 현실 생활을 견디지 못해서 말세를 부르짖고 신천지를 동경하고 있다는 점을 지적하고 민중을 착취하는 것이 비로 종교라고 하였다.[42]

사회주의의 이러한 종교 비판은 근대 신종교들에게 자신을 돌아보게 하는 계기가 되었다. 문명주의로 인하여 문명종교에 민감한 반응을 보이고 있던 근대 신종교들에게 '종교는 미신'이라는 사회주의의 비판은 또 다른 부담으로 작용하였다. 더구나 일제가 신종교를 종교가 아닌 유사종교로 취급하고 있는 상황에서 1920년대에 제기된 이 같은 반종교 담론을 외면하고 싶었을 것이다. 그리하여 이들은 사회주의의 공세를 자신의 교리를 더욱 합리화하고 철학화하는 계기로 삼았다. 예컨대 이돈화는 천도교 교리에 대한 근대적인 해석이 시도된 『신인철학』을 저술하여 새로운 대안을 모색하려고 하였다.[43] 그뿐 아니라 1920년대 이후 교리를 형성한 많은 신종교들은 과학적 진리를 강조하는 계기를 만들었다. 그 대표적인 것이 기성종교를 넘어서는 천도교의 신종교론이고,[44] 도학과 과학의 겸수를 말하는 원불교의 진리적 신앙이다.[45]

5. 소결

근대종교에 많은 영향을 준 것은 근대 세속 국가의 형성과 근대적 사조다. 근대 세속 국가의 탄생은 한편으로는 종교가 국가의 관리로부터 벗어나 신앙의 자유를 획득한 과정이다. 신앙의 자유는 모든 인권의 기초가 되었다. 그와 더불어 종교 영역만의 독자성이 있는 체계를 구축하는 일이 가능해졌다. 다른 한편으로는 종교가 세속에서 분리되었다고는 하지만 여전히 종교는 세속을 떠나서는 존재할 수 없다. 이에 세속과 분리된 종교는 세속을 지배하는 세속 국가와 다시 새로운 관계를 맺는다. 그런 종교가 바로 근대 국민국가의 국가종교다. 국민국가의 종교는 인간 내면의 신앙만 자유로울 뿐 외면의 종교는 전혀 그렇지가 않다. 즉, 내면적인 종교전통의 자율성은 인정하지만 외면적인 종교 제도와 사회 활동을 철저히 규제하는 것이 근대국가의 모습이다. 근대국가는 종교와 세속이 분리되었다고 해서 예측 불가능한 종교를 그냥 내버려 두지 않는다. 그래서 세속 국가는 과학, 종교, 미신이라는 3분법을 가지고 세속과 분리된 종교를 관리하는 시스템을 운영한다. 여기에 식민지의 민중신앙과 근대 신종교들이 주 대상이 되었다.

다음은 근대의 문화 사조로서 개항기부터 시작된 문명주의와 제1차 세계대전 이후의 문화주의, 그리고 3·1운동 이후의 사회주의를 정리하였다. 이들 모두는 서구 근대성을 바탕으로 한 근대주의를 표방하는 사상들이다. 이들은 물론 종교에만 영향을 미친 것이 아니다. 하지만 근대국가 형성 과정에서 종교가 중심을 이루다 보니 자연히 민족운동과도 직접적인 관계를 가진다. 이들 문화 사조의 영향을 받아 근대종교가 민족운동에서 차지하는 위상도 문제가 되고 종교 자체도 변모하고 있다. 이들이 종교에 미친 영향을 보면, 문명주의는 문명종교와 정교분리를 도입케 하였고, 문화주의는 계몽운동과 개량주의적 민족운동을 전개하게 하였으며, 사회주의는 반종교 담론을 통해 종교에 과학주의를 수용하게 하고 비타협적인 민족운동을 전개하는 데 기여를 하였다.*

제3장

한국 근대 신종교의 탄생*

---

* 이 장은 필자의 서울대학교 석사학위논문 「新宗敎의 反構造(communitas)的 性格에 관한 小考 : 朝鮮末期 宗敎現象을 中心으로」(서울대학교, 1982)를 본고에 필요한 바에 따라 전체적으로 개편하여 활용하였다.

조선 말기 주자학적 세계관이 민중과 유리되면서 조선왕조의 사회 지배력은 크게 약화되었다. 동시에 주자학적 세계관에 억눌려 왔던 민중은 점차 부상하여 그들이 가진 민간신앙의 이념을 기치로 삼아 지상천국을 대망하는 민란을 폭발시켰다. 민간신앙의 흥기는 지상천국을 대망하는 민란을 거쳐 결국 개벽사상을 신앙 틀로 하는 근대 신종교 창출로 이어졌다. 이 장에서는 그러한 근대 신종교의 탄생 과정과 그 성격을 살펴보려고 한다. 이는 뒷장에서 논술할 근대 신종교의 '근대적 종교' 만들기, 그리고 근대 신종교의 핵심인 '개벽사상과 지상천국'의 분석을 위한 출발점으로서의 의미가 있다.

1. 서론

민간신앙의 흥기, 민란의 발생, 근대 신종교의 창도(創道)로 이어지는 신앙 및 사상 동향은 일련의 연속적인 흐름이 있다. 민간신앙과 신종교의 관계에 대한 연구는 없지 않지만[1] 민란과 신종교의 관계를 살펴본 것은 찾아보기 힘들다.[2] 단지 『정감록』과 같은 도참 예언서가 민중운동인 민란과 신종교 형성에 많은 영향을 끼치고 있다는 사실만은 가끔 지적되곤 하였다. 여기서는 민간신앙, 민란, 근대 신종교의 내적 연관성을 민중 종교운동의 입장에서 살펴봄으로써 일련의 현상들이 민중적 신앙과 사상 전통에서 비롯된 것임을 밝히고, 그것을 통해서 근대 신종교의 형성 과정과 그 성격에 대해 논

의해 보고자 한다.

　민간신앙이 주자학적 세계관에 도전하기 시작한 기점은 숙종 조의 미륵신앙 사건이다. 이 시점부터 민간신앙은 민중의 고통을 유화(宥和)시키는 단순한 차원을 벗어나 민중의 집단행동에 정당성을 제공하는 적극적인 기능을 하며 역사에 등장하였다. 당시 민란은 대부분 혁세사상(革世思想)을 중심으로 한 민중운동으로 평가할 수 있는데, 그 사상은 이후 근대 신종교에서 개벽사상이나 지상천국에 대한 대망신앙으로 정착했다. 그렇게 보면 민란의 혁세사상은 숙종 조의 민간신앙의 흥기에서 신종교의 개벽사상으로 가는 과도기적인 것이며, 개벽을 실현하고자 하는 개벽운동은 민간신앙을 창조적으로 재구성한 종교운동일 뿐 아니라 민란의 제반 요소들을 종교적으로 체계화시킨 것으로 이해할 수 있다. 사회적 위기에서 고통받던 민중들은 과거와의 단절과 새로움에 대한 대망(待望)을 가진다. 그런 대망은 민란의 혁세사상에 자리하였고, 다음 근대 신종교에서는 개벽사상으로 발전하였다. 여기서는 그러한 과정을 순서대로 논술해 보고자 한다.

　종교는 문화적·사회적 현상과 상호 침투하는 것이기 때문에 종교운동을 종교적인 것에만 국한하여 분석한다면 그것의 사회적 의미를 충분히 파악하기 힘들다. 사회학의 관점에서는 종교를 사회적 사실(social reality)로 보아 원초적 '성(聖)의 경험'을 단지 사회화 과정의 파생물로 취급한다. 그 반면 종교학에서는 '성의 경험'을 종교적 사실(religious reality)[3]로 보는데, 사회적 인과를 따져야 하는 역사적 사실을 분석하는 데는 한계가 많다. 또한 종교 전통을 고려한 세계종교 패러다임 연구는 종교를 사회와 단절하는 결과를 낳는다. 따라서 종교운동의 이해는 종교의식과 사회적 존재 간의 상호 관련성을 고려해서 해석할 필요가 있다. 요컨대, 특정 사회의 종교운동을 분석할 때 종교적 사실과 사회적 사실 이 두 가지를 동시에 검토함으로써 종교적 요인을 무시하지 않으면서도 사회적 맥락에서의 종교 해석이 가능할 것이다. 특히 근대사회로 이행하는 전환기의 종교는 운동적 요소가 강하기 때문에 더욱더 사회적 맥락을 중요시할 필요가 있다.

2. 종교적인 삶, 구조와 반구조의 변증법

종교적 인간은 세속과 종교의 변증법적 관계 속에서 자신의 삶을 산다. 세속이라는 사회구조와 종교와 같은 반사회구조 간의 변증법적 삶을 살고 있다는 의미다. 세속적 삶을 사는 인간은 세속에서 '성(聖)의 세계'를 발견하며 그 속에서 삶을 영위하기도 하고, '성의 세계'를 지향하는 인간은 세속과의 변증법적 합일 속에서 삶을 영위하기도 한다. 이런 인간의 삶에서 종교적 성스러움(das heilige)이 가장 역동적으로 작용하는 공간이 바로 종교적 제의이다.[4] 종교적 제의는 세속에서는 체험할 수 없는 인간의 보편적 가치를 경험하는 공간이고, 삶에서 죽음으로, 죽음에서 삶으로 상징적인 변형이 구현되는 장소이다. 여기서 죽음은 상징적인 행위를 통하여 새로운 탄생과 출발의 가능성을 약속한다.[5] 세속적인 삶은 탄생에서 죽음까지 직선적(line)인 삶이지만, 종교적 삶은 죽음과 삶이 수없이 반복되는 삶이다. 그리하여 거듭 태어남이 가능한 가상의 공간이고, 또 인간의 소망을 배가할 수 있는 곳이기도 하다. 이러한 제의 과정의 분석을 통해 세속적인 삶과 종교적인 삶의 관계부터 먼저 살펴보기로 하자.

모든 제의에는 시공적으로 사회와의 분리(separation, preliminal), 존재의 변이(margin, liminal), 사회에 재통합(recooperation, postliminal)이라는 세 개의 국면(phrase)이 있다.[6] 이 세 개의 국면은 각기 사회적으로도 나름의 상징적 의미가 있으며,[7] 그 국면의 흐름은 하나의 사회적 드라마(social drama)로도 충분한 의미가 있다.

분리 국면은 사회구조에 고착된 개인이나 집단의 분리를 나타내는 사회적 행위를 상징적으로 나타낸다. 제의가 집행되는 시간은 일상 시간의 동질성이 깨져 원초적이고 신화적이며 성스러운 시간으로 변하게 한다. 제의의 공간은 일상의 동질성이 파괴되어 우주 중심을 지향하는 성소가 된다. 여기서 분리는 사회적으로 외재화(外在化)된 일상 구조를 제거하는 역할을 한다. 집단의 차원에서 보면 분리 국면에서는 규범적인 사회관계에 균열이 일어나서 일상에서 사용되던 집단 규범들이 우롱(愚弄)당하기 시작한다. 여기서 우롱이란 규범과 집단 사이의 불일치의 상징이다. 그것은 규범 위반이란 측면에서 범죄시될 수 있으나, 여기서는 서로 대결이 없고 의타적이고 희생적인 특성이 있다는 점에서 전혀 범죄시되지 않는다.

변이 국면은 성스러움을 공감(sympathy)함으로써 일상성이 제거되고 새롭게 가치 의식을 형성해 가는 국면을 말한다. 이때 무정형의 참여자들은 성스러운 것과 교감하여 종교적 권위를 획득하고 존재 변형을 일으킨다. 변이의 과정에서는 정체성의 위기가 대두하며 그 위기의식은 집단 내에 그치든가 아니면 확산되든가 한다. 그런 위기는 곧 교정을 수반하게 되고 그 과정에서 참가자들은 새로운 자의식을 얻는다. 참가자들은 여기서 자신의 정체성을 보존하든가 아니면 새로운 정체성을 확립하든가를 놓고 사투하게 된다. 자기 교정이 실패하게 되면 위기는 곧 사회적으로 표출되고 만다. 자기 교정에 성공하면 다음의 재통합 국면으로 이어진다.

끝으로 재통합 국면은 제의의 참가자들이 집단의 가치를 공유하고 사회에 자연스럽게 되돌아가는 단계이다. 다시 말해서 참가자들은 제의를 통하여 존재 변형을 달성하고 사회로 다시 돌아가는 것이다. 사회적으로 보면, 결코 환원될 수 없는 사회 균열들이 합법화 또는 사회적 승인을 얻는다. 적대 관계는 새롭게 동맹 관계가 되고 그 역(逆)도 가능해진다. 불평등 관계는 평등 관계로, 낮은 위치는 높은 위치로, 낡은 권위는 새로운 권위로, 친근성은 소원해지는 것으로 변환될 수 있다. 이렇게 제의는 사회적으로는 새로운 가치 좌표가 내재화(內在化)되는 과정이고, 존재적 차원에서는 존재 변환의 시도이다. 터너(V. Turner)는 이 존재 변환의 시도를 사회에 적용하여 사회적 드라마(social drama)라는 사회 분석의 틀을 제시하였다.[8]

터너는 사회현상으로 나타나는 모든 인간 행위가 사회 결정물인 것만 아니며 인간 의식의 자율성에도 기인한다고 주장한다. 인간의 사회 행동은 역할(role)의 상징적 행위가 이어지는 현상이고, 그것은 개인과 사회를 연결하는 매개 수단이 된다. 그 상징적 행위에는 사회구조에서 파생된 사회질서와 인간 의식에 자리잡은 근원적인 모형(root metaphor)[9]에 따른 상징 질서가 나타난다. 그리하여 제의적 드라마에 참여한 사람들은 그 상징 질서와 상호 반응을 일으킴으로써 자신의 태도와 감정을 결정지으며, 가치 규범을 새롭게 갱신하고 정신적인 변혁도 일으킨다.[10]

한편 제의 공동체를 살펴보면, 제의의 주재자와 참가자들은 세속사회와 전혀 다른 형태의 인간관계를 취하고 있다. 제의 참가자들에게는 사회의 명예, 재산, 공식적 지위 등 상대적 구분은 사라지고 동료애와 절대적 평등관계만 남는다.[11] 제의 공동체에서는 제의의 주재자가 절대적 권력을 행사하는 것을 제외하면 사회적 세속 권위는 전혀 통용되지 않는다. 구조화된 기존 사회관계는 해체되었지만, 참가자들은 아직 발생하지 않은 구조 분화의 가능성만 존재하는 유사(類似) 사회관계의 '감성 공동체'를 구성한다. 그 공동체는 지위와 역할에 따른 세속 구조와는 질적으로 다른 사회관계의 모형이다.[12] 이 같은 사회 모형을 일상생활의 장과 구분하기 위하여 터너는 구조[13]에 대칭되는 반구조(communitas)라는 개념을 제기하였고, 이때 나타나는 특성을 임계성(liminality)이라고 하였다. 이런 임계성은 제의의 변이(transition) 과정에서 분명하게 나타난다. 변이 과정의 참여자들은 결속(solidarity), 동료애(comradeship), 성스러움(sacred holy) 등과 같은 분위기에 휩싸여 서로가 전혀 구분될 수 없을 뿐 아니라 분화되지 않은 상태, 즉 사회적·문화적·인격적인 과거의 속성들은 사라지고 미래의 것은 아직 존재하지 않는 상태, 즉 타불라 로사(tabula rosa, blank state)에 있게 된다.[14] 이런 임계 상황은 사회구조적으로는 아무런 힘이 없지만 분화되지 않은 동질성을 기반으로 하는 상징적 힘을 낳는다. 이는 사회적으로 분화되어 있는 현실의 힘에 대항하는 순수 도덕적 가치를 상징화하는 힘이다.[15]

현실의 세속 사회는 구조와 반구조 간의 변증법적인 국면이며, 양자는 상호 의존적이다.[16] 그런데 구조라는 것은 주관적인 의미 체계의 외재화·객관화의 과정을 거쳐서 정착되는 것이며, 인간은 자기가 만든 이 구조에 대해 끊임없이 자기 실존적인 의미를 되묻게 된다.[17] 제의 참여자들은 제의 속에서 절대적 권위와 교감하여 자발적인 감성 공동체와의 관계 속에서 새로운 삶의 에너지를 얻는다. 이러한 의미에서 종교적 인간은 사회적 역할에 얽매이거나 구조적 인간(homo-hierarchicus)으로만 존재하는 것이 아니라, 자발적인 감성공동체에 참여하기를 극대화하려고 노력하는 인간이다. 또한 사회구조의 경직화에 끊임없이 저항하면서 미래가 열려 있는 세계에 살고자 노력한다. 그리하여 종교적 인간은 소유의 양식을 가진 인간이 아니라 존재의 양식을 가진 인간이다.[18] 인류애(essential and generic human bond)에 근거하여[19] 자신의 삶을 스스로 영위하고 있기 때문이다.

또한 구조의 경직화는 반구조의 병리 현상을 초래할 수 있다. 이에 반해 반구조의 극점에는 세속적 문화 형식(pattern)이 존재할 수 없다. 그러므로 인간의 삶이 혼란스럽고 무질서해서 일상생활을 불가능하게 만든다.[20] 구조

없는 반구조만의 강조는 현실의 삶을 무화(無化)하는 결과를 낳으며, 반면 반구조 없는 구조만의 강조는 인간의 모든 소망을 부정하는 것이어서 결국 인간의 비인간화를 초래할 수 있다. 그 결과 종교적 인간이 지향하는 유토피아(utopia)에 대한 끊임없는 지향성을 단절시킨다. 예컨대, 어떠한 혁명도 영속적인 상징 조작이 없으면 지속적으로 실행될 수 없다. 반구조를 지속적으로 유발하는 상징 없이는 혁명적 상황과 민중을 연결시킬 수 없다는 뜻이다. 혁명 상태라는 반구조의 극점은 제도화의 여지를 두지 않기 때문에 결국 혼란과 무질서만 초래할 가능성이 크다. 설령 그것이 성공한다 하더라도 계속 존속될 수 없는 것이 우리 삶의 현실이다. 그러므로 사회구조의 과정은 구조와 반구조가 교대로 경험되어야 하는 삶의 현장이다. 또 제의를 행하는 동안 인간은 현재 직면해 있는 삶의 위기를 극복하고, 나아가 기존의 사회구조 단계를 넘어 다른 인간적 유대를 다시 인식하게 된다.[21] 요컨대 인간은 제의를 통하여 구조의 경직성과 기만성을 의심하기도 하고, 모든 상대적 구분이 끊어진 절대적 해방과 구원을 열망하기도 한다. 제의에 참여하여 반구조적 관계를 스스로 체험함으로써 현 구조사회가 비인간적이며 소수의 지배 이익을 정당화하는 것이 아닌가 의심할 수 있으며, 종국에는 불의한 세속의 위계질서를 부정할 수 있는 가능성을 높일 수 있다.

구조에 대한 반구조의 상징들은 구조의 균열을 통하여 나타나는 임계성(liminality), 구조가 취약한 구조의 변경에서 나타나는 주변성(maginality), 상위 구조에 대해 저항성이 있는 구조의 하부에서 나타나는 열등성(inferiority)에서 발생한다.[22] 그것은 앞서 언급한 대로 어디까지나 분화되지 않은 가능성·잠재성을 드러내고 있기 때문에 현실 구조에 비해 '성스럽고 신비스러운' 종교적 특성이 있다.[23] 특히 통과의례, 천년왕국운동, 미륵하생신앙, 수도원운동 등과 같이 현 구조의 사회질서와 규범을 거부하는 많은 종교현상에서 그러한 상징이 두드러지게 나타난다. 예를 들어 중세 기독교의 수도원은 구조화된 세상을 거부하는 빈곤(貧困), 세속적인 육신을 거부하는 순결(純潔), 자신의 에고 의지를 거부하는 종교적 열망을 강조한다.[24] 이같이 수도원의 생활 규범은 세속 질서를 거부하는 반구조적인 성격을 단적으로 드러낸다. 또한 천년왕국운동에서는 지위나 계급의 폐지에 의한 평등성, 구조적이고 개인적인 구별이 사라진 익명성, 참가 동료들 사이의 동질성, 개인 자산의 부재 등이 특징으로 나타나는데,[25] 이것 역시 세속 질서를 거부하는 반구조적 현상으로 이해할 수 있다.

이런 반구조의 상징들은 우리 삶의 주변 어디서에나 발견할 수 있다. 먼저, 구조의 균열에서 나타나는 변이의 상징을 보자. 이 상징은 사회적 속성이 완전히 제거되고, 이도 저도 아닌 경계 상태를 의미하는 것인데, 사회적 아노미(anomie) 현상이나 제의 속에 놓인 개인의 상태가 그러하다.[26] 그것은 새로운 탄생을 위해 무엇이라고 규정되지 않은 준비 상태로서, 여자의 자궁이나 어두움, 터널 등의 상징으로 표현된다. 이 상징들은 새로운 것이 배태될 수 있는 가능성, 잠재력을 나타낸다. 다음, 구조의 변경에서 발생하는 주변의 상징은 주어진 사회 중심 체계에서 떨어져 있는 경계와 관련되며, 구조적으로는 사회구조에 잘 적응할 수 없거나 제도화가 잘 이루어지지 않은, 또는 그 정도가 빈약한 민중 문화에 잘 나타난다.[27] 샤만·점쟁이·중개인(medium)과 같은 민간신앙에 관련된 것과, 현대사회에 나타나는 반문화(counter culture)운동인 히피(hippie)·사창가·빈민촌과 같은 사회 저변과 밀접하게 연결된다. 또 구조의 하부에 있는 빈곤의 상징은 구조적으로 강자와 약자가 구별 가능한 모든 것에 적용된다.[28] 물론 이러한 분별은 상대적일 수도 있고 절대적일 수도 있다. 이 같은 빈곤의 상징은 분할되지 않은 전체의 모델(model)로써 분화된 강자의 체계에 맞서 상징적으로 전체의 힘을 가진

다.[29]

끝으로, 구조적 열성의 상징들은 위에서 언급한 대로 급격한 사회적 신분 변화를 겪은 사람, 문화 충돌 현상에서 빚어지는 문화 갈등을 일으키는 사람, 한계적 인간(marginal man),[30] 사회 피지배자인 민중 의식의 표상, 민중신앙 등과 친화성이 있다. 앞서 이들의 구조적 열성을 극복하는 과정을 반구조를 추구하는 과정이라고 했으며, 그 추구는 '성의 세계'와 밀접한 관련이 있다는 것도 언급했다. 역사상 여러 민중 반란, 민중 혁명의 발생 과정을 살펴보면, 표현 양태는 다를지 모르나 인간의 원초적인 종교적 심성에서 파생되는 상징 구조가 일치한다. 이는 반구조의 추구가 인간 삶에서 보편적이라는 점을 대변해 주는 증거다.

반구조는 자발성·자유·해방과 친근성이 있는 반면, 구조는 사회의 권리·의무 관계와 결합되어 있다.[31] 반구조는 구체적인 인간들끼리의 인간적인 관계이며 인간의 정체성을 전인격적으로 대면하는 관계다. 많은 사회학자들은 인간을 '구조적인 인간(homo hierarchicus)'으로 보아 사회를 곧 사회구조와 일치시킨다.[32] 이런 경우 사회체제의 균열은 곧 아노미(anomie)적 상황과 불안(angst) 상태만을 의미하게 되어 부정적으로 볼 수밖에 없고, 인간애의 개입 여지를 전혀 남겨 두지 않는다. 그러나 종교적 인간은 구조를 넘어 또 다른 삶의 모형을 추구하고 있어 사회 해체 과정 속에서도 인간의 창조적 활동을 영위할 수 있는 모델(model)을 상정한다. 근대 신종교는 말할 필요도 없고, 민란이나 사회혁명도 인간의 원초적 갈망인 반구조의 추구에 근원을 두고 있기 때문에 사회경제적 요인만으로는 그런 현상을 모두 설명할 수 없다.

종교는 세속과 열반, 천국과 지옥, 아트만과 브라만 등 상호 모순되는 긴장 관계로써 종교의 상징 의미를 더욱 고조시킨다.[33] 그런데 그런 상징 의미의 상실은 인간의 에토스(ethos)와 세계관 사이에 전이를 불가능하게 함으로써 인간의 삶을 단번에 무의미하게 만든다. 인간의 감정을 자발적으로 유발시키는 기능을 상실하고 종교 상징을 물화(物化)시켜 버리고 만다. 따라서 종교 상징의 의미를 상실한 집단, 즉 당해 사회와 존재 변형의 구원관 사이에 유의미한 교감이 단절된 집단은 앞서 언급한 대로 구조적 열성의 처지에 있는 집단들이 대부분이다. 그런 열성 집단은 현 규범이나 가치 체계에서 어떠한 상징적 의미도 느낄 수 없을 것이다. 그래서 그들은 구원을 받아야 할 절박감을 느끼게 되고, 새로운 규범이나 가치 체계를 찾아서 종교적 정열을 배가할 수밖에 없다. 특히 종교가 사회를 구성하는 원리를 제공하는 역할을 한 전통 사회에서는 더욱 그렇다.

사회적 열성 집단이 종교적 정열을 배가하는 현실의 사례들은 무수히 많다. 예컨대 루이스(I. M. Lewis)는 사회 열성 집단인 여성에게 극단적인 엑스터시(ecstasy) 현상이 자주 일어나고 있음을 밝히고, 그런 열성 집단이 사회 억압의 보상책으로서 종교적 열정을 배가시킨다는 사실을 들어 종교와 밀접한 관련이 있다고 결론 내렸다.[34] 또 하층민의 종교의례를 보면 예배 도중에 일상의 기성 집회 형식을 깨는 경우가 적지 않다. 불경한 상소리를 마음대로 지껄이고, 개인이 의례의 중심이 되었다가 집단으로 빠르게 교차되기도 하며, 희비가 엇갈리는 모순적인 행위가 반복되고, 상당히 감정적으로 자기표현을 하는 등 기성 예배 형식을 파괴한다.[35] 즉 기존의 예배 형식을 깨뜨리고 모순적인 행위를 아무런 어색함이 없이 행하는 것 그 자체가 바로 구조화에 대한 저항이며 자신을 재창조하려는 장(場)을 마련하기 위한 창조적 행위이다. 그것은 구조에서 상실한 생동력을 보완하고자 하는 반구조적 노력인 것이다. 또한 자기표현적이고 역동적인 예배는 자기 정체감(Identity)을 형성하려는 과정의 일환이고 동질화된 사람들끼리 도덕적인 자유와 평등을 경험케 하는 공유의 장이다. 자기 정체감을 상징적으로 교환함으로써 집단의 동질화를 찾으며 서로가 고난에 대해 삶의 위로를 받는다. 이러한 과정을 통하여 그들은 구조화된 세속의 경직성을 버리고 인간적인 유대감을 조성하여 세속의 구조를 공격할 수 있는 반구조의 종교적인 힘을 배가한다. 이러한 상징적인 행위를 통하여 부정의와 죄악으로부터 도피가 아니라 도리어 그것에 강력한 도전을 감행하는 것임을 표출한다. 다시 말하자면, 사회 병리 현상 같이 보이는 이러한 과정에는 사회를 창조적으로 재조직하겠다는 강력한 의지가 숨어 있다. 이것이 반구조의 추구다.

우리는 이제까지 반구조적이며, 구조적으로 열성인 종교현상들을 살펴보고 열성 집단의 반구조적 추구가 삶의 창조적 과정이라는 것을 살펴보았다. 이러한 상징적 특성이 있는 종교현상이 바로 조선 말기 민간신앙과 신종교와 같은 민중의 종교들이다. 다음은 이상과 같은 구조와 반구조의 종교적 삶을 기반으로 전통 사회의 해체와 서세동점의 위기에 나타난 근대 신종교의 탄생 과정과 반구조적 성격을 살펴보기로 한다.

3. 전통 사회의 해체와 서세동점의 위기

19세기 후반 조선 사회는 내외적 위기에 처해 있었다. 국내적으로는 세도정치하의 관료제도와 수취 체제의 문란으로 조야(朝野)의 질서가 허물어져 가고 있었고, 대외적으로는 조선에 밀어닥친 서세동점으로 왕조의 존속이 큰 위기에 직면했다.

학덕을 겸비한 산림의 학자들을 등용하여 유교가 지향하는 왕도정치를 행하는 것을 본래 세도정치라고 한다. 그러나 이 시기 세도정치는 본래의 의미를 벗어나 안동 김씨와 풍양 조씨의 척족 세도가 계속되었다. 그들의 전횡과 횡포는 왕조의 기반마저 위태롭게 하였다. 조선왕조의 쇠잔(衰殘)은 먼저 관료제도에서 노정되었다.[36] 당시 신념 체계인 주자학의 이념을 구현하기 위해 인재를 등용할 때 과거제를 원칙으로 하였으나, 19세기 이후 조선의 관료들은 대부분 척족 세도에 관계된 족벌이나 당색에 따라 충원되었다. 그리고 일부는 매관매직의 방법으로 관료를 충원함으로써 관료 질서를 전반적으로 흔들어 놓았다. 여기에 관료의 부정부패가 수반되었고, 삼남 지방을 비롯한 각 지방에 토호와 아전들의 폭거가 이어졌다. 특히 수취제도의 문란으로 야기된 민란(民亂)은 조선 말기의 봉건 질서를 붕괴시키는 결정적인 요인이 되었다.

조선 후기의 수취제도는 삼정(三政)이 근간을 이루었는데, 전정·군정·환곡이 그것이다. 전정(田政)에서는 토지대장의 미비와 수납상의 모순으로 수탈이 자행되고, 군정(軍政)에서는 대역하기 위한 군보포(軍保布)의 징수에서 백골과 황구에게까지 가렴주구를 하였고, 환곡(還穀)에서도 법정액 이상으로 불법 징수하거나 대출 시 질과 양을 속이는 협잡이 성행하였다.[37] 이러한 삼정문란의 결과는 결국 농민 수탈로 귀결되었으며, 농민들은 자신의 생존권 보호에 혼신의 힘을 기울이지 않을 수 없었다. 또한 조선 후기 생산력의 발전은 토지 소유 관계에 많은 변화를 가져왔다. 특히 토지의 소유권과 경작권의 분리로 광작(廣作) 현상이 일어나 미약하나마 자본주의적 경영 방식이 도입되었다.[38] 이에 농촌 사회는 부(富)에 따라 분해되는 현상이 일어났다. 또한 임란 이후 재정 파탄을 해결하기 위하여 실시한 대동법은 화폐경제와 독점 상인자본을 형성하게 하여 임금노동자를 발생시키고[39] 농촌 분해현상을 더욱더 부채질하였다. 이 같은 농촌의 파탄을 방지하기 위하여 영정조 시대에 시행한 복고 정책은 일부 양반 사회의 모순을 재편성하는 것에 그쳤을 뿐 농촌 분해 현상을 막는 데는 역부족이었다. 이러한 농촌 분해 현상은 주자학적 신념 체계의 기반이 되는 향촌의 양민층(良民層)을 해체시키는 결과를 낳았다.

이상과 같은 세도정치로 인해 관료제도가 파탄되고 수취체제는 문란해졌으며, 산업 발전으로 인한 농촌 분해 현상은 전통 사회를 근본적으로 지탱시키는 신분질서를 와해시키고 말았다. 그럼에도 조선왕조는 재정적 위기를 타파하기 위하여 면전면역, 매관매직 등을 공공연히 행하였다. 고종 이전의 매관매직은 그래도 공명첩(空名帖)의 발급이라는 형식을 취하였으나, 고종(高宗) 대 들어와서는 공개적으로 매관매직을 행하였다. 그리하여 평민·군졸·천인들 중에서도 양반을 모방하여 사대부의 복장을 한 자가 많았으며, 시전(市廛) 상인들도 양반으로 사칭하는 사례가 다반사였다. 상민이나 천민은 개명하거나 족보를 위조하여 양반이 되었으니, 유학맹칭자(儒學盲稱者)가 열 명 중 여덟이 될 정도였다고 한다.[40] 예컨대 철종(哲宗) 때에는 양반호가 전인구의 과반수(지역에 따라서 다르긴 하지만 대체로 45%)에 달해 상민(24%)의 2배에 가까웠다. 이에 양반을 사칭한 상민들은 그들보다 많은 양반호의 수탈을 피할 수 없었다. 이 같은 양반의 기형적 증대는 다른 한편으로 양반 자체 내에서 부와 권력에 따라 분화되었으며, 그런 분화는 양반의 몰락과 그 자손들의 영락을 가속화 시켰다.

영조 9년 영남이 재해를 입었을 때 좌의정 서명균(徐命均)은 풍원군(豊原郡) 조현명(趙顯命)의 말을 빌려 다음과 같이 말했다.

> 영남의 유가들이 거의 사십 년 이상 버림을 받음으로써 비록 명현의 후예라 하더라도 쾌히 농부가 되어 말하기를, 편론(偏論)을 하면 역적으로 여기고 과거에 응하면 조정으로부터 버림을 받으니 어찌 농사를 지어 먹지 않을 수 있겠는고.[41]

이렇듯 양민과 천민 중 일부는 피역(避役)을 위해 양반 행세를 한 반면, 영락한 양반들인 잔반 계층들은 양민과 같은 처지로 전락하였다. 잔반 계층들은 양반의 신분과 경제적 수준 간의 모순으로 인하여 당시 사회에서 한계적 인간(marginal man)이 되었으며, 또 반구조를 지향하는 민란과 신종교를 주도하는 지도자로 등장한다. 동학의 교조 최제우도 이른바 한사(寒士)의 처지를 면할 수 없었으며, 동학농민혁명을 주도한 전봉준도 선비로 자처하였으나 전답 삼 두락으로 여섯 가속의 생계를 책임져야 했다. 이들 모두가 몰락한 양반의 후예였다는 것[42]은 잘 알려진 사실이다.

한편 조선 말기의 위기는 단순히 신분 질서가 파탄되었다는 내적 모순에서만 비롯된 것이 아니었다. 서세동점이라는 국제적 정세의 위기가 더 큰 요인이었다. 구미 열강의 침략을 받아 중국을 중심으로 하던 화이론적(華夷論的) 질서가 붕괴되었고, 새로운 질서는 아직 등장하지 않은 상태였다. 이런 위기에 대응하기 위해 조선에서는 정치 엘리트들이 서로 대립하고 있었다. 서세동점의 여파인 문명개화를 주장하는 개화파(開化派)와 금수의 윤리를 받아들일 수가 없다는 척사위정파(斥邪衛正派), 동도서기를 주장하는 온건개화파가 그들이다. 그러나 조선 민중은 이들 엘리트와는 전혀 다른 새로운 길을 모색하였다. 19세기에 접어들면서 급속히 향상된 농민의 반항 의식,[43] 즉 앞서 언급한 척족 세도하의 봉건적 신분 질서를 포함한 사회적 모순, 서학의 확산과 서구 열강의 간섭으로 인한 농민의 위기의식은 농민이 자기주장을 내세울 만큼 성장하게 하였다. 삼정문란(三政紊亂)이 계기가 되어 농민들이 자기 권리를 주장하고 사회구조의 재편을 요구하는 농민운동이 전개되었다. 이러한 농민운동은 순조(純祖) 11년의 홍경래(洪景來) 난을 필두로 하여, 철종(哲宗) 13년의 진주민란을 중심으로 한 삼남 지방의 농민 항거와 고종 20년부터 다시 만연하기 시작한 민란을 거쳐 고종 31년 동학농민혁명으로 귀

결되었다.[44]

　이 같은 민중의 성장은 새로운 신앙, 사상의 출현과 밀접한 관계가 있다. 18세기 후반에 들어와 민중 본위의 여러 사상[45]과 주자학적 풍토에 정면 도전하는 새로운 신앙, 사상들이 등장하기 시작하였다. 이런 신앙, 사상의 흥기는 주자학적 신념 체계가 민중과 유리되는 과정과 거의 일치한다. 조선의 주자학은 대토지 소유자인 훈구파와 신흥 지주인 사림과 간에 몇 차례에 걸쳐 사화를 겪고 초기 치인지학(治人之學)에서 수기지학(修己之學)으로 심화되어 갔다.[46] 그리고 지방 사림 세력의 확충으로 내적으로 심오해짐과 동시에 조선의 통치 이데올로기로서 확고한 기반을 다지게 되었다. 이에 조선의 성리학은 퇴계 · 율곡의 대에 이르러 중국과는 다른 고유한 성리학으로 정착하게 되지만[47] 그것은 초기 치인지학의 생생하고 실무적인 유교이념을 상실하고 경직화되는 계기가 되었다. 지배층이 경직화됨과 더불어 성리학과 민중의 관계도 조선 중기에 이르면 초기와는 사뭇 다른 형태가 된다. 세종 대에 『삼강행실도(三綱行實圖)』, 『국조오례의(國朝五禮儀)』, 『소학(小學)』 등을 보급하여 일반 민중에 파고들기 시작한 성리학적 가치 체계는 선조 대에 이르러 율곡이 『사서(四書)』를 언해한 것을 정점으로 보편적 규범이 되었다. 그와 동시에 성리학의 가치 체계는 서서히 붕괴 과정을 겪는다. 지배층 내부의 경직화 현상에 따른 성리학의 관념화 및 공소화(空疎化) 현상에 의해 성리학이 생동성을 잃어버리고, 결국 민중과 유리되어 마침내는 시대의 보편적 규범으로서의 위치를 상실하게 되었다. 조선조 성리학적 가치 체계 및 세계관이 붕괴하는 과정을 두 방향에서 추적해 볼 수 있다.

　첫째, 성리학의 이론화와 관념화는 훈구에 대한 사림의 공격이 가속되면서 성리학이 수기지학으로서 내적으로 침잠하고 동시에 퇴계와 영남의 사림에 의해 마음의 수양론(修養論)으로 발전함으로써 시작되었다. 선조 대에 이르러 중앙정권을 장악한 사림(士林)들이 성리학의 한국적 이해를 완성시켰다고 볼 수 있다. 그러나 동시에 사림의 정권 투쟁은 사림 내에서 성리학에 관한 이론적 투쟁으로 변모하여 수기(修己)를 강조한 성리학 이론은 내적인 인(仁)의 외적 발현인 예(禮)의 문제로 관심이 이동하였다. 또한 임란 이후 토지제도의 문란과 재정 압박으로 인해 늘어나는 양반 계층을 경제적으로 충분히 지원할 수 없게 되자 관직을 둘러싼 사림 내부의 투쟁은 더욱 격렬해졌다. 이러한 투쟁은 퇴계(退溪)부터 싹트기 시작한 '성학지상주의(聖學至上主義)'를 더욱 확고히 하는 결과를 가져왔다. 그리하여 성리학은 본래적 영역에서 벗어나 지엽적인 예론(禮論)을 중점적으로 다루게 되었다.[48] 이러한 경향은 서원(書院)을 통해 경제적 기반을 다지고 중앙 정계를 장악하여 파벌 이권을 보호하려는 경향을 보였다. 김장생(金長生), 송시열(宋時烈)의 노론 계층이 조선 예학의 중추를 이루었다는 사실도 바로 이러한 점들을 반영한 사례일 것이다. 정권을 담당한 사대부 계층은 자신들의 이익을 보호하기 위하여 이단을 배척하며 주자(朱子)를 중심으로 한 '성학지상주의'를 내걸고 경직화되어 민중 생활과는 점점 멀어지게 되었다. 여헌(旅軒) 장현광(張顯光)의 태극설(太極說), 이간(李柬)과 한원진(韓元震)에서 시작되어 호(湖)와 낙(洛)의 전(全)학자들의 논전(論戰)으로 번져 간 호락논쟁(湖洛論爭)[49] 등은 조선조 성리학이 재야에서도 관념적, 이론적으로 더욱 심화되어 간 흔적으로 볼 수 있다. 하지만 이 같은 이론적인 성리학 체계의 발달은 공소화를 더욱 가속시켰다고 볼 수 있다. 영정조 대에 이르러 이런 공소화 현상을 극복하고자 박세당(朴世堂)의 『사변록(思辨錄)』을 필두로 하여 주자학적 체계를 비판하고 현실 문제로 관심을 옮긴 실학운동(實學運動)이 대두되었으나, 성리학적 명분론은 이를 용납하지 않았다.[50] 실학자를 등용하여 공소화 현상을 막아 보려는 탕평책 역시 이후 세도정치로 인하여 그나마 남아 있던 주자학적 명분론마저 유명무실하게 되었다.

둘째로 앞서 언급한 성리학의 이론화, 추상화, 경직화 현상은 당대의 보편적 가치 체계로서의 위치 또한 흔들리게 하였다. 성리학적 가치 체계의 붕괴에 결정적 계기가 된 것은 임진왜란·병자호란의 양란(兩亂)에 의해 변화된 사회경제적 요인이다. 이 양란은 앞서 언급한 바와 같이 성리학적 가치 체계를 보존하는 중소 자영농을 해체시켰으며, 임란 후 대동법의 실시에 따른 상공업의 발달은 농촌을 양극화로 분해시켜 봉건적 신분질서에 혼란을 가져왔다. 성리학적 이념은 농경 사회에 잘 맞는 보수적 이념으로서 엄격한 신분질서 위에서만 성립한다. 또한 명(明)의 멸망으로 인하여 소중화로서의 주자학적 보편화 현상을 긍지로 여기고 있었던 조선 사회는 야만인으로 여겼던 청(淸)에 굴복함으로써 사대 의식과 소중화 의식(小中華意識)이 붕괴되어 갔다.[51] 이러한 외적인 요소와 더불어 절대적이라고 믿었던 유교적 신분 질서가 비정상적인 부의 분배 과정에 의하여 붕괴되어 갔고, 자영농의 붕괴로 인한 유랑민의 증대, 토지 집중 현상으로 인한 농민의 빈궁화, 신분질서의 유동성 등은 성리학적 가치 체계의 붕괴를 촉진하였으며, 새로운 생산과 분배 양식에 따라 새로운 이념 체계의 도입이 불가피하게 되었다.

주자학적 세계관의 민중 유리 현상은 임란 이후 정감록신앙이라든가 숙종(肅宗) 대 양반 제거를 도모한 미륵신앙운동 등으로 나타나는 민간신앙의 유행으로 귀착된다. 주자학적 세계관에서 더 이상 일상생활에의 의미와 정당성을 찾지 못한 민중들은 그들의 고난을 감내할 수 있게 하고 그들의 삶을 다시 시작하고자 하는 초월적인 상징체계를 만들어 내게 된다. 그런 상징체계에 자신들의 삶을 투영하여 고난을 벗어나려는 의식은 바로 종교적 구원 의식의 발로였다. 이때 민중의 삶은 현실을 무화시키는 반역사적인 삶의 태도가 아니라 고난의 삶을 이겨 내고자 하는 초역사적인 삶의 태도라고 할 수 있다. 구원을 갈구하는 민중의 초역사적 삶은 새로운 삶을 모색하는 계기를 마련하기 위한 사상, 신앙운동으로 점차 발전해 갔다.

민중의 이런 노력은 자기 구원의 상징을 만들고, 그것을 기반으로 집합적 행동을 가능하게 하였다. 그 구원의 상징 속에는 그들의 존재 변형에 대한 강렬한 회구와 그들이 꿈꾸어 왔던 현세 지상천국에 대한 대망이 담겨 있다. 주자학의 민중과의 유리 현상은 사회 분화가 이루어지지 않은 전통 사회에서는 전 사회의 신념 체계 붕괴를 의미하며, 그 영향 역시 사회 전반에 미치게 마련이다. 주자학이 개인의 신념 체계로서만이 아니라 사회 구성의 원리로 작용하고 있었기 때문이다. 이에 일상 행위에 대해 어떠한 권위의 기반도 없었던 민중들은 이전보다 더 강력한 권위의 기반을 찾게 되었다. 그러한 권위는 허물어져 가는 사회구조나 사상에서 찾아질 수 있는 것이 아니었다. 여기에 과거와의 단절과 새로움에 대한 기대가 동시에 작용하였다. 이런 동기가 바로 종교적 카리스마(charisma) 등장의 기본 요건이 되었다. 이때 카리스마는 현존 질서와 연계해서 정당화될 필요가 없는 절대적 권위를 통해, 현존하는 어떤 권위도 부정할 수 없는 더욱 강력한 권위를 창출한다.[52] 민중은 이런 카리스마가 있는 지도자를 통해 민간신앙을 승화시켜 주자학적 세계관을 대치할 새로운 상징체계를 형성하게 되는데, 그것이 바로 혁세사상으로 발전하고, 이 혁세사상은 후에 민란의 이데올로기로, 그리고 이어서 근대 신종교의 개벽사상으로 발전하였다.

4. 민간신앙과 민란, 그리고 신종교

앞서 본 바와 같이 주자학적 신앙 체계의 민중과의 유리 현상은 새로운 신앙, 사상운동을 확산시켰다. 민간신앙의 흥기와 혁세사상의 발전이 그것이다. 조선 말기 구조사회의 붕괴는 이러한 신앙·사상의 토대를 마련해 주었을 뿐 아니라, 나아가 주자학적 사회 질서를 전면 거부하는 민란으로 이어졌다. 당시 일어난 민란은 거의 대부분 민간신앙을 배경으로 한 진인 출현이나 지상천국을 실현하려는 혁세사상을 기반으로 하였다.

양반 계층에서는 주자학적 신념 체계를 보완하고자 하는 실학이 나타났다. 실학은 봉건적 신분 질서의 개혁과 농촌의 토지개혁에 관심이 있었으나 봉건적 사회질서를 근본적으로 부정할 수는 없었다. 실학의 한 조류인 북학파(北學派)는 화이론(華夷論)적 명분론에서 벗어나 민족의 주체성을 자각하고 새로운 민족적 세계관(世界觀)을 모색하였다. 국제적으로는 민족 평등과 자립 국가 건설을 주장하고, 국내적으로는 사서(士庶) 신분의 평등을 인식하고 있었다는 점에서 신분질서를 천정(天定)으로 삼는 봉건적 사유형식인 주자학적 신념 체계에 비판을 가했다.[53] 그러나 민중 측에서는 주자학적 사회질서를 전면 부정하는 신앙, 사상운동으로 진행되었다. 숙종 이후 등장한 적지 않은 왕조 모반 사건과 민란들은 모두 그 사상적 배경으로서 민중의 신앙인 민간신앙이나 이단인 참위설(讖緯說)을 토대로 삼고 있었다. 그중에는 비록 유불선 3교의 형식과 사상을 차용한 것도 많지만 이들은 이미 충분히 민중화된 신앙·사상들이었다. 예컨대 참위서인 『정감록(鄭鑑錄)』이나 불교의 미륵신앙, 불노장생의 신선사상(神仙思想)과 같은 신앙은 이미 각 종교의 체제 교학으로서의 의미를 떠나 민중의 이해를 담아 내는 신앙과 사상의 용기(容器)로서 기능하고 있었다. 이 같은 민간신앙의 홍기는 민중의 새로운 상징 체계와 가치 체계를 형성시키는 계기를 마련하였고, 또 현세 이익을 우선하는 민간신앙의 특성은 현세를 변혁하려는 혁세사상을 배태 성장하는 기반을 마련해 주었다.

그러면 여기에서 종교 지도자에 의하여 민간신앙이 유행하면서 혁세사상이 주자학적 신념 체계를 대치해 간 과정을 간단히 살펴보자. 우선 숙종(肅宗) 11년의 미륵신앙 사건을 시발점으로 삼고자 한다. 실록에 기록된 바에 의하면 요승 여환(呂還)이 양주 청송면에서 신령을 빙자하여 당(黨)을 모으고 무리를 지어 우민을 광유(誑誘)하여 일으킨 사건이라고 기록되어 있다. 관련된 부분을 보면 다음과 같다.

> 여환이라는 자는 본래 통천(通川)의 중[僧]으로서 스스로 말하기를, '일찍이 김화(金化) 천불산(千佛山)에서 칠성(七星)이 강림(降臨)하여 3국(麴)을 주었는데, 국(麴)은 국(國)과 음(音)이 서로 같다.' 하였고 또 수중 노인(水中老人)·미륵 삼존(彌勒三尊)이란 말을 하고 그가 숭불하여 전국(傳國)하는 것으로 3년간 공부했다는 등 말을 하며 드디어 영평(永平)의 지사(地師) 황회(黃繪)와 상한(常漢) 정원태(鄭元泰)와 더불어 석가(釋迦)의 운수가 다하고 미륵(彌勒)이 세상을 주관한다는 말을 주창(主唱)하여 체결(締結)하고 기보(畿輔)·해서(海西) 사이에 출몰(出沒)하였다. 여환은 또 천불산 선인(仙人)이라 일컫고 일찍이 '영(盈)·측(昃)' 두 글자를 암석(巖石) 위에 새기고 말하기를, '이 세상은 장구(長久)할 수가 없으니, 지금부터 앞으로는 마땅히 계승(繼承)할 자가 있어야 할 것인데, 용(龍)이 곧 아들을 낳아서 나라를 주관할 것이다.' 하였다. 그리고 드디어 은율(殷栗) 양가(良家)의 딸 원향(元香)이란 이름을 가진 사람에게 장가들었는데, 이상한 징험(徵驗)으로 능히 구름을 일으키고 비를 오게 하는 변화불측(變化不測)함이 있다고 하면서, 양주(楊州) 정성(鄭姓)인 여자 무당 계화(戒化) 집에 와서 머물면서, 그 처(妻)를 용녀부인(龍女夫人)이라 하고, 계화는 정성인(鄭聖人)이라 이름하였다. 그리고 이내 괴이한 문서를 만들어 이르기를, '비록 성인이 있더라도 반드시 장검(長劍)·관대(冠帶)가 있어야 하니, … 한 마을 사람이 많이 따랐다.[54]

이와 같이 상세하지는 않다 하더라도 이 내용은 이능화의 『조선불교통사』에도 유사한 기록이 있다.[55] 이 기록에 의하면, 불교의 미륵신앙은 일반 하층민에게 깊이 침투해 있었다는 것을 잘 알 수 있다. 그들은 미륵이 개세(開世)함과 동시에 새로운 이상 사회가 도래한다는 것을 굳게 믿고 있었다. 또한 미륵의 출현 과정에는 무당·용신앙·비가 관련되어 있으며, 이상 사회의 도래는 일상적 수단이 아닌 초월적인 힘과 천재 변이에 의한 것으로 보고 있었다. 정석종은 '무녀 계화'에 대하여 처음에는 전래의 민간신앙인 용신앙으로 하층민들과 긴밀한 유대 관계를 맺은 다음 사회변혁을 갈구하는 그들에게 미륵신앙을 수렴시키는 인물로 해석하고 있다.[56]

미륵이란 본래 어원이 '미리'이며 '미리'는 용을 가리키는 말이다. 용은 『삼국유사』에 보아도 동해나 깊은 못과 같은 곳에서 서식하는 것으로 용과 물은 깊은 관계가 있을 뿐 아니라 미륵과도 깊은 관련이 있다.[57] 이는 미륵신앙이 애초부터 용신앙과 융합되어 하층민의 변혁을 갈구하는 표상으로 사용되고 있음을 나타낸다. 또한 위의 본문에 정성인이라는 말이 나오는데, 임란 이후 유행한 『정감록』의 영향도 상당했다는 것을 짐작할 수 있다. 조선 후기 민란과 개벽의 종교에서도 이 같은 미륵신앙의 요소가 많이 보이고, 그와 관련하여 용신앙의 흔적도 종종 찾아볼 수 있다.

미륵신앙과 관련한 혁세운동의 또 다른 사례로 영조 44년에 일어난 다음과 같은 사건이 있다.

> (이익의 『성호사설』) …해서(海西)의 한 촌부(村婦)가 별안간 미륵불이 강림하였다고 하며 허무맹랑한 소리를 많이 하니, 사방 사람들이 영험하다고 하여 몰려드는데 관에서도 금할 수가 없었다. 자칭 미륵이라 하며 미륵과 석가는 원수요 적대 관계가 된다고 하며….[58]

위의 글을 보면 관이 금할 수 없을 정도로 미륵신앙이 널리 퍼져 있었음을 알 수 있다. 석가의 시대가 가고 미륵의 시대가 오면 석가는 적(敵)이 된다고 하여, 새로운 질서가 도래한다는 변혁사상이 담겨 있다.

다음으로 도교류의 신앙과 『정감록』의 유행을 살펴보자. 정조 9년 홍복영(洪福榮) 사건에 나타난 구문을 보면 다음과 같다.

> 그런데 그 편지 가운데 흉악한 말이 있었는데, 그 하나는 '하늘을 대신하여 도를 행한다'는 것이었고, 다른 하나는 '잔악한 것들을 없앤다'는 것이었는데, '하늘을 대신하여 도를 행한다'는 말 한마디는 바로 『수호지(水滸志)』에 나오는 송강(宋江)의 말이었습니다.[59]

여기에 나타나는 '하늘을 대신하여 도를 행한다(替天行道)'라는 말은 하늘을 대신해서 정의를 행한다는 뜻이다. 천자는 하늘에서 내린 천명을 받들어야 하는데, 천자가 덕이 없어서 천명을 받들지 못하면 하늘을 대신해서 새로운 천자가 천명을 행할 수 있다는 역성혁명의 기조가 여기에 숨겨져 있다. 이 차천행도는 중국에서 고유한 도리 의식을 나타내는 용어로 이중적인 기능이 있다. 일상적인 삶에서 그 의식은 사회질서에 강건한 순종을 나타내는 의미이지만, 생존 조건이 열악해지면 언제든지 하늘의 이름으로 세상을 바꾸는 민중 저항운동의 구호로 활용되었다. 중국의 많은 농민기의(農民起義)에서 나타나는 이 구호는 주재자로서의 천에 대한 신앙과 그 천이 현시하는 도에 대한 의식을 기저로 하는 신분(身分)과 재산(財産) 평등의 의식이 내재되어 있다. 본문에서도 반왕조적 역성혁명의 의미를 가지고 자신이 권문세가와 탐관오리를 제거하려는 의적(義賊)임을 명시하고 있어 혁세사상과 밀접한 관련이 있음을 알 수 있다.[60]

다음으로 이 사건의 배경이 되는 이인(異人)에 대한 묘사를 살펴보면 다음과 같다.

이상한 사람은 바로 이현성(李玄晟)인데 나이는 250살이고, 그가 이른바 '도처결(都處決)'이라는 것은 땅의 임금(坤帝) 즉 천제(天帝)의 배필인데, 폐백(幣帛)은 그의 종 학이(鶴伊)를 시켜서 지고 다니게 한다고 하였습니다. 그리고 만일 군사를 일으킨다면 어느 방향에서 하는 것이 좋겠는가를 물어보고, 만일 권세를 탐하고 세력을 좋아하는 사람들을 죽이려고 한다면, 혹은 자객을 보내서 찔러 죽이기도 하고, … 이상한 사람이 문가(文哥)를 위하여 7일 초제(醮祭)를 지냈다고 하였습니다. … 제주의 7백 개 섬에 진인(眞人)이 있는데 … 신인(神人)이라고 일컫는 이름은 바로 열선전(列仙傳)에서도 들어보지 못한 이름이었습니다.[61]

조선은 산천(山川)과 천문(天文)과 지리(地理)가 모두 셋으로 갈라질 징조가 있는데, 임자년에 사변이 있어서 도적이 일어나며, 그 뒤에 마땅히 셋으로 갈라졌다가 다시 합쳐서 하나로 되며, 셋으로 갈라진다는 성씨는 정가(鄭哥) 유가(劉哥) 김가(金哥)이지만, 필경에는 정가가 마땅히 하나로 만드는데, 그는 남해(南海)의 섬 가운데에 있으며 ….[62]

여기에서 초제(醮祭), 열선전(列仙傳) 등과 같은 말이 등장하는 것으로 보아 이 사건은 도교적 신앙을 배경으로 한 왕조에 대한 저항 사건임을 알 수 있다. 그들은 양(陽)의 건제(乾帝)가 아니라 음(陰)의 곤제(坤帝)를 받들고 초제를 거행하였다. 그리고 도적이 일어나 나라가 삼분되리라는 예언을 하였다. 국가 최고의 제관인 군왕은 지상에서 상제(上帝)의 대리자이면서 상제에 드리는 제사를 담당하는 것이 권리이자 의무이다. 그런데 유교의 천은 서민과 점차 유리되어 간 반면에, 도교적 천은 옥황상제와 같은 명칭으로 민간신앙에 대폭 흡수되었다. 상기 사건은 주자학적 세계관에서 보면 군왕이 아니고서는 행할 수 없는 천제를 직접 거행하고 있는데, 그것 자체가 선교(仙敎)적 반왕조적 성격을 띠고 있음을 잘 말해 준다. 이러한 천제 거행은 이후 보천교(普天敎)의 차경석(車京石)이 고천제(告天祭)를 시행한 사례와 비슷하다고 할 수 있다. 또한 삼분된 나라를 결국 정씨 성(性)을 가진 사람이 통일한다든지 지관(地官)이 등장하는 것으로 보아 여기서도 『정감록』이 상당히 유행했음을 알 수 있다. 또 남해의 섬을 이상화한 것은 이상 세계가 남쪽 섬에 있다고 주장하는 남조선신앙(南朝鮮信仰)과 관련성이 있음을 짐작할 수 있다.

다음으로 미륵신앙과 무속이 결합한 예를 하나 더 들어 보겠다.

(『추관지』의 요언혹중조) 정종(正宗) 11년에 강릉(江陵)의 김춘광(金春光)이 그의 어미 김녀(金女)와 함께, … 김녀가 자칭하기를 미륵신이 제 몸에 접하여 천신의 명을 받들고 있다 하고 춘광은 자칭 일진대장(一陣大將), … 오색포목(五色布木)이나 종이로 기치(旗幟)를 만들고 칠성(七星)을 거짓 만들어 기도하고 ….[63]

위의 내용을 살펴보면, 미륵신앙과 무속신앙이 결합하여 민중 사이에서 유행하고 있었음을 알 수 있다.

이상에서 볼 때 민란 발생 이전에 이미 미륵신앙, 정감록신앙, 남조선신앙, 무속신앙 등이 민중들에게 널리 확산되어 있었음을 쉽게 알 수 있다. 이들은 대체로 반왕조적 음모 사건이나 조선 사회의 지배 계층인 양반 제거를 주장하는 사건에 활용되고 있다. 후에 이것이 민란의 주요 이념이 되는 혁세사상을 배태시키는 기틀이 됨은 말할 필요도 없다.

다음으로 민란에 사용된 민간신앙의 혁세적 역할을 살펴보자. 아래에 인용할 부분은 순조 7년 홍경래 난의 기록이다. 『정감록』의 신앙이 스며 있는 홍경래와 우군측(禹君側)의 대화 내용이다.

신유년 홍경래는 다시 청룡사에 도착했다. 나에게 이르기를 일식과 지진이 일어나고 흉년이 들어 백성이 고달프다. 장차 제세지인이 있을 것을 그대는 알겠는가. 그래서 나는 말하기를, 요(堯) 임금 때는 9년 홍수가 있었고 탕(湯) 임금 때는 가뭄이 있었다. 성인지세도 이러한 재앙이 있었거늘 일식과 지진은 깊이 우려할 바가 못 된다. 그러자 경래는 네가 어찌 헤아릴 수 있으랴. 임신년에는 병란이 있을 것이다.[64]

위 글에서 보면 홍경래는 참위설의 입장에서 천변지리(天變之理)가 제세지인(濟世之人)에 의한 혁명을 예고한다고 주장하는데 반해, 우군측은 요탕의 고사를 들어 이에 반대하고 있다. 이런 내용을 보아 이들은 상당한 식자층으로 불만 양반이거나 몰락 양반임을 짐작할 수 있다.

다시 경오년(庚午年, 1870) 우군랑(禹君郎) 공초 내용을 보면 다음과 같다.

경오년 시월 나는 청룡사에 갔다. 머물러 책을 읽고 있을 때 … 그러므로 이제 강계 용연으로 주둔지를 옮겼다. 선주(宣州) 검산(劍山) 아래 청북면에 진인(眞人)이 있으니 성이 정(鄭)이고 이름이 제민(濟民)인데 혹은 시수(始守)라고도 칭한다.[65]

위 인용문을 보면, 정씨에 의한 역성혁명을 예언한 『정감록』의 영향이 분명히 드러나 있다. 양란 이후 유행한 『정감록』을 들어 이조의 멸망과 정씨 왕조의 성립을 예언하는 반왕조적 내용을 선동하고 있다.

철종 13년에는 정감록신앙과 남조선신앙이 융합한 사례들도 보인다. 민란의 주모자인 이필제(李弼濟)·성하담 등이 참서(讖書)에 가탁하였다는 내용이며, 수괴의 일인인 정만식도 정성(鄭性)으로서 금세 진인(眞人)으로 삼아 스스로 선춘군이라 모칭하는 등 오로지 도참설을 내세워 타인의 재화를 탈취했다.[66] 그들은 당시 유행한 『정감록』과 같은 참위설을 이용하여 인심을 선동하였다. 그리하여 정만식의 추국(推鞫)에 따른 양사(兩司)의 연일에도 그들이 '남해출도지설(南海出島之說)'을 퍼뜨리고 덕산에서 막(幕)의 계획을 하였다는 사실을 밝히고 있다.[67]

고종 9년에는 해서의 역모 죄인의 옥사로서 역시 지리도참설을 가탁한 모반 사건(謀叛事件)이 있었다. 포도청 보고에 의거한 영의정 김병학(金炳學)의 계고(啓告)에서 이들은 대역(大逆)의 은어(隱語)로서 왕조 종말을 예고한 것으로 추측된다.[68]

고종 13년과 14년에는 잡술과 관련하여 음지작변(陰地作變)하였다는 모반부도 죄인과 술수와 참위설 등에 관련된 죄인들의 내용이 보인다. 이경 죄인의 경우 상술과 연결된 형가기맥을 설하고, 신부, 구신 호사옥법 등을 운운하면서 '위수남양지설(衛成南陽之說)' 등 요언에 가탁하였다.[69]

완영 죄인의 경우에도 그들의 당여인 황응토에 대해서 그를 우민이라 할 수 없을 정도로 '천시지설(天時之說)'을 주장하여 스스로 사죄에 빠졌다.[70]

여기서 말하는 위수남양지설이니 천시지설이니 하는 설은 구체적으로는 알 수 없지만, 왕조 운명에 대한 참설(讖說)임을 충분히 짐작할 수 있다.[71]

이상과 같이 민간신앙은 민란 발흥에 결정적인 신념 체계를 제공하고 있었다. 대체로 잔반계급들에게 민중을 동원하는 사상, 신앙의 에너지를 제공하고 있음을 볼 수 있다. 이러한 민간신앙의 유행은 동학 창도의 '다시개벽'에 귀착된다.

전통 사회에서는 종교가 아니면 집합행동에 이념을 제공할 만한 것이 거의 없었다. 그래서 민중은 종교, 그것도 그들의 신앙이요 사상인 민간신앙을 통해 집합행동의 이념을 삼을 수밖에 없었다. 그들의 지도자로 등장한 몰락한 양반들은 비기나 참설과 같은 민간신앙을 이용하여 민중을 동원하고 조직하는 과정을 밟게 된다. 이 같은 민란과 민간신앙의 결합은 근대 신종교의 효시인 동학에서도 분명하게 확인된다.

동학의 창도자 최제우는 동국의 괴이한 참서라고 『정감록』을 비웃고 있지만, 민중에 대한 『정감록』의 영향을 충분히 알고 있었다.[72] 그는 성경신(誠敬信)을 내세우는 종교윤리와 역(易)에 의한 예언사상을 내세웠지만, 세속의 구제를 위하여 영부와 주문 같은 민간신앙을 동학의 구원재(救援材)로 적극 활용하였다.[73] 동학은 현세적이고 주술적인 민간신앙, 즉 민간에 스며든 유(儒)・불(佛)・선(仙)을 망라하여 단일한 신앙 체계를 형성한 것이다. 이는 민중의 요구에 부응한 민중의 신앙 체계였다. 이로써 동학은 봉건적 지배 체제가 대내적으로 파탄의 경지에 이르러 구질서의 종말과 새 질서의 도래 즉 다시개벽을 예언하고, 그 예언을 통하여 현실을 변형하고자 하는 하나의 새로운 민중의 종교로 창제되었다.

앞서 주자학적 신념 체계의 민중 유리 현상이 민간신앙을 유행시켰으며, 그 민간신앙의 현세 구복적 성격이 현실적인 위기에서 민중과 결합된 예들을 살펴보았다. 이 같은 성격은 민란의 폭발에 정당성을 제공하고 나아가 동학과 같은 근대 신종교를 형성하는 토대가 되었다. 그리고 민란의 과정을 통하여 민간신앙은 혁세사상으로 발전해 왔고, 그 혁세사상은 동양의 운도 사상(運度思想)과 결합하여 종교적 개벽사상으로 이어졌다. 어떻든 혁세사상의 종착점은 동학농민혁명이었다고 볼 수 있다. 대체로 민중은 일상생활의 중압감 때문에 자기 한계를 자주 의식하게 되고, 사회에 대하여 결정적 집합행동에 이르기까지는 무력감을 겪는다. 그러나 사회의 기존 윤리 규범에서 파생되는 긴장을 감내하지 못할 때는 자신의 신앙인 민간신앙을 통해 위기를 극복하려고 한 것이다. 근대에 발생한 민란도 신종교도 그런 면에서는 민중의 운동이고 민중의 종교다.

　민간신앙에는 소위 미신적이고 주술적인 것이 들어 있을 뿐 아니라 고진감래라는 동양의 영원회귀(永遠回歸)의 역사관도, 또 어떠한 생활의 어려움도 운수(運數)가 오면 극복할 수 있다는 삶의 지혜도 들어 있다. 따라서 사회 구조의 억압을 감내하는 방법으로 민간신앙을 채택하는 경우에도 삶의 고난이 축적되면 삶의 변형을 기도하려는 민중의 의지에 의해서 체계적인 변혁 이념으로 승화될 수 있음을 보여준다. 말하자면 민간신앙은 평소에는 문화 주변에 있으면서 일상생활에 규범을 제공하여 삶의 위기를 극복하기 쉽게 하지만, 위에서 언급한 바와 같이 민중의 삶에 고난이 축적되면 그 위기를 극복하기 위한 혁신적이고 진취적인 신앙, 사상으로 전환한다. 그런 점이 바로 민간신앙이 사회변혁을 지향하는 민중종교의 기본적인 토대가 되게 한다. 민중의 고난이 한계상황에 달하면 그들은 진인 출현과 지상천국에 대한 대망의 욕구를 기다리게 하지 않고, 지금 이 땅에 당장 실현되기를 바라는 것이다. 민중의 고통이 가중될수록 민간신앙의 현재성의 수준도 높아져 이 땅에 진인이 출현하여 구제하게 해 주든가 아니면 그들 스스로가 진인이 되기를 바라게 된다. 단 이들 신앙, 사상들은 현실의 구조적인 삶을 지탱시키는 힘이 없기 때문에 운동 이후 제도의 지속성을 보장할 수 없다. 그런 신앙, 사상이 제도화되기 시작하면 이미 민간신앙 본래의 성격을 탈각하거나 혹은 본래의 민간신앙으로 다시 되돌아가곤 한다.

5. 민중종교로서 근대 신종교의 성립

앞서 보았듯이 잔반 계층에 의하여 혁세사상이 종교사상으로 전환되기는 하지만 그것은 결국 민중의 요구에 부응한 것에 지나지 않는다. 당시 유행했던 정감록신앙, 미륵신앙 등 민간신앙이 혁세사상으로 발전하였다.

먼저 참위론적 운세사상(運世思想)인 정감록신앙을 보자. 임진왜란 이후 널리 유행하고 후기 민란에 지대한 영향을 끼친 정감록신앙은 풍수사상과 도참신앙으로 요약될 수 있다. 도덕 질서가 허물어진 말세 또는 말겁에 진인(眞人)이 출현하고 지기(地氣)를 예측하여 왕조의 흥망성쇠를 유추한다. 정씨, 조씨, 범씨 순으로 왕조가 바뀐다고 예언하고, 지금의 한양은 지세가 쇠하여 새 왕조에는 맞지 않는다고 하였다. 다음 왕조의 도읍지는 계룡산의 신도안(新都內)이라는 것이다.[74] 이에 따라 신도안에 근대 신종교의 본산이라 할 만큼 많은 신종교들이 모여들었다. 그곳은 민중들에게 단순한 도읍지가 아니라 새로운 신천지가 전개되는 발상지다. 근대 신종교의 신천지 대망사상과 깊은 관련이 있는 곳이다. 여기에는 신도택지 신앙, 진인 출현 신앙과 더불어 승지신앙 등 민중들과 친화성이 있는 여러 신앙이 함께 작용하고 있다. 이곳은 굶주림과 전쟁의 피해가 없이 모든 재난을 피하는 피난처이면서 자손만대의 번영이 약속된 땅이다. 그리고 지상에 있으면서도 진인이 나와 '현세한다'는 대망사상과 연결된 곳이기도 하다.[75] 그래서『정감록』은 많은 민중운동에 있어 기존 구조 사회에 대한 비판과 새 시대 예언의 근거로 사용되었고, 개벽종교의 근원이 되었다. 이씨 왕조를 비판하는 여론 조성에

결정적인 근거가 되었고, 결국은 동학 창도에까지 이르게 된다.[76]

　다음은 민간도교류의 선교(仙敎)사상이다. 선교는 도교류(道敎類)의 제반 신앙과 고유의 토속신앙이 융합된 신앙이다. 여기에는 양생술(養生術)을 통해 스스로 신선이 된다는 신선사상과 더불어 양재구복(禳災求福)하는 민간도교, 그리고 다양한 토속신앙이 결합되어 있다. 토속신앙은 신 집힘, 진집이[77] 등 신인상교(神人相交)의 접신현상과 신명사상, 그리고 무속 등과의 유합(類合)을 말한다. 특히 여기에서 신명이라는 것은 천지신명을 말하기도 하고, 조상신·지역신·문명신 등의 다양한 역할을 하는 기능신을 말하기도 한다. 또 의뢰적(依賴的) 대상이 되기도 하며 복록(福祿)의 증여자가 되기도 한다.[78] 이런 신명관은 한국 고유 사상에 깊이 뿌리 내리고 있는 전통적인 신 관념으로 항시 우리의 삶과 함께한다. 이는 산악숭배나 붉사상과 관련하여 형성된 한국의 전통적인 신들이다.[79] 영혼천이(靈魂遷移)의 역할, 신령에 의한 안심입명(安心立命), 신탁점 등은 바로 이러한 신명관(神明觀)이 낳은 역할이다. 이런 선교적 사상은 근대 신종교에 유입되어 동학의 내유신령(內有神靈)에 의해 한울님과 하나가 되는 시천주(侍天主)신앙, 그리고 증산교의 통일신단(統一神壇)과 신명공사(神明公事) 등에서 분명하게 표출된다. 또한 음양화출적(陰陽化出的) 사고 양식으로 나타나는 인즉신(人卽神)이나 강림재생(降臨再生)의 신앙도 역시 이 부류에 속한다.[80] 이와 같은 관념은 근대 신종교 교주들이 토속신앙을 통해서 스스로 혁세주(革世主)로 강림하는 것과 깊은 관련이 있다.

　끝으로 민간불교의 미륵신앙이다. 후삼국 시대 궁예(弓裔)가 자신을 미륵이라고 지칭한 이래 지하수처럼 흘러내려 한국 사회가 불안한 시기마다 밖으로 표출되었다. 미륵불에 대한 불교 경전은 『사부아함경(四部阿含經)』을 비롯하여 『미륵상생경』, 『미륵하생경』, 『미륵성불경』, 『미륵시래경』 등이 있다. 그 밖의 많은 불교 경전에도 미륵에 대한 인연설이 나와 있다.[81] 미륵신앙은 크게 두 가지로 나눌 수 있는데, 하나는 미륵이 도솔천에 있을 때 미륵에게 염원하여 상생을 주로 하는 미륵상생신앙이고, 다른 하나는 미륵이 직접 현세에 출현하여 인간과 생활을 한다는 미륵하생신앙이다. 전자가 정토신앙에 가깝다면 후자는 예토(穢土)신앙에 가깝다. 특히 미륵하생신앙은 초월세계의 미륵이 아니라 현실세계의 미륵이고, 그곳이 바로 선경이 된다. 즉 지상 용화세계의 도래다. 이 신앙은 일찍부터 토속신앙과 결부되어 민중의 심상에 각인되어 왔다는 점은 앞에서 밝힌 바와 같다. 근대 신종교의 새 시대 신천지에 대한 대망신앙이 미륵하생신앙과 합류하여 진인의 출현과 더불어 혁세사상을 구성한 종교들이 적지 않다. 또한 기독교의 재림예수신앙과도 잘 융합됨으로써 한국적 메시아운동에서도 메시아가 미륵이라는 이름으로 자주 등장한다.

이상과 같이 민간신앙은 조선 말기 사회적 위기에서 민란의 주도 이념을 제공하고, 새로운 지상천국을 바라는 혁세사상으로 발전해 갔다. 그리하여 민중의 희망인 새로운 세계의 도래와 진인 출현에 의해 민란의 발발이나 개벽종교의 출현이 가능해졌다. 특히 몰락 양반의 후예들은 전통적인 주자학적 신념 체계에 갈등을 느끼면서 민간에 전해 내려오는 참위설(讖緯說)이나 미륵신앙에 몰입하여 변혁의 의지를 사상적으로 정착시킨 것이다. 그들이 발전시킨 혁세사상의 상징들은 아노미(anomie)적 초조로 고통을 받던 민중에게는 구원의 상징으로 받아들여졌을 것이다. 그들에게 전체적이고 궁극적이며 현세적인 집합적 구원[82]을 가열시킬 수 있는 계기를 마련해 주었을 것이다. 특히 도참신앙은 공간적으로 신천지 및 진인의 출현 장소를 제공하였고, 반면 미륵신앙은 현재의 석가의 시대가 가고 미륵의 시대가 온다는 미륵 현현에 관한 예시(豫示)에서 볼 수 있듯이 미래의 안락을 약속하는 시간적 상징을 제공하였다. 역사 현장에서는 이 둘을 합쳐 시공의 변화를 완벽하게 추구하는 변혁상징으로 결합하였다.

　한편, 조선 말기 민란은 현실적인 수취 체제나 신분적 불평등의 봉건적 모순 등 세속적 문제들을 해결하려 하였다. 그러나 민란의 목적은 세속적인 것에 중점을 두고 있지만 그 근저에 모순이 없는 현세의 지상천국과 진인이나 미륵의 출현을 대망하고 있어서 그것은 지극히 종교적인 것이다. 지상천국의 실현이나 진인의 출현은 역사에 반복되지 않은 일회적이고 종말론적인 심상(心狀)에서 비롯된다. 그렇기 때문에 인간의 죽음까지도 불사하는 대상이 되어 민중을 집합시킬 수 있는 강력한 힘을 갖게 된다. 그리하여 민란의 지도층들은 참위설을 빌려 스스로 진인임을 자처하고, 구질서를 타파하여 지상천국을 건설하려는 혁세주임을 자신의 위험을 무릅쓰고 주장하는 것이다. 동학농민혁명도 선천시대의 종언과 후천세계의 개벽을 눈앞에 둔 임박한 상황에서 일어날 수 있었다.

　민란의 주모자들이 보여주었듯이 혁세사상의 실현은 그들의 초월적 권능에 대한 기대로부터 출발하는 것이므로 신종교의 탄생도 그들의 초월적 권능에서 출발한다. 대체로 양반 권력 구조에서 밀려난 신종교의 교조들은 스스로 신비체험을 하고 카리스마 권능을 가진다. 그리고 스스로 진인으로 자처하게 된다. 그러나 그들의 초월적 권능만으로는 현 역사를 단절하고 새로운 질서를 이룩하려는 정당성을 확보하는 데에 한계가 있다. 그래서 그들은 민중의 심상에 자리잡고 있는 민간신앙의 전통적인 이념과 상징들을 끌어들여 그들의 권능을 더욱 정당화시키고자 한 것이다. 사실상 민중의 고통은 윤리적이며 철학적인 차원의 이차적인 것이 아니라 당장 현세의 고난을 극복해야 하는 일차적인 것이다. 조선 말기 민란의 주도 이념인 혁세사상은 이후 종교적 구원론인 개벽사상, 즉 후천개벽과 개천개벽, 천지공사와 정신개벽으로 이어졌으나, 그럼에도 불구하고 계속적으로 미륵신앙, 도참사상,

신선사상 등과 같은 민간신앙을 그 바탕에 둘 수밖에 없었던 이유가 여기에 있다.

앞서 언급한 바와 같이 민간신앙, 민란, 개벽종교는 구조적으로 열성이라는 점에서 일치한다. 열성 구조는 주변, 경계, 빈곤의 특성이 있기 때문에 피지배자인 민중과 친화성이 있다. 사회체제의 보호를 받는 주자학에 대하여 민간신앙은 구조적 열성이며, 봉건 권력에 저항하는 민란 역시 봉건사회 권력 구조에서 구조적 열성이며, 유불선 기성종교의 체제교학에 대해 근대 신종교도 구조적 열성이다. 이렇게 보면 민간신앙의 흥기, 민란의 발생, 개벽종교의 창도는 민중의 입장에서는 구조적 열성의 용해 현상으로 평가되며, 사회 흐름에서는 구조적인 열성을 용해하는 사회 제의의 드라마로서 사회의 존재 변형에 대한 민중의 거대한 몸부림이었다고 볼 수 있다. 이들 열성 구조들은 평상시에는 주변·경계·빈곤에서 자기 삶을 이어 가고 있지만, 삶이 한계인 위기 상황에서는 자신의 열성을 해결하고자 거대한 저항의 물줄기를 만들어 낸다.

열성 구조를 용해하는 제의적 드라마로 사제와 예언자의 두 기능적 틀[83]로 분석해 보면 그런 저항의 의미가 분명해진다. 제의를 주재하는 자를 두 가지 직분으로 분류할 수 있는데, 하나는 문화 중심에서 전통의 권위를 기반으로 하는 사제이고, 다른 하나는 문화의 주변에서 개인의 카리스마적 권능을 가진 예언자이다. 사제가 신에게 인간사를 간청하는 데에 비하여 예언자는 직접 신의 의도를 밝힌다. 그는 사회구조에서 파생되는 이데올로기의 제약을 받지 않기 때문에 인간 고유의 보편적 가치를 수용하는 경우가 많다. 조선 말기 사회에서 사제 집단인 양반 계층은 지금까지 유지되어 온 가치 체계를 근거로 하여 문화의 핵심 부분에서 사회 안정에 기여하는 사제의 역할을 한 반면에, 양반 계층에서 탈락한 잔반 계층인 예언자 집단은 현재의 가치 체계나 사회구조로부터 자신들의 존재 변형 가능성을 얻을 수 없기 때문에 새로운 권위에 기반을 한 새로운 가치를 창출하려 한다. 또 그들은 문화의 변경에서 사회의 정의롭지 못한 기성 체제를 규탄하면서 사회변혁을 주장하고 문화의 중심으로 나아가려 한다. 따라서 사제 집단의 구원관념이 체제 유지적이고 이데올로기적이라면, 예언자 집단은 체제변혁적이고 유토피아적이다. 이러한 양 집단의 갈등 관계는 항상 전체 사회의 유지라는 면에서 역기능적으로만 볼 것이 아니다. 앞서 인간 삶의 구조와 반구조의 대립 지양이라는 변증법적 과정을 언급할 때, 이 같은 갈등 구조는 필수적이라 하겠다. 그러나 균형 관계가 와해될 때 즉 구조의 약화나 구조의 경직성으로 인해 균열이 일어날 때 반구조적 현상들이 사회 표층에 돌출되고, 그러한 구조의 균열이 발생할 때 문화 변경에 놓여 있던 예언자 집단은 힘을 얻을 수 있고 그 힘으로 사제 집단을 공략하게 된다.

이 같은 예언자 집단의 특성은 제의에서 잘 나타나는 바와 같이 임의성·순수성·자발성이 잘 살아 있는 영적 체험과 결합된 종교 문화를 가지며, 그곳에는 반구조적 성향이 농후하여 존재 변형에 대한 희구가 강하게 잠재해 있다. 따라서 사회적 모순이 첨예화하면 할수록 예언자 집단을 과격하게 만들어 현재의 구조를 전면 부정하고 스스로 문화 중심임을 자처하게 된다. 나아가 자신의 주장을 받아들이기만 하면 집합적 현세적 총체적 구원이 이루어질 것임을 약속한다. 이리하여 그들이 제기한 종말론적인 이상향과 민중의 고통이 결합될 때 역사 과정에서 민중운동으로 돌출하는 것이다.

조선 말기 민란 발생 역시 이와 같은 사회적 맥락이 있다. 민란은 미래 이상향에 대한 약속과 그 약속을 믿는 민중과 결합하여 미래의 관념적 이상향을 현재로 끌어들이는 종말론적 종교적 현상이다. 다시 말해 과거에는 이세상을 초월해 놓여 있다고 생각되었던 사회적 긴장이 사회의 표층으로 돌출하면서 나타나는 현상이다. 그렇다면 결국 민란의 참여자들은 현세 밖에 서서 현세에 대항하는 사람들이며, 사회의 말세 현상을 보고서 지상천국의 도래를 더욱더 확신한다. 이렇게 본다면 동학에 대한 거대한 민중 참여에 사회경제적 위기 요인도 중요한 요인이지만 민중의 종말론적 종교심성도 결코 무시할 수 없는 요인이다. 특히 해방의 상징이 있는 지상천국은 인간 의 궁극적인 구원과 또 그 구원이 궁극적으로 지향하는 '성의 세계'와 관련 이 있다. 그래서 종교적인 인간은 결코 포기할 수 없는 이상이다. 그들이 지 상천국의 불가능성을 잘 알고 있다고 하더라도 현실의 견딜 수 없는 고난은 반구조의 실현을 포기할 수 없게 하기 때문이다. 인간의 역사는 태고부터 제의라는 상징적 체험을 통하여 존재의 변형에 대한 열망을 가중시켜 왔으 며, 인간의 절대적 해방과 구원을 얻으려는 노력 또한 꾸준히 계속되어 왔 다는 점을 인식할 필요가 있다.

전통 사회에서는 공동체의 전승이나 그 유래에 의한 습속이 사회 전반에 강하게 뿌리를 내리고 있다. 농경 제의나 마을제와 같은 각종 종교 주술적 제의는 공동체에서 당면하는 위기를 극복하게 하였을 뿐 아니라, 전통 사회 를 통합하는 기능을 하여 그 사회의 지속성을 보존하는 기반이 되었다.[84] 관 습은 민중에 의해 지지되는 가치의 토대다. 즉 전통 사회는 성스러운 천개 (sacred cartopy)에 의하여 구축되어 있기 때문에 민중은 의심 없이 공동체의 관 습을 따른다. 이와 같은 보수성이 강한 전통사회를 벗어나려는 급격한 사회 변동 역시 역설적이게도 종교적 기반을 떠나서는 설명될 수 없을 것이다. 전통적인 신념체계는 신분 질서나 사회구조를 절대적 권능에 의탁하여 신 비화함으로써 민중의 폭발성을 완화시키고 있으나, 생산력의 발전에 의한 것이든 심한 문화 충격에 의한 것이든 간에 전통 사회의 해체는 종교로 하 여금 새로운 역할을 부여받을 것을 요구한다. 이때 종교는 아직도 초월의 영역에서 신성화되어 있는 전통 질서를 파괴하는 수단으로써 지상천국의 실현과 메시아의 대망을 바라는 강력한 또 다른 민중종교 형태로 그것에 대응할 수밖에 없을 것이다.

민간신앙은 앞서 언급한 바와 같이 현세 구복적 성향 때문에 이 땅에 지금 지상천국의 대망을 갖고 있으며, 이러한 대망은 민중의 요구에 부응한 잔반 계층인 종교 지도자들에 의해 혁세 상징으로 다듬어진다. 이 혁세의 상징은 인간의 종교적 심성을 자극하여 민중을 집합시키고 종교 집단을 형성하는 계기가 되었다. 여기에 관련되는 집단들은 당해 사회에서 구조적으로 열성 집단이며, 그 집단이 구조적 열성을 극복하기 위하여 새로운 종교를 만들어 간다. 이들 종교들은 억압 구조를 극복하고자 하는 의지의 표현이자 그들의 입장에서는 자신의 삶을 자기 것으로 하고자 하는 정체성의 추구이며, 인간의 보편적 가치를 실현하려는 창조적인 노력이다.

6. 소결

한말에 민간신앙이 유행하고 민란이 발흥하며 신종교가 탄생된 것은 역시 민중이 열성적 구조를 극복하기 위한 반구조를 추구한 현상이다. 조선 말기 내외의 위기는 사회 모순을 첨예화시켰으며, 그것이 기성 구조에 대한 거부와 동시에 반구조의 증대에 결정적인 계기가 되었다. 반구조의 증대는 앞서 말한 바대로 인간적 유대를 강화하고, 사회 질서 변형을 도모하는 것이다. 조선에서 종교의 기능을 담당해 온 주자학적 세계관의 붕괴는 양반 권력 구조에서 소외당한 사람이나 서자(庶子) 층과 같은 한계 인물들이 참여한 실학의 발생으로 이어졌으며, 한편으로는 민중 사이에서 숙종 이후 민간신앙의 유행으로 이어진다. 정치적으로는 실학에 연원을 둔 개혁 의지가 양반층의 개혁 시도인 1884년 갑신정변에서 정점을 이루었으며, 민중의 흐름으로는 민란을 총결산하는 1894년 동학농민혁명으로 이어진다.

동학이라는 사회적 폭발 현상은 사회 제의의 변이 단계에 준한 것이라서 사회적으로는 구조의 수정 단계에서 불안정하나마 사회의 재통합을 요구하는데, 지배층에서는 개화파 운동과 척사위정 운동으로, 반면 민중은 민란의 주요 이념들을 계승한 근대 신종교의 확산으로 귀착된 것이다. 또한 지배계층은 점진적인 체제 내적 개혁 즉 동도서기파(東道西器派)와 같은 왕조체제 내에서의 문명 개혁을 시도하는 반면에, 민중에게는 그 기저에 체제를 전면 부정하는 혁세사상이 흐르고 있다. 그리하여 이들을 이른바 동도동기파(東道東器派)라고 칭할 수 있다.

구조와 반구조의 불균형에서 파생된 민간신앙의 유행은 민란의 발발에 기본적인 신념 체제를 제공하였다. 반구조 위상(entrophy)[85]의 극점에 도달한 민란은 현세 밖에서 현세를 철저히 거부하는, 즉 종교적 신념에 차서 지상천국을 이 땅에 지금 건설하려고 하였다. 와해되어 가는 봉건적 질서에 지속적인 서구 열강의 충격은 민란을 더욱 격화시켜 동학농민혁명에 이르러 극점에 달하였다. 동학농민혁명의 실패로 인해 민중의 대망사상은 사회에 적응 또는 제도화하게 되는데, 이들은 '초월의 영역'의 현재화 과정과 같은 근대라는 세계사적 특성이 있다. 전통사회에서 반구조의 사회제도화라는 것은 있을 수가 없는 일이며, 기껏해야 민중종교나 민간신앙과 같은 비집단적인 영역에서만 명맥을 유지하고 있었을 뿐이다. 그러나 봉건 체제가 기울어진 근대사회에서는 이미 그 양태가 달라졌다. 민중종교로서 제도화의 길을 거쳐 창립종교로서 근대 신종교로 발전한 것이다.

또한 민란은 문화 변경에 선 민간신앙이 문화 중심에 있는 주자학적 신념 체계를 타파하고 중심에 들고자 하는 일종의 사회 제의다. 특히 동학농민혁명은 그 사회 제의 중 가장 중요한 변이과정의 극점이다. 조선 말기 민간신앙 및 민란과 직접적으로 연결되는 근대 신종교는 민간신앙을 바탕으로 하고 있다는 점에서 그리고 봉건 체제의 억압에 저항하는 민란을 계승했다는 면에서 봉건적 권력 구조와 융합한 기성종교와는 질적으로 다른 민중종교였다고 볼 수 있다. 그것은 민중에 의해 창출되고 민중을 그 기반으로 하는 민중 에너지의 분출구로서 민중사상의 제도적 정착이다. 주자학적 세계관의 민중 유리 현상으로 빚어진 민중의 다양한 대응 방식 중의 하나이며 동시에 외세의 자극에 따른 자문화(自文化)운동의 색채를 띠고 있다. 그리고 민란이 추구한 인간적인 삶과 지상천국의 갈구는 이후 근대 신종교에서 지속적으로 인간화는 물론 제도화되고 사상화되었다. 민란에서 출발한 혁세사상은 홍경래의 난 이후 동학농민혁명으로 폭발했다가 근대 신종교에 와서 개벽사상으로 종합화한다.

이 글은 근대 신종교의 형성 과정에서 민중의 반구조 추구 양식에 따른 '민간신앙, 민란, 신종교' 라는 일련의 민중운동의 흐름을 분리 변이 재통합이라는 사회제의(social drama)와 관련하여 살펴봄으로써 신종교의 사회적 성격을 밝혀 보려고 하였다. 민중은 조선 후기 사회구조의 붕괴 과정과 병행하여 반구조적인 신앙사상 운동을 전개하는데, 이것이 곧 주자학적 신념 체계를 전면 부정하는 민간신앙의 유행과 민란의 발흥이다. 이러한 민중운동은 진인의 출현과 지상천국을 대망하는 혁세사상을 중심으로 하고 있다. 민간신앙은 그 혁세사상을 배태시킨 모체가 되었으며, 민란은 그 혁세사상의 사회적 표출로 제의에 있어 변이 단계에 준하는 것으로 그 극점이 동학농민혁명이다. 이런 혁세사상을 처음으로 제도화시킨 것이 개벽사상을 중심으로 한 근대 신종교들이다.

이 글에서는 우선 민중의 반구조적 종교운동이 민중의 자기 삶에 대한 무화가 아니라 창조적 노력이라는 점을 밝히기 위하여 민중종교의 본질을 해명하려고 하였다. 다음은 조선 말기 사회구조의 붕괴가 사회적 위기와 주자학적 신념 체계의 공소화(公疎化) 현상에 기인함을 밝히고, 반구조적인 혁세사상의 배태 가능성을 시사하고, 민중의 반구조적 종교현상인 민간신앙의 유형과 더불어 그것을 발전 승화시킨 혁세사상이 사회 표층에 나타나 동학농민혁명으로 귀착됨을 사회 신앙, 사상의 흐름으로 살펴보았다. 그리하여 동학농민혁명은 반구조적인 종교운동임과 동시에 사회혁명운동임을 밝히고, 민중운동의 흐름에서 볼 때 사회제의의 극점에 있다는 것을 규명하였다. 그리고 그 사회 제의에서의 인간조건은 반구조의 극점에 오래 머물 수 없으므로 이 혁세사상의 사회적 폭발은 대망사상으로 사회에 통합 즉 제도화 과정을 밟게 되는데, 이것이 바로 개벽사상을 중심으로 한 신종교의 탄생 과정이라고 정리하였다. 이러한 일련의 과정을 거쳐 발생한 신종교는 민중의 반구조적 노력에 대한 제도화인 동시에 민중들의 신앙, 사상의 사회제도화라는 점을 분명히 밝혔다.

신종교는 반구조적인 주변성, 변이성, 빈곤성을 특성으로 하는 반구조적 노력을 제도화하였기 때문에 지배층 사상에 비하여 구조화가 뒤떨어지고 그 내용이 선명하지 못하다. 그렇더라도 민중의 존재 변혁의 소망이 그대로 반영되어 있다. 그러나 그 제도화 자체가 불안정할 수밖에 없어서 교주의 강력한 카리스마와 신도들의 열광적인 지지를 바탕으로 하지 않으면 계속 존속하기가 쉽지 않다. 따라서 근대 신종교 교주들은 대체로 민중의 전통적인 신앙·사상을 활용하고 있으나, 대체로 민간신앙을 토대로 발생하였기 때문에 현세구복적인 측면을 강하게 반영하고 있다. 그래서 추상적인 내세의 행복이 아니라 현세에서 인간답게 살 권리, 즉 인간성의 회복과 이 땅에 지금 당장 지상천국의 실현을 그 목적에 두고 있다. 이들은 과거 선천사회를 부조리와 부정의가 심한 세상으로 규정하고 나서 현재가 지상천국인 후천사회로 가는 과도기임을 강조한다. 더불어 민족의 정체성 위기에서 발생한 선민사상의 수용은 근대 신종교의 민중적 특색에 자문화운동의 성격도 포함하고 있다.

제4장

한국 근대 신종교의
경전과 의례*

* 이 장은 필자의 「신종교 의례의 현황과 특성」(『한국종교』 23권, 1998)과 「신종교의 경전에 대한 개설」(『신종교 연구』 15집, 2007)을 저본으로 하여 작성된 것이다.

1. 서론

제3장에서 근대 신종교의 탄생 과정을 조선 말기에 나타난 반구조적인 신앙과 사상의 동향을 중심으로 살펴보았다. '민간신앙의 흥기, 민란의 발생, 신종교의 창도'는 앞서 지적한 대로 구조적 열성을 용해하고자 하는 민중운동이라고 하였다. 말하자면, 민란의 주도 이념이라고 할 수 있는 혁세사상의 제도적 정착이 개벽사상으로 이어지고, 그 개벽사상을 기반으로 근대 신종교가 탄생하였다. 그런 탄생 과정을 살펴볼 때 근대 신종교는 민중종교로 출발하였다. 이들이 식민지의 단계를 거치면서 근대적 종교 즉, 문명종교와 민족종교의 성향을 가진 종교로 발전해 간다. 여기서 문명종교는 민중종교의 종교적 근대화라고 볼 수 있으며, 민족종교는 종교에 민족 공동체의 희원을 담은 것이다. 전자는 근대 종교적 과제를 해결하기 위한 것이며, 후자는 민족이 처한 사회적 과제를 해결하기 위한 것이니 만큼 양자를 서로 분리해서 생각할 필요는 없다. 어디에 강조점을 두는가에 차이가 있을 뿐이다.

민중종교에서 근대종교로 전환되는 과정의 하나가 경전 편찬과 의례 정립이라고 이해할 수 있다. 이전의 민중종교와 달리 근대적 종교에서는 표준화된 경전과 의례체계가 필수적인 것이기 때문이다. 그렇지 않으면 근대적 종교로 인정받기가 어렵다. 따라서 근대의 신종교들은 교단이 정비되면 의례를 포함한 경전 편찬 사업에 나서게 된다. 그러나 이들의 경전과 의례들은 각 종교의 창립과 동시에 형성된 것은 아니다. 현재의 신종교 경전들은 대부분 교단 체제가 정비되고 나서 한참 후에 만들어진 것들이다. 그 때문에 현재 경전과 의례를 통하여 근대 신종교에 대해 사회사적인 조망을 하기엔 한계가 있다. 그럼에도 불구하고 경전과 의례는 각 종교의 신앙적 특성을 드러내는 기본 자료가 된다.

이 같은 경전과 의례를 통해서 근대 신종교들의 신앙전통을 이해하는 것도 중요하지만 그것으로 그쳐서는 곤란하다. 왜냐하면 이 글은 근대 신종교의 일반적 특성을 논의할 수 있는 근거를 마련하는 데 목적을 두고 있기 때문이다. 그래서 여기서는 근대 신종교에 대한 개설을 한 다음 종교 성향이 다른 대표적인 4개 신종교들, 즉 동학-천도교·증산교·대종교·원불교를 선택해서 그들의 경전과 의례를 통해 그들의 종교적 사상과 실천을 조망하고, 근대 신종교 전반의 신앙·사상 특성들을 간략하게나마 살펴보려고 한다.

2. 근대 신종교의 개설

대표적인 근대 신종교의 경전과 의례를 살펴보기 전에 먼저 근대 신종교에 대한 개황을 간단하게 살펴보려고 한다. 이는 앞으로 검토하려는 종교전통들이 한국 신종교의 지형에서 차지하는 종교적 위상을 우선 이해할 필요가 있기 때문이다. 이들 신종교들은 모두 보국안민의 이상을 가지고 지상선경의 이상 세계를 대망하고 있는 종교들이다. 이들 모두를 개벽종교라고 말할 수 있지만 개벽사상의 내용과 농도에서 차이가 있다. 순수한 개벽의 종교들은 운도형 종교들이고, 신시개천(神市開天)을 주장하는 단군형 종교도 개벽의 종교로 불러도 무방하다. 여기에 양자의 혼합형인 전통형까지 개벽종교로 고려할 수 있다.

개벽의 종교들은 근대에 갑자기 등장한 것이 아니다. 19세기 중엽 구조사회의 붕괴 과정에서 민중들은 도탄에 빠지고 정신적 혼돈 속에서 방황하고 있었다. 이런 혼란을 극복하는 대안으로서 민란이라는 민중운동을 거쳐 종교적 개벽사상으로 수렴되어 동학이 탄생되었다.[1] 그 동학을 기반으로 1894년(고종 31)에 일어난 동학농민혁명은 이후 민중종교운동에 있어 하나의 전형이 되었다. 동학농민혁명의 사상적 기초가 된 개벽사상은 조선 중기 이후에 줄곧 이어졌던 민간전승의 복합적인 신앙들에 민중의 희원이 결합해 정립된 것이다. 이 사상은 조선의 지배 교학인 성리학 체제 밖에서 발전하여 불우 지식인들에게 전승된 신앙사상이었다. 거기에 조선 민중의 강력한 희원을 담아 종교적 개벽사상으로 정립된 것이다. 그것은 외적의 침략을 막아내 민족의 자존심을 되찾고, 백성이 편하게 살게 하는 길을 찾는 것이었다. 동학을 창립한 최제우는 이런 민간전승의 신앙·사상을 '보국안민'이라는 교리로 표현하였다. 이후 보국안민은 근대 신종교의 상징적 깃발이 되었다. 이들은 앞으로 올 지상선경이라는 이상 세계에서 한국 민족이 그 주역을 담당하고, 한반도가 그 중심이 된다고 확신하였다.

일제강점기에 동학을 개신한 천도교와 증산 계통의 종교들은 자체 분열을 겪으면서 잠시 내적인 응집력을 상실하기도 하였지만, 이러한 분열은 신종교의 지형을 다변화시켜 발전 과정을 촉진하는 측면도 있었다. 그리하여 이전에 동학을 개신한 천도교를 비롯한 동학계 신종교, 보천교 등을 비롯한 증산계 신종교, 1915년 이선평이 황해도 구월산에서 개창한 각세도, 1916년 박중빈이 전남에서 개창한 불법연구회, 일제 말엽인 1943년 김봉남이 형성한 찬물교, 1945년 강대성의 갱정유도[2]가 대표적인 근대 신종교들이다. 그 외에도 조선적 영성에 입각한 기독교계 신종교, 그리고 관성교나 무량천도와 같은 무속계 신종교 등 다양한 신종교들이 존재했다. 이 시기 신종교들은 '유사종교'라는 부당한 대우를 받으면서도 식민지 사회에서 민족문화를 보존하고, 식민 지배에 저항하는 주도 세력으로 자리잡고 있었다. 그러나 유사종교 해산령이 제정된 1930년대 후반 이른바 전시체제하의 황민화정책에 의해 근대 신종교 종단들이 해산되거나, 아니면 노골적인 친일화의 경향을 보이기도 했다.

한편, 한국 근대 신종교를 사상 전통별로 보면, 앞서 언급한 대로 운도형·단군형·전통형으로 나눌 수 있다. 운도형 종교는 수운 최제우의 동학에서 일부 김항의 정역(正易)사상을 거쳐 증산 강일순의 증산교와 소태산 박중빈의 불법연구회로 이어지는 종교들이다. 그리고 단군형 종교는 홍암 나철의 대종교와 같이 국조 단군을 신앙 대상으로 삼고 있는 종교들이다. 이들은 운수론(運數論)이나 역(易)의 상수관(象數觀)을 개벽의 논리로 삼지는 않는다. 하지만 이들은 한민족이 앞으로 다가올 이상 사회의 주역이 된다는 확신을 갖는 점에서 전형적인 한국 신종교의 성격을 지닌다. 양자의 영향을 받아 다양한 전통형 종교들은 그 중간에 위치한다.[3]

먼저, 운도형 종교로는 동학계, 일부계, 증산계의 신종교, 그리고 원불교를 대표적으로 꼽을 수 있다. 이들이 한국 근대 신종교의 주류에 해당되는 종교들이다. 첫째, 동학계는 동학의 정통을 이은 천도교(최제우, 1860)와 여기에서 갈라진 시천교(이용구, 1906), 천진교(김연국, 1913), 수운교(이상용, 1923) 등의 큰 교단들 이외에 다수의 소분파들이 있다.[4] 둘째, 일부계는 두 가지 흐름으로 나타나는데, 하나는 일부(一夫)의 『정역』을 중심으로 하는 정역학회들이고, 다른 하나는 일부의 수행 전통을 이어받은 영가무도교(송철화, 1960)이다. 그 외에도 다수의 소분파들이 있다. 일부의 『정역』은 역(易)의 새로운 해석을 통해 미래 후천세계의 도래를 확약함으로써 이후 한국 신종교의 교리 형성에 많은 영향을 주었다. 셋째, 증산계는 1909년 증산이 사망하자 수많은 교단으로 분화되었으며, 그 가운데 하나인 보천교(차경석, 1921)는 1920년대 한국 제일의 교세를 가진 종교로 성장하기도 하였다. 현재는 태극도(조철제, 1918), 증산교본부(이상호, 1928), 증산법종교(강순임, 1938), 대순진리회(박한경, 1969), 증산도(안세찬, 1974) 등을 포함하여 수십 개의 교단이 존재한다.[5] 그리고 개신불교의 성향을 가진 불법연구회(박중빈, 1916)는 해방 이후 원불교로 개칭하였으며, 지금까지 분열되지 않은 채 개벽을 지향하는 생활불교로 발전하고 있다.

다음으로 단군형 신종교는 개항기에 성립된 백봉의 단군교와 김염백의 신교운동에 연원을 두고 있다. 이들의 활동 시기는 대종교 중창보다 20년 전인 1880년대였다. 종단의 창교를 '중광(重光)'이라고 표현하고 있듯이 대종교의 뿌리는 모두 고유의 신교에 두고 있다. 대표적인 단군계 종교인 대종교는 홍암 나철에 의해서 국조 단군을 신앙대상으로 하여 1909년에 성립되었다. 1910년에 대종교로 개칭하였으며, 일제강점 이후에는 금압을 당해 만주로 근거지를 옮겨 항일 무장투쟁을 전개하는 등 강한 민족주의적 성격을 띠었다. 현재 대종교(나철, 1909), 한얼교(신정일, 1965)를 포함하여 수십 개의 교단과 신행 단체들이 있다. 단군형 종교는 분단 시대에도 불구하고 여전히 민족주체성을 근간으로 삼고 있다. 이들은 종교 단체를 비롯해서 국조숭봉 단체, 단군사묘 등 다양한 모습들을 보여주고 있을 뿐 아니라 여러 종교전통에 접합되어 다양한 형태로 계승되고 있다.

마지막으로 전통형 종교로서 다양한 종교 계통이 있다. 이 전통형에 속하는 종교들은 개벽사상이나 단군사상 가운데 하나의 영향 아래서 사상적 성장을 이룬 경우가 대부분이다. 첫째, 물법계(김봉남, 1937)[6]에는 성덕도(김옥재, 1952)를 포함하여 다수의 교단이 있다. 김봉남이 창립한 찬물교는 '물법계',

또는 창교주의 이름을 따서 '봉남계' 등으로 불린다. 일제 말기 봉남이 스스로 터득한 찬물의 이법으로 치병 위주의 활동을 각 지역에서 전개하였기 때문에 일제강점기에는 특별한 교단을 이루지는 않았다. 둘째, 각세도계에는 각세도본관을 비롯하여 다수의 종단이 포함된다.[7] 각세도는 이선평이 1915년에 창교하였는데, 중국적인 역학과 오행설 등에 근거한 교리와 자가 수도적인 수련법에 기초하여 한때 수만의 교세를 이루기도 하였다. 셋째, 유교계 신종교는 갱정유도회(강대성, 1930)를 위시하여 다수의 교단이 있고, 넷째, 불교계 신종교에는 다양한 이름의 '미륵종'들이 있다. 1980년대 이후 이들은 불교 종단에 가입하여 한국의 신불교(新佛敎)를 이루고 있다.

3. 근대 신종교의 경전과 의례

1. 동학-천도교의 경전과 의례

1) 동학-천도교의 경전

동학은 근대 신종교의 효시로서 이전의 민중신앙의 전통을 이은 최초의 민중종교다. 1860년 경주 용담정(龍潭亭)에서 수운 최제우(崔濟愚)가 신비체험을 통해 '만고에 없는 무극대도'를 얻어 창도하였다. 초기 동학에는 민중종교의 이상을 담은 지상천국에 대한 소망이 잘 나타나 있다. 동학의 창교 동기는 병든 사회를 구제하는 데에 있으며, 그런 활동이 현실의 사회운동으로 나타났다. 동학-천도교의 동학농민혁명, 3·1운동, 신문화운동 등을 보면, 동학-천도교의 동기가 역사적 사실로 제대로 실현된 것으로 평가할 수 있다.

동학은 1894년(고종 31) 동학농민혁명의 패배 이후 큰 타격을 입었다. 그러나 동학은 1904년 천도교(天道敎)로의 개신을 계기로 다시 성장하기 시작하여 자신의 영향력을 회복하게 되자 곧바로 1919년 3·1운동을 주도하였다. 그러나 3·1운동으로 말미암은 교단의 충격은 적지 않았다. 천도교는 그것을 해소하고자 청년교리강연부를 설립하고, 다음 해에 이를 천도교청년회로 개편하여 전국에 사회 활동을 넓혀 갔다. 이 조직은 1923년 천도교청년당으로 명칭과 조직을 개편해 이른바 '신문화운동'을 주도하게 된다. 또한 교단 차원의 '천도교혁신운동'이라고 하는 개혁운동도 이루어져 1921년에는 교주제를 폐지하고 중의제로 개편하였다. 1922년 손병희의 사망과 함께 이러한 혁신운동은 교단의 분란으로 이어져 신문화운동에 적극 참여한 서북지역의 신파와 과거 동학의 이상을 계승하려는 삼남 지방의 구파로 분열되었다. 그러나 1931년에 신·구파가 연합하여 천도교 청우당을 발족하였으며, 이후 1937년 청우당도 해산하였다.

천도교의 분열은 1906년 진보회를 이끌던 이용구 일파가 시천교(侍天敎)를 설립하면서부터 시작되었다. 창교 초기에는 막강한 자금력과 일제의 지원으로 급성장하여 1920년 초반 교단 규모가 천도교에 필적할 정도로 크게 성장했다고 한다. 그러나 시천교는 일제와의 긴밀한 관계 때문에 매국 교단, 친일 교단이라는 꼬리표가 붙어 있었다. 시천교에서 분립해 나간 김연국의 상제교는 계룡산 신도안에 자리잡고 독자적인 활동을 전개하여 상당한 교세를 이루었지만, 지상선경의 도래에 대한 교인들의 기대를 충족시키지 못하고 1930년대 이후 침체의 길로 들어섰다. 이외에 청림교나 선도교, 무극대도교, 성도교 등의 종단이 일시 활발한 활동을 펼치기는 하였으나 곧 소멸하였다. 그리고 이상룡의 수운교나 백백교 등 방계의 동학계 신종교들도 다수 출현하였다.

이 교단의 종교적 특징은 현세 구원의 종교라는 점과 인간과 공동체의 구제의 길로서 개벽사상을 처음 제시한 점이다. 동학-천도교에서는 사후 영혼이라든가 내세 보상이라든가 하는 내세 관념이 없다. 내세는 현재의 미래일 뿐이며, 현세적 인간으로서 장생(長生)을 의미한다. 그리고 다시개벽을 통하여 지상선경이라는 지상천국을 실현하려고 한다. 예컨대, 천도교 천덕송〈땅 위에 한울나라를〉을 보면, 지상천국을 대망하는 천도교인의 소망이 잘 담겨 있다.[8] '빛바랜 낡은 폐습 벗어던지고 새로운 후천운수 맞으러 가자며 새 윤리 사인여천 온 누리에 퍼 너나가 하나같이 참사람이 되고 정성과 공경 믿음을 더욱 다져서 땅 위에 한울나라 힘써 세우자'고 외치고 있다.

한편, 보기 드물게 동학은 교조가 경전을 직접 저술한 종교다. 이후 동학의 도통을 계승한 해월 최시형이나 의암 손병희는 초기 경전에 대한 시대적 요구를 담은 실천적 해석을 첨가하였다. 동학농민혁명 이후 동학 교단의 변화가 상당히 있었음에도 동학의 기본 경전의 내용은 그대로 사용되고 있다. 동학-천도교의 교리는 해월 최시형이 편찬 발간한 『동경대전』과 『용담유사』에 근거하고 있다.[9] 『동경대전』은 후계자 최시형이 1880년에 처음 간행했다. 이어 1883년에 충청도 목천과 공주에서 재판하였다. 이 경전은 본문(本文)과 별집(別集)으로 구성되어 있다.[10] 또 다른 경전 『용담유사』는 9편의 가사[11]를 모아 엮은 책이다. 이 책의 서술 형식은 제자들에게 보내는 서신 형식으로 편찬되어 있으며, 민중과 부녀자가 이해하기 쉽도록 한글 가사체를 빌려 동학의 사상을 설명하고 있다.

『동경대전』의 「포덕문」에는 한울님의 존재와 그것을 알지 못하는 병든 세상에 대한 개탄과, 한울님으로부터 받은 영부와 주문을 가지고 세상을 깨우쳐 구하라는 사명을 서술하고 있다. 「논학문」에서는 서학(西學)과 비교하여 그 차이를 말하고, 자신의 득도 과정, 포교를 위해 지은 21자 주문과 그것의 내용을 설명하고 있다. 「수덕문」에서는 공자의 도(道)와 자신이 받은 도가 다름을 밝힌다. 인의예지(仁義禮智)가 옛 성인의 수도라고 하면, 자신의 수도는 수심정기(守心正氣)라 하여 그 핵심으로 성(誠)과 신(信)을 들고 있다. 「불연기연」에서는 사물의 근원을 캐어 들어가면 불연(不然) 즉 알 수 없는 것이 많으나, 한울님 입장에서 보면 모두가 조화이므로 기연(其然) 즉 당연한 이치라는 것이다. 「탄도유심급」에서는 시대 대세가 다 한 진리로 돌아올 것을 예견하고, 도를 깨닫기 어려우므로 마음을 바로잡는 것이 중요하다면서 수도의 중요성을 말하고 또 경계해야 할 내용을 밝히고 있다.

요컨대 『동경대전』은 한 생명체로서 존재하는 우주 즉 한울님, 천도의 역사와 조화 방법, 상제(上帝)가 수운에게 천도(天道)를 전수하게 된 배경과 조화의 법(法)인 영부(靈符)와 주문(呪文)에 대한 설명, 5만 년의 운수(運數), 이상 세계 건설과 태평성세의 대망, 사람의 도리와 수도할 때의 경계사항 등을 주요 내용으로 담고 있다.

다음 『용담유사』는 9편의 가사인데, 1860년 득도하고 지은 「용담가」에서는 자신이 태어나고 자라고 득도한 용담정과 득도의 기쁨을 읊었다. 이는 풍수지리와 충효사상이 많이 강조된 가사다. 「안심가」는 불안해하는 부녀자들을 안심시키려는 목적으로 지은 것이다. 천대받던 부녀자들의 덕을 칭송하고 좋은 시절이 오면 여성이 역사의 주체가 될 것임을 밝히고 있다. 「교훈가」는 고향의 교도들에게 수도에 힘쓰라는 교훈을 내리는 가사이다. 스스로 수도하지 않으면 아무리 좋은 운수(運數)를 받아도 소용이 없다는 것이다. 「몽중노수문답가」는 본인의 삶과 득도의 과정과 내용을 나타낸 가사이다. 「도수사」는 제자들을 가르치다가 길을 떠나면서 제자들에게 도 닦기를 간절히 당부하는 내용이다. 「권학가」는 서학과 서양 세력이 각자위심(各自爲心)을 더욱 증폭시키고 있다며, 동학에 의해 각자위심을 이겨내고 한 몸이 되는 '동귀일체(同歸一體)'할 것을 권유하는 내용이다. 「도덕가」는 지벌(地

閥)과 문벌(門閥)보다는 도덕이 중요함을 강조한다. 내 몸에 이미 모시고 있는 한울님에 대한 경외의 마음이 무엇보다도 소중하다고 강조한다. 「흥비가」는 시경(詩經)의 노래체인 흥과 비를 이용하여 도를 닦는 법을 가르치는 내용이다. 도는 멀고 어려운 것이 아니라 가까운 데에서 찾을 수 있다고 했다. 「검결」에서는 개벽의 시기를 맞아 과거와의 투쟁정신을 고취하는 내용으로 변혁 의지가 잘 드러난 가사이다. 동학농민혁명 때 군가로 불리기도 했다. 후에 이 노래가 문제가 되어 교조가 처형되었다.

요컨대 『용담유사』는 『동경대전』과 겹치는 부분이 많으나, 수운 자신이 득도하기까지의 역정과 세상사에 대한 인식, 부친의 고향인 용담정에 돌아온 후 득도의 체험, 한울님의 존재와 그 뜻에 대한 내용, 포교의 시작과 더불어 많은 사람들이 몰려와 얻은 기쁨과 곧 이어진 관의 탄압으로 고향을 떠나야 했던 심회, 멀리 있는 제자들에게 오직 정심 수도할 것을 당부하는 것 등을 주요 내용으로 담고 있다.

2) 동학-천도교의 의례[12]

동학 시절에는 의례가 체계적으로 정리되지 않은 것으로 보인다. 그렇지만 부적의 소부(燒符) 의식은 초기부터 행해졌다. 대신사가 한울님으로부터 받았다고 하는 궁을(弓乙) 그림을 한지에 그린 부적을 태워 그 재를 물에 타서 마시면 치병 효과가 있는 것으로 믿어졌다. 동학-천도교가 의례체계를 본격적으로 갖춘 것은 동학의 개신 이후 1906년의 일이다. 손병희가 1905년 천도교로의 개칭을 대고천하(大告天下)한 후 신앙 체계를 전반적으로 일신하고자 교인의 생활 규범을 새롭게 제정하였다. 이때 오늘날의 오관(五款) 제도, 즉 주문·청수·시일·성미·기도 중심으로 의례가 정립되었다.

동학-천도교의 일상 의례에는 심고(心告)와 개인기도가 있다. 심고는 일상

생활 동정의 모든 일을 한울님께 감사하고 축례(祝禮)를 드리는 기도다. 개인 기도는 매일기도와 시일날 밤 9시에 가정에서 행하는 기도다. 특별기도는 7일, 21일, 49일, 105일 등 기간을 정하여 행한다. 기도 장소로는 시교당이나 수도원에서 주로 행하나, 청수예탁을 설치하여 개인의 집에서도 행할 수 있다. 그리고 기념 의례로서는 대신사의 득도일인 천일기념일(4월 15일 11시), 해월신사가 도통을 이어받은 지일기념일(8월 14일 11시), 의암성사가 도통을 이어받은 인일기념일(12월 24일 11시), 춘암성사가 도통을 이어받은 도일기념일(1월 8일 11시)이 있다.

천도교의 기본 의례는 매 일요일에 집단적으로 기도를 올리는 시일식(侍日式)과 매일 밤 9시에 21자 주문을 묵송하는 가정기도가 있다. 시일식은 집례자들이 예복을 착용하고 단상에 올라 예식을 행한다. 먼저 청수봉전하고 한울님께 심고를 한다. 그런 다음에 3회의 주문을 병송(竝誦)하며, 시의에 맞는 경전 부분을 봉독하고, 천덕송[13]을 합창한다. 다시 설교자가 시의에 맞는 설교를 하고 다시 천덕송을 합창하고 마무리심고를 하면서 폐식을 하게 된다. 여기에 주문(呪文)과 부적(符籍), 그리고 청수봉전(淸水奉奠), 심고(心告) 등 천도교 의례의 중요 요소들이 모두 포함되어 있다. 첫째, 심고(心告)[14]는 모든 것을 항시 한울님께 고하는 것이고, 둘째, 주문(呪文)은 한울님을 지극히 위하는 글이며, 천인합일(天人合一)하게 하는 발원문이다. 그러므로 주문은 결국 한울님을 내 몸에 모시는 글이다. 주문에는 '초학주문'·'강령주문'·'본주문'의 세 가지가 있다.[15] 강령주문과 본주문을 합쳐 동학의 21자 주문이라고 한다. 셋째, 청수봉전(淸水奉奠)은 대신사가 대구장대에서 청수를 봉전하고 순도한 것을 기리기 위해 시행한 것이었다. 이후 청수봉전은 대신사에게 제물을 대신해 바치는 의식으로 정착하여 일상 의례에서는 물론이고 그 외 집단적인 기도치성이나 기념치성에서도 행한다. 이때 안심가, 도수사, 검결

등과 같은 노래를 함께 부른다.

동학-천도교 의례의 특성으로 먼저 지적해야 할 것이 제향에서의 향아설위(向我設位)다. 동학의 제향은 재래의 향벽설위(向壁設位)와 달리 자신을 향해 제상(祭床)을 차린다. 조상의 영(靈)이 따로 있는 것이 아니고, 나에게서 나타나므로 나를 향해 제상을 차린다는 뜻이다. 이는 내 몸에 한울님을 모신다는 시천주신앙에서 비롯된다. 이리하여 인간의 영생은 개체적인 생명이 축적되어 간다는 것이다. 다음 의례 특성은 주문을 통한 수도의례다. 동학-천도교에서는 인간 본성에서 발하는 인의예지보다 우주의 기운을 모우는 수심정기가 더 중요하기 때문에 수도의례가 중심 의례이자 종교 생활의 중심이다.

주간 단위로 행하는 시일식과 설교, 성가, 경전 봉독 등은 근대적 교단종교로서 탈바꿈한 천도교가 기독교적 의례 양식의 영향을 받아 형성된 것이라고 볼 수 있다. 반면 심고(心告), 주문(呪文), 청수봉전(淸水奉奠), 주문 기도(祈禱)는 모두 전통적이고 민중적인 의례에서 나온 것이다. 특히, 심고는 과거 사당을 모시고 있을 때 조상에게 집안의 모든 일을 일일이 고하는 유교적 의례에서 형성되었다고 볼 수 있고, 주문과 부적, 청수봉전은 과거 민중들의 양재 기복과 액막이에 활용된 것으로서 전통적인 민간신앙에서 찾아볼 수 있다. 이렇게 본다면 동학-천도교 의례는 민중화한 유불선과 민간신앙을 융합하여 재창조한 민중종교임을 잘 알 수 있다. 또한 동학의 의례는 이후 나타나는 근대 신종교들에 전범(典範)이 되었다. 심고법, 주문, 부적, 청수봉전은 이후 근대 신종교에서 나타나는 공통적으로 나타나는 의례 요소들이다. 1894년 동학농민혁명 이후에 새롭게 등장한 증산교, 대종교, 원불교와 같은 종교들의 의례 형태는 동학 의례에 힘입은 바가 적지 않다.

3) 동학-천도교의 종교적 특성

동학-천도교의 경전과 의례를 기초로 신앙적 특성을 간단하게 정리해 보면 다음과 같다. 첫째, 동학-천도교의 신앙을 한마디로 요약하면 시천주(侍天主)-인내천(人乃天) 신앙이다. 사람은 태어나면서부터 한울님[16]을 '네 몸에 모셨다'는 시천주사상은 누구나 자기가 모시고 있는 한울님을 지극정성으로 모시면 모두가 한울님이 될 수 있다는 것이다. 이리하여 시천주신앙은 사람이 곧 한울님(천주)이라는 인간 존엄과 평등을 말한다. 누구나 한울님을 모시면 군자나 신선이 될 수 있고, 또 누구나 구원이 가능하다는 인간 존엄과 평등사상을 드러내고 있다.

둘째, 지기(至氣)사상이다. 지기는 천지의 근원인 동시에 우주 본체를 의미한다. 우주만물은 공통의 원리를 갖는 하나의 영체이자 하나의 생명체라는 의미로서의 지기이다. 이는 단순한 물질적 본체로서의 기운이 아니고 정신을 내포하고 있는 우주의 궁극적인 본질이다. 따라서 지기는 우주 본체의 원기 · 활력 · 영기를 뜻하는 기인데, 말하자면 기이면서 영기로서 물심양면을 표현할 수 있는 가능성을 가진 조화의 존재이다. 따라서 지기 · 천주 · 인간의 3자는 다 같은 것으로서 지기가 천주이고, 천주가 곧 인간이 된다.

셋째, 한울님과 합일한 도덕군자가 역사 창조의 주체라는 점을 강조한다. 오늘날 사회가 병든 것은 한울님의 뜻과 도리를 돌아보지 않고 각자위심(各自爲心)에 사로잡혀 있기 때문이라는 것이다. 이러한 병든 사회를 구제하는 길은 한울님을 잘 모시고 그 뜻과 도리를 잘 따르는 것이다. 먼 곳에서 한울님을 구할 것이 아니라 가까운 내 몸에서 한울님을 구하고, 모두가 동귀일체(同歸一體)의 길에 나설 것을 권유한다.

넷째, 현 시운(時運)의 개벽관이다. 쇠운(衰運)이 지극하면 성운(成運)이 온다는 동양적 순환사관의 입장에서 개벽관을 제시하였다. 이는 초기 수운의

'다시개벽'에서 후일 천도교의 정신개벽, 민족개벽, 사회개벽으로 체계화된다. 동학은 현세를 병든 사회로 진단하고 다시개벽에 의하여 요순(堯舜)과 같은 대동세계를 만들어야 한다고 주장한다. 그런 점에서 동학은 민생의 현실과 관련된 사회개혁의 성향을 강하게 나타내는 종교다.

다섯째, 동학-천도교의 종교적 특성은 아니지만, 이들은 경전과 의례만이 아니라 모든 면에서 한국의 근대 신종교의 모델이 되고 있다. 심고와 가정기도, 주문과 청수봉전 등의 의례도 그렇고, 도덕군자가 사는 지상천국도 그렇다.

2. 증산교의 경전과 의례

1) 증산교의 경전

증산교[17]는 증산 강일순에 의해 1901년 전라도 김제 모악산에서 창립되었다. 그는 고통받는 민중을 구제하기 위해 하늘, 땅, 인간 3계의 대권을 가지고 금산사 미륵불로 강림하였다. 그는 9년간 인류의 구원사업인 천지공사(天地公事)를 마치고 1909년 화천(化天)하였다. 증산은 민중의 구제를 위해 동학의 최수운을 먼저 보내 세상을 구제하도록 하였으나 최수운이 그 뜻을 이루지 못하자 상제 자신이 직접 하강하였다고 주장한다. 이때문에 증산교를 후동학이라고고 한다. 그리고 '태을주(太乙呪)'의 첫머리가 '훔치훔치'로 시작하기 때문에 훔치교[18]라고도 부른다. 강증산이 갑자기 사망하자 그를 따르던 종도들은 크게 실망하여 각자의 길로 흩어졌다. 그러나 증산의 고씨 부인에게 증산의 영이 집혀 증산의 행적을 그대로 행하자 흩어진 제자들이 다시 모여 1911년 증산교의 최초 교단인 태을교(太乙教, 일명 선도교)를 형성하였다. 증산교는 3·1운동 이후 한때 신자 수가 수백만에 달할 정도로 세력이 막대했었으나 1938년의 일제의 '유사종교해산령'이 내려진 다음 교세가 급속히 약화되었다.

고씨 부인이 창립한 태을교(일명 선도교)는 1914년 차경석이 실질적인 교주가 되었다. 그는 1921년 자신을 '천자(天子)'로, 국호를 '시국(時國)'으로, 교명을 '보화(普化)'로 선언하는 천제를 행하고, 1922년에 보천교로 교명을 개명하였다. 그러나 차경석의 교단 전횡으로 인해 교단 분열이 촉발되었는데, 이를 계기로 하여 1924년 '보천교 혁신운동'이 일어났다. 이에 보천교 계통의 분파가 다수 성립되었고, 이와 동시에 증산의 가르침을 직접 받은 종도들, 즉 김형렬, 안내성, 박공우, 문공신, 이치복, 김광찬 등에 의해 독자 교단이 연이어 창립되었다. 이외에도 보천교 계통의 무극대도(강승태)나 독자적인 계통을 주장하는 조철제의 태극도, 증산의 딸인 강순임의 증산향원(甑山享院), 정인표의 미륵불교 등 수십여 개의 분파가 난립하였다.

증산계 교단은 많은 분파가 있지만 모두 강증산과 그의 언행을 신앙의 대상으로 삼는다. 이같이 기본적인 신앙 대상은 강증산이지만, 강증산의 명호는 교파마다 각기 다르다.[19] 호칭에 관계없이 교단마다 증산이 절대 권능을 가진 구세주라는 점을 강조하고 있으며, 강증산 이외에도 여러 신을 함께 신앙 대상으로 삼는다. 환인, 환웅, 단군 등 우리나라의 시조신과 각 민족의 민족신, 그리고 공자, 석가, 예수 등 문명신, 모든 사람의 조상인 선령신, 그리고 최제우, 마테오 리치, 진묵대사 등의 신들을 경배하고 있다. 이런 신들을 통칭하여 신명이라고 한다. 인간의 삶은 이 신명들과 함께하고 있다면서 신명들에게 조그마한 척도 짓지 않도록 노력해야 한다고 가르치고 있다.

증산교 경전은 교단마다 약간씩 차이가 있다. 분파가 되면서 자기 정당성을 확보하기 위해 새로이 경전을 편찬하는 경우가 많았기 때문이다. 그럼에도 이들 경전들은 모두 강증산의 절대적 종교 권능을 강조한다. 그래서 동학 경전에 비하여 상당히 신비적이고 초월적인 내용을 많이 담고 있다. 대표적인 경전은 1929년 이상호 형제가 증산의 행적과 흩어진 관련 자료를 모아 편찬한 『대순전경(大巡典經)』[20]이다. 이 경전은 자료가 새롭게 발굴되거나 시류의 변화에 따라 새롭게 보강되어 여러 번 증보 개정되었다.

증산교의 최초 경전은 증산교가 창도된 지 15년 만인 1926년에 간행된 『증산천사공사기(甑山天使公事記)』이다. 이 경전은 보천교의 개혁운동을 하다 탈퇴한 이상호, 이정립 형제가 증산의 정확한 행적과 가르침을 채록하여 처음으로 만든 경전이다. 이후 이 경전을 다시 수정, 보완하여 이상호가 1929년 『대순전경』을 편찬하였다. 『대순전경』은 이전의 『증산천사공사기』를 단순히 증보하는 형식을 취하지 않았다. 제호도 바꾸고 서술 형식도 편년체에서 증산의 행적과 사상을 주제별로, 또 알기 쉽게 장절(章節)을 분리해서 편찬한 것이다. 기독교의 『신약성서』와 같이 증산의 일대기를 따라 장절(章節)로 구분한 형식을 취했다. 그리고 경전에 등장하는 여러 이야기 구도 역시 『신약성서』를 연상시키는 부분이 적지 않다. 이 경전은 여러 교단이 기본 경전으로 두루 사용하고 있다.[21] 그러나 해방 이후 창립된 각 종단들은 이 『대순전경』을 토대로 하면서 자기 종파 창시자의 행적과 가르침을 『대순전경』에 추가 수록하여 독자적인 경전들을 발행하기 시작하였다.[22] 이 경전들은 교단의 정체성과 도통 계승자에 대한 부분만 차이가 날 뿐이다.

『대순전경』 제8판을 기준으로 보면 모두 9장으로 구성되어 있다. 제1장은 '천사의 탄강(誕降)과 유소시대'로 증산의 출생 설화와 가족 배경, 유년기와 청년기의 성장 과정, 동학농민혁명과의 관련성 등이 서술되어 있다. 제2장은 '천사의 성도와 기행이적'으로서 성도 과정과 그가 행한 각종 이적 등이 묘사되고 있다. 제3장은 '문도의 추종과 훈회(訓會)'로 초기 제자들의 입교 동기와 가르침이 언급되어 있다. 제4장은 '천지공사'로서 증산교의 핵심이 되는 사상을 서술하고 있다. 증산이 천지운도를 고쳐 후천세계를 열어 인간과 신명을 구제한다는 내용이다. 제5장은 '개벽과 선경'으로서 앞으로 펼쳐질 지상선경의 모습과 우리나라를 중심으로 일어날 일들을 예언하고 있다. 제6장은 '법언'으로서 인존·해원상생·민족주체사상을 주창하고 있다. 제7장은 '교법'으로서 교단 조직과 각종 주문 및 선교를 정리하였으며, 제8장은 '치병'으로서 각종 질병에 대한 치유 내용, 제9장은 '화천'으로서 증산이 죽을 때의 상황을 기록하고 있다.

다음은 증산이 직접 글을 쓰고 물형을 그렸다는 『현무경(玄武經)』이 있는데, 이는 경전이라기보다는 자신의 진리를 전달하는 비결서에 더 가깝다. 모두 35쪽의 책으로 물형(物型)의 형상을 가진 부(符)와 글씨로 되어 있다. 이는 부(符)와 서(書)로 되어 있어서 전문가가 아닌 한 해석이 거의 불가능하다. 천지공사를 위한 부도(附圖)로 보는 것이 더 타당할 것 같다. 전문가들에 의하면 여기에 김항의 『정역』 사상이 그대로 담겨 있다고 한다.

2) 증산교의 의례

증산교는 주 신앙 대상인 증산을 제외하고는 분파가 많아 교단에 따라 신앙 대상도 아주 다양하다. 증산 교단은 증산의 제자인 종도들이 만든 종도종단과, 증산의 직접적인 제자는 아니지만 증산에게서 영향을 받는 외도종단으로 크게 구분된다. 종도종단으로는 선도교, 미륵불교, 보천교, 증산교본부, 증산도 등이 있으며, 외도종단으로는 태극도와 대순진리회가 대표적이다. 이들 종단들은 앞서 밝힌 대로 증산에 대한 호칭이나 사상, 그리고 의례가 서로 다르다. 그래서 증산교 전체의 의례를 일일이 소개하기가 쉽지 않다. 여기서는 증산교 발생 초기부터 현재까지 그나마도 지속적으로 존속한 교단인 태극도를 중심으로 증산교의 의례들을 간략하게 정리해 본다.[23]

증산교의 기본 의례는 치성의식(致誠儀式)이다. 치성의식의 순서는 먼저 신의 청신 과정, 흠향 과정, 송신 과정으로 구성되어 있다. 여기에 주문 병송만 없다면 전통적으로 천지신명께 음식을 흠향시키는 제의 절차나 무속의 굿 진행 과정과 크게 다르지 않다. 집단 치성을 드리는 장소는 대체로 구천상제를 모시는 영대(靈臺)가 있는 도장(道場)이다. 치성일은 모두 음력을 따르며, 치성은 축시(丑時) 정각에 거행한다. 단, 절후치성의 경우에는 사립이지(四立二至)의 절후[24]가 드는 시각에 맞춘다. 이처럼 절후의 치성에 큰 비중을 두는 것은 후천선경의 도수가 운전되는 것을 감사하는 의미를 담고 있다.

증산교의 특별한 의례는 천지공사와 의통의례다. 천지공사는 후천개벽의 운도를 조정하는 공사이고, 의통은 말세의 병겁(病劫)을 막아 내는 의례다. 이들을 위해 증산은 때로는 천지굿을 행하고, 때로는 소망하는 글을 써서 그것을 불사르는 소부의식을 행하였다. 이는 동학에서도 자주 사용되었던 자기 소망을 비는 의식과도 다를 바가 없다. 일일예경은 개인기도가 주가 되는데, 개인 가정에서 대체로 특정 주문을 주송(呪誦)하며 청수봉정하고 일상의 진짓상을 그대로 올린다. 집단치성에는 절후치성이나 명절치성이 있다.

증산교에서도 동학과 마찬가지로 주문과 부적은 의례의 중요한 수단이다. 주문의 종류도 많고, 그 주문들이 매우 다양하고 독특하다. 의례 목적에 따라 주문은 기원문이나 축문이 사용되고 수련 방법에도 다양하게 사용된다. 증산교에서 사용하는 부적 가운데 가장 중요한 것은 현무경과 병세문(病勢文)이다.[25] 증산이 천지공사를 행할 때는 시천주(侍天呪)·태을주(太乙呪)·오주(五呪) 등의 주문을 외우고 그 주문을 종이에 써서 불태운다. 또 증산교 치성의식에서 배례(拜禮)의 방법, 즉 법배(法拜)는 증산교의 특성을 잘 나타낸다. 배례는 우보상최(禹步相催)의 형태[26]를 취하며, 반천무지식(攀天撫地式)[27]이라고 하는 법배를 드린다. 이 배례에 나타나는 경배 대상은 구천상제만이 아니라 도교의 옥황상제, 불교의 석가여래는 물론 민간신앙의 여러 신들과 자신의 직계 조상까지 모두 포함되어 있다.[28] 이를 통하여 증산교가 도교와 불교는 물론 무속과 선도, 비기 등 한국의 민중종교 유산을 모두 계승하고 있다는 점을 잘 이해할 수 있다.

이상의 증산교 의례를 보면, 전통적인 의례 수단인 주문과 부적을 통해 종교성과 구복성을 잘 조화시키고, 그것에 수련성까지 결합하여 독창적 의례로 발전시키고 있다. 천지공사와 의통과 같은 구제의례는 비교적 잘 정리되어 있으나 그것을 제외한 개인의 기도나 치성의례는 많은 부분 유교나 민간신앙들에서 차용하고 있다. 그리고 이전의 동학 의례나 민간도교나 무속 전통 등의 민중의례 양식들도 대폭 수용하고 있다. 요컨대, 경전 형식에는 기독교적 성향이 보이지만 의례에서는 민중적인 전통 의례들을 수용하고 있다. 특히 치성의식에서 상제뿐 아니라 여러 신명들에게 함께 경배를 드리고, 수련 의례에서도 전통적인 좌선법(坐禪法)에 의한 단전호흡을 행하며 주문을 염송하고 부적을 사용한다는 점에서 상당히 토착적이고 민중적이다.

3) 증산교의 종교적 특성

증산교의 경전과 의례를 기초로 신앙적 특성을 간단하게 정리해 보면 다음과 같다. 첫째, 신앙 대상은 옥황상제와 미륵불로서의 상제(上帝) 강증산이다. 그의 신격은 인간 구원신(救援神)이다. 증산은 천강의 신들을 관리하는 천상의 하느님임과 동시에 그 천상의 하느님이 지상에 하강한 인간신의 위격을 가진다. 그는 스스로 상제임을 자각하고 상제의 권능을 지상에서 자유로이 행사한 인중인(人中人)인 동시에 신중신(神中神)의 신인(神人)으로서의 위상을 갖는다.

둘째, 인간이 신명(神明)과 함께하는 신명사상[29]을 지적할 수 있다. 본래 신명은 한국 고유의 신이고 무속의 신들이다. 이는 사람이 죽으면 신(또는 신명)이 된다는 것으로 신인즉일(神人卽一)사상에 기반을 두고 있다. 비록 인간의 눈에는 보이지 않지만 인간과 함께 살며, 인간에게 지속적으로 영향을 주는 신적 존재들이다. 그들 신명에는 문명신·지방신·씨족신 등이 있으며, 증산은 신명계의 원을 풀고 혼란을 방지하기 위해 신명계의 통일신단을 만들어 이를 통하여 해원함으로써 후천세계를 열고자 하였다.

셋째, 천지공사(天地公事)이다. 이는 증산교 구원론의 핵심을 이룬다. 강증산이 9년간에 걸쳐 천지의 운도를 직접 고치는 공사를 하였는데, 이것을 천지공사라고 한다. 이 천지공사를 통해 천지도수를 뜯어고쳐 만고의 원을 풀고 상생의 도로써 선경을 열고 화민창세(化民淸世)한다는 주장이다. 모든 재앙이 선천시대의 상극 이치와 거기서 파생되는 원한(怨恨) 때문이라고 진단하고, 후천세계가 열리기 위해서는 그 원한을 풀어 내는 해원상생을 강조한다.

다음은 천지공사를 의미하는 후천개벽사상이다. 증산교의 후천개벽은 천지개벽이나 동학에서의 사회개벽이라기보다는 종교적인 심령개벽(心靈開闢)의 측면이 더 강조된다. 증산에 의하면 현 세상은 이미 상제의 도수조정에 의한 천지개벽과 후천선경 건설이 진행되고 있다. 하지만 인간은 이 후천선경을 잘 맞이하기 위해서 기본 자세를 잘 갖출 필요가 있다고 주장한다. 모든 삶에서 자신의 근본을 다시 찾고 그 뿌리로 되돌아간다는 원시반본(原始返本)을 함으로써 자신의 본성을 회복하는 데 진력해야 한다는 것이다. 인성의 원시반본, 국조 단군에서 비롯되는 민족의 근원을 고려하는 혈통의 원시반본, 정치의 원시반본 등을 주장한다. 특히 정치의 원시반본은 종교와 정치의 통일적 이념을 추구하는 교정(政敎)의 일치로 돌아가야 한다는 것이다.

이상의 후천개벽사상이나 해원상생사상 외에도 인존사상, 유불선 3교 중 선 우위의 종교합일사상, 외국인을 배척하는 민족주체사상, 그리고 민중중 심사상 등이 보인다.

넷째, 사회 실천의 윤리로서 해원상생(解寃相生), 보은(報恩)과 조화를 강조 한다. 여기서 해원과 상생이란 맺힌 원을 풀고 새로운 원을 맺지 않는다는 것은 물론이고 대립과 원한을 풀고 협력과 화해 화합으로 나아가는 것이다. 그것은 천리와 인사가 합쳐지는 이상적인 인도의 원리로서 '남 잘되게 하는 것이 나 잘되는 길'이라는 공생공영의 법리이다. 증산은 인간세상에서 남에 게 원(寃)을 맺거나 원이 있으면 풀고 착한 생활을 하여 척과 원을 짓지 않도 록 하자고 하였다. 미물 곤충이라도 원망이 붙으면 천지공사가 아니라고 했 다.[30]

보은과 조화는 세상만사가 은혜롭지 않은 것이 없으므로 만사에 보은하 며, 중생을 구하기 위해 신도(神道)의 원리로써 세상을 다스리는 것을 말한 다. 증산은 조상의 은혜에 보답하는 것이 아주 중요한데, 가장 큰 보은행은 수도를 잘해서 도통하여 조상과 천지의 은혜를 갚는 일이라고 했다.[31] 그리 고 조화의 이념은 신도의 원리를 말하는데, 인간이 사물을 주재하는 마음에 따라 신이 응하는 섭리(心隨應神), 영육쌍전(靈肉雙全), 신인합발(神人合發), 신판 신결(神判神決) 등의 섭리를 말한다. 수련을 잘하면 모든 일이 마음대로 열릴 것이라고 했다.[32] 조화법리(造化法理)를 체득하기 위한 수련의 첫 단계로 기도 를 들고 있다. 즉 도문에 처음 들어온 사람에게는 반드시 참회와 기도로 새 사람이 되게 하고, 태좌(胎坐)와 정심(正心)으로 산심(散心)을 제거하며, 송주로 연력(鍊力)을 쌓아 난경을 극복할 수 있는 인격을 함양하게 하고 있다.

3. 대종교의 경전과 의례

1) 대종교의 경전

대종교는 1880년대에 성립된 백봉(白峯)의 단군교, 김염백의 신교운동(神敎運動) 등에서 그 연원을 찾을 수 있다. 단군신앙과 신교운동을 이어받아 대종교를 창립한 이가 홍암(弘巖) 나철(羅喆, 1863-1916)이다. 그는 1905년 백봉으로부터 대종교의 기본 경전인 『삼일신고(三一神誥)』와 『신사기(神事記)』를 전해받고, 1908년 두일백(杜一白)이라는 노인으로부터 대종교 중창을 정당화하는 「단군교포명서(檀君敎佈明書)」[33]를 받았다.[34] 그것을 계기로 1909년 10월 15일 단군교를 중광(重光)하여 제1세 교조가 되었고, 이듬해 교단 명칭을 대종교로 바꾸었다. 이후 개천절과 어천절을 복원하고, 천진전에 솔거화본인 단군진영을 봉안하였다. 대종교는 창립 근거를 단군의 개국(開國)에 두고 있다. 그 출발을 '중광(重光)' 또는 '중창(重創)'이라고 한다. 이런 의미에서 대종교는 겨레의 뿌리종교요, 철저한 민족 고유의 종교이며, 후천세계 인류의 종교로 규정할 수 있다고 주장한다.

1915년 홍암이 서울 남도본사에 오자 일제는 대종교를 폐쇄하고 그의 만주행을 금지하였다. 이에 그는 1916년 제천의례 때 순교를 고하고, 4월에 무원종사 김교헌에게 교통(敎統)을 전하는 영선식을 가졌다. 그해 8월에 6인의 제자와 구월산 삼성사로 들어가 하늘에 선의식을 올리고, 수도실에 들어가 순명삼조(順命三條)[35]와 유서를 남기고 조식폐기법으로 자결했다. 다음으로 제2대 도사교가 된 무원종사 김교헌은 국학의 권위자였다. 민족 항쟁의 와중에도 우리의 역사를 정리한 『신단민사』, 『신단실기』, 『배달족 역사』를 지었다. 이는 상해임시정부와 독립군의 교과서가 되었다. 무원종사를 이은 백포종사는 청년들을 규합해 중광단(重光團)을 만들고 다시 정의단을 거쳐

북로군정서를 창설하였는데, 이것이 대종교인들로 구성된 독립군이다. 그는 항일 투쟁 가운데서도 진리탐구를 계속해 『회삼경』, 『종지강연』, 『삼일문답』 등의 많은 저술들을 내놓았다.

마지막으로 단애종사는 20여 개가 넘는 학교를 세워 나라사랑을 가르치면서, 흥업단(興業團)을 조직해 산업 진흥도 도모하였다. 그리고 대종교의 암흑기인 1939년 '대종교서적 간행위원회'를 조직하여 『홍범규제』, 『삼일신고』, 『신단실기』, 『종례초략』, 『오대종지 강연』, 『종문지남』, 『종리문답』, 『한얼노래』 등 대종교 중광 이래 3만 5천여 권의 교리, 교사 서적을 정리하여 발간하였다. 그러나 1942년 대종교는 임오교변(壬午敎變)이라는 최대의 수난을 겪는다. 일제는 조선어학회 사건과 연계해 대종교의 말살을 시도했고, 이에 단애종사 등 25명이 구속되어 10인이 옥중에서 순교하였다. 이로 인해 많은 교리와 교사 서적들이 압수당하고 소실되었다. 그렇지만 그는 수난에 굴하지 않고 해방 이후 귀국해 교단을 재정비하면서 대종학교와 홍익대학, 경희대학, 국학대학, 단국대학 등과 전국에 단군전을 설립하고 대종교의 수련서인 『삼법회통(三法會通)』의 저술에 진력했다.

대종교 경전은 두 종류로 나뉜다. 우주원리와 창세기를 밝히는 계시경전과 인간이 만든 도통경전이 그것이다. 계시경전을 기본으로 하고, 도통경전은 그것을 보완하고 해설하는 형태를 띠고 있다. 대종교 경전은 우주 창세기부터 인간의 인격적 수양에 이르기까지 방대한 사상 체계를 보여준다. 계시경전에 속하는 것으로는 『삼일신고(三一神誥)』(1912년 간행)와 『참전계경(參佺戒經)』[36] 그리고 『천부경(天符經)』이 있으며, 도통경전에 속하는 것은 홍암의 『신리대전(神理大典)』, 백포종사의 『회삼경(會三經)』, 무원종사의 『신단실기(神檀實記)』, 단애종사의 『삼법회통(三法會通)』 등이 있다.

여기서는 대종교의 계시경전만 간단하게 살펴보겠다. 『천부경』은 우주

창조의 원리를 드러낸 것으로 우주 섭리의 원리를 구도한 원경(圓徑)이고, 반면 『삼일신고』는 대종교 가르침의 원리를 제시한 방경(方經)이다. 그리고 『참전계경』은 다스림의 순리를 엮은 경전으로서 각경(角經)이다. 하여 이들 삼경은 원·방·각으로 각각 하늘경전·땅의 경전·인간경전을 의미하며, 그 자체가 대종교의 3·1사상을 표상하고 있다.

구체적으로 살펴보면, 먼저 원경인 『천부경』은 한얼님께서 백두산에 내려와 천하 만민(萬民)에게 직접 가르친 내용을 기술한 것이라고 한다. 한마디로 만법귀일의 원리를 강조한다. 대우주 생성의 원리를 다룬 천지장(天之章), 만물의 생성을 다룬 지지장(地之章), 인간 궁극의 문제를 다룬 인지장(人之章)으로 구성되어 있다. 천·지·인의 삼극(三極)이 태어나 자라고 늙으며 병들고 죽는 것을 반복하는 경위를 1에서 10까지의 숫자가 지닌 원리를 통해 설명하고 있다. 천·지·인이 한배검을 뜻하는 일(一)로 귀일(歸一) 또는 통일된다는 것이다. 일은 우주의 근본이요 만유가 비롯되는 수이니 일보다 먼저 비롯됨은 없으며, 그것을 분석하면 천·지·인의 삼극이 되지만 그들의 근본은 서로 다름이 없는 하나다. 그리하여 민족의 통일이나 세계일가(世界一家) 건설도 천지 만유가 하나 됨에서 비롯되어 또 하나로 되돌아가는 필연적인 과정으로 설명하고 있다.

다음, 방경인 『삼일신고』는 366자로 이루어진 것으로, 고조선 시대부터 전해오는 단군 한얼님의 말씀을 기록한 것이다. 본문은 오훈(五訓)으로 구성되어 있다. 천훈(天訓), 신훈(神訓), 천궁훈(天宮訓), 세계훈(世界訓), 진리훈(眞理訓)이 그것이다. 하늘이 텅 비어 있으면서 모든 것을 포괄하고 광대하다는 말씀인 천훈, 한얼님의 대덕·대혜·대력의 3대 권능에 대한 설명과 자신의 본성에서 한얼 씨앗을 찾으라는 신훈, 참된 본성을 트고 모든 공적을 다 닦은 이라야 한얼의 집·복락의 세계에 나아갈 수 있다는 천궁훈, 한얼님이 우주 만유를 창조하고 모든 동식물과 인류를 번식시킨 창세의 과정을 밝힌 세계훈, 사람과 만물이 각각 삼진(三眞; 命, 性, 精)을 부여받았다는 내용과 인간이 살아가면서 생기는 삼망(三妄; 心, 氣, 身)에 대한 설명, 삼진과 삼망이 맞서 생기는 삼도(三途; 感, 息, 觸)와 그 삼망을 돌이켜 삼진으로 나갈 수 있는 방법으로서 지감 · 조식 · 금촉의 수행법과 그 수행 결과로서의 성통공완(性通功完)을 제시한 진리훈이 차례로 정리되어 있다.

다음, 다스림을 의미하는 인경인 『참전계경』은 신인(神人) 한얼님이 인간 366사(事)를 주관하시되 팔리(誠 · 信 · 愛 · 濟 · 禍 · 福 · 報 · 應)를 기본 강령으로 하고, 여기에 따라 인간의 모든 행실에 대해 종교적 규범을 정해 놓은 것이다.

이상의 3대 경전 이외에 중요한 경전으로 『신사기』와 『신리대전』, 그리고 『회삼경』이 있다. 먼저 『신사기』는 대종교의 창세기를 설명한 경전으로서 인류의 기원 신화를 담고 있다. 단군 한배검 한얼님이 우주를 창조하고 동시에 현생 인류의 시조로서 천손인 나반과 아민을 백두산에 내려 보내고, 그 자손으로 하여금 오색인종과 9족으로 번성케 하여 세계 곳곳에 퍼져서 살게 하셨다는 내용이다. 그리고 다음 『신리대전』은 환인, 환웅, 환검의 3위는 유일하신 한배검의 세 가지 작용이므로 일체(一體)라는 신위(神位), 우주 만물을 낳고 이루는 신도(神道), 진리를 베풀어 상황(上皇)이 되었다는 신인(神人), 대종교 이치가 3과 1이라는 신교(神敎) 등 4편으로 구성되어 있다. 또한 『회삼경』은 『삼일신고』를 불교의 묘법과 유교의 역학, 그리고 도교의 오묘한 이치인 현리(玄理)에 근거하여 해설한 경전이다.

2) 대종교의 의례[37]

대종교 의례는 매주 일요일에 거행하는 경일(敬日) 경배식, 매달 초하루와 보름에 드리는 치성 등 정기의례와 여러 기념의례, 보본(報本)의 제천의례(祭

天儀禮)인 선의식(禪儀式), 그리고 개인적으로 행해지는 독송수행, 특유한 선도적인 삼법수련(三法修練)이라는 수련의례가 있다. 대종교의 경일 경배식은 정기적인 집단의례로서 주 1회 일요일 오전 11시에 드린다. 대부분 지방 시교당(施敎堂)에서 음력 초하루와 보름에 경일 경배식을 행한다. 그리고 가정에서는 천단을 쌓고 일 년에 한두 차례씩 특별한 경우 가정의 평안을 비는 특별 경배식을 행한다. 경일 경배식의 절차를 보면, 천진에 참알하고 신고 봉독하며 강도(講道)를 행하고 있다. 이는 대종교에 현대적인 종교의식 형태가 도입되었다는 것을 짐작케 한다.

대종교의 고유한 의식은 선의식(禪儀式)이다. 선의식은 대종교가 고유의 제천의례를 계승한 의식이다. 선의라는 말은 한얼님께 제사를 드린다는 의미다. 예로부터 우리나라에서는 10월이면 나라 사람들이 모여서 노래와 춤으로 한얼께 제사를 드리는 의식을 행하여 경축하는 것이 풍속이었다.[38] 이같은 고유한 제천의식을 계승 발전시킨 것이 선의식이다. 선의식은 국조숭배와 천신숭배가 결합된 것이다. 여기에서 개국신화가 고백되고 풀이되며 확인되고 강화된다. 그리하여 천민사상과 민족의 정체성을 확인하고, 나아가 모든 사람을 널리 이롭게 한다는 홍익인간(弘益人間)과 한얼님의 뜻으로 세상을 다스린다는 이화세계(理化世界)로 나아간다. 따라서 한얼님에 대한 보본의식과 보은의식, 천손 천민으로서 자신의 의무를 다하지 못한 것에 대한 뉘우침, 민족과 인류의 평화와 번영을 구하는 청원, 홍익인간과 이화세계 건설에 투신해야 한다는 소명의식을 선의식에서 확인하고 강화한다.[39] 선의식은 홀기(笏記)의 순서에 따라 행해진다. 영을 부르는 참령식(參靈式), 폐백을 올리는 전폐식(奠幣式), 하늘음식을 올리는 진찬식(進饌式), 한울님께 고하는 주유식(奏由式), 영을 돌려보내는 사령식(辭令式) 순으로 이어진다. 전통적인 제천의례 형식은 유교적인 제(祭)의 형식을 결합해서 형성되었으나, 대종교의 선의식에서 북을 사용한다든가 폐백을 바치는 것은 고유 의례의 전통을 계승한 것으로 보인다. 이러한 선의식은 4대 경절인 개천절(10.3), 어천절(음 3·15), 중광절(음 1.15), 가경절(8.15)에 단군성상을 모신 천진전 내에서 거행된다.

다음 대종교의 고유 의식은 수련의례다. 대종교의 수련의례는 성통공완(性通功完)을 목적으로 한다. 성통공완이란 '성품을 트고 공적을 마침'이라는 의미이다.[40] 여기서 성품을 트게 하는 수행법은 크게 두 가지로 구분된다. 하나는 무언(無言)·무위(無爲)·무형(無形) 속에서 행하는 지감(止感)·조식(調息)·금촉(禁觸)의 삼법수행(三法修行)이고, 또 하나는 『삼일신고』의 366글자를 단주(檀珠)에 맞추어 독송하는 수행법이다. 그보다 더 간단한 일상 수행법으로는 17글자로 된 각사(覺辭)[41]를 주송하는 기도법이 있다.

먼저 삼법수행은 성통공완한 철인 즉 성인(聖人)의 윗자리에 올라가서 신인합일(神人合一)을 완성하고 천궁(天宮)에 들어가 영원한 하늘의 복락을 누릴 수 있는 최상의 수행법이다. 천궁은 하늘 궁궐을 가리키는 것으로, 3법을 수행하면 자연히 도달하게 된다고 한다. 이 천궁은 대종교의 내세관에 관계되는 곳이지만 현실적인 천궁관도 여기에 포함되어 있는 점이 타 종교와 다르다. 여기서 자신의 몸, 자신이 사는 세상, 죽어서 가는 미래의 천궁화를 도모하는 대종교의 3천궁(三天宮) 사상이 생겨나게 된다.[42] 그래서 이 삼법의 수행은 먼저 자신의 몸을 천궁화하고, 다음 자신이 사는 세상을 천궁화하며, 마지막으로 죽어서도 영원히 천궁을 누릴 수 있게 한다.

다음 독송수행(讀誦修行)은 대종교의 근본 경전인 『삼일신고』를 독송함으로써 정신을 통일하고 한얼님 한배검의 감응을 입어 천궁(天宮)의 복락을 한없이 누린다는 수행법이다. 이 독송수행의 방법은 『삼일신고』의 독법에 의한 것이다. 3만 회를 읽으면 재액이 소멸하고, 7만 회를 읽으면 질병이 없으며, 10만 회면 총칼을 피하고, 30만 회면 금수가 순복하고, 70만 회면 사람과 귀신이 공경하고, 100만 회면 신령과 성철(聖哲)이 지도하고, 366만 회면 366 뼈를 바꾸어(換骨) 366혈에 대며 366도수로 모아(會度) 신선(철인)이 되어 모든 괴로움에서 떠나 한없는 즐거움을 얻는 지극한 오묘함이 있다고 하였다.

끝으로, 『삼일신고』의 독송수행보다 더욱 간편한 수행법으로는 각사(覺 辭)독송이 있다. 〈성령재상 천시천청 생아활아 만만세강충(聖靈在上 天視天聽 生 我活我 萬萬世降衷)〉을 독송하는 수행법이다. 이 각사(覺辭)는 한얼님 한배의 무 한한 권능이 담긴 하늘말씀이라 하여, 주송문(呪誦文)과 같으나 읽으면 읽을 수록 무서운 영검이 나타나서 병(病)·마(魔)가 물러가고 모든 소원이 성취된 다는 것이다.

요컨대 대종교에서는 오계, 구서, 팔관 등의 고유한 전통 계율을 중시하 며 수련법이 발달해 왔다. 일상의 예와 윤리는 유교적인 권선징악을 추구하 면서도 천궁과 지옥에 관련된 설명과 계율의 수용 등에서는 불교적 요소가 내재되어 있다고 하겠다. 대종교 의례는 전통성과 현대성을 조율하면서도 한국의 의례 문화의 전통성을 잘 계승하고 있다고 하겠다.

3) 대종교의 종교적 특성

대종교의 경전과 의례를 기초로 신앙적 특성을 간단하게 정리해 보면 다 음과 같다. 첫째, 신관으로서 삼신일체(三神一體)의 신앙이다. 삼신 즉 세 검 의 한몸설에 대한 믿음이다. 세 검이란 환인, 환웅, 환검으로, 환인은 우주와 인간과 만물을 주재하는 조화신(造化神)이며, 환웅은 인간 세상을 건지려고 천부삼인(天符三印)을 가지고 운사, 우사, 풍백, 뇌공을 거느리고 백두산에 내 려온 교화신(敎化神)이며, 환검은 삼천단부(三千團部, 대종교에서 단군 자손의 무리를 이르는 말)의 추대로 임금이 되어 나라를 세운 치화신(治化神)이다. 이 세 신은 조화, 교화, 치화의 삼대권능을 가지고 대덕, 대혜, 대력의 삼대작용을 하는 신들이다. 이때 한얼님은 주체가 되고 환인, 환웅, 환검은 그 주체의 세 가지 작용이 된다. 이른바 체용의 관계가 적용되는 셈이다.

둘째, 인간관으로서 삼진귀일(三眞歸一)의 신앙이다. 인간은 태어나면서 조화주로터 성품(性), 목숨(命), 정기(精)의 삼진(三眞, 세 가지 착함)을 고루 완전히 부여받았다. 그러나 삶을 이어 가는 동안에 마음(心), 김(氣), 몸(身)의 삼망(三妄, 세 가지 가닥)이 뿌리박게 된다. 그리하여 삼진이 흐려져서 욕심이 생기고, 병이 나고, 죄를 짓고, 늙고, 죽는 다섯 가지 괴로움에 빠지게 된다. 삼진과 삼망 사이에는 감(感), 식(息), 촉(觸)의 삼념(三念)이 생겨 생사고락이 뒤섞인다. 그러므로 지(止), 조(調), 금(禁)의 삼법(三法)을 수행하여 삼망을 돌이켜 삼진을 회복함으로써 다시 사람의 본바탕으로 돌아가게 된다는 것이 삼진귀일신앙이다. 삼진을 회복하면 참사람이 되고, 한얼님과 일체가 되어 신인일여(神人一如)가 된다.

셋째, 민족관으로서 천손천민사상(天孫天民思想)이다. 한민족은 한얼님의 자손이요, 환인은 우리 조상의 천부라는 사상이다. 기독교적인 창조주로서의 천주사상과는 다르다. 천부사상은 천신이 곧 한얼님이며 나를 낳아 주신 생부(生父)이므로 한민족은 한얼님의 피를 받은 천손 천민이라는 것이다.

넷째, 역사관으로서 백두산 인류 발생설이다. 백두산은 신계, 인계, 하계의 중심축으로 대종교 신앙의 표상이다. 백두산 주변을 인류 문화의 발상지로 설정하고, 그에 따라 한국이 세계 문화의 중심지라는 것이다. 또한 부여족(夫餘族)뿐만 아니라 여진, 몽고, 거란 등 소위 동이족 전체를 '배달족'이라는 큰 민족 집단으로 보고 이를 한민족의 조상으로 보는 입장이다. 『신사기』에 이 같은 인류기원 신화를 담고 있다. 단군 한배검 한얼님은 우주를 창조하고, 현생인류의 시조로서 천손인 나반과 아만을 3만 년 내지 15만 년 전 백두산에 내려보내 그 자손이 오색 인종과 9족으로 번성케 하여 세계 곳곳에 살게 하셨다는 것이다.

다섯째, 우주관으로서 천지인(天地人) 삼재(三才)사상이다. 『천부경(天符經)』
에서는 '하나(一)란 우주의 근본이요, 만유의 비롯되는 수이니, 이 하나보다
먼저 비롯됨이 없다'고 하였다. 말하자면 하늘과 땅과 사람의 삼극(三極)이
되지만 그 근본이 다함이 없느니라(一始無始一析三極無盡本)고 하여, 하나인 한
얼님으로부터 천지인의 삼재가 나왔다고 하면서도 다시 하나로 돌아가는
수리론적인 우주 창조설을 제시하고 있다.

4. 원불교의 경전과 의례

1) 원불교의 경전

원불교(圓佛敎)[43]는 소태산 박중빈이 1916년에 대각을 이루고 전라남도 영
광에서 창설한 종교이다. 교단 초기인 1917년에 저축조합을 결성하는 등 초
기교단의 사업을 이룬 이후, 1924년에 이르러 익산에서 불법연구회를 조직,
포교 활동을 전개하였다. 1943년 원불교의 기본 경전인 『불교정전』이 완성
되었으며, 1945년에 원불교로 교명을 바꾸었다.

원불교는 소태산 박중빈(朴重彬, 1891-1943)이 26세 되던 1916년 대각을 이룬
때를 기점으로 출발한다. 대각을 이룬 후 그는 불법에 연원을 정하고 '물질
이 개벽되니 정신을 개벽하자'는 표어 아래 불교의 시대화, 대중화, 생활화
를 주창하였다. 원불교는 우주만유의 본원이요 제불제성의 심인(心印)이며
일체중생의 본성 자리인 법신불 일원상(法身佛 一圓相)을 신앙의 대상과 수행
의 표본으로 삼고 있다. 처처불상(處處佛像), 사사불공(事事佛供), 무시선(無時禪),
무처선(無處禪), 영육쌍전(靈肉雙全) 등의 표어를 제시하고 있는 것을 보면, 원
불교는 종교와 생활을 분리하지 않고 생활 속에서의 신앙과 수행을 강조한

다는 것을 알 수 있다. 또 일상생활 속에서 행할 수 있는 수행 방법들을 구체적으로 제시하고 있다.

소태산은 1919년에는 제자들로 하여 '백지혈인(白指血印)'의 이적을 이루게 하는 등 초기 교단의 사업을 벌인 후 5년간 교리정리 작업을 벌인 뒤, 1924년 전북 익산에서 '불법연구회'라는 간판을 걸고 본격적인 포교 활동을 시작했다. 그는 교단을 세우고 교화를 시작하면서 1927년『수양연구요론』을 쓰고 1932년에는『육대요령(六大要領)』을 써서 초기 교서로 삼았는데, 그 뒤『육대요령』에 불교의 경(經)과 논(論)을 추가하여 1943년『불교정전』이라는 첫 경전을 간행하였다. 1943년 당시 기본 경전인『불교정전』을 직접 완성하고 그해 6월에 세상을 떠났다. 이후 정산 송규가 제2대 종법사가 되어 해방 이후 교명을 바꾸고 새로운 경전들을 발간하여 오늘에 이르고 있다. 원불교 경전으로는『정전』,『대종경』,『불조요의』,『원불교 예전』등이 있다. 이 중『정전』과『대종경』은 원불교의 기본 경전이다. 그러나 초기 저축조합에서 불법연구회, 해방 이후 원불교로 교단의 명칭이 바뀜에 따라 경전도 명칭이나 편제가 조금씩 달라져 왔다. 특히 원불교로 개칭되면서『불교정전』이『정전(正典)』으로 개편되었다. 내용 중 왜색적인 요소들을 제거하였다. 그리고 정산이 불교의 경과 논을 분리하고『불조요경』대신 교조의 언행록인『대종경』을 보충하여 1962년 현재『원불교교전』을 완성하였다.

원불교 교리의 핵심은『정전』에 잘 드러나 있다. 그 구성을 보면, 총서편(總序編), 교의편(教義編), 수행편(修行編)으로 되어 있다. 1) 총서편은『정전』의 총론에 해당되며, 개교의 동기와 교법에 대한 총설이 실려 있다. 2) 교의편에서는 원불교의 교리를 진리론, 신앙론, 수행론으로 나누어 설명하고 있다. 즉 일원상 진리, 사은과 사요, 삼학과 팔조, 인생의 요도와 공부의 요도, 그리고 사대 강령 등 교리의 강령이 명시되어 있다. 3) 수행편에서는 교의

편에 근거하여 구체적인 신앙과 수행 방법을 제시하였다. 일상수행의 요법, 정기훈련과 상시훈련, 염불법과 좌선법, 의두요목, 일기법, 무시선법, 참회문, 심고와 기도, 불공하는 법, 계문, 솔성요론, 최초법어, 고락에 대한 법문, 병든 사회와 그 치료법, 영육쌍전법, 법의등급 등이 구체적으로 실려 있다.

다음으로 『대종경』은 소태산 대종사 재세 당시에 이미 공표된 법설들과 대종사 열반 후 가까이 모시던 제자들이 편편이 기록한 법설들을 공식적으로 수집 정리하여 편찬한 것이다. 구체적인 상황 속에서의 제자들과의 문답이나 법설들로 이루어져 『정전』에 비해 체계적이지는 않지만, 원불교가 성립된 다양한 콘텍스트와 원불교 교리의 구체적인 적용 방법 등을 더욱 생생하게 엿볼 수 있는 경전이며, 그 경전의 체제는 원시 불경과 유사한 구조로 되어 있다. 총 15품으로 주 내용은 다음과 같다.

〈제1 서품〉은 대종사의 깨달음과 불교와의 관계를 서술한 것으로, 석가불을 연원불로 삼고[44] 불법을 주체로 삼아 새 회상을 건설하려는 포부가 드러나 있다. 〈제2 교의품〉은 원불교 교의의 대강과 일원상의 진리에 관한 것으로, 일원상과 인간관계, 수행, 정신문화와 물질문화의 조화, 종교와 정치의 관계가 언급되어 있다. 〈제3 수행품〉은 원불교의 수행 전반을 서술한 것으로, 정신수양, 사리연구, 작업취사의 삼학 수행론을 설명한다. 〈제4 인도품〉에서는 도덕과 인도로써 중생을 구제하는 것으로 중생을 구제할 치평의 도를 언급하고, 그 도가 생멸이 없는 도와 인과응보의 도라는 것을 밝혔다. 〈제5 인과품〉에서는 원불교 신앙인으로서 인과법설을 말한다. 〈제6 변의품〉은 원불교의 우주론과 교의 해석에 관한 것으로서, 우주의 원리, 인간의 대소사, 각종 경전에 실린 성현의 법문과 교훈, 수행에 걸친 의문을 다룬 것이다. 〈제7 성리품〉은 성리문답과 성품에 관한 것으로, 우주의 원리와 성품의 이치에 대한 본질적인 이해를 요구한다. 〈제8 불지품〉은 소태산과 석가의 공덕과 자비에 관한 것으로, 해탈, 대자대비, 만능자재의 불타경지에 관한 법문이다. 〈제9 천도품〉은 원불교의 상장례 의식에 관한 것으로, 생사의 원리와 영원천도의 의의 및 방법을 수록하였다. 〈제10 신성품〉에서는 신앙인으로서 신성의 의미와 공덕을 환기시켰다. 〈제11 요훈품〉은 인생의 처세훈을 주로 언급한 것으로, 솔성, 덕행, 봉공의 내용을 수록했다. 〈제12 실시품〉에서는 대종사가 대중들에게 만능만지의 자비행을 보여주었다. 〈제13 교단품〉은 교단의 화합과 화상의 발전에 관한 교훈을 담은 내용이다. 〈제14 전망품〉은 교역자의 실력 양성과 한국 미래를 전망한 것으로, 불국토로서 미래불시대와 용화회상을 논의한다, 〈제15 부촉품〉은 대종경의 대단원으로서, 열반을 앞두고 원불교 교법을 호대하고 핵심 인물에 대해 부촉한 내용이다.

원불교의 중심 경전이라고 할 수 있는 『정전』과 『대종경』은 이슬람 경전의 『쿠란』과 『하디스』처럼 자매편의 성격을 띠고 있다. 그러나 『정전』은 일반적인 경전처럼 신의 계시나 교조의 신비경험의 내용을 수록한 것이 아니라, 합리적인 교리 체계와 일상의 수양 방법들을 중심으로 수록한 것이 특징이다. 즉 합리적인 교리서로서의 성격이 강하다. 또 소태산의 언행록이라고 할 수 있는 『대종경』은 대각 이후 설법한 내용을 주제별로 정리한 것이어서 신자들이 현실에 대한 이해를 높일 수 있는 장점이 있다.

2) 원불교의 의례

원불교는 불상을 신앙 대상으로 하지 않고 'ㅇ'으로 표상되는 법신불 일원상(法身佛 一圓相)으로 하고, 일원상 앞에서 시주, 불공을 폐지하고 자성부처에게 심고하고 참회하며 서원한다. 원불교 의례들은 의식집인 『예전(禮典)』[45]에 항목별로 체계적으로 수록되어 있다. 인사와 식사와 같은 일상 예절을 담은 통례편, 신도의 평생 의례를 담은 가례편, 교당에서 행하는 의식을 담은 교례편으로 구분하여 정리하였다. 주요 의례로는 정례법회와 수시법회가 있다. 일요일 혹은 삼육일(매월 6, 16, 26일)에 예회를 행한다.

정례법회에는 월례법회와 연례법회가 있다. 월례법회에는 예회와 양회가 있으며, 연례법회에는 동선(冬禪)·하선(夏禪)·특별강습회가 있다. 예회는 매 일요일마다 또는 적당한 날에 실시한다. 신도들의 아침은 수양정진 시간으로 아침 일찍 심고를 올리고 좌선과 독경을 한 후 하루 일과를 시작한다. 그리고 4축2재라 하여 4대 경축일과 두 대제(大齋)가 있다. 4대 경축일은 신정절(1.1), 대각개교절(4.28), 석존성탄절(음력 4.8), 법인절(8.21)이고, 대제는 대종사 이하 원불교의 모든 조상에 추모하는 것으로 육일대제(6.1)와 명절대제(12.1)가 있다.[46]

예회는 사회자가 죽비를 세 번 울려 시작을 알리며 개회를 한다. 다음으로 사회자의 안내에 따라 경건한 마음으로 법신불 사은전에 대례로 4배를 올리는 불전헌배를 하여 복잡하고 산란한 마음을 통일하여 선정(禪定)에 들어가는 입정을 행한 다음, 사회자가 경종과 목탁을 울려 '일원상 서원문'을 인도하면 대중은 따라서 암송한다. 원불교 교가를 다함께 부르고, 설명기도 및 심고가 있으며, 설명기도와 심고가 끝나면 원불교 성가 128장 '서원을 이루어 주소서' 1절을 부른다. 다음 법어봉독이 있은 후 다시 원불교 성가를 부른다. 그다음 경강 또는 설교가 있고, 일상수행의 요법을 외우면서 매일 매일의 일상생활 속에서 원불교의 교리를 실천할 것을 다짐하고 반성한다. 마지막으로 묵상심고를 마치고 산회가를 부른 후 폐회하고 해산한다.

여기서 입정은 선정에 들어간다는 뜻으로 불교적인 것이다. 심고는 천도교, 증산교 등에서 교인들이 모든 일을 할 때에 먼저 한울님께 마음을 고한다는 뜻으로 사용하고 있다. 법어 봉독과 설교는 기독교 계통의 예배에서 성경을 봉독하고 설교하는 형식과 매우 유사한 양식이라고 볼 수 있다. 성가는 기독교계의 찬송가와 매우 유사한 양태를 보인다. 일상 수행의 요법, 경강, 법의문답 등은 마음공부를 통한 인격 훈련에 중심을 두었던 원불교의 독특한 실천이라고 할 수 있다. 교가와 산회가를 앞뒤의 순서에 두어 부르는 것은 당시 사회의 공공행사 때 국가나 기념가의 식순이 앞뒤에 있었던 형식과 일치한다. 이와 같이 원불교의 법회를 살펴보면 천도교, 유교, 기독교 등 주변의 타 종교로부터 영향을 받았을 뿐만 아니라, 사회적 관례도 참고하여 새로운 종교로서의 창조적 연구와 노력이 병행되었던 것을 짐작할 수 있다.[47]

또한 원불교에서 중요하게 여기는 독특한 수련의례가 있다. 원불교에서는 이를 '훈련법'이라 하고, 정기훈련과 상시훈련으로 구분한다. 정기훈련으로는 염불, 좌선, 경전, 강연, 회화, 의두, 성리, 정기일기, 상시일기, 주의, 조행 등의 과목이 정해져 있다. 염불, 좌선은 정신훈련 과목으로, 경전, 강연, 회화, 의두, 성리는 사리연구 훈련 과목으로, 정기일기, 상시일기, 주의, 조행은 작업취사 훈련 과목으로, 이른바 삼학(三學)으로 규정되어 있다.[48] 여기서 염불은 지정한 주문을 이어서 외우게 하는 것이며, 좌선은 마음과 기운을 단전에 주하게 하여 사람의 근본정신을 양생하는 것이다. 또한 상시훈련법은 무시선(無時禪), 무처선(無處禪)의 원리로 일과 공부를 아울러 병진하는 자기의 인격 훈련을 스스로 끊임없이 반복 정진하는 것이다.[49] 무시선과 무처선은 원불교의 특징적인 선법으로 원불교가 표방하는 불법시생활(佛法是生活), 생활시불법(生活是佛法)을 가장 잘 나타낸다.

이상과 같이 원불교 의례는 불교 의례가 중심을 이루고 있으나, 법어 봉독, 성가 등의 내용에는 근대적 의례 요소들도 많이 도입되어 있음을 알 수 있다. 원불교에서는 불상을 신앙 대상으로 하지 않기 때문에, 일원상 앞에서의 시주와 불공을 폐지하고 자성부처에게 심고하고 참회하며 서원한다. 아침에 심고(心告)를 올리고 좌선과 독경을 주로 한다. 이는 전통의 고유 의례를 받아들이면서 불교 의례를 독자적인 신앙 체계에 맞게 간소화하여 생활불교로 개조한 것이다. 신앙과 의례도 그러한 정신을 생활 속에 구현하려고 노력해 왔으며, 특히 예전의 통례편과 가례편에서는 신도의 일상 예절과 관혼상제를 새로 제정하여 간소화하였다. 그러나 너무 의식적인 측면만 강조하여 참여자의 종교성을 유발시키는 데 한계가 있다는 비판도 없지 않다.

3) 원불교의 종교적 특성

이상의 원불교 경전과 의례를 기초로 신앙적 특성을 간단하게 정리해 보면 다음과 같다. 첫째, 신앙 본체론으로서 법신불 일원상이다. 소태산은 대각 이후 우주의 궁극적 진리를 법신불 일원상(一圓相)으로 표현하였다. 이 일원상은 우주만유의 근원적 원리와 현상의 작용적 원리가 묘합(妙合)된 이치를 말하는 것으로, 인과(因果)가 상즉상입(相卽相入)하여 원만하게 이루어진 우주의 진리를 상징한 것이다. 원불교는 일원상의 신앙문으로 사은(四恩)과 사요(四要)를, 일원상의 수행문으로 삼학(三學)과 팔조(八條)를 제시한다.

둘째, 일원상의 신앙문은 사은과 사요다. 사은은 각각 천지은, 부모은, 동포은, 법률은이다. 근본의 은(恩)을 발견하고 그 피은(被恩)의 도에 따라 보은(報恩)을 하자는 것이다. 또한 사요란 자력양성, 지자본위, 타 자녀 교육, 공도자 숭배 등의 네 가지 항목으로, 이상 사회를 만들기 위한 사회질서의 요체를 말한다. 사은이 개인적 차원에서 종교의 신앙과 도덕을 훈련하는 인간 훈련 문제라면, 사요는 낙원 세계를 건설하기 위해 원불교에서 제시하는 사회문제를 해결하기 위한 방법론이다. 소태산은 사은을 인간 삶에 없어서는 살 수 없는 생명적 관계라고 하였다. 이것은 보은사상(報恩思想)으로 귀결되는 것으로서 불교의 연기론을 더욱 인간적이고 현실적인 차원으로 해석한 것으로 평가된다.

셋째, 일원상의 수행문은 삼학과 팔조목이다. 일원상 진리에 합일하기 위해서는 끊임없는 수행 정진이 요구되는데, 삼학과 팔조목이 그것이다. 삼학이란 정신수양, 사리연구, 작업취사를 말한다. 정신수양은 어떠한 경계를 당하여도 흔들리지 않는 정력(定力)을 수련하는 훈련법이고, 사리연구는 세상의 모든 이(理)와 사(事)를 막힘 없이 밝힐 수 있는 혜력을 말하며, 작업취사란 정의이면 어떠한 난경에도 취하고 불의이면 어떠한 역경에서도 버리는 계력을 수련하는 훈련법이다. 팔조목은 삼학을 수행할 때 실천해야 할 네 가지 덕목인 진행사조-신(信), 분(忿), 의(疑), 성(誠)-와 버려야 할 네 가지 덕목인 사연사조-불신, 탐욕, 나(懶), 우(愚)-로서, 삼학의 수행이 원만하게 이루어지도록 한다.

넷째, 개벽론과 일원주의이다. 원불교는 격변의 시대 속에서 앞선 동학, 대종교, 증산교 등의 자생종교를 통해 제기된 개벽론을 이어받고 있지만, 주로 정신개벽론을 강조하면서 교육과 경제 자립에 주력한 특징을 보인다. 따라서 대종교나 천도교와 같은 정치적 항거운동과는 다른 길을 택했고, 또 증산교와 같은 강력한 신비적 종교성을 보이기보다는 구체적인 생활윤리를 강조한다. 또한 소태산은 모든 사상의 회통성(會通性)을 크게 강조하여 일원주의를 통해 만법이 귀일되는 이치와 만유가 회통하는 원리를 제시하였다. 이 일원주의 이념을 좀 더 구체적으로 조명하여 이를 윤리화한 사상이 정산의 삼동윤리(三同倫理)이다. 삼동윤리는 동원도리(同源道理), 동기연계(同氣連契), 동척사업(同拓事業)으로, 일원상의 진리에 입각하여 앞으로는 모든 종교와 모든 사상, 그리고 전 생령과 전 인류가 대동화합하자는 윤리이다.

4. 소결

근대 신종교들은 기성종교에 대해 반구조적 성향과 현세 이상 사회를 지향하는 현세 중심적인 성향을 보였다. 또한 인간 각자가 수양과 수련을 통해 군자 또는 신선이 되고, 지상천국을 대망하는 가운데 새로운 세상을 지향하는 후천개벽을 주장하고 있는 것도 거의 동일하다. 그러므로 그들이 내세우는 신앙과 사상에는 다음과 같은 공통된 이념과 사상들이 내재한다.

첫째, 근대 신종교의 지향점은 내세주의가 아니라 현세적인 지상천국이다. 이는 소위 근대 문명종교가 말하는 '종교는 개인적이고 초월적인 것'이라고 규정하는 종교 개념과는 사뭇 다르다. 수운은 지상천국을 건설하기 위해 시천주신앙을 주장하고, 증산은 천지공사를 행하였으며, 대종교는 개천을 다시 중창하였고, 소태산은 용화회상을 열었다. 그 지상천국을 유지하기 위한 사회 공동체 윤리로 수운은 동귀일체, 증산은 해원상생, 소태산은 보은의 원리를 주장하였다.

둘째, 정신적 구원만이 아니라 물질과 세속을 포함한 총체적인 구원을 지향한다. 이들이 바라는 지상천국은 정신과 물질, 영과 육, 도학과 과학이 조화를 이루는 세계다. 형식적으로는 정교분리를 받아들이고 있지만 기실 내용은 종교와 세속의 분리와 대비되는 정교융합의 입장을 취한다. 특히 원불교를 보면, 이들은 도학과 과학 및 종교와 일이 병행되는 이사병진(理事竝進), 영육이 공존하는 영육쌍전(靈肉雙全), 물질과 정신의 조화를 주장한다.

셋째, 하늘보다는 인간을 높이고 있다. 신과 인간을 엄격하게 구분하는 문명종교의 개념과는 달리, 신과 인간의 협력을 의미하는 신인합발(神人合發)이나 인즉신(人卽神)이라는 신인합일을 지향한다. 다시 말해 신과 인간이 차이가 없다(神人無間)는 입장이다. 사람이 곧 한울님(人乃天)이라는 천도교의 인내천사상, 만물이 곧 부처라는 소태산의 처처불상의 원리, 사람이 신을 부리는 증산교(甑山敎)의 후천선경 등은 그 대표적인 예이다.

넷째, 금후의 인류를 이끌어 갈 정신적 도덕적 지도국은 한국임을 명시한다. 이는 일종의 한민족 공동체의 구제 사상이다. 개인의 회심에 의한 개인적 구원이 아니라 민족이나 집단적 구원 논리가 바탕을 이루고 있는 것이다. 근대 신종교들은 이런 민족 구원의 논리를 가지고 제국주의에 저항할 수 있는 힘을 발휘하였다. 이는 이른바 암울했던 일제강점기에 근대 신종교가 저항적 민족주의의 산실이 되는 근거이기도 하다.

다섯째, 모든 이념과 종교의 조화와 통합을 지향함으로써 근대종교 개념의 특성이 가지는 자타를 구분하는 배타성이 거의 보이지 않는다. 수운은 천도를 중심으로 유불선 융합론을 제시했고, 증산은 모든 문화와 종교를 융합하려고 동서문명까지 아우르는 문명 조화와 통합을 내세웠다. 그리고 소태산은 일원상의 진리를 가지고 유불선 삼교의 통합은 물론 모든 종교를 통합하여 생활에 활용하고자 하였다. 각자위심의 효박한 세상이 아니라 모두가 화합하고 모두가 하나가 되는 일심(一心)의 동귀일체(同歸一體) 사상이다.

여섯째, 원시반본(原始返本)의 원리[50]를 강조한다. 혈통과 문화, 집단과 민족은 물론이고, 개벽 역시도 그 근본으로 다시 돌아갈 것이라는 점을 강조한다. 그렇게 하지 않을 경우에는 하늘의 순리를 거역하는 것이 된다. 시운을 얻는 것도 중요하지만 궁극적으로는 본바탕으로 회귀할 때 온전해진다는 것이다. 이른바 운도론에서 새로운 출발의 순수함, 그것이 모든 만물의 참모습이다. 수운의 다시개벽이 그렇고, 증산의 환부역조(換父易祖)가 그러하며, 대종교의 중광(重光)이 그러하다. 이상과 같은 근대 신종교의 특성들은 근대에 대해 적극 대응은 하지만 서구 근대성에 기초한 근대적 문명종교 개념이나 그 체제에 쉽게 적응할 수 없게 만드는 요인이 된다.

제5장

개벽사상과
지상천국

1. 서론

　제4장에서 서로 다른 전통을 가진 신종교들의 경전과 의례를 통해 그 신앙 특징들을 살펴보았다. 그것을 통해 근대 신종교의 공유하는 특성들까지 정리해 보았다.

　근대 신종교들은 조선 말기 민간신앙의 흥기와 민란의 혁세사상을 담은 민중운동에서 비롯된 민중종교이다. 이들 민중종교들은 이 땅에 전승되어 오던 운도사상(運度思想)과 민중의 이상향에 대한 대망사상(待望思想)을 기반으로 하였다. 그런 사상적 토대 위에 새로운 세계에 대한 민중의 기대와 기존 체제에 대한 불만이 맞물리면서 다양한 근대 신종교들이 등장하였다. 이들은 모두 낡은 시대를 청산하고 새로운 시대를 대망하는 개벽사상을 신앙의 기본 틀로 삼았다. 그래서 이들을 '개벽종교'라고 한다.

　새로운 세상을 대망하는 사상들은 한국이나 동아시아에만 있는 것이 아니다. 중동과 인도의 고전종교, 심지어는 세계 여러 지역의 민간신앙에도 나타나는 일반적인 종교현상이다. 그러나 여기서 다루고자 하는 한국 신종교의 개벽사상은 이들과는 전혀 다르다. 한말 근대 민중들의 역사적 경험들이 용해되어 있고, 또 그들이 여기에 적극적으로 참여하였다는 점에서 다른 지역의 대망사상과는 차원이 다르다. 더불어 개벽사상은 대립 이항적인 사고를 전제한 서구 근대성과 완전히 다른 유형의 사유 체계를 가진다.　성속이 둘이 아니라 하나로 융합되고, 영육이 동시에 쌍전하고, 정치와 종교가 합일한다. 그뿐만 아니라 근대가 만든 대립 이항적인 영역들, 즉 정신과 물질, 종교와 과학, 종교와 교육, 서양과 동양을 조화시키고 통합한다. 말하자면 근대적 사상이 인간의 삶을 분화시키고 서로 경계 치기를 하는 사상이라면, 개벽사상은 경계 치기를 한 것을 다시 인간과 생명을 중심으로 통합하고 조화시키는 사상이다. 개벽종교에서는 이것을 원시반본(原始返本)하고 동귀일체(同歸一體)한다고 한다.

개벽사상은 동양의 우주적 순환론에 기반을 두고 있다. 우주적 순환론 그 자체만 놓고 보면 운명론이고 숙명론이다. 그러나 주어진 운수를 받아들이는 인간의 태도에 따라 달라진다. 인간은 먼저 순환되는 천지자연의 운도에 맞는 운수를 아는 것이 필요하고, 그다음에는 주어진 운도에 묘수(妙數)를 찾아 적절히 대처할 수 있다는 것이다. 요컨대, 우주의 기(氣)와 조화를 이룰 수 있는 방법을 스스로 터득할 때 시운관(時運觀)은 단순한 운명론이 될 수 없다. 그러기 위해서는 인간의 수련과 수도가 반드시 필요하다. 새로운 인간이 되지 않으면 후천의 운수가 오더라도 후천세계에 참여할 수 없다는 것이다. 후천 운수가 오고 있음에도 혹은 이미 와 있음에도 불구하고 선천 운수에 젖어 있는 인간들은 개벽의 천운(天運)을 받을 수 없다는 점을 신종교 창시자들은 거듭 경고하였다.[1]

또한 개벽사상은 시대적 과제를 외면하지 않았다. 세상을 바꾼다는 개벽의 기조를 유지하면서도 그 시대에 대처하는 방법을 끊임없이 모색하며 자기 변신을 도모해 왔다. 그래서 개벽사상에는 전근대성과 근대성, 전통성과 개혁성, 종교적 정체성과 세속의 대중성, 곧 종교와 세속이 공존하고 있다. 그래서 개벽사상은 한편으로는 근대의 문화 사조에 영합하기도 하고, 그것과 충돌을 일으키면서도 식민지적 근대화의 수로를 타고 흘러갔다. 다른 한편으로는 민족 공동체의 정체성을 각성시키는 불씨를 제공함으로써 식민지 지배에 저항의 주체로 등장하였다. 이 같은 개벽사상의 전개는 종교전통과 시대에 따라 다를 수 있으며, 단선적이 아니라 상당히 복합적이고 역동적일 수밖에 없다. 그러한 양상들이 앞으로 6장(개벽사상의 종교별 전개)과 7장(개벽종교들의 사회사적 전개)에서 구체적으로 다루어질 것이다.

근대 신종교의 개벽사상이 지향하는 이상 세계는 내세의 천국이 아니라 지상천국이었다. 이런 지상천국의 표상은 한말 민중들에게 가장 설득력 있는 구원재(救援財)였다. 그런 새로운 세계에 대한 대망신앙을 역사 현장에서 실행하는 것이 바로 개벽운동이다. 개벽운동의 지향점이 된 지상천국의 표상으로 다양한 전통종교의 이상 세계들을 활용하고 있다. 유교의 대동사회, 불교의 용화세계, 기독교의 천년왕국, 선교의 지상선경 등 다양한 이상 세계들이 근대 신종교의 지상천국에 합류하여 하나의 이상 세계를 이루고 있다.[2] 많은 종교전통들이 지상천국에 합류한다 하더라도 종교전통 간의 갈등이나 대립은 없었다. 그것은 이들 종교들의 표상이 이미 민중의 신앙과 사상으로 수렴되어 새로운 형식과 내용으로 정리되었기 때문이다.

이 장은 개벽사상을 중심으로 근대 신종교의 지형을 설명하는 데 필요한 이론적 근거를 제공하기 위한 것이다. 따라서 여기서는 근대 신종교의 개벽사상은 어떻게 형성되었으며, 그 개벽사상에 무엇을 담고 있는지, 그리고 개벽사상이 어떻게 근대 신종교의 구원 논리로 정착하여 지상천국을 실현하는 운동으로 발전한 것인지 점검해 볼 것이다. 또한 근대 신종교가 표방하는 지상천국의 내용과 특성이 무엇인지도 함께 분석해 볼 것이다. 다시 말해, 개벽사상이 담고 있는 운수론과 그들이 지향한 이상 세계를 동시에 살펴봄으로써 개벽사상의 종교적, 사회적 특성을 살펴보고자 하였다.

2. 근대 신종교의 개벽사상

1. 운수론(運數論)과 개벽사상

19세기 한국의 신종교 창시자들은 하나같이 후천개벽이라는 변혁의 패러다임을 내세웠다. 아마 조선 민중들이 그만큼 변혁에 대해 열렬히 열망했기 때문일 것이다. 후천개벽설은 발생지인 중국에서는 별로 보이지 않고, 일본에서도 거의 주목받지 못한 동양의 우주론이다. 유달리 조선에서만 각광을 받았다.[4]

개벽사상의 바탕은 동양의 운수론(運數論)이다. 운수[3]란 인간의 능력을 초월하는 천운(天運)이나 기수(氣數)를 말하는데, 이미 길흉화복이 점지되어 있는 운명을 의미한다. 즉 천지자연의 운행 도수인 운도(運度)에 맞는 운(運)을 말하는 것이다. 천지자연의 변화 도수를 운도(運度)라고 한다면, 그에 따른 개인이나 집단의 변화 도수를 운수라고 한다.[4] 여기에는 천지자연의 주기적 변화가 도수에 따라 이행되며, 이 도수에 따라 인간 역사의 흥망성쇠도 같이 변화한다고 보는 동양의 전통적인 천인상여(天人相與) 사상이 전제되어 있다.

운수라는 말은 운(運)과 수(數)의 합성어이다. 운(運)[5]이라는 말은 '움직인다'는 뜻과 '돌아온다'는 뜻으로 풀이하나, 운수에서의 운은 '돌아온다'는 의미로 쓰였다. 그것에는 우주만물의 생성·변화·소멸 그리고 재생이라는 동양의 자연철학의 원리가 담겨 있다. 운(運)은 생명의 본원(本源)이라서 우주의 근본 활력인 기(氣)와 불가분의 관계에 있다. 동양의 자연철학에 따르자면, 천지자연의 변화는 천지에 가득한 기운인 기(氣)에 의해 이루어지는데,[6] 태일(太一)에서 생겨난 기는 음과 양으로 발전하여 만물이 형성되고 또 변화를 이룬다. 그 변화는 궁극에 가서 소멸에 이르나 다시 태일로 환원하게 되며, 태일이 가진 근원적인 원기(元氣)의 작용에 의해서 생성·변화·발전을 다시 시작한다는 것이다. 이것은 만물이 생성과 소멸을 반복한다는 자연철학의 '영원회귀(永遠回歸)'의 설명과 다를 바가 없다. 이때 영원회귀는 천지자연의 운행 도수에 따른 뿐 인간이 관여할 수 있는 성질의 것은 아니다. 그래서 운(運)이란 인간으로서는 어쩔 수 없이 주어진 운명인 것이다.

또 운수에서의 수(數)라는 말은 자연의 수가 아니고 생명의 명(命)이 길고 짧음을 말한다. 그러나 명의 길고 짧음은 어찌할 수 없는 운명에 달려 있는 것이고 보면, 이 역시 인간이 관여할 수 있는 성질의 것은 아니다. 여기에서 수란 개별자의 운명을 판단하기 위한 도구나 방법으로서의 의미를 가진다.[7] 이같이 운명을 판단하는 수를 추수(推數)하고 대처하는 방법은 대체로 점서(占書)인 『주역』의 역리(易理)를 따른다. 따라서 운수의 수는 개인이나 집단의 운명을 판단하고 여기에 대처하는 처세(處世)의 기제(機制)라고 할 수 있다. 그래서 운수의 수는 묘수(妙數)이고, 그 때문에 스스로 터득해야 하는 것이다.

이상의 운과 수를 합쳐서 이해한다면, 운수란 우주를 형성하는 시간과 공간의 체계 안에서 사물이 시작과 끝이 없는 생성·변화·소멸의 과정을 반복하는 가운데, 개인이나 집단의 길흉화복 역시 시운에 의해 좌우된다는 것이고, 인간은 그런 미래를 정확히 예측하고 길흉화복에 잘 대처해야 한다는 뜻이 된다.[8]

이러한 운수 관념이 일반적 설득력을 가지기 위해서는 천지자연에 가득한 기(氣)의 체계적인 논리가 먼저 정립되어 있어야 한다. 그렇게 될 때만이 세상과 인간의 미래를 정확하게 예측할 수 있고, 그에 대한 명확한 대처방안을 찾을 수 있다. 말하자면 정신과 물질을 생성하는 근원인 기와 운수를 받는 세상 혹은 인간을 연결시키는 설득력 있는 설명 체계가 필요하다는 것이다. 그러한 설명 체계를 우리는 기학(氣學)이라 하고, 또 역리나 오행 또는 간지의 조합에 의해 묘수를 알아내는 것을 기수학(氣數學)이라고 한다. 이런 기학이나 기수학에 대한 이해는 조선 중기의 기학자인 서경덕(徐敬德)에 이르러서야 가능했다.[9] 그는 송학(宋學)의 하나인 소강절의 상수학(象數學)을 적극적으로 수용하였다.[10] 이후 임진왜란과 병자호란의 양란 이후 체제교학인 성리학이 경직화 현상을 보이자 민중의 신앙과 사상이 흥기하기 시작하는데, 이런 흐름을 타고 서경덕의 기학은 더욱 확산되었다.

　서경덕은 인간 심성의 도덕적 문제보다 자연현상과 그 변화 원리를 깊이 탐구하였다. 그는 하도(河圖)・낙서(洛書)와 『주역』의 상수(象數)에 정통하였으며, 주자의 이(理)철학보다 소강절(邵康節)의 수리(數理)와 장횡거(張橫渠)의 기철학에 더 깊이 천착하였다. 그는 우주적 근원이요 본체로서 하나의 기를 장횡거가 말한 '태허'의 개념으로 표출시키고, '태허'를 소강절이 말한 '선천'과 일치시켜 주렴계의 '태극'을 그 속에 흡수하였다.[11] 그리하여 우주의 근원과 현상세계를 모두 하나의 기(一氣)로 파악하여 기철학의 일관된 세계관을 제시하였다.[12] 나아가 현실 세계와 우주론적 이상 세계를 통합하는 후천개벽사상의 단초를 열었다.[13] 말하자면 그는 동양의 순환적 우주론에 현실 세계의 문제나 과제를 실을 수 있는 하나의 사상 틀을 마련하였다.

　소강절의 원회운세설(元會運世說)[14]은 장대한 시간의 순환 주기와 그 순환을 말한다. 이 설을 적극 수용한 서경덕은 민중의 신앙과 사상을 담을 수 있는 체계적인 사상 정립의 기반을 형성했다고 볼 수 있다. 소강절은 음양의 교역을 기본으로 하여 그런 주기가 끝나는 시점까지를 선천(先天)이라 하고, 다시 기의 작용에 의하여 새로운 주기가 시작되는 것을 후천(後天)이라고 하였다. 그리고 역(易)에 시간 개념을 적용하여 지나온 역사에 우주적 의미를 부여하고 다가올 미래 역사를 추점할 수 있는 기틀을 마련하였다. 이 같은 기수학은 세상의 변화를 주장하는 논거가 되기 때문에 역성혁명과 같은 반왕조적(反王朝的) 사고와 친화성을 가진다.

이상과 같은 서경덕의 사상은 성리학의 도덕지상주의의 규범 문화에 밀려 당시에는 지하로 스며들었지만, 조선 후기에 이르러 민중의 신앙과 사상으로 다시 역사의 표층에 떠올랐다. 그의 사상은 이(理) 중심의 조선 성리학 주류에서는 소외당하였지만, 불우 지식인들에게 널리 파급되었다. 여기서 불우 지식인이란 권력의 핵심구조나 규범 문화에서 밀려난 사람들로서, 양반신분의 주변부에 속하는 서얼이나 몰락한 선비들이다. 특히 조선 후기에 접어들어 규범 문화의 중심에서 밀려난 식자층이나 잔반세력(殘班勢力) 또는 실지원국(失志怨國)의 유랑 지식층 세력은 신비적인 비의가 담긴 우주론 및 하도낙서(河圖洛書)와 후천개벽설에 탐닉하게 되어 마침내 『정감록(鄭鑑錄)』과 같은 예조사상(豫兆思想)을 형성하기에 이른다. 운수관념으로 가득 채워진 비결서(秘訣書)는 소강절의 원회운세설을 따르고 있으므로 동양의 영원회귀 사상을 그대로 답습하고 있다고 보아야 한다. 예컨대, 상원갑(上元甲)·중원갑(中元甲)·하원갑(下元甲)을 되풀이하여 언급하고 있는데, 60갑자라는 것은 영원회귀를 의미한다. 이런 영원회귀는 앞서 언급한 운수의 운 그 자체이다. 정감록신앙[15]은 이러한 신비적 운수관을 체계화한 것으로 제3장(한국 근대 신종교의 탄생)에서 언급한 바와 같이 '이망정흥(李亡鄭興)'의 예언에 기초를 두고 있으며, 조선 후기의 민중운동이나 신종교운동과 불가분의 관계가 있다. 이 신앙은 봉건 체제의 해체기에 들어선 조선 후기에 이르러서는 고유의 민간신앙 또는 민중적 이데올로기로서 핵심 역할을 하였다. 그리하여 정성진인(鄭姓眞人)이 혁세주(革世主)로서 이 세상에 나타난다고 하는 모티프가 모든 민중운동의 중심적 상징이 되었다.[16]

2. 선후천 교역과 개벽사상

개벽은 하늘과 땅이 열린다는 천개지벽(天開地闢)의 준말이다.[17] 천지자연
이 순환되는 과정에서 종말과 시작의 시점을 말한다. 그런 의미에서 개벽사
상은 우주론적 순환적 역사관을 가진다. 그렇지만 근대 신종교의 개벽사상
은 단순한 순환적 역사관으로 끝나지 않는다. 선후천 교역이 천도의 운행에
의하여 자연히 도래하는 운도적 개념이라면 개벽은 능동적이고 인간의 의
지적인 의미를 포함한다. 즉 선천개벽이 우주와 천지창조를 의미하는 것임
에 비하여, 후천개벽은 기존 세계의 대중화(大中華)와 혁신의 의미를 포함한
다. 그래서 개벽사상은 우주론적 순환적 역사관이면서도 인간 삶의 모든 영
역과 관련된 총체적 구원 형식을 잘 갖추고 있다. 그리고 그 사상에는 한민
족 공동체의 미래 청사진이 내장되어 있으며, 또 민족 공동체의 희원(希願)으
로서 근대 민족사와 함께하였다. 도참설(圖讖說)에 의한 예조(豫兆)사상이 운
명론적인 성향을 띠고 있다면, 개벽사상은 인간의 의지에 의한 새로운 인간
상을 강조하고, 근대 문명종교와 세속 과학에 적극적으로 대처하려는 것과
맞물려 있다.

신종교 창시자들은 개벽을 자신의 시대를 읽는 독특한 인식의 틀로 활용
했다. 자신이 살았던 시점을 기준으로 그 이전을 선천, 그 이후를 후천으로
하여 선후천 세상을 확연하게 구분하였다. 이는 신종교 창시자들이 새로운
시대의 혁세주(革世主)로서 후천을 열기 위한 방책을 나름대로 가지고 있었
다는 뜻이다. 그래서 선천은 묵은 세상, 낡은 세상으로 불평등 · 불합리 · 부
조리하여 원(冤)과 한(恨)이 서린 세상이고, 후천은 평등 · 합리 · 정의로움으
로 공명정대한 지상낙원의 세상이라고 하였다. 그들은 당시 자신이 살고 있
는 사회가 병들었다고 진단하고 시대의 병을 고치는 처방전으로서 개벽사

상을 제시하였다. 이어 개벽사상을 진멸지경(殄滅之境)에 이른 세상을 구제하는 구세 이념의 논리로 승화시켰다. 그래서 근대 이행기에 억울하고 지친 민중들에게 메시아(messiah) 대망과 그 메시아가 실현할 이상 세계, 즉 사회 변혁의 청사진으로 인정받은 것이다. 그러므로 신종교의 개벽은 선천과 후천을 가르는 우주론적 시간의 일대 전환점이며, 이 땅에 지상천국을 바라는 민중의 열망이 응축된 사상으로 나타났다. 그 사상은 지금 겪고 있는 온갖 고통과 혼란을 극복할 수 있는 지상천국에 대한 열망으로 가득 채워진 역사관이다. 요컨대, 근대 신종교의 개벽사상은 한국 민중이 지향하는 우주론적 차원의 미래 대망사상이자 지상천국을 지향하는 민중의 역사관이라고 할 수 있다. 개벽사상은 제인질병(濟人疾病)하고 광제창생(廣濟蒼生)하는 민중해방의 메시지이고, 보국안민(輔國安民)하는 민족주의 사상이며, 동귀일체(同歸一體)의 지상천국을 건설하는 사상이다.

한편, 개벽사상은 본래 운도론(運度論)[18]과 미래를 예언하는 참위론(讖緯說)[19]이 결합하여 형성된 운세설(運世說)[20]에 의한 하나의 예조사상(豫兆思想)으로 등장하였다. 그런데 개벽사상에서의 예조사상은 단순히 운명론적인 전통방식으로만 기능하지 않았다. 동학에서 말한 바와 같이 '다시 돌아오는 개벽운수'를 영겁회귀의 이름으로 무화(無化)시키거나 반드시 도래해야 하는 당연한 것으로 생각하지 않았다. 도리어 다시 돌아오는 개벽은 지금 진멸지경에 있는 세상 말세의 징후이고, 그 과도기를 잘 극복하게 되면 마침내 복락의 시대가 올 수 있다는 운수의 진리로 작동하였다. 인간에게 영원한 고난이나 한(恨)은 있을 수 없는 것이며, 참고 견디면 반드시 새로운 복락의 시대가 올 것이라는 미래의 낙관적인 사고가 여기에 전제되어 있는 것이다. 그리하여 현재의 말세 징후는 도리어 선후천의 교역, 즉 개벽의 정당성이나 그 근거로서 작동하게 된다. 개벽은 암울한 시대가 막 끝나고 환희의 새로운 세상으로 전환되는 기점이고, 우주적 변화와 새 시대의 희망이 한없이 용솟음치는 시점이 된다. 이때 비로소 개벽사상은 새로운 세상의 도래를 확신하는 예조사상(豫兆思想)으로서 기능하며, 그 때문에 민중의 현세 고통에 대한 신정론(神正論)[21]적인 기능을 담당할 수 있었다. 이와 같이 민중의 급박한 삶의 위기는 단순한 순환론적인 운세사상을 종교적 구원의 논리로 승화시켰다. 이때 그 구원의 논리는 반구조적 성향을 띠는 민중 지향적인 것이 된다.[22] 또한 이런 예조사상은 미륵신앙 또는 도참사상과 진인(眞人)의 출현을 고대하는 민간전승과 결합함으로써 민중성과 공동체성을 확보하여 동학농민혁명과 같은 사회적 폭발력이 있는 민중운동으로 발전할 수 있었다. 영겁회귀에서 나타나는 세상의 종말은 민중의 신앙적 정열에 의해 그 장대한 순환적 시간이 눈앞에 있는 임박한 개벽으로 전환하게 된다.

신종교의 창시자들은 개벽을 점점 임박해 오는 것, 혹은 현재 진행 중에 있는 것으로 보았다. 그들은 시운이 돌아온 것이라며 인간은 자신의 심기(心氣)를 수양하여 이 개벽의 운수에 잘 맞추어야 한다고 보았다. 근대 신종교에 최초로 개벽사상을 도입한 동학의 최제우는 운수에 의한 '다시개벽'을 주장하였다. 구체제를 선천시대로 규정하여 하늘이 무공(無功)한 시대라고 하였고, '다시 오는 개벽'의 시대는 하늘이 자기 역할을 충분히 하는 시대라고 하였다.[23] 인간의 심성(心性)에서 나온 인의예지(仁義禮智)보다는 외부의 기(氣)를 받는 수심정기(守心正氣)라는 종교적 수련에 의한 변화를 강조하였다.[24] 한마디로 인간의 심성만으로는 부족하니 마음을 닦아 바른 정기를 받아야 하며, 개벽의 새 세상을 만들어 내는 주체는 인간이라는 것을 강조하였다. 이후 김일부는 개벽사상에 역(曆)의 개념을 도입하여 해석함으로써 한국이 후천시대의 중심이 될 것이라는 『정역(正易)』을 마련하였다. 거기서 일부는 우주사와 인간사의 통합·일치를 주장하며, 인간이 수련해서 성도하면 누구나 천공(天工)[25]을 대행하는 황극인(皇極人)이 될 수 있음을 강조하였다.[26] 그 『정역(正易)』을 활용한 강증산은 직접 천지공사를 행하여 개벽을 위한 천지도수를 뜯어고치는 강력한 카리스마를 표출하였다.[27] 증산 자신이 천지운도를 스스로 변경시킴으로써 동서 문명을 포함한 모든 문명의 갈등을 해소하고 해원상생(解冤相生)의 길과 음양조율(陰陽調律)의 지상선경을 이루고자 하였다.[28] 또한 원불교의 소태산은 '물질이 개벽하니 정신을 개벽하자'는 표어를 내걸고 정신이 물질을 제어할 수 있는 정신개벽을 주장했다. 요컨대, 최제우가 개벽을 선포하여 그 이상을 제시하였고, 김일부가 개벽을 역리적으로 체계화하여 개벽의 도수 체계를 만들었으며, 강증산은 개벽의 도수를 직접 주재하고 정리하였고, 소태산은 정신개벽을 강조하여 그에 따른 윤리적 실천을 행했다고 볼 수 있다.[29]

3. 신종교운동과 개벽사상

개벽사상은 천지자연의 운도에 따른 운수론에 예언적인 도참설이 결합되어 하나의 예조사상으로 발전하였고, 그 예조사상에 당대의 시대적 위기의식과 시대적 과제를 담아서 미래를 대비하는 삶의 청사진을 만들었다. 그리고 그것을 지상천국으로 실현하려는 사상이다. 특히 민중의 극한적인 위기의식은 운수를 통해 미래를 추점하고 그에 대처하는 예조사상을 종교적 구원론으로 승화시켰다. 그래서 인간은 천지운도의 운수를 받기 위해 수련과 수양을 행하고, 또한 해당 사회의 위기를 해소하기 위해 지상천국을 대망하고 실현하려고 한다. 따라서 인간은 미래의 지상천국에 들기 위해 운도에 따른 시운을 받아야 하는데, 시운을 받으려면 운기를 조정하는 '화공(化工) 또는 조화옹'과 하나가 되는 방법부터 자기 수양을 하고 수련하는 방법까지 여러 방법이 있을 수 있다. 그렇다면 근대 신종교의 개벽사상은 운수론의 기반 위에 인간의 수련과 수양을 통해 새로운 인간과 도덕 사회를 만들어 지상천국으로 나아가는 사상이라 하겠다.

이 같은 운수론을 염두에 두지 않고는 근대 신종교의 창교 동기를 이해하기 어렵다.『동경대전(東經大全)』과『용담유사』전편을 꿰뚫는 사상적 맥락은 이와 같이 운수 관념, 나아가 운세사상(運世思想)이 주조를 이룬다. 운세사상은 선천의 시운이 다하고 상원갑의 새로운 후천이 열린다고 하는 우주론적인 변혁의 묘기(妙氣)에 대한 간절한 소망이라고 할 수 있다. 최제우가 동학을 창도한 까닭은『동경대전』과『용담유사』에서 밝혔듯이, 천주교의 전래와 서양 세력의 진출에 따른 충격, 그리고 임진·병자의 두 난리를 겪은 이래 기층민에 잠재하여 있는 배청·배일의 감정이 응축되어 형성된 것임을 알 수 있다. 이때 시운은 '아동방 조선국(我東方 朝鮮國)'의 약동을 기약하는 개벽의 조짐을 보이는 것이니만큼, 이럴 때 운수의 묘기를 잘 터득하여야 한다는 것이다. 그렇다고 최제우가 홀연히 '다시개벽'을 주장하고, 그것을 종교운동으로 승화시킨 것은 아니다. 이미 수많은 불우 지식인들이 기층 민중과 더불어 변혁의 기운과 주체적 자문화의 활성화를 고대하고 있었다. 최제우는 이런 묘기를 잘 터득해서 종합하고 집대성하였다. 그가 '괴이한 동국참서(東國讖書)'라고 한 것처럼『정감록』의 비결에서 전거를 찾게 된 것이다. 따라서 1860년 최제우의 동학의 창도 역시 정감록사상과 결부된 농민운동의 연장선상에서 이해될 수 있다.

동학사상의 형이상학 기반은 원형이정(元亨利貞)[30]의 천도론(天道論)이 아니라 실제로는 당시 유행하고 있었던『정감록』의 운세론(運世論)이다. 정감록의 우주론은 우주의 생성과 변화의 원리를 설명하며 변화를 일으키는 최고의 원인자로서 기(氣)를 설정하고, 이를 주재하는 주재자의 역할을 이른바

'화공'으로 규정하는 특징을 보여준다. 그리고 인간이 우주론적 질서에 순응하면 이상 세계의 도래도 성취될 수 있다는 것이 그 핵심이다. 동학의 주문에 '지기금지 원위대강(至氣今至 願爲大降)'이라고 한 것이라든가 『동경대전』에 우주의 생성 변화와 주재로서 한울님을 상정한 것도 모두 그 때문이다. 자연의 질서라는 것은 끊임없이 변화하고 있는데, 그런 과정에서 인간이 우주에 충만한 기(氣)를 품수(稟受)하여 변화에 상응(相應)해야만 제대로 성취할 수 있다는 것이다. 그래서 수운은 '운수가 오더라도 열심히 수도해야, 운수야 좋거니와 닦아야 도덕이라, 너희라 무슨 팔자로 불로자득 되단 말가'[31]라고 지적하며 기품수를 위한 수도를 권장하고 있는 것이다. 또한 동학의 기층 민중은 추상적 개념으로서의 이(理)보다는 개인과 집단의 운명을 좌우하는 실체로서의 주재자인 한울님과의 만남을 소원하고 있었다. 그런데 한울님은 우주의 생성·변화·소멸의 메카니즘, 즉 화공(化工)을 주관하는 바, 그러한 화공 자체가 기의 작용을 매개로 하여 이루어지므로 기를 터득하는 것이야말로 한울님과의 만남의 유일한 길이라고 생각하였다.

이러한 동학의 개벽사상은 시대의 사조에 따라 변화해 간다. 2세 교주 최시형(崔時亨)의 양천주사상(養天主思想)에서 볼 수 있듯이 원시동학의 우주론적 천인합일의 신비사상은 더욱 인간화되고 사회화된 모습으로 나타난다. 특히 3세 교주 손병희(孫秉熙)가 천도교로 다시 출발하여 근대 종교 집단의 형식을 갖춘 이래, 서양철학의 지식을 습득한 이돈화(李敦化)가 인내천(人乃天)의 교리를 강조하면서 원시동학의 운세사상은 변모하게 된다. 그는 후천개벽사상을 서양의 사회진화설에 기초하여 재해석하였다.[32] 천도교는 운수 관념을 바탕으로 한 이전의 운명론적인 사고를 벗어 버리고 진취적이며 합리성에 바탕을 둔 인간과 사회 중심의 개벽사상으로 변모하였다. 하지만 새롭게 탄생한 천도교의 노선은 대우주와 소우주(인간)의 동귀일체(同歸一體)라는 이상을 저버렸다. 다시 말해서, 개인이나 집단의 운명은 대우주의 거대하고 신비한 생멸·변화의 법칙에 상응하는 것이라는 우주론적 기반과 시천주의 중심이 된 화공(化工)[33]의 역할을 무의미하게 만들어 버린 것이다.

이런 점에서 본다면, 최제우보다 뒤늦게『정역』을 창시한 김일부나 증산교를 창시한 강일순, 그리고 대종교의『천부경』에서는 여전히 원시동학의 정신이 이어지고 있는 것을 볼 수 있다. 김일부는 스스로가 복희역(伏犧易)과 문왕역(文王易)의 배리 관계를 극복해서『정역』을 창시하였다고 주장하였다. 그는 대담하게도 역(易)과 역(曆)의 일치를 주장하였다. 역(易)은 우주의 생성 과정을 추상적이고 관념적인 방법으로 설명하고, 또 그것의 변화 과정은 이른바 용(用)으로만 설명하였다. 그러던 것이 김일부에 이르러 역에 시간관을 도입하게 된 것이다. 물론 김일부도『정감록』에서와 마찬가지로 소강절의 원회운세설의 영향을 크게 받았다. 그러나 소강절과 김일부의 차이는 전자가 시간의 영원회귀를 말한 데 대하여, 김일부는 천문학적 시간, 즉 지구의 공전 주기로 계측되는 시간관을 도입했다는 점이다. 김일부의『정역』은 선천과 후천의 교역 관계를 강조하고 시운 내지 운세라고 하는 우주론적인 변혁의 절대성을 주장한 점에서 운수 관념의 형이상학적 탐구 심화라는 큰 의의를 지닌다. 그리고 강일순 경우에는 후천개벽을 실현하는 주체를 자기 자신으로 삼았으며, 자신의 그러한 위대한 역할을 '천지공사'라고 하였다. 또한 자신의 천지공사를 통하여 종래까지 음양의 양의(兩儀)가 부조화를 이루어 선천시대에 많은 모순이 생겼던 점을 시정하고 후천선경을 열 수 있다고 주장하였다. 또한 대종교의『천부경』에서는 우주의 생성·변화·소멸과 재생의 순환 과정을 종래의 상수론에 의하여 설명하였다. 이것은 도가사상에서 말하는 '도생일 일생이 이생삼 삼생만물(道生一 一生二 二生三 三生萬物)'과 비교되며, 1에서부터 9까지 우주의 생성·변화와 소멸과정을 설명한다. 마지막에 가서 '일종무종일(一終無終一)'이라고 하여 일(一)로 되돌아가지만, 그것으로 끝나는 것이 아니라 새로운 시작임을 암시한다.[34]

이상에서 개벽사상의 형성 과정과 특성을 전반적으로 살펴보았으나 앞으로의 논의를 위해 몇 가지 짚어야 할 문제가 있다.

첫째, 우주의 기를 모으는 데 소극적인가 적극적인가에 따라 개벽사상의 성격이 달라진다는 것이다. 인간이 기를 모으는 데 소극적이면 그 개벽사상은 천지운행 법칙에 따른 운명론이 강조되는 종교사상이 되고, 반면 적극적이면 미래를 개척하는 종교사상이 된다. 전자의 예로 정감록신앙을 들 수 있고, 후자의 예로 근대 신종교의 개벽사상을 들 수 있다.

둘째, 우주적 기를 조정하는 화공(化工) 또는 조화옹(造化翁)의 성격과 역할이다. 그 화공을 인격적인 신으로 보는가 아니면 비인격적인 기제(機制)로 보는가, 인간사에 직접 관여하는가 그렇지 않은가에 따라 개벽사상의 성격이 달라진다. 전자의 예는 증산교에서 상제가 직접 하강하여 천지공사를 행한 구천상제의 역할이라면, 후자의 예는 동학을 개신한 천도교에서 문명개벽을 주도하는 '한울'의 역할이다.

셋째, 전통적인 예조사상에 결합되며 시대의 위기라고 판단되는 내용에 따라서도 개벽사상의 성격이 달라질 수 있다. 사회적 위기의 내용, 즉 국가의 패망으로 인해 민족적 과제와 민족의 구원을 담으면 민족종교가 되고, 민중의 세속적인 과제와 단순한 혁세주 진인(眞人)를 담으면 민중종교가 된다.

3. 근대 신종교의 지상천국

한국의 근대 신종교에 등장하는 이상 세계는 대체로 피안의 이상 세계가 아니라 차안의 이상 세계, 즉 지상천국이다. 이는 기성종교에서 말하는 것과 같이 죽어서 다다르는 피안의 이상 세계가 아니다. 이것은 특히 동학과 증산교, 그리고 원불교와 같은 개벽종교의 계통이나 대종교와 같은 단군계 계통 신종교들에서 분명히 나타난다. 신종교의 지상천국의 표상은 유교의 대동세계, 불교의 용화세계, 기독교의 천년왕국, 선교의 지상선경 등의 이상 세계에서 나름의 수정 과정을 밟아 정착되었다. 이들은 모두 기존의 종교전통에서 자기 역할을 떠나 이미 민중화됨으로써 그 수용이 가능해졌다. 근대 신종교들은 이 같은 피안의 이상 세계들을 취사선택하여 다양한 차안의 완전사회를 만들어 냈다. 동학의 지상선경, 증산교의 대동세계나 조화정부, 원불교의 용화세계 등은 다양한 신앙전통에서 끌어왔지만 모두 현세의 지상천국을 제시하고 있다는 점에서는 동일하다. 따라서 여기서는 신종교의 이상 세계 형성에 영향을 주었던 다양한 전통의 이상 세계에는 어떠한 것들이 있는지, 그 이상 세계들이 민중종교와 어떤 관계가 있으며 개벽사상이 꿈꾸는 지상천국과는 어떤 관계가 있는지 간단하게 살펴보고자 한다.

1. 지상천국과 대동세계

근대 신종교의 이상 세계 형성에 가장 많은 영향을 준 것은 대동세계(大同世界) 사상이다. 대동세계는 인간사에 대도(大道)의 실천을 주장한다. 대도란 본래 우주적 규범인 천지운행의 원리를 의미하기도 하고, 삼라만상의 존재 원리이자 인간 행위의 당위 원리이다. 대동세계라는 말은 유교 오경(五經)의 하나인 『예기』만이 아니라 도가서인 『장자』, 역사서인 『여씨춘추』에서도 언급되었다. 그렇다면 대동세계라는 것은 동아시아의 모든 사상에 관통하는 이상 세계라고 해도 무방하다.

인간의 인도(人道)는 반드시 하늘의 천도를 따라야 하며, 그렇게 될 때 인간의 이상적인 삶과 이상 세계를 성취할 수 있다.[35] 천도와 인도가 일치되는 세계, 즉 천인합일의 세계가 대동세계이다. 인도가 천도를 따르지 않으면 법도가 허물어지는 소강(小康)세계로 전락하기 때문이다. 그래서 천도를 제대로 알고 그것을 제대로 실천하는 것이 바로 대도이다. 이 대도가 행해질 때는 사람들이 천하를 공으로 삼지만[大道之行, 天下爲公], 대도가 은폐되면 사람들은 천하를 사가(私家)로 삼는다[大道旣隱, 天下爲家]고 했다.[36] 따라서 군자는 인욕(人欲)의 사(私)를 물리치고 천리(天理)의 공(公)에 따라 생각하고 행동하는 이상적인 인격을 갖추어야 하고, 그러기 위해서는 도심(道心)이 흔들리지 않아야 한다. 그래서 중국 고대 황금시대의 순임금도 제위를 이어받는 우임금에게 "인심은 위태롭기만 하고 도심은 미약하기만 하니, 정성을 다하여 하나로 하여야만 진실로 그 중심을 잡을 수 있다네."[37]라고 충고한 것이다.

주나라 때부터 가부장적인 가족제도를 국가 단위로 확장한 종법제도[38]가 시행되어 왔다. 이 종법제도는 개인에게 안전과 번영을 가져다주었지만 다른 한편으로는 사욕으로 채워진 인심(人心) 때문에 사회적 혼란을 초래하는 경우도 많았다. 이에 공(公)을 우선하는 도심(道心)을 가진 성인들이 제정한 도덕과 형벌을 통해서 사회의 안녕과 질서를 유지하려고 하였다. 그런 안녕과 질서를 파괴하면 하늘(天)의 징벌이 뒤따를 것이라고 보았다. 이같이 천(天)에 대한 종교적 권위는 물론 천(天)에 근거한 사회질서도 함께 인정하는 것이 바로 천도와 인도의 일치, 즉 대동세계를 구현하는 길이다. 이런 대동세계의 내용은 『예기』의 「예운편」에 다음과 같이 자세히 서술되어 있다.[39]

대도(大道)가 행해지면 천하에서는 공의(公義)가 구현된다. 현자를 뽑고 능력 있는 사람에게는 관직을 수여하며 신의와 화목을 가르친다. 그러므로 사람들은 자신의 어버이만 어버이로 여기지 않고, 자기 자식만 자식으로 여기지 않는다. 노인으로 하여금 여생을 보내게 하며 장년에게는 일할 여건을 보장하고, 어린이는 길러 주는 사람이 있으며, 과부와 홀아비를 돌보며 병든 자도 모두 부양받는다. 남자는 결혼할 상대가 있으며 여자도 시집갈 곳이 있다. 재화가 땅에 버려지는 것을 싫어하지 않지만 반드시 자기만을 위해 일하지도 않는다. 그러므로 음모가 생기지도 않고 도적이나 난적도 발생하지 않는다. 그러므로 바깥문을 닫을 필요가 없다. 이를 대동이라고 한다.

이 글에는 이상적 사회 조건이라고 생각한 것들이 소박하게 그려지고 있다. '대도와 공의'라는 추상적 개념어가 보이기는 하지만, 위 인용문의 서술 내용은 주로 가족을 중심으로 하는 삶의 방식들을 거론하고 있다. 여기서 공의를 구현할 관료의 등용과 부양 능력이 없는 사람들을 돌보는 것 등은 모두 인간의 삶에서 거의 당위에 가까운 것들이다. 요컨대 사적인 이해가 없는 천하일가(天下一家)의 공(公)을 이상으로 삼는다고 하겠다.

그러나 대동세계는 『예기』「예운편」에서 표현된 것보다 한국을 포함한 동아시아 역사 현장에서 훨씬 더 풍부하게 펼쳐졌다. 동아시아 문화권에 속하는 여러 사상가, 정치가, 문학가들에 의해 관심의 대상이 되었으며, 각종 민중운동의 형태, 즉 농민기의의 기치나 각종 신종교의 교리에서 대동세계는 다양하게 재해석되고 실천되어 왔다.[40] 여기에는 천하위공(天下爲公), 무사(無私), 무위(無爲), 균평(均平), 지덕태평(至德太平), 화(和), 일가(一家), 정전(井田), 동우동락(同憂同樂), 동리동재(同利同財) 등의 개념이 중심을 이룬다.[41] 이것들을 종합하면, 대동세계는 천하일가를 전제하고 사(私)를 배제한 도덕적인 인간과 정치·사회·경제의 균평(均平)과 조화(調和)를 이루는 세상이라고 말할 수 있겠다. 그렇다면 대동세계가 추구한 세상은 한국 근대 신종교가 추구하는 세상과 크게 다르지 않다. 특히 천하일가는 한국의 근대 신종교 대부분이 추구하는 이상 사회다. 예컨대 증산교의 세계일가 조화정부, 원불교의 시방일가(十方一家), 통일교의 세계일가 이상인 천일국(天一國), 양도천의 세계일가공회 등에서 잘 나타난다.

한편 대동세계에는 현실과 유리된 초월적인 요소들이 별로 보이지 않는다. 이런 점에서 대동세계는 종교적이라기보다 현실적이고 정치적인 성향을 보여준다. 이 땅에 도덕적 성군이나 진인이 출현해 대도를 밝히고, 그것을 실행함으로써 사회적 약자를 비롯한 사회 구성원 전체가 한 가족과 같이 '조화로운 삶'을 구가하는 것을 이상으로 삼는다. 그러나 『예기』「예운편」 어디에도 소강에서 대동으로 이행하는 방법을 언급하지 않았다. 그렇지만 역사적으로 보면 현실을 혼란한 소강 상태로 보고 그것을 지양하여 대동세계를 실현하려는 시도들은 무수히 등장했다. 이런 시도들은 대체로 소강 상태에 빠지게 된 원인과 그것을 벗어나기 위해 어떤 방법을 취할 것인가에 따라 크게 두 가지로 구분된다. 하나는 현재 인간이 만든 문명과 제도를 지양시켜 더욱 완전한 상태로 가야 한다는 것, 즉 왕도정치(王道政治)이고, 다른 하나는 현재 인간이 만든 문명과 제도에 문제가 많기 때문에 자연 상태로 복귀해야 한다는 것, 즉 무위정치(無爲政治)이다. 전자가 유가와 묵가의 입장이라면, 후자는 도가의 입장이다.[42] 이들은 이상 세계를 만드는 방법이 다르기는 하지만 모두 대도를 실천하는 도학정치(道學政治)를 지향하고 있다.

왕도정치의 경우, 인간이 만든 문명과 제도가 불완전하기 때문에 발생되는 사회적 모순을 지양함으로써 더 높은 단계로 도달하고자 하는 이상 세계를 제시한다. 인간의 자연 상태가 악(惡)이라고는 할 수 없지만 그것은 성인의 교화로써 다듬어져야 할 대상이라고 본다. 따라서 인간의 교육이 성공적으로 이루어지면 그 이상 세계로 자연히 다가간다는 것이다. 인간은 성인(聖

人)이 제정했다는 규범의 절대 가치를 추호도 의심하지 않고 그 가치를 보존하는 후계자임을 자인하고, 그것을 실천함으로써 통하여 모든 인간사에 정상적인 기능 회복을 요구한다. 따라서 이들은 대동세계의 구현 방법으로 인간완성을 위한 인성 교육에 초점을 둔다.

무위정치의 경우, 사회악의 근원을 인간이 만든 문명과 제도 자체라고 진단한다. 그러므로 인위적인 문명과 제도를 폐기하고 자연 상태로 복귀해야 한다고 주장한다. 특히 인간의 순박한 욕망과 자연스런 행위를 규제하는 인위적인 예(禮)를 세상 환난의 근원으로 보고, 일체 규범과 제도는 물론 관련 지식마저도 포기할 것을 권고한다. 이런 입장을 대표하는 사람이 노자(老子)다. 그는 조그마한 문명적 이기마저 버리고 과소과민(寡少寡民)의 소공동체를 이상 세계의 모형으로 제시하였다.[43]

> 나라는 작고 백성들은 적어야 한다. 비록 열 사람이나 백 사람이 공동으로 쓰는 기구가 있으나 이를 사용하지 않게 하며, 백성들로 하여금 죽음을 중히 여기게 하고 멀리 이사 다니지 않도록 한다. 비록 배나 수레가 있다 하여도 탈 일이 없어야 하고, 비록 갑옷과 무기가 있다 하더라도 그것을 벌려 진을 펼 곳이 없어야 한다. 백성들로 하여금 새끼줄에 매듭을 지어 기억을 돕는 소박한 생활로 되돌아가게 한다. 그들의 음식을 달게 먹고, 그들의 옷을 아름답게 여기며, 그들의 주거를 안락하게 느끼며, 그들의 풍속을 즐겨야 한다. 이웃 나라가 서로 바라볼 수 있어서 닭과 개 짖는 소리를 서로 들을 수 있으나, 백성들은 늙어 죽을 때까지 서로 왕래하는 일이 없어야 한다.[44]

노자를 이은 장자는 위와 같은 자연 상태를 대도가 이루어지는 지덕지세(至德至世)의 대동세계로 보았다. 이런 입장에서 보면 인간과 사회를 규제하는 규범과 제도를 만든 성인과 군주들은 비난받아 마땅하다는 것이다. 『포박자(包朴子)』[45]의 「힐포편(詰鮑扁)」 등을 보면, 이전의 성인과 군주들의 과오를 제기하고, 자연 상태의 대동세계가 그들에 의해 잘 계승되고 있음을 잘 알 수 있다.[46]

그러나 긴 역사로 보면, 군주와 관료를 중심으로 한 지배 집단이 대동세계를 추구한 경우가 더 많았다. 이는 대동세계가 중국 고대 삼황오제의 황금시대와 결합해 이상적인 경세사상(經世思想)으로 이해되어 왔기 때문이다. 대표적인 인물로서 조선 사림정치(士林政治)의 원조인 조광조(趙光祖)와 『대동서(大同書)』를 저술한 청나라 말기의 강유위(康有爲)를 들 수 있다. 조광조가 주창한 지치주의(至治主義)는 바로 대동세계의 건설을 현실정치에서 실현하는 것을 목표로 두었다. 당시의 임금과 백성을 요순시대의 임금과 백성으로 만들어 모든 백성이 고르게 혜택을 받는 대동세계를 이 땅에 출현시키려고 한 것이다. 그래서 성리학적 이념이 온 나라에 두루 미치는 이상 세계의 건설을 위해 과감한 개혁정치를 추진한 것이다. 이른바 대도를 실천하는 도학정치다. 그리고 강유위는 『대동서』를 저술해 전통 유가의 범주를 넘어선 근대적인 대동세계를 주창하였다. 중국에서 대동세계가 이루어지지 못한 원인을 찾아 그에 대해 나름의 처방을 내렸다. 그는 그 원인이 자기 자신과 가족에 집착하는 인심(人心) 즉, 이기심 때문이라며 전통적인 가족제도의 전반적인 폐기를 역설하였다. 그뿐 아니라 민족이나 인종·종교에 관한 편견에서 벗어나 모든 사람들이 균평하면서도 조화로운 대동의 이상향을 제시하였다.

대동세계의 표상은 정치적인 지배 집단에 의해서만 애용된 것은 아니었다. 힘없는 민중에게 대동세계의 표상은 지배층과는 전혀 다른 내용으로 이해되었다. 이들은 지배층의 수탈이 없는 세상을 이루기 위해 본래 자연 상태로 돌아가고자 하는 성향을 나타낸다. 이런 자연 회귀 현상은 인류의 역사를 원점으로 되돌려 시간의 방향과 문명적 가치를 동시에 전도시킴으로써 기존의 역사와 현실을 총체적으로 부정하는 논리로 전개되었다. 태초의 황금시대가 현재 원초의 자연세계로 전이하게 되면 현세 밖에서 인류의 역사가 다시 시작할 수 있다는 '역전(逆轉)의 논리'가 성립된다. 이러한 체제 부정의 이상은 사회적 조건이 악화되면 실천 가능한 구체적인 청사진으로 연결되고, 현실과는 전혀 다른 새로운 세계를 지향하게 되는 것이다. 이들은 공간적 일탈과 시간의 역진(逆進)를 통해 문명과 권력이 지배하는 현실 사회로부터 벗어나 자기들만의 소박한 대동세계를 추구하려고 한다. 실제로 수호지의 양산박사회(梁山泊社會), 녹해서인(錄海西人)의 해인국(海人國) 등과 같은 공동체들이 그 사례이다.

2. 지상천국과 용화세계

신종교의 이상 세계 형성에 큰 영향을 준 또 하나의 피안의 이상 세계로 불국토사상과 용화세계를 들 수 있다. 특히, 용화세계는 한국 불교의 오랜 역사성으로 인해 그만큼 한국에서 민중화되고 보편화되어 있다. 본래 용화세계는 불교의 미륵신앙에 나타나는 이상 세계의 하나다. 미륵신앙에는 차안의 용화세계를 지향하는 미륵하생신앙과 피안의 미륵정토를 지향하는 미륵상생신앙이 있다.[47] 전자는 현세불인 석가불의 수기(授記)에 의하여 이 땅에 하생하여 중생을 제도하는 미륵이 미래 지상의 구세주가 되는 신앙이고, 후자는 인간 세상 염부제(閻浮提)에서 인간이 십선업(十善業)[48]을 잘 닦아 미륵이 있는 도솔천에 왕생하려는 미륵정토신앙[49]이다. 또 미륵상생신앙은 사후의 서방극락이나 미륵이 주석하는 정토(도솔천)를 표방하는 데 비하여 미륵하생신앙은 지상천국인 용화세계를 표방한다. 이같이 미래 미륵불이 하생하여 용화세계를 만든다는 내용은 『미륵하생경』, 『미륵대성불경』, 『현우경』에 언급되어 있는데, 이들의 용화세계를 종합하면 다음과 같다.[50]

오는 세상에 염부제에 한 나라가 있으니 이름은 시두성(翅頭城) 또는 계두성(鷄頭城)이라 부른다. 땅은 평탄하고 깨끗해서 유리 거울 같으며, 아름다운 꽃이 골고루 피고 꽃술은 부드럽고, 훌륭한 과실을 맺는다. 비는 때맞추어 내리고, 천상과 같은 전원에는 향기 좋은 벼가 나서 불가사의한 힘의 도움으로 한 번 씨를 뿌려서 일곱 차례나 수확을 할 수 있다. 매우 적게 일하고도 수익은 매우 많은 것이다. 곡물은 무성하지만 잡초 걱정은 없다. 성읍과 마을이 서로 잇달아 닭이 한 번 날갯짓으로 서로 이르게 되며, 선근과 복덕을 갖춘 이가 그 나라에 태어나서 위덕과 지혜가 구족하며 오욕의 쾌락도 자재하느리라. … 사람의 성품이 부드러우며 십선(十善)을 갖추었나니라. 四大(지·수·화·풍)의 병이 없으나, 걱정거리라고 할 것은 음식의 필요와 대소변, 그리고 노쇠 세 가지뿐이다. 인간 수명은 84,000세로서 다하고 일찍 죽는 사람은 없다. 인간은 키가 10장이고 매일을 매우 안락하게 보내며 깊은 선정의 즐거움을 누린다. 그 나라는 평안 무사해서 적도 없고 도둑도 없으므로 도둑을 맞을 염려가 없어서 거리나 마을에는 문을 닫는 일이 없다. 수해나 화재도 없고, 전화(戰禍)나 기아(饑饉)나 질병(疾病)의 삼재(三災)가 없다.

위에서 언급된 내용을 가지고 용화세계를 분석해 보면, 용화세계는 이상세계이기는 하지만 인간의 노력이 전혀 필요 없는 완전한 세상은 아니다. 또 인간의 수명도 대폭 연장되기는 하지만 그렇다고 영생하는 것은 아니다. 생존의 현실적인 문제는 어느 정도 충족되나 귀찮은 식음, 대소변, 노쇠는 여전히 남는다. 그리고 그곳의 사람들은 기본적으로 복덕과 지혜를 갖춰야 한다고 언급됨으로써 불교의 '업보의 원칙'이 그대로 적용되고 있다. 이러한 의미에서 본다면 용화세계는 인간의 끊임없는 지혜와 노력을 전제로 하는 이상 세계이며,[51] 삼재(三災)에서 벗어나 인간의 삶에 필요한 자연의 풍요로움을 가져다주기는 하지만 그곳의 중생들도 미래의 성불이 필요하므로 결국 완전한 세상으로 평가될 수는 없다. 이런 용화세계는 완전사회라고 할 수는 없지만, 적어도 복덕과 지혜를 갖춘 사람들만이 들어갈 수 있으므로 '도덕적 풍요의 사회'라고 규정할 수 있다.[52]

먼 미래에 출현하는 용화세계가 목전에 도래하는 것은 바로 민중의 개벽에 대한 열망 때문이다. 즉 묵은 세상의 종말과 새 세상의 탄생이라는 개벽의 불교적 버전에 지나지 않는 것이다. 지상에 용화세계를 실현하는 것은 먼 미래의 미륵 출현을 기층 민중들이 간절히 소망할 때에라야만 가능하다. 그 시기를 이해하기 위해 성주괴공(成住壞空)의 대겁(大劫)[53] 과정을 되풀이하는 불교의 장대한 시간관을 사회 상황과 연계해서 살펴볼 필요가 있다.

미륵의 출현 시기를 언급하고 있는 송 대(宋代) 지반(志盤)의 『불조통기(佛祖通記)』에 의하면, 현 세상은 바로 성주괴공의 주겁(住劫)에 해당되고, 오늘의 세계가 형성되기 전에 이미 성주괴공의 한 주기가 지나갔다고 한다. 이미 지나간 대겁을 과거 장엄겁(莊嚴劫)이라고 부른다. 이 시기에 과거 7불 가운데 삼불(三佛)을 포함해서 이미 천불(千佛)이 출세하였다. 그리고 현재 현겁(賢劫)의 성(成)의 단계인 제3소겁 시에 인간이 출현했고, 주(住)의 단계인 제9소겁 감겁(減劫) 시에 과거 7불 가운데 제 4, 5, 6불이 나타났다. 인간의 수명이 100살이 됐을 때에 석가불(釋迦佛)이 출현하였다고 한다.[54] 석가불의 출현 때 (인간 수명 100세 시)부터 불법은 정법기(正法期), 상법기(像法期)를 거쳐 말법기(末法期)로 진행된다. 정법기에는 사람들이 불법에 따라 수행을 하면 교·행·

증(敎·行·證)의 증과(證果)를 얻을 수 있는 시기이며, 인간 수명이 86살이 되었을 때 이런 증과의 시기가 끝난다. 그때가 불멸 이후 400년이다. 다시 인간 수명이 줄어들기 시작해서 78살이 되면 상법기가 되는데, 이때는 불법으로 수행하여도 교(敎)와 행(行)만 있고, 증(證)은 없는 시대가 된다. 이 시기가 불멸 이후 2,200년이다. 바로 이 시기가 지반(志盤)의 현시점(1251년)에 해당된다는 것이다. 마지막으로 인간의 수명이 다시 61살로 줄어들면 상법기가 다하여, 불법으로 수련해 봐야 교(敎)만 남고 악(惡)이 횡행하는 말법기로 들어서게 된다는 것이다.[55]

말법기에 수명이 다시 30살로 줄어들었을 때에 7년 7개월 7일 동안의 기근이 일어난다. 그러면 인간은 십악(十惡)을 행하고, 일체의 식물은 사라지고 큰 가뭄이 일어나 마실 물도 없어진다고 한다. 말법기에 들어선 지 4,100년이 됐을 때 다시 7개월 7일 동안 계속하여 병역(疾疫)이 일어나 사람들이 병으로 죽어도 묻을 사람이 없을 지경에 이른다. 이 병재(病災)가 끝나면 인간은 곧 다시 소생하게 되나, 인간 수명이 10살에 이르면 이번에는 도병재(刀兵災)가 일어나 서로를 죽이게 된다. 이 재앙은 7일 만에 끝난다. 이때가 되면 불법(佛法)은 쇠하여 거의 멸망할 지경에 이른다고 한다. 이때부터 말법 1만 년이 지나게 되는데, 이때 월광보살(月光菩薩)이 출현해서 설법을 한다. 인간 수명이 249살이 된 때에 겨우 말법기가 끝난다. 인간 수명이 다시 늘어서 8만 4천 살이 될 때 이상적인 세속 군주인 전륜성왕(轉輪聖王)이 출현하여 제10 소겁의 감겁기가 시작되고, 일만 살 시기가 되는 때 드디어 미래불인 미륵불이 출현한다. 이 미륵불은 용화수하의 금강좌에서 용화법회를 3회 열게 되는데, 이 법회를 통하여 뭇 중생을 제도(濟度)하게 된다고 한다.

이와 같이 미륵불의 하생 시기를 보면, 원래 56억 7천만 년 뒤의 먼 미래로 정해져 있다. 그런 장구한 시간은 인간 사회에 거의 실현성이 없는 시간이다.[56] 그러나 역사 현장에서는 민중의 신앙적 정열 때문에 그런 시간 간격은 별로 문제가 되지 않는다. 앞서 언급한 것처럼 인간세계에 삼재가 닥쳐 많은 중생들이 심한 고통을 받게 되면 용화세계의 도래를 대망하게 되고, 이에 호응하여 먼 미래의 용화세계를 눈앞에 목도하게 된다. 그에 앞서 세속적인 전륜성왕이 출현하여 민중의 고통의 다급함을 해소한다. 그런 다음 미래불인 미륵이 이 땅에 당래불로서 출현하게 된다는 것이다. 여기에서 보면, 용화세계에는 세속 군주로서의 전륜성왕과 종교적 구원자로서의 미륵불이 각각 차안과 피안의 구세주로 짝을 이룬다. 미륵하생신앙이 세속적 구원에 목말라 하는 민중들에게 인기 있는 이유가 바로 여기에 있다. 그러나 구원의 범위는 용화설법에 참석한 사람으로 제한되기 때문에 인연이 없는 중생은 제도할 수 없다는 불교의 기본 교리가 그대로 적용된다.

용화세계는 불교의 이상 세계이지만, 동아시아에서는 현세 구원의 희망을 담은 지상천국의 표상으로서도 기능해 왔다. 이는 한국의 역사에서도 분명히 드러난다. 신라 시대 이후 용화세계의 역동성은 지속되었다.[57] 신라에서는 미륵이 화랑으로 출현하였고, 나말여초에는 후고구려의 궁예가 미륵으로 등장하였다. 백제는 현실 국토를 미륵국토화하려고 하였다. 사회적 혼란을 겪었던 고려 중기에는 미륵하생신앙이 유행하기도 하였고, 불교를 억압한 조선 시대에는 오히려 미륵신앙과 민중의 관계가 더욱 밀착되어 미륵신앙이 더욱 활성화되었다. 이후 전통 사회가 해체되어 가던 조선 말기에는 미륵하생과 용화세계에 대한 민중의 대망이 더욱 확산되었고, 현실의 삶에 무기력했던 기성불교를 대신해 등장한 민중종교들은 앞다투어 이러한 미륵신앙을 대폭 받아들였다. 근대 신종교 중 증산교가 그랬고 원불교가 그랬다. 증산교의 경우 증산이 자신을 미륵으로 표명하였고, 그의 천지공사도 이상적 불국토인 용화세계의 건설 과정으로 표방하였다. 원불교는 개벽을 통해 미륵신앙을 재해석하였다. 모두가 깨치면 미륵불 또는 정도령(正道令)으로 존숭된다며, 지혜 선명이 서로를 비쳐 주는 세계가 바로 용화회상이라고 하였다. 이같이 미륵신앙은 삼국시대에서부터 근대 신종교에 이르기까지 이 땅을 미륵이 출현하는 공간으로 또 용화세계가 실현되는 장소로 인식시켜 왔다. 한국인이 살아가는 '여기'가 바로 용화세계가 구현되는 장소라는 것이다.

중국에서도 용화세계는 농민기의(農民起義)나 민중종교를 통해 그 역동성을 크게 발휘하였다. 대표적인 사례가 명·청대 민중종교인 백련교(白蓮教)이다. 백련교는 당시 체제에 저항하는 최대의 비밀결사체였다.[58] 그들의 기본 교설인 삼양설(三陽說)은 바로 미륵신앙의 중국적인 변용으로 볼 수 있다.[59] 이들은 신앙의 역사적 전개 과정을 과거, 현재, 미래로 구분한다. 과거는 무극(無極), 즉 청양기(靑陽期)에 해당되며 주재자는 연등불이고 청련의 보좌에 주석한다. 현재는 태극(太極), 홍양기(紅陽期)에 해당되며 석가불의 주재하에 홍련의 보좌에 앉아 있다. 미래는 황극(皇極), 백양기(白陽期)가 되는데 미륵불이 세상을 주재하며 백련에 주석한다. 이 단계가 되면 천지가 조화를 이루게 되며, 노소와 남녀, 그리고 생과 사의 구별이 없어지는 이상 세계의 세상이 온다고 한다. 이상의 백련교 삼양설은 미륵신앙의 삼세설에 역(易)의 논리를 첨가하고 있으나, 큰 틀로 보면 미륵신앙의 구조와 거의 일치한다. 불법의 장엄겁, 현겁, 성수겁의 도식에서, 불법의 쇠퇴과정인 정법, 상법, 말법의 도식에서, 불교의 삼재(三災)의 겁재설(劫災說)에서, 그리고 각 시기별 연등불, 석가불, 미륵불의 등장에서 동일한 구조를 이룬다. 그들의 삼양설은 미륵신앙과 연계하여 그 전개 과정을 구성한 것임을 확인할 수 있다.[60]

이러한 시대 구분에도 불구하고 미륵이 언제 하생할 것인가에 대한 설명은 없다. 이는 미륵의 하생 시기는 결국 시간의 간격 문제가 아니라 민중의 신앙적 열망에 의해 좌우될 수밖에 없는 것임을 암시한다. 즉 이런 미륵의 하생과 용화세계의 추구는 고난에 찬 민중의 대망신앙으로 이어져 온 것이다.[61] 그러나 용화세계도 지상천국으로서 완벽한 것은 되지 못했다. 미륵불은 구세주로서의 위치를 점하긴 했으나 현세의 구세 과정은 구체적이지 않다. 그것은 앞서 등장한 전륜성왕의 몫이었다. 미륵신앙과 연결되는 어떤 종파에서도 미륵불이 출현한 이후의 용화세계에 관한 지상의 청사진을 제시하지 않았다. 그 때문에 용화세계의 표상은 이 세상에 적극적으로 진입하기 위해 여타의 다른 신앙들과 결합하거나 변형에 의해서 역사 속에서 자신의 역동성을 발휘하곤 하였다.

3. 지상천국과 천년왕국

근대 신종교에서 천년왕국에 대하여 직접 표현된 것은 없지만 지상천국 표상에서는 종말의 날에 세상을 바꾸고 구제하기 위해 구세주 또는 재림주가 출현하는 것과 관련하여 많은 영향을 주었다. 특히 도참 예언서인 『정감록』, 『격암유록』과 더불어 1920년대 이후 기독교 소종파 운동이라든가 해방 이후 개벽사상 중심의 신종교들에 많은 영향을 끼쳤다. 무엇보다 한말 민중운동에서 등장하는 진인의 역할은 기독교의 구세주와 별로 다를 바가 없다.

본래 천년왕국의 표상은 소위 묵시문학이라고 하는 『구약』의 「다니엘서」와 『신약』의 「요한계시록」에 근거한다. 그것은 지상의 종말의 날에 메시아가 천 년간 통치하게 될 왕국이 건설된다는 것으로 요약된다. 그래서 천년왕국은 항시 종말론과 짝을 이룬다. 역사의 종말에 나타나는 하나님의 나라와 예수의 재림은 밀접한 관련이 있다. 물론 천년왕국의 표상도 시대나

지역에 따라 다양한 변종이 일어나지만 이 역시 종말의 날에 지상의 천국건
설에 초점이 맞춰진다. 「요한계시록」에 게재된 천년왕국 관련 내용을 살펴
보자.

신은 곧 무엇이 일어날 것이라고 그의 천사를 보냈다(22:6). 그 시간은 가까워
졌다(요한계시록 22:10). 그리스도가 돌아왔을 때 사탄을 파하고 지상에 신의 왕
국을 세울 것이고, 순교자를 구제하여 그 땅을 천 년 동안 지배할 것이다(요한
계시록 20:4). 이러한 천년기가 지난 후 마지막 심판이 있고 결국 새 땅과 새 하
늘이 도래할 것이다(요한계시록 21:1). 제3의 이사야가 예언대로(이사야 65:17), 신
이 그 백성과 함께 있을 때 그리고 죽음이 더 이상 없을 때 그곳에는 신음과
절규와 고통이 없을 것이다(요한계시록 21:4).

위의 천년왕국 관련 내용과 더불어 「요한계시록」에서는 신민과 적, 진실
과 허위, 믿음과 불신앙, 정의와 불의, 신앙의 억압 등 선과 악의 이원론적인
대립 구조가 드러나 있고, 악은 재앙의 아수라장으로 표현된다. 특히 불신
앙에 대한 증오, 원한, 분노가 극명하게 표출되고, 불신앙의 완전한 청산이
선의 극점을 이룬다. 그 외에도 말세에 나타난 사건, 하나님의 도래 계시, 그
리스도의 재림 등 역사의 완성기까지의 과정이 묘사되어 있다. 이에 따르면
예수가 이 지상에 재림하여 그의 왕국을 건설한 후 최후의 심판이 있기까지
이 땅을 천 년간 지배한다는 것이다. 이 나라에서 부활된 기독교 성인과 순
교자들은 재림한 예수와 함께 천 년간 지상에서 살게 된다. 재림 예수가 천
년간 지배하는 지상의 왕국, 이것이 바로 천년왕국이자 지복(至福)의 시대다.
말하자면 천년왕국은 역사의 종말이 오기 직전, 신앙으로 의로운 사람들로
만 구성된 기독교의 잠정적인 지상낙원이다.[62]

지상천국을 대망하는 민중 모두가 이 같은 천년왕국 신앙을 가졌다고 볼수 있다. 그러나 이 왕국이 지상에 도래하는 과정은 결코 순탄치 않다. 악의 힘이 총결집하여 마지막 승부를 위해 도전을 해온다. 물론 결국은 선이 승리한다. 악을 징벌하고 선을 보상함으로써 죄와 고난의 시대가 물러가고 정의와 평화와 풍요의 새 시대가 열린다는 것이다. 이는 기존의 사회질서와 단절되는 새로운 세계의 시작이며, 인간에 대한 신의 목적의 완성이자 동시에 인류 역사의 종장을 의미한다. 그러나 지상에 세워진 천년왕국은 최후의 심판이 남아 있어서 그것으로 끝은 아니다. 세상을 완성해가는 과정이며, 앞으로 다가올 미래 신국의 징검다리의 역할을 한다. 말하자면 천년왕국은 '잠정적인 이상 사회'로서 지상의 천국이긴 하지만, 신국을 향한 과도기적 성격을 또한 지닌다. 신이 약속한 신국이 도래하기 전에 일시적으로 나타나는 지상천국인 것이다. 그 왕국의 도래 시기는 인간 역사의 종말(또는 완성)과 예수의 재림 시기와 밀접한 관련이 있다. 그래서 지상의 종말론을 주장한다든가, 그런 종말을 통해 지상의 새 땅과 새 하늘의 도래를 기대한다든가, 그러한 세상을 만들어 줄 지상의 재림 예수와 같은 메시아를 기대한다든가 하는 신앙 형태는 모두 천년왕국 신앙과 직접적으로 관련된다.

천년왕국의 실현은 메시아의 재림 시기와 직접 관련되어 있다.[63] 이것은 천년왕국이 오기 이전에 예수가 재림하는 전천년기설, 지상의 교회가 천년왕국이라는 무천년기설, 천년왕국 이후에 예수가 재림하는 후천년기설로 구분할 수 있다.

먼저 전천년기설은 천년왕국이 오기 전에 예수가 재림한다는 것으로, 재림한 예수가 천년왕국을 주도하는 형태이다. 그래서 메시아인 예수의 재림이 중심 주제가 된다. 여기에는 역사적 전천년기설과 세대적 전천년기설이 있다. 역사적 전천년기설은 예수가 다시 구세주로서 재림하여 지상의 천년왕국을 통치한 후 새 땅과 새 하늘을 맞이한다는 것으로 메시아 신앙[64]의 전형적인 모습을 보여준다. 이 설은 초창기 기독교의 지배적인 교설로서 「요한계시록」의 자연스러운 해석에 기인한다. 예수가 승천한 후 재림할 때까지 천국에 잠정적으로 거주하고 있다는 것을 강조하고, 지상의 성령을 강조하여 급진적인 민중종교운동을 가능하게 하는 근거가 된다. 세대적 전천년기설은 천년왕국 형성 과정에서 예수의 재림을 두 단계로 나눈다. 즉 환란 속의 교회와 성도가 천국에 휴거되는 단계와 천년왕국 건립을 위해 재림하는 단계가 그것이다.[65] 이 설은 구약의 묵시적 예언에 근거하고 있으며, 현대 복음주의적 기독교 종파의 대부분이 이 설을 따른다.

다음으로 무천년기설은 세상의 종말 이전에는 이 땅에 신의 가시적 왕국이 없음을 주장하고, 천 년 통치 기간을 지상의 교회 역사와 일치시킨다. 이 설은 4세기 이후 중세를 지배했던 천년기설로서, 하나님의 나라를 현세적이면서 동시에 미래적인 것으로 간주한다. 교회가 지상의 신국을 대신하는 교회중심주의적 형태의 천년기설이다.[66]

마지막으로 후천년기설은 개인의 마음속에서 이미 성령의 구원의 역사가 이루어지고 있다고 주장한다. 개인의 구원의 역사 자체가 천년왕국이 된다. 즉 가시적인 천년왕국은 있을 수 없고 개인의 마음속에 성령으로만 임재한다는 것이다. 이 세상에 복음화가 잘 이루어지면 그 말기에 주의 재림이 있을 것으로 본다. 여기에서는 예수의 재림을 이룩하기 위한 인간의 노력과 덕성이 중시된다. 18세기 계몽주의 시대 이후 풍미한 천년왕국 교설로서, 천년왕국이 개인화되고 합리화된 모습을 보여준다.

기독교의 천년왕국은 본래 유대 메시아사상에서 유래한다. 유대 민족의 선민의식(選民意識)은 신의 뜻을 실현해야 할 사명감을 갖게 하였고, 어떠한 고난과 시련 속에서도 최후의 승리와 번영의 꿈을 잃지 않게 하였다. 그들은 파괴된 이스라엘 왕국이 부활하고, 이 땅에 평화와 행복을 가져다 줄 다윗(David) 가문의 자손인 구세주의 출현을 대망하였다. 당시 구세주란 이스라엘 민족을 정치적으로 구원해 줄 세속적 지배자를 뜻했다.[67] 그러나 예수의 출현으로 인해 천년왕국신앙도 세속적인 유대 메시아에서 인류 구원의 종교적 메시아로 탈바꿈한다. 이리하여 구세주 대망신앙은 구세주 재림신앙으로 정착하게 되었다.[68] 그러나 예수는 하나님의 나라가 임박했으니 회개하라고 가르치면서도, 그 내용에 대해서는 별로 언급하지 않았다. 아마 구약의 이상 세계인 신화적인 에덴동산을 생각했는지도 모른다. 그의 사도인 바울(Paul)도 데살로니아인들에게 '예수의 재림이 가까워졌으니 주(主)가 재림하여 천년왕국을 이끄는 주의 날(Day of the Lord)을 지금 곧 보게 될 것'이라고 설교하였다. 당시 핍박받던 신자들은 기아와 불의가 없는 지상천국인 천년왕국의 실현을 기대한 것이다.[69] 그러나 임박했다는 주의 재림은 오지 않았다. 이 같은 기독교의 천년왕국에 대한 기대는 초기 기독교에서부터 4세기 기독교의 로마 공인 때까지 지속되었다.

기독교는 콘스탄티누스 1세가 313년에 밀라노에서 내린 칙령으로 공인되고, 이후 392년 테오도시우스 1세에 의해 드디어 국교가 되었다. 이렇게 기독교의 정치적 위상이 바뀜에 따라 천년왕국신앙에 대한 급박한 필요성은 점차 사라지게 되었다. 마침내 지상에서의 기독교의 성공 즉, 기독교가 국가 제도종교로 정착함으로 해서 천년왕국과 같은 지상의 파국적 종언은 더 이상 주장할 필요가 없게 되었다. 따라서 천년왕국은 가까운 미래에 도래하는 것이 아니고 이미 교회를 통해 지상에 실현되어 있다고 주장되었으며, 기독교 교회가 바로 천년왕국을 대행하는 그리스도의 왕국이자 하나님의 왕국이라고 규정되었다. 그리고 주의 재림은 지상 역사의 종말을 의미하는 것이므로 그리스도가 이 세상에 재림한다는 것은 이 세상을 마감하고 마지막 심판을 하기 위한 종말의 발걸음이라고 설명되었다. 이것이 무천년왕국설(amillenarianism)이다. 이 천년왕국설이 기독교의 정통설로 인정됨에 따라 마침내 431년 에베소스(Ephesus) 회의에서 천년왕국주의는 기독교의 이단으로 몰리게 된다.

이후 천년왕국신앙은 사회에 잠복하여 저항적 신앙과 연결되면서 제도교회의 지속적인 탄압을 받아 왔다.[70] 그럼에도 천 년의 지복시대가 여기, 지상에서 이루어진다는 주장은 민중들에게는 떨쳐 버리기 힘든 매력이 있었다. 그 결과 중세 이래 오늘에 이르기까지 제도 교회의 지하에서 면면히 이어져 오고 있다. 이런 천년왕국의 표상은 역사의 심층에 잠복되어 있다가 때때로 역사의 표층에 돌출하여 부패한 현세 기독교 교회와 기존 사회질서를 뿌리째 뒤흔들곤 하였다. 중세의 대표적 천년왕국운동의 사례로는 민중 십자군, 프란체스코 성령파(the Franciscan Spiritual) 운동, 자유 성령주의(the Free Spirit), 재세례파의 무장투쟁인 뮌스터(Munter)의 파국 등을 들 수 있다.[71]

천년왕국신앙은 개신교의 전래 초기부터 한국 신종교에 상당한 영향을 끼쳤다.[72] 예수가 한반도에 재림하여 지상천국을 건설할 것이라는 한국의 자생적 기독교들, 새 시대를 기다리며 하루라도 빨리 세상이 종말을 맞이하고 이 땅에 예수가 재림할 것을 기대하는 메시아신앙의 소종파들 모두 천년왕국 신앙과 깊은 관련이 있다. 지상천국을 추구하는 개벽의 신앙전통을 계승한 통일교[73]와 전도관, 그리고 신천지론을 전개하고 있는 유재열의 장막성전 계통,[74] 말세론을 중심으로 하는 이유성의 새일교단,[75] 권신찬의 구원파와 같은 시한부 종말론자 등은 모두 현세에서의 천국을 기대하는 천년왕국주의자들이라고 볼 수 있다.

4. 지상천국과 지상선경

지상선경은 도교와 선교의 지상천국이다. 지상선경의 표상은 신선세계라는 도교적 전통의 이상 세계와 전통적인 예조사상에서 비롯된 것이다. 구한말 이 땅에 무수한 신종교들이 등장하였는데, 이들 모두 정도의 차이는 있다고 하더라도 민중적인 선교, 도교와 전통적인 예조사상에 많은 영향을 받았다. 신선세계는 불사의 신선이 중심을 이루고, 전통적인 예조사상은 이 땅에 진인이 출현하여 새로운 세상을 만들 것이라는 데 초점을 둔다.

신선의 세계는 본래 인간이 사는 속세와는 전혀 다른 세계, 즉 불로장생하는 신선들이 사는 선계다. 지상에 있는 선계를 동천복지(洞天福地)라고 하고 바다에 있는 선계를 삼신산(三神山)이라고 하나 하늘에 있는 선계가 진정한 선계로 제시된다. 선인들의 공부가 깊어지면 바다에 있는 삼신산으로 옮기고, 다시 덕을 쌓게 되면 천상 선계인 삼청(三淸)으로 올라가게 된다고 한다. 도교의 세계관은 욕계(欲界)·색계(色界)·무색계(無色界)의 삼십삼천을 인정하고 삼십삼천 위에 다시 삼청(三淸)이 있다고 한다. 인간세계는 넓은 의미에서 욕계에 포함되며, 그 밑에 아귀·축생·지하 세계가 있다. 선인들은 삼청에 가서 태을(太乙)의 도록(圖錄)을 받고 맡은 바 책임을 다하며 장생한다는 것이다.

또한 대표적인 예조사상으로 조선 후기의 정감록신앙을 들 수 있다. 정감록신앙은 정씨(鄭氏) 성을 가진 진인(眞人)이 출현하여 미래국토를 실현하고 지복(至福)의 터전을 이룩한다는 신앙이다. 이 신앙은 삼절운수설(三絶運數說)과 계룡산천도설(鷄龍山遷都說) 그리고 정성진인출현설(鄭姓眞人出現說)로 요약할 수 있다. 삼절운수설이란 이씨 왕조가 내우외환에 의해 세 번이나 단절될 운수를 맞는다는 말세 운수의 예언으로 그 처방을 밝힌 것이며, 계룡산

천도설은 이씨 조선이 망하고 정씨 왕조가 계룡산에 도읍을 정한다는 미래 국토의 이상을 나타내고 있어서 좀더 적극적인 반왕조의 역성혁명을 주술적 예조신앙으로 구체화하고 있다. 진인출현설은 정감록신앙의 핵심인 동시에 귀결이며, 서구 종교의 표현을 빌리면 일종의 메시아니즘(Messianism)이라고 할 수 있다. 즉 말세가 쇠진한 뒤 정도령이라는 구세주가 나타나 세계를 구원하고 복락이 약속된 새로운 세상을 열리리라는 것이다.

근대 신종교들은 역의 논리인 개벽을 통한 후천선경(後天仙境)이라는 이상 사회를 제시하였다. 이들은 우주의 시간을 선천(先天)과 후천(後天)으로 나누고, 현재 이전의 시대를 선천의 시대로, 이후의 시대를 이전과는 전혀 다른 후천의 시대로 구분한다. 그 전환기로서 지금은 우주와 인간사에 대변혁이 이루어질 것이라고 주장한다. 이것이 바로 후천개벽이다. 현재 시간의 단절을 통해 원초적 근원의 시간으로 회귀하려는 원시반본(原始返本), 그리고 삼라만상의 모든 것이 동귀일체(同歸一體)되는 후천선경을 기약한다. 이들은 우주의 운도를 근거로 하여 신천지 도래의 당위성과 필연성을 제공하고, 이를 근거로 새로운 세계를 열망하는 민중들에게 지상선경의 이상 세계를 제공하였다.[76]

당시 신종교에서 후천선경의 표상들은 다양한 명칭으로 나타났지만 모두 지상천국이 후천개벽에 의해 형성되는 완전사회라는 공통점이 있다. 그 모두가 후천개벽의 교역 시대에 대한 역사적 인식을 토대로 하여 민중을 도탄에서 구원해 줄 이상 세계인 후천낙원(後天樂園)들이다. 1860년 수운 최제우는 동학을 창시하여 '다시개벽'으로 지상선경의 기초를 마련하고, 1885년 일부 김항은 정역(正易)을 완성하여 유리정토를 추구하였으며, 1901년 증산 강일순은 천지공사를 시작하여 후천선경을 지향하였고, 1916년 소태산 박중빈은 대각하여 정신개벽으로 용화세계를 추구하였다. 이들 모두가 새로운 신천지 후천시대가 도래하는 후천의 지상천국이다. 이 중 청사진을 가장 분명하게 보여주는 증산교의 후천선경의 내용을 대표적으로 살펴보기로 하자.

선천에는 상극지리(相剋之理)가 인간·사물을 지배했으므로 모든 인사가 도의에 일그러져 원한이 맺히고 쌓여 삼계(三界)에 넘침으로써 마침내 살기가 터져 나와 세상에 참혹한 재앙을 일으키고 있다. 이제 내(上帝 姜甑山)가 천지운도를 뜯어고쳐 신도(神道)를 바로잡아 만고의 원(冤)을 풀고, 상생의 도로써 선경을 열며, 조화정부(造化政府)를 세워 하염없는 다스림과 말없는 가르침으로 백성을 화(化)하여 세상을 고치리라. 이를 천지공사(天地公事)라 하고 5만년을 내려간다고 한다. 그는 모순 대립 투쟁이 난무하는 상극의 세상을 음양합덕(陰陽合德)을 이루는 상생(相生)의 세상으로 천지공사를 단행함으로써 해원상생(解冤相生)을 이룩하여 해원의 시대를 연다. 이 해원의 시대는 상놈이 운수를 얻을 것이라 하여 사람도 이름 없는 사람이, 땅도 이름 없는 땅이 운수를 얻을 것이라 한다.[77]

위 증산교의 후천선경의 모습은 한말 봉건 해체기 천지개벽과 같은 사회변혁을 열망하는 민중의 심중을 헤아려 그들의 원망을 시원스럽게 담았다. 증산 본인이 상제의 권능을 가지고 기존 상극지리의 천지운도를 직접 고쳐 해원을 통한 상생지리의 후천선경을 건설하고자 하였다. 그가 행한 천지공사는 이전의 천지창조와 거의 맞먹을 정도로 가히 혁명적인 작업이었다. 그는 이름 없는 민중의 세상을 만들기 위하여 천지의 운도를 직접 고쳐서 새로운 세상을 여는 후천개벽을 이 땅에 이루고자 한 것이다. 즉 새로운 낙원을 현세에 건설하고자 한 것이다.[78]

본래 전통적인 예조사상은 유교 체제교학의 정통사상에 대한 참위적론(讖

緯論)적 운세사상에 지나지 않았다. 그러나 민중의 급박한 삶의 위기는 단순한 운세사상을 구원의 논리로 승화시켰다. 그 구원의 논리는 반구조적이며, 민중 지향적인 것이었다.[79] 또한 예조사상은 미륵신앙 및 도참사상과 혁세(革世) 또는 진인(眞人)에 대한 출현을 고대하는 민간전승과 결합함으로써 민중성과 공동체성을 확보하고 동학농민혁명과 같은 사회적으로 폭발력있는 민중운동으로 발전하였다. 그것은 세상의 종말을 말하기는 하지만 서구적인 종말론과 같은 것은 아니다. 그 종말은 영겁(永劫)의 회귀라는 동양의 역(易)의 논리에 기초한 시간관을 바탕으로 한다. 그럼에도 민중의 신앙적 정열에 의해 그 장대한 순환적 시간이 임박한 개벽으로 전환하게 되었다. 지상선경은 결국 불의한 지배 체제에 저항하면서도 모든 구성원들이 서로 상생하는 불사의 이상 세계를 그리게 된다. 이른바 '저항적 평등 사회'를 지향한다고 볼 수 있다.

4. 지상천국의 종교별 비교 분석

앞에서 여러 이상 세계의 표상과 도래 시기, 그리고 그 역사상의 전개과정을 분석해 보았다. 역사 속에서 완전사회의 기능을 담당한 대동세계, 용화세계, 천년왕국, 지상선경을 차례로 살펴보았는데, 이들 모두는 체제교학에서 혹은 기성종교에서 벗어난 민중종교 또는 소위 이단종교에서 그 역동성을 잘 발휘했다는 공통점이 있다. 현실에 구현되는 것과 관련해 이들 각이상 세계들의 종교적 사회적 특성들을 살펴보고자 한다. 지상천국 건설과 짝을 이루는 종말 현상은 종교의 이상 세계가 현세 완전사회의 구현을 위한 청사진으로 작용할 수 있는 필요조건이다. 그렇지 않을 경우 이들 이상 세계의 표상들은 초월적·관념적 대망신앙으로 전락하거나 안심입명적인 현세이익 신앙으로 역사 뒤편으로 잠복하게 된다.

먼저 초월성이 강한 이상 세계일수록 강력한 공동체성을 가지고 소종파 공동체로 발전할 가능성이 크다. 초월성을 기준으로 보면 천년왕국이 제일 강하고, 다음은 용화세계, 지상선경, 대동세계 순으로 이어진다. 초월성이 가장 약한 대동세계는 정치적·세속적 성향을 보여주고 있어 세속 사회와 긴장 갈등을 유지하기가 쉽지 않다. 반면 초월성이 강한 천년왕국은 세속 사회와 구분되는 종교 공동체로 이어지는 경우가 많다. 그리고 이들이 지향하는 세속 사회의 성격을 보면, 대동세계는 천하일가의 '조화로운 세속 사회'를, 지상선경은 '저항적 평등사회'를, 용화세계는 선업을 강조하는 '도덕적인 풍요 사회'를, 천년왕국은 신국을 향한 '잠정적인 초월 사회'를 추구한다. 그에 비하여 개벽종교의 지상천국은 초월적 종교적 성향보다는 정치적 세속적 성향이 더 많이 나타난다. 더구나 모두가 선교 도교적 성향을 강하게 띠고 전통 사회 해체기와 제국주의 침탈기에 형성된 것인 만큼 '저항적 평등사회'를 지향하고 있다고 할 수 있다.

둘째, 구원의 방법과 범위를 살펴보면, 대동세계의 실현은 바로 대도의 사회 실현이라는 면에서 세속 공동체 구성원 모두가 구제의 대상이 된다. 용화세계는 참여자들에게 복덕과 지혜를 갖출 것을 요구한다는 점에서 용화법회에 참석한 중생들을 구제의 대상으로 삼는다. 천년왕국에서는 재림 예수를 통해 신앙의인에 대해서만 구원이 가능하며, 불신앙자는 구원의 대상에서 제외된다. 이 같은 사실을 통해 볼 때, 구원의 범위는 중생을 대상으로 하는 용화세계, 사회 전 구성원을 대상으로 하는 대동세계, 신앙자만을 대상으로 하는 천년왕국 순으로 그 대상이 좁혀진다. 그에 비해 개벽종교의 지상천국은 운도에 의한 개벽을 통해 실현된다고 하며, 구제 대상이 상당히 넓다. 공동체 구성원은 말할 필요도 없고 공동체 자체 또는 이 세상에 존재하는 자연과 우주를 포함한 삼라만상 모두가 구제의 대상이 된다. 그런 면에서 개벽의 종교는 개인의 종교가 아니라 공동체, 나아가 범우주적 종교라고 볼 수 있다.

셋째, 새 세상을 실현할 메시아를 검토해 보면, 대동세계는 도덕적 성군에 의해 성취되므로 민중을 이끌 요순과 같은 도덕적 성군을 대망하고 있으며, 용화세계는 세속적인 지도자와 종교적인 지도자를 동시에 요구하고 있다. 세속적인 지도자인 전륜성왕 출현 이후에야 미륵불이 등장하고 용화법회가 세 번 이루어지기 때문에 필요하다. 따라서 여기에서는 세속적인 삶의 문제를 소홀히 하지 않는다고 볼 수 있다. 천년왕국에서는 이 세상을 구원할 예수의 재림을 통해 신천지를 대망한다. 그에 비해 개벽의 종교는 지상천국 실현이 천도의 운수에 의하거나 개벽장(開闢長)에 의해 성취되는 등 종교마다 다양한 방법과 주인공들이 등장하고 있다.

넷째, 이상 세계 실현을 앞둔 종말의 징조를 살펴보면, 용화세계는 실현되기 전의 말법기에 기아·병역·병난의 삼재(三災)가 있어야 하고, 대동세계의 출현은 민중이 도탄에 빠져야 하며, 천년왕국의 출현은 악의 무리들이 이 세상을 지배하고 있어야 한다. 그에 비해 지상천국은 용화세계와 같이 삼재가 나타나는 것으로 설명되며 개인의 수련과 덕성이 강조된다. 이것을 역으로 생각해 보면 종교의 완전사회 출현 조건을 유추해 볼 수 있다. 사회가 혼란에 빠져 있고 정의가 서지 않으며, 민중의 생활이 도탄에 빠져 있어야만 이들의 출현이 가능하다는 것이다.

다섯째, 현실의 역사 속에서 그들의 역동성을 살펴보면, 이상 세계의 내용이 불분명하고 종교성이 약할수록 그리고 공동체성이 부족할수록 다른 여타 신앙이나 사상과 결합해야만 역동성을 잘 발휘할 수 있다. 그리고 종말론과 신의 왕국의 상징을 공유하는 천년왕국의 표상과 같이 시공의 상징들을 함께 공유할 수 있을 때에만 현실에서 강한 역동성을 보인다. 용화세계는 불교의 이상 세계로서만이 아니라 다른 여타 신앙이나 사상과 결합하여 역동적인 힘을 발휘해 왔고, 대동세계의 표상 역시 여러 민중들의 신앙과 결합해서 역사의 표층에 등장하였다. 천년왕국은 집단의 경계선이 분명하여 기독교의 소종파나 이단종교에서 그 역동성을 발휘하였다. 그에 비해 개벽종교의 지상천국은 민간신앙만이 아니라 민간화한 다양한 종교전통들을 포괄하고 융합함으로써 민중종교의 표상으로 발전하였다.

5. 소결

개벽사상의 기본적인 틀은 천지자연의 운행도수에 대처하는 운수론(運數論)이라고 하겠다. 이 운수론에 도참설이 결합하여 하나의 예조사상을 만들고, 그 예조사상에 시대적 위기의식과 시대 과제를 담아 미래를 대비한 삶의 청사진과 새로운 지상천국을 건설하려는 사상으로 발전한 것이다. 특히 극한적인 위기의식이 미래를 추정하고 그에 대처하는 예조사상을 종교적 구원론으로 발전시켰다. 그렇다면 근대 신종교의 개벽사상은 시운사상의 기반 위에서 인간의 수련과 수양를 통해 신인간과 도덕 사회를 만들어 지상천국으로 나아가는 사상이라 하겠다. 그리고 신종교의 창시자들은 천지운도(天地運度)에 따라 당시가 선천의 종말이요 후천의 출발이라고 생각하였지만, 선후천 교역이 운도에 의해 그냥 자연적으로 이루어지는 것은 아님을 강조했다. 이들은 선후천 교역을 계기로 인간이 겪어야 할 큰 시련이 닥칠 것임을 예견하고, 그런 겁액(劫厄)을 넘어설 수 있을 때 후천세계를 맞이할 수 있다고 하였다. 여기에 인간의 정성과 수련이 반드시 필요하다는 것이다. 그래서 이런 역경을 잘 극복하기만 하면 이 땅은 무극대운(無極大運)을 맞이할 것이고, 신분과 성별을 가릴 것 없이 누구나 군자나 신선이 되고 지상천국이 올 것이라고 하였다. 동학의 지상선경, 증산교의 후천선경, 정역의 유리정토, 원불교의 이상적 불국토 등이 이 지상천국에 속한다.

지상천국을 대망하는 민중들은 지금 이 땅을 구제해 줄 구세주만 온다면, 혹은 지금 이 땅에 새 세상과 새 하늘이 오기만 한다면, 실현방법과 명칭이야 어떻든 간에 별로 상관하지 않는다. 지상천국만 도래한다면 그것이 대동세계든 용화세계든 천년왕국이든 지상선경이든 상관하지 않으며, 또 지상천국을 실현할 자가 정감록(鄭鑑錄)의 진인(眞人)이든 운도에 의한 개벽(開闢)이든 남조선(南朝鮮)의 해인(海印)이든 용화세계의 미륵(彌勒)이든 천년왕국의 예수의 재림(再臨)이든 전혀 개의치 않는다. 다양한 종교전통, 다양한 이상 세계, 다양한 구세주 등이 역사의 현장에서 뒤섞인다고 해서 전혀 문제될 것이 없다. 그것이 바로 민중종교의 중요한 특색이다. 민중종교에서의 지상천국은 대동세계이면서 지상선경이고, 용화세계이면서 천년왕국과 지상선경이 된다. 또한 세상을 바꿀 혁세주는 진인이면서 동시에 개벽이고, 미륵이면서 동시에 재림 예수가 된다. 그러므로 근대 신종교에 다양한 종교전통, 다양한 변혁의 상징과 주체들이 등장하지만 개벽사상은 그것들을 융합하고 조화시키는 기본 틀을 제공한다.

종교전통들의 이상 세계들은 근대 신종교의 이상 세계를 형성하는 데 각기 공헌해왔다. 유교의 대동세계는 개인과 가족의 이해를 넘어선 천하일가의 이상을, 용화세계는 개인의 복덕과 지혜를 전제로 한 도덕적인 인간상을, 천년왕국은 메시아의 도래를 통한 강력한 실천성과 집단성의 담보를, 지상선경은 불사의 신선과 예조사상을 통해 미래의 청사진을 제시하였다. 지상천국은 이들의 이상 세계들을 종합하여 시대적 요청에 의해 '저항적 평등사회'라는 새로운 이상 세계를 그려 낸 것이다.

여기서 근대 신종교의 이상 세계의 성향과 특성을 간단하게 정리해 보면 다음과 같다.

첫째, 근대 신종교의 이상 세계는 피안보다는 차안의 성격이 강하다. 이는 인간의 근원적인 열망보다는 세속적 성향이 강하다는 의미이다. 종교전통이 분명한 이상 세계의 표상들은 개인의 도덕성이나 인간의 열망을 그나마 강조하고 있으나, 그렇지 않은 근대 신종교의 종교적 표상들, 즉 지상천국의 표상들은 인간의 근원적인 열망에는 별로 관심을 두지 않고 현실적인 삶에 좀 더 많은 관심을 두고 있다.

둘째, 근대 이후 지상천국은 가장 한국적이고 민중적인 이상 세계라고 평가된다. 지상천국에는 한국의 전통적인 민간신앙과 민중화된 다양한 종교전통의 표상들이 모두 융합되어 있으며, 이들 표상들이 서로 조화롭게 융합하고 있는 것 자체가 한국적인 특성이다. 그런 면에서 지상천국은 기존 종교전통들이 단순히 변용된 것이 아니라 이상 사회의 형식과 내용 양 측면에서 한국의 문화 전통을 계승하고 있는 것으로 볼 수 있다. 그 때문에 근대 한국 민중들에게 큰 호응을 얻어 민족 위기의 근대사에 직접 참여할 수 있었다고 본다.

셋째, 근대 신종교의 이상 세계에는 한민족의 선민의식이 강하게 스며 있다. 비록 그들이 각 종교전통의 이상 세계 표상을 주장하고 있는 듯이 보이지만, 실제의 내용을 보면 상당히 다르다. 실제로는 종교전통의 의미와는 별도로 세상 변혁의 중심지가 한반도이고 그것을 주도하는 민족이 한민족이라고 주장한다. 심지어는 다른 신앙에 배타성이 강한 천년왕국의 표상에서도 예수의 재림지가 한국이며 미래의 한국에서 재림이 이루어질 것이라고 밝힐 정도다.

넷째, 한국 신종교의 이상 세계는 하나의 종교전통에 머물지 않고 여러 종교의 이상 세계들이 융합되는 성향을 보인다. 그곳에는 조화와 균형의 정신이 강하게 드러난다. 대동세계, 용화세계, 천년왕국의 전개 과정을 보면 서로 영향을 주고받으면서 새로운 이상 세계를 창출하거나 아니면 하나의 표상이 여타의 다른 이상 세계들을 흡수하는 경향을 보인다. 예컨대 지상천국의 메시아로서 진인과 미륵, 그리고 개벽장과 재림 예수가 서로 혼용되면서도 신앙으로서 서로 모순을 일으키지 않는다. 이는 지상천국의 표상이 현실적이며 개방적이고, 적극적이라는 점을 잘 말해 주고 있다.

제 6 장

개벽사상의
종교별 전개*

* 이 장은 필자의「한국 근대종교의 탄생: 한국의 근대 신종교, 근대적 종교로서의 정착과 그 한계: 개벽사상을 중심으로」,『종교문화비평』 22권, 2012을 이 책의 구성에 맞게 재정리한 것이다.

1. 서론

　구조화된 현실의 사회는 반구조적 성향을 가진 민중종교들과 갈등을 야기할 때가 많다. 그리고 한계가 있는, 불안전한 인간[1]은 때때로 공동체의 완전함을 통해 자신을 구제할 수 있는 길을 찾는다. 그러기에 모든 종교는 자신이 대망하는 현실의 이상 세계를 가진다. 그런데, 종교가 제시하는 이상 세계들은 창교자의 종교경험에만 의존하는 것은 아니다. 그들은 기존의 종교전통의 이상 세계를 바탕으로 신앙 대중의 사회적 요구들을 잘 간파하여 그런 요구를 담은 새로운 이상 세계를 만들어 낸다.[2] 그렇다고 본다면, 각 종교들의 이상 세계에는 신앙 대중의 사회 역사적 이해와 종교 공동체의 이해가 동시에 반영되어 있다고 볼 수 있다. 그 이상 세계에 사회적 이해가 과도하게 반영되면 종교적 영성이 부족하여 종교의 이상 세계로는 한계가 있을 것이고, 반면 종교 공동체의 이해만 과도하게 반영한 이상 세계는 사회 현실과 유리된 이상 세계로 전락하기 쉽다. 종교의 이상 세계는 해당 종교의 사회적 위상과 그것을 수용하는 대중의 이해와 밀접한 관련이 있다는 점을 항시 유의할 필요가 있다.

　종교의 이상 세계는 앞에서 언급한 대로 지상의 실현 가능성을 두고 두 가지로 구분할 수 있다. 하나는 피안의 이상 세계이고, 다른 하나는 차안의 이상 세계다. 전자는 지상에 이상 세계를 실현하는 것보다는 안심입명을 위한 이상 세계를 염두에 둔다고 할 수 있다. 그것은 천국이나 극락과 같은 초월적이고 관념적인 피안의 이상 세계를 의미한다. 이 신앙은 현세의 삶을 사후의 내세 이상 세계로 가는 징검다리로 생각하기 때문에 개인적인 복덕 축적과 신앙의인(信仰義認)을 강조한다. 이들은 종교 공동체를 넘어 현실 사회에는 거의 영향을 끼치지 않는다. 반면 후자는 지상에 실현 가능한 차안의 이상 세계들이다. 이들은 현실 사회에 직접 영향을 끼친다.

한말 신종교 주류는 개벽사상을 중심으로 한 개벽종교들이고, 그들은 모두 개벽에 의한 지상천국을 대망한다.[3] 모든 것이 원시반본(原始返本)하고, 동귀일체(同歸一體)되는 그런 지상천국을 기약한다. 후천개벽은 선천의 종말과 후천의 시작, 즉 '이상 세계의 임박한 도래'라는 지상천국에 대한 당위성과 필연성을 설파하고 있다. 이를 근거로 하여 새로운 세계를 열망하는 민중들에게 종교적 구원 논리를 제공한다.[4] 이 구원의 논리가 민중으로 하여금 개벽운동을 추진케 하는 원동력이 되고, 나아가 지상천국의 실현 운동을 가능케 하였다. 이 지상천국들은 모두 지상에 실현 가능한 차안의 세계들이고, 민중을 도탄에서 구원해 줄 차안의 후천낙원들이다. 동학의 지상선경(地上仙境), 증산교의 후천선경(後天仙境), 정역의 유리정토(琉璃淨土), 원불교의 용화화상(龍華會上) 등 모두가 여기에 속한다.

한국 근대 개벽사상은 개벽을 알리는 첫 시기에는 다시개벽을 주장한 동학과 그것을 역리적으로 정당화한 정역에서의 역수개벽(曆數開闢)이, 동학농민혁명의 실패를 거울삼아 개벽을 현실에 적용한 두 번째 시기에는 종교성이 강화된 증산교의 삼계개벽(三界開闢)과 고유한 신교를 중광한 대종교의 개천개벽(開天開闢)과 천도교의 문명개벽(文明開闢)이, 그리고 개벽을 실용화한 세 번째 시기에는 천도교에서 이돈화의 사회개벽과 증산교에서 보천교의 왕조개벽과 원불교에서 정신개벽이 주창되었다. 이들을 보면 초기의 신비화 추상화된 개벽이 시대에 적응하며 점차 합리화 실용화되는 추세를 보인다. 이 장은 이러한 개벽사상의 전개를 중심으로 각 종교별 개벽사상의 특성을 중점적으로 살펴보기로 하겠다.

2. 동학 창도 이후의 개벽사상

1. 동학의 다시개벽과 지상선경

근대 신종교의 개벽사상은 동학의 다시개벽에서 출발한다. 1960년 동학을 개창한 수운은 한울님으로부터 다시개벽의 천명(天命)을 받았다. 다시개벽은 천명(天命)을 받은 자신을 통해서 동국(東國)에서 이루어질 것으로 보았다. 때도 개벽의 때이고 혼란한 세상 상황도 개벽이 아니면 해결되지 않을 것으로 보았던 것이다. 수운은 무수한 삼원갑(三元甲)의 소주기가 지난 뒤 세상은 일대 파국의 현상이 일어나 다시개벽이 이루어지고, 새로운 오만 년 운수(運數)로 이어질 것이라고 하였다.[5] 또 '하원갑 지내거든 상원갑 호시절에 만고 없는 무극대도(無極大道) 이 세상에 날 것이니,'[6] 쇠락하는 하원갑에서는 하늘이 무공(無功)하였으나 다가오는 상원갑에서는 하늘의 뜻이 널리 구현되는 시대'[7]라고 하였다.

이같이 수운은 개벽이 천지창조에 비견될 만한 새로운 변화이고, 반드시 가까운 미래에 올 것으로 확신했다. 또 '십이제국 괴질운수 다시개벽 아닐런가'[8]라며, 다시개벽이 오기 전에 이 괴질 운수가 닥칠 것임을 예견하였다. 개벽 이전에 원인을 알 수 없는 괴질이 만연하면서 이전 시대가 종말을 고하고 새로운 시대가 열릴 것이라고 하였다. 그리고 다시개벽을 계기로 인간이 운수(運數)의 묘기(妙氣)만 터득하면 한울님은 당면한 모든 문제를 해결해 줄 것이라고 주장했다. 그리고 그의 다시개벽은 새로운 천지창조를 의미하지만 꼭 물리적인 것만 뜻하는 것이 아니었다. 천지창조 이전의 상태로 원시반본(原始返本)한다는 것과 천지개벽 이후 최초 사람인 천황(天皇)씨의 운수를 다시 회복하는 것이었다.[9] 이러한 다시개벽을 통해 그는 인간 스스로의 도성덕립(道成德立)과 문명적 대전환을 꿈꾸었다.

다시 상원갑이 되면 유·불·선은 운수가 다하고 만고에 없던 무극대도와 더불어 이 땅에 요순(堯舜)의 대동세계(大同世界)가 올 것이라고 하였다. 그때는 도덕 문명으로 채워진 지상선경(地上仙境)이 열릴 것이며, 신분과 귀천에 관계없이 누구나 군자나 신선이 되어 태평가를 부르며 평화롭게 살 수 있을 것이라고 하였다.

> 이 가사 외어 내서 춘삼월(春三月) 호시절에 태평가(太平歌) 불러 보세. 요순시대(堯舜時代) 다시 와서 국태민안 되지마는 입도한 세상 사람 그날부터 군자되어 무위이화(無爲而化) 될 것이니 지상신선 네 아니냐.[10]

이같이 우주의 기운이 다시개벽으로 바뀌게 되면 사람의 마음도 달라지는 것은 물론 공동체 삶의 양식도 함께 변화될 것으로 내다보았다. 그런 의미에서 그의 개벽을 세 가지 차원으로 정리해 볼 수 있다.[11] 먼저 개벽으로 인하여 사람은 천황씨의 운(運)을 회복하여 참사람이 된다며, 자신 안에 한울님을 모기기만 하면 천주(天主)의 혼연일기(渾然一氣)와 통하게 되어 인간은 조화를 부릴 수 있는 우주적 존재가 된다고 하였다. 다음으로 수심정기(守心正氣)의 마음공부를 통해 하늘에 통하게 되면 무극대도를 깨닫고 땅의 덕(德)과 합하여 무위이화(無爲而化)하며, 마지막으로 인간 마음의 근본적인 열림과 동시에 모든 정치권력도 도덕화될 수 있을 것으로 보았다. 말하자면 다시

개벽이 되면 사람은 자신의 우주성을 깨닫고 인류 도덕이 무엇인지를 자연스레 깨치게 될 것이라는 것이다. 이렇게 그는 구시대를 선천시대로 규정하고, 그 때는 하늘이 무공(無功)하였으나 지금 후천시대는 천심즉인심(天心卽人心)의 원리를 체득하여 하늘의 뜻이 널리 구현되는 시대라고 하였다. 지금의 시기는 천도의 순환에 의해 우주 변혁이 일어나 5만 년 후천시대가 도래할 것이고, 불안과 고통이 쌓였던 선천시대의 종말이 다가옴과 동시에 질병과 차별이 없는 후천 새 시대가 도래를 할 것이라고 주장했다.

수운은 당시의 사회 현실을 '불순천리(不順天理)하고 불원천명(不願天命)한 마음을 갖는 세상'이라고 하며, 이를 '상해지수(傷害之數), 효박(淆薄)한 세상의 인심(人心)'으로 표현했다.[12] 이미 천리와 천명은 사라지고 남을 해치기만 하는 각자위심(各自爲心)의 세상임을 한탄한 것이다. 이런 각자위심의 세상, 즉 지금의 병든 사회를 치료하는 명약으로서 수운은 시천주신앙을 강조하였다. 인간의 육체적 정신적 질병을 치유하는 데에는 선약(仙藥)이 필요하며, 상제(上帝)로부터 부여받은 신령스러운 부적[13]을 태워 청수에 타서 만든 것이 바로 그 선약이라고 하였다. 그러나 선약을 마시더라도 한울님에 대한 깊은 정성과 공경하는 마음(誠敬)이 없으면 별 효력이 없다고 했으니, 주문을 외우고 천지자연의 지극한 기운(至氣)을 받아들이는 수행을 할 때라야만 선약의 효과를 볼 수가 있다는 것이다. 지극한 마음으로 한울님을 내 안에 모시는 것이 수행이고, 그것이 바로 시천주신앙이라고 하였다.

다시개벽의 이상 세계는 천당이나 극락과 같은 저세상이 아니라 현세적인 도덕 공동체의 이념을 바탕으로 한 지상선경이다. 그곳은 모든 사람이 평등하고 평화롭게 함께하는 동귀일체(同歸一體)의 세상이다. 따라서 그의 다시개벽은 질곡 속에서 지친 민중들에게 큰 희망으로 작용했을 것이고, 한편으로는 고통받던 민중들이 불의한 세상에 저항하게 하는 개벽운동으로 진전되었다. 즉 그의 개벽 메시지는 민중들에게 개벽운동의 당위성을 확인시키고 참여를 독려하는 역할을 했을 것으로 보인다. 동학의 이러한 개벽정신은 결국 동학농민혁명으로 이어졌으며, 동학농민군의 폐정개혁안 12조[14]와 동학의 집강소(執綱所) 설치에 잘 나타나 있다.

수운의 개벽사상은 당시 전통적인 유교 체제를 거부하고[15] 새 시대의 도래를 열망하였다. 거기에는 서학에 대한 저항과 민족 정체성에 대한 지향도 잘 나타나 있다. 동양의 전통적 상수학(象數學)과 순환 사관이 논리적 형식이라면, 그 형식에 담긴 사상적 내용은 다른 무엇보다도 문화정체성의 보존과 보국안민의 우국(憂國)이었다. 그에 의하면 유·불·선을 포함한 모든 종교가 다시개벽을 맞이하면 다시 근원으로 돌아가게 되는데, 그 근원은 만고 없는 새로운 질서 즉 무극대도이고, 그 새로운 질서를 담당할 주역(主役)은 한민족이며, 그것이 펼쳐질 지역의 중심은 한반도라고 하였다.

그러나 다시개벽에는 선후천이라는 말도 없었고, 상·하원갑이라는 우주 운행의 천리(天理)만 거론했을 뿐 조화옹(造化翁)이나 개벽장(開闢長)에 대한 구체적 언급도 없었다. 운수론에 근거하여 괴질 운수와 5만 년 상원갑의 시대가 가까워졌음을 세상에 알리는 것으로 사회변혁의 정당성과 보국안민을 기대하는 대망을 드러냈을 뿐이다. 그렇지만 『용담유사』의 「권학가」에서 제기한 1년 360일에 대한 언급은 이후 개벽사상을 역리적으로 체계화시킨 일부(一夫)의 『정역(正易)』 탄생에 단서를 제공하였으며, 시천주(侍天主)신앙과 5만 년 운수는 강증산(姜甑山)의 천지공사(天地公事)에 큰 영향을 미쳤다.

2. 정역의 역수개벽(曆數開闢)과 유리세계

동학의 운수론(運數論)에 의한 개벽사상을 역(易)의 논리로 체계화시킨 사람은 일부(一夫) 김항이다. 천도(天道)인 역수(曆數) 원리를 위주로 우주가 변화하는 역도(易道)를 밝히고 있다. 그는 일월 운행도수가 바르지 않으면 역도가 역도일 수 없다. 역이 정역이 되어야 역이 역도일 수 있으니 원력(原曆)은 윤력(閏曆)일 수 없다고 하였다. 그래서 그는 선천의 주역(周易)시대에서 후천의 정역(正易) 시대로 변혁된다고 하였다. 즉 선천을 지배해 온 문왕팔괘도를 폐기하고, 후천의 정역팔괘도에 따른 신천지가 새롭게 도래한다는 것이다. 그 신천지의 설계도가 바로 역도는 역수라는 역수개벽(曆數開闢)의 정역이다.

일부는 1881년 『정역』의 「대역서(大易序)」를 저술하고, 1884년 상편인 「십오일언(十五一言)」[16]을, 1885년 하편인 「십일일언(十一一言)」[17]을 저술하여 정역을 완성하였다. 「십오일언」에서는 우주의 초자연적 변화를 노래하고 있다. 윤력(閏曆)이 폐기되고 정력(正曆)이 형성되는 것을 말한다. 역(易)으로 말한다면 부조화한 천지가 제자리를 찾아 바로 선다는 건곤정위(乾坤正位)를 의미한다.[18] 여기에서 일월성도(日月成道)에 의한 자연 변화 이후 나타나는 새 질서, 즉 우주의 새로운 방위와 기후의 조화 등을 밝히고 있다. 반면 「십일일언」에서는 우주의 변화로 인해 나타나는 인간 완성의 길을 노래한다. 역으로 말한다면 산택통기(山澤通氣)하고 젊은 남녀가 서로 화합한다는 간태합덕(艮兌合德)을 의미한다.[19] 여기서 완성된 인간을 의미하는 황극인(皇極人)[20]이 출현하고, 그에 의하여 새로이 수립되는 신질서와 복지사회인 유리세계(琉璃世界)가 형성된다.

지금 세상은 윤도수(閏度數)가 붙어서 불안정한 천지 질서가 형성되어 있기 때문에 인간은 상극의 고통과 번민 속에서 살아갈 수밖에 없다고 한다. 그래서 『정역』에서는 하늘을 끌어내리고 인간이 중심이 되는 신천지를 만들려고 하였다. 그는 선천을 서(書)를 읽고 역(易)을 공부하고, 억음존양(抑陰尊陽)의 심법이 지배하는 시대라고 하였다. 음(陰)에 속하는 자연물상을 억제하고 양에 속하는 것은 부양한다는 것이 지난 시대 삶의 법칙이요 규범이다. 그러나 후천의 세계에서는 이러한 규범과 법식을 버리고 궁리(窮理)와 수신(修身)을 해야 한다고 하였다. 궁리는 특정 대상을 목표로 하여 익히는 것이 아니라 모든 대상에 열려 있는 상태에서 진리를 추구하는 것이다. 굳이 텍스트를 찾는다면 자기의 본성이다. 본성의 인의(仁義)에 따라서 사는 것이 바로 궁리의 삶이고, 그것이 바로 성즉리(性卽理) 곧 성리(性理)의 길이다. 다만 과도한 것과 지나치게 모자라는 것을 조절하는 조양율음(調陽律陰)이 필요하다는 것이다.[21]

후천의 운행도수로 역도가 운행되면, 선천의 억음존양에서 후천의 조양율음으로 바뀌어 유리세계가 온다.[22] 유리세계는 미륵불의 정토와 같은 것인데, 미륵불이 후천개벽과 더불어 펼치는 인류의 새로운 문명 시대를 말한다. 유리처럼 밝은 세계, 천지의 청명함과 일월의 화려한 광채가 반영되어 아름답게 채색된 영롱하고 투명한 이상 세계를 지칭한다.[23] 이 세계는 음양조율(陰陽調律)의 원리에 따라 물질과 정신이 균등하게 발전하게 되며, 예(禮)와 악(樂)을 통하여 덕(德)이 교화됨으로써 세상과 개인을 동시에 발양한다고 하였다. 이같이 정역은 천지와 성인이 합심하여 만물과 인간을 감화시켜 지상천국을 만드는 과정을 그렸다.[24]

위와같이 정역의 역수개벽은 자연 변화를 야기하는 일월개벽과 그에 따른 인간의 신명개벽으로 구분할 수 있다. 먼저 일월개벽은 역도(易道)가 정력(正曆)이 됨으로써 음력과 양력이 완전히 합치되는 이상 세계가 된다는 것을 의미한다. 여기에 후천의 윤변위정(閏變爲正)의 원리가 작용한다. 이는 우주사의 원력인 일부지기의 일력도수 375도에서 15도가 존공귀체(尊空歸體)[25]하게 됨으로써 공부자지기(孔夫子之朞)의 일력도수 360일 정력으로 전환되는 것을 말한다.[26] 그리고 선천의 『주역』이 중용을 강조하였다면 후천의 『정역』

은 황극을 표방한다. 정역에서 황극의 자리는 무극과 같은 공(空)의 자리이다. 그 공의 자리는 자체는 움직임이 없지만 인간 생명의 출발점인 동시에 귀환처이며, 지심(地心)과 천심(天心)이 연결되는 심장의 궁극처요, 우주의 무중벽(無中碧)과 인간의 허심단(虛心丹)이 만나는 자리이다. 곧 우주와 인간의 영적 공약수요, 무극과 태극과 황극이 만나는 자리이다.[27] 모든 존재가 이 자리로 진입하면 스스로 완전성을 갖춘다고 한다. 인간으로서는 황극인이 등장하고 세상으로서는 유리세계가 된다는 것이다.

다음 신명개벽은 하늘의 뜻에 의해 정륜(正倫)의 시대가 열리는 것을 의미한다. 여기에 후천의 패화위륜(悖化爲倫)의 원리가 적용된다. 인간 스스로가 하늘의 뜻을 실현하는 시대가 된다고 한다.[28] 그렇게 되면 인종차별도 빈부의 격차도 있을 수 없으며, 오직 인간의 존엄성과 평등만이 있을 것이라고 하였다. 그리고 천하의 모든 질서가 바뀌어 대동세계가 구현되고 인류 최고의 복지사회인 유리세계가 건설된다는 것이다.[29] 인간이 주체적으로 개벽의 원리를 체득하게 되면 본래의 인간 신명성이 발동하여 신인일여(神人一如)의 경지에 이르게 된다고 한다.

한편 정역은 복희역와 문왕역에 이어 제3의 성역(成易)이며, 동시에 미래의 세상 이치를 미리 밝혀 놓은 제3의 미래역이라고 한다.[30] 이 미래역의 원리에 따르면, 선천의 기울어진 천지의 근본 축이 바로 서서 선천의 천지비(天地否)의 괘상이 후천의 지천태(地天泰)의 괘상으로 바뀌게 되는데, 그렇게 되면 각각의 인종이 서로 평등하고 서로가 자유롭고 사랑이 충만한 사회인 후천세계가 이루어진다. 그리고 역(易)의 연원을 중국의 선진(先秦) 성학에 두지만 그 역의 완성은 조선에서 이루어질 것이라며, 조선이 앞으로 도래할 세계질서의 중심이 될 것이라고 주장한다. 정역을 보면 역(易)의 머리가 간(艮)에서 출발하고 있기 때문에 동북방의 간방(艮方)에 위치하는 조선이 세상의 중심이 되고,[31] 새 질서와 새 생명이 시작되는 터전이 될 것이라고 하였다.

이상과 같이 정역은 이전의 선천·후천 개념을 다시 규정하고, 선후천 교역을 체계화하여 인간사와 우주사를 통합하였다. 특히 서세동점의 사회적 위기 상황에서 한국 중심의 역사관을 새롭게 형성하였다는 점에서 의의가 있다. 한민족이 새로운 시대를 열고 그 시대를 운영하는 주역(主役)이 된다는 것을 밝혀 민족 자긍심을 심어 주었다. 이 같은 정역은 근대에 발흥한 개벽종교에 있어 후천개벽을 주장하는 근거가 되었으며, 또 지상천국 도래의 정당성을 제공하는 논리로 활용되었다. 새 시대의 논리적 근거를 제시한 정역은 이후 증산교, 대종교, 원불교, 갱정유도(更定儒道) 등 근대 개벽종교의 개벽사상 전개에 지대한 공헌을 하였다.

3. 동학농민혁명 이후의 개벽사상

1. 증산교의 삼계개벽(三界開闢)과 후천선경

동학과 정역을 이어받은 증산(甑山)은 1901년 모악산 대원사에 들어가 수도하여 하늘과 땅의 원리를 깨닫고 성도하였다고 한다. 성도한 이후 집에 돌아와 종도(宗徒)들과 함께 7년(1902-1909)간 천지공사(天地公事)를 처결하였다.[32] 1909년 6월 그는 제자들을 불러 모아 놓고 천지공사를 끝마쳤다며, "내가 천지운로(天地運路)를 뜯어고쳐 물샐 없이 도수(度數)를 굳게 짜 놓았으니, 제 도수(度數)에 돌아 닿는 대로 이제 새 기틀이 열리리라."[33]는 말을 남기고 세상을 떠났다.

여기에서 천지공사란 구천 상제(上帝)가 선천의 잘못된 이념·이법·질서를 직접 뜯어고쳐 새 세상을 만드는, 천지조판(天地肇判)에 준하는 종교적 활동을 의미한다. 그는 이 천지공사를 통하여 혼란과 모순에 빠진 현 세상을 구제하기 위해 이 세상에 새로운 후천선경을 건설하려고 하였다. 지난 선천 시대에는 천·지·인 삼계(三界)에 상극의 도(道)가 지배했기 때문에 삼계가 통하지 못하고 서로 원한이 쌓여 참혹한 재화(災禍)가 생겨났다는 것이다. 그렇게 된 원인이 명부(冥府)의 착란에 있다며, 그 착란을 일으키는 명부의 상극도수를 뜯어고쳐 신명(神明)과 조화하여 만고에 쌓인 원한들을 풀고 상생의 도를 세워 미래 후천선경을 열고자 하였다.

> 말세를 당한 이후에 무극대운이 열리나니 … 나는 삼계대권(三界大權)을 주재하여 조화로써 천지를 개벽하고 불로장생의 선경을 열어 고해에 빠진 중생을 건지려 한다. … 원한에 차 진멸지경(殄滅之境)에 이른 선천의 신명과 인간을 해원(解寃)시키고 말세 운에 처해 있는 천지인 삼계의 운도를 뜯어고쳐 상생(相生)의 도로서 후천선경을 만들 것이다.[34]

그는 선천의 상극(相剋) 세상을 음양합덕(陰陽合德)을 이루는 조화로운 후천의 해원상생 세상으로 바꾸고자 하였다. 이 천지공사는 천·지·인 삼계의 개벽공사를 말하는 것인바, 하늘의 운도를 바꾸는 운도공사(運度公事), 각 지역의 문명권을 통합하고 그 진액을 모으는 문명개조공사, 신명에 대해 인간의 존엄성을 높이고자 하는 인개조공사(人改造公事)가 그것이다. 이 삼계개벽공사를 통하여 그는 이 땅에 새로운 세상의 도래를 약속하고 새로운 사회윤리로서 해원상생을 제시하였다.

> 선천에는 상극지리(相剋之理)가 인간·사물을 지배했으므로 모든 인사가 도의에 일그러져 원한이 맺히고 쌓여 삼계(三界)에 넘침으로써 마침내 살기가

터져 나와 세상에 참혹한 재앙을 일으키고 있다는 것이다. 이제 내(상제 강증산)가 천지운도를 뜯어고쳐 신도(神道)를 바로잡아 만고의 원(冤)을 풀고, 상생의 도로써 선경을 열며, 조화정부(造化政府)를 세워 하염없는 다스림과 말없는 가르침으로 백성을 화(化)하여 세상을 고치리라. 이를 천지공사(天地公事)라 하고 그 공사는 오만 년을 이어 간다. 그는 모순 대립 투쟁이 난무하는 상극의 세상을 음양합덕(陰陽合德)을 이루는 상생(相生)의 세상으로 천지공사를 단행함으로써 해원상생(解冤相生)을 이룩하여 해원의 시대를 열었다.[35]

또 후천선경의 모습에는 봉건 해체기 천지개벽과 같은 사회변혁을 열망하는 민중의 심중을 헤아려 그들의 원망을 시원스레 담고 있다.

이 해원의 시대는 상놈이 운수를 얻을 것이라 하여 사람도 이름 없는 사람이, 땅도 이름 없는 땅이 운수를 얻을 것이라 한다.[36]

그가 행한 천지공사의 내용은 당시의 시대 상황을 고려하면 가히 혁명적이라고 할 만하다. 특히 그는 이름 없는 민중의 세상을 만들기 위하여 천지의 운도를 직접 고쳐서 그들이 바라는 새로운 세상을 이 땅에 이루고자 천지공사를 하였다. 이 공사를 통하여 증산은 민중의 지상낙원을 건설하고자 하였다.[37] 그의 후천선경에는 민중이 열망해 온 거의 모든 것이 담겨 있다.

증산은 그의 지상선경에 민족의 다양한 고유 신앙의 수용과 강력한 예언성과 종교성을 드러냈다. 그가 주장하는 후천선경은 상생지도(相生之道)에 의해 운행되는 사회이고, 인간이 신과 같은 존귀한 존재로 대접받는 인존(人尊)의 시대이며, 물질적으로도 더 이상 바랄 것이 없는 풍요한 사회였다. 인간 도통은 물론이고 불로불사와 자연재난을 피하고 문명의 이기까지 민중이 바라는 모든 것을 담고 있다. 『대순전경』이 거의 1920년경에 편집되었다는 점을 고려한다 하더라도, 지상선경의 세계에 구체적인 문명 이기들이 구체적으로 열거되고 있는 것을 보면 그의 예견은 대단히 놀라울 정도다.

> 천하가 한 집안이 되고 그 위무와 형벌이 없이 조화로움으로써 중생을 다스리고, 원한과 상극이 그치고 도덕에 기본으로 하고 빈부의 차별이 철폐되고, 구름 차를 타고 하늘을 날아다니고 불을 때지 않고 밥을 짓고 손에 물을 묻히지 않고 농사를 지으며, 그리고 무술과 병법이 사라진 세계, 무극대운이 열리는 선경이니라.[38]

증산이 후천선경을 구현하는 방법은 천지운도를 뜯어고치는 천지공사다. 그러나 그는 상제의 절대적 권능으로 행하면서도 선후천 교역(交易)이라는 이법(理法)에 맞게 하였다. 많은 종도들이 개벽공사를 빨리 행하시기를 재촉하자, 그는 인사는 기회가 있으며 천시는 때가 있으니 기회와 천시를 억지로 쓰게 되면 천하에 재화(災禍)가 들게 될 뿐이라며, 자칫하면 억조창생의 생명을 앗아가는 일이 될 것이라며 다급하게 진행된 동학농민혁명의 참상을 다시 상기시키기도 했다. 그러니 "내가 어찌 차마 행할 바이냐."[39]라고 하며 제자들에게 도리어 하소연까지 하였다고 한다. 아무리 자신이 초월적 능력을 가졌다 하더라도, 우주의 법도에 맞게 권능을 사용하지 않으면 삼계에 참상이 생길 수가 있음을 경고한 것으로 이해할 수 있다.

그는 후천을 오게 하는 천지공사를 마무리하긴 했으나 선후천 이행기에 인류와 신명이 겪어야 하는 병겁(病劫)만은 남겨 놓을 수밖에 없었다. 운도를 조정해 하늘을 뜯어고치고 땅을 고르고 다지기는 했지만 인간사를 다 처결할 수 없었다. 현재 말세운(末世運)에 처해 있는 인류와 신명이 겪어야 하는 병겁(病劫)은 그대로 남겨 둔 것이다. 그러면서 그는 병독(病毒)에 걸린 인류[40]를 건져 내기 위해 의통(醫統)이라는 방법을 제시하며, 인류는 이 의통을 전수받아 병겁에서 살아남아야만 후천선경에 들어가게 될 것임을 가르쳤다. 그 병겁은 육신의 병에만 한정되는 것이 아니고, 천하대병(天下大病)이라고 하는 인류도덕의 병까지 말한다. 즉 군신 간에 충이 없고, 부자간에 효가 없으며, 사제 간에 열(列)이 없는 바, 그것이 바로 천하의 대병이라는 것이다. 이런 천하대병은 대인대의무병(大仁大義無病)이라고 하여 인(仁)과 의(義)라는 도덕 윤리가 없어서 생기는 것임을 밝히고, 인의를 지키며 몸과 마음을 편히 하는 안심(安心)과 안신(安身)이 대병의 치료약[41]이라고 가르쳤다.

증산은 의통(醫統)이라는 방법을 남겨 마지막까지 인류 구원의 길을 열어 두었다.[42] 그가 남겨 둔 의통에는 앞서 언급한 인의(仁義)의 도덕만이 아니라 개인 수련의 중요성도 강조되었다. 마음은 곧 귀신의 추기(樞機)이며 문호이며 도로라며, 마음을 수련하여 잘 쓰도록 당부하였다. 한 사람의 품은 원한으로 능히 천지의 기운이 막힐 수 있기에[43] 인간과 신명에게 척을 짓지 말도록 거듭 당부하였다. 원수끼리도 서로의 원(怨)을 풀고 그를 은인과 같이 사랑하라고 하며[44] 원수에게 베푸는 것이 곧 자신의 복을 이루게 되는 것임을 밝혔다. 그래서 후천으로 가는 지금은 해원의 시대라고 주장하였다.

이상과 같이 증산의 천지공사는 동학의 다시개벽과 정역의 역수개벽을 계승 발전시켜 그의 개벽사상에 종교적 성향을 좀 더 강조하고, 그 내용에서도 음양합덕과 해원상생의 윤리를 제시하여 해원상생을 사회윤리로까지 확대시켰다. 그리고 서구의 과학기술은 수용하되 우리의 전통 윤리는 그대로 지켜야 한다고 보았다. 이와 같이 그가 근대를 수용하는 방법은 결국 동서 문명의 조화라고 할 수 있다. 자기 종교만 무조건 지키려고 한 것이 아니라 동서양의 모든 종교 문화의 진액을 뽑아 하나로 통일시키는 방법으로 근대를 극복하려고 하였다.

2. 대종교의 개천개벽(開天開闢)과 이화세계

대종교의 창립 과정 자체가 대종교라는 종교의 성격을 분명히 드러낸다. 창시자의 종교체험에 의해 창립된 종교가 아니라 단군신앙의 중광(重光)이라는 특정한 사명을 부여받아 창립된 것이다. 외래 사상으로 인하여 빛이 바랜 개천사상(開天思想)을 다시 개천한다는 의미로 다시 중광 또는 중창한 것이다. 하늘을 다시 여는 것은 물론이고 국조 단군을 중심으로 한 혈통의 뿌리로 원시반본(原始返本)한다. 여기에는 구제와 교화라는 종교적인 입장과 더불어 절체 절명의 위기에 있는 민족의 독립이라는 궁극적인 민족적 과제와 천손민족으로서의 미래의 민족 비전들이 함축되어 있다.

대종교에서 단군신화는 단순한 개국신화 이상의 의미가 있다. 단군신화는 천지개벽과 같은 민족사의 천지조판(天地肇判)으로 간주된다. 이른바 민족의 건국신화이자 동시에 한민족의 문명 창조 신화로 이해된다. 그렇지만 단군신화의 개천은 새로운 문명 세계를 연다는 점에서는 동일하지만 상수학(象數學)의 기반 위에 있는 개벽과는 좀 다른 측면이 있다. 개벽이 천지자연의 운수에 따른 조화(造化)나 화공(化工)에 의하여 이루어지는 대변혁이라면, 개천은 분명히 한얼님이라는 주체가 지상에 강림하여 지상의 존재들과 함께 세상의 문화 질서를 새롭게 만들어 간 사건이다. 천신(天神)의 아들인 환웅과 지모신(地母神)인 웅녀의 결합으로 태어난 이가 단군이다. 그가 새로운 문화 질서를 담은 고조선을 세운 것이다. 그 과정을 살펴보면, 하늘의 신과 땅의 인간이 융합해서 새로운 문화 질서가 이루어졌다. 그런 융합을 위해 먼저 한얼님이 이 땅에 강림해야 했고, 땅의 인간은 일정 기간 동안 토굴 속에서

쑥을 먹는 성화(聖化) 과정을 거쳐야 했다. 이런 신인융합을 통해 새로운 생명이 창조된다. 그래서 단군이 태어나고 그로부터 새로운 나라와 문화 질서가 창조된 것이다. 이같이 천신의 강림, 신인융합, 인간의 성화(聖化) 또는 신화(神化) 등은 대종교의 개천(開天)사상에서 담고 있는 핵심 내용들이다.

이런 개천사상을 다시 여는 것이 바로 중광(重光) 즉, 개천개벽이다. 중광사상이 비록 천지 운수를 밝히는 상수학과 거리가 있다 하더라도 개벽사상과 그리 멀리 떨어져 있는 것은 아니다. 대종교에서 개벽이라는 용어를 직접 쓰지는 않았지만, 다른 근대 개벽종교와 같이 하늘이 새롭게 열리는 개천의 중심이 한반도이고 그 주역이 한민족이라는 새 세상에 대한 대망사상을 분명하게 보여주고 있기 때문이다. 그리고 대종교 역시 개천의 시대를 열어 한얼님으로 원시반본(原始返本)하려고 한다는 점에서, 그리고 민족의 안녕과 번영을 추구한다는 면에서 다른 개벽사상과 크게 다르지 않다. 더구나 백포종사(徐一, 1881-1921)가 『3·1신고』의 「진리훈」을 강해한 『회삼경(會三經)』에서 선후천을 논하였는데, 그는 후천의 수를 낙서(洛書)에 가일(加一)한 것이라고 밝히고, 낙서(洛書)를 선천으로 보고 자신의 후천수를 후천개벽의 진정한 수라고 하였다.[45] 이런 사례들을 보면 대종교 지도자들도 개천의 이상 세계를 후천세계로 설명해 왔다는 것을 잘 알 수 있다.

한편 개천의 실제적인 내용은 홍익인간과 이화세계(理化世界)의 실천이다. 단군의 고조선 건국은 새로운 문화 질서의 창조였으며, 그 창조 이념은 널리 인간을 이롭게 하고 그 이치(理致)로써 세상을 다스린다는 의미다. 홍익인간은 모든 생명에게 이롭게 함을 점차로 넓혀 간다는 것인데, 그 정신에는 대중공생, 만민공화, 사회 구성원 간의 평등, 공동체에 대한 봉사와 공공의 원리에 대한 존중, 공동 운명체로서의 유대 의식 등 민족 공동체의 가치들이 내포되어 있다. 요컨대 홍익인간은 공동체 의식, 사회의 공공성, 소통과 연대성으로 해석할 수 있는데, 이것을 이 땅에 실현하는 것이 바로 이화세계의 구현이다.

여기에는 천지인 모두가 한배검을 뜻하는 하나로 귀일 또는 통일된다는 이른바 3·1철학이 중심 기조를 이루고 있다. 이화세계가 하늘과 땅을 서로 이어 주고 또 인간을 매개하는 원리라고 한다면, 그 하늘과 땅, 인간은 하나의 '한(한울님)'으로 상통한다. 이러한 '한'사상은 다양한 형태로 개벽종교들에게 이어진다. 동학에서 말하는 사인여천과 인내천이며, 증산의 신명의 존재도 모두가 '한'의 원리이자 존재들이다. 이 '한'을 한국의 신명으로 표현하면 삼신(三神)이 된다. 이 삼신은 천일, 지일, 태일이요, 조화, 교화, 치화이고, 또 환인, 환웅, 환검의 삼성이다. '하나가 셋이 되고, 셋이 하나가 되는'사유세계는 숫자 '삼'과 만나서 그 대립을 조화시켜 통일의 '한'을 이룬다.

한편 대종교의 창립자인 홍암 나철은 나라는 망해도 정신은 살아 있어야 한다(國亡道存)는 의지로, 국조 단군사상으로 국가의 분열을 막고 국권 회복을 이루고자 하였다. 그는 조선이 망국의 백성으로 고통받는 원인은 한배검에 대한 불경불성(不敬不誠) 때문이라고 보고 한배검에 대한 재인식을 촉구하였다. 강림한 하늘인 환웅(桓雄)은 풍백과 우사, 운사를 거느리고 내려와 주곡(농사법), 주명(살생유택), 주형(사회질서), 주선악(도덕 윤리) 등 인간 세상의 360여 가지 일을 주관하며 하늘의 이치를 이 땅에 구현(在世理化)하려고 하였다. 이런 이화세상에서는 개인의 역량만을 실현하는 것이 아니라, 공동체적 지향 속에서 사회적 존재 간의 적극적인 참여로 조화로운 사회와 이상적인 공동체를 이루어 갈 것을 목표로 한다. 이러한 사상은 대종교의 수련의 목표인 성통공완(性通功完)에서도 잘 나타난다. 성통은 공적의 완수, 곧 공완을 통해서 타자의 발전에 기여함으로써 정신적 성취를 실천하는 데 있다.[46] 또 대종교의 생활강령인 오대종지를 보면 이것이 더욱 구체적으로 드러난다. 공경으로 한얼님을 받들자는 경봉천신(敬奉天神), 정성으로 성품을 닦자는 성수영성(誠修靈性), 고요함으로 행복을 구하자는 정구입복(靜救利福)의 성통(性通)공부에, 사랑으로 인류를 합하자는 애합종족(愛合種族)과 사회적인 산업에 복무하자는 근무산업(勤務産業)의 공완공부가 합쳐져야 한다는 것이다. 즉 개인은 정신과학인 성통(性通)공부와 자연과학적인 공완(功完)공부가 사회 속에서 조화를 이룰 때 최치원이 말한바 서로가 어울리는 접화군생(接化群生)의 도가 이루어질 수 있는 것이다.[47] 또 그렇게 할 때만 모든 인간에게 이로움을 줄 수 있는 홍익인간사상이 이 땅에 실현될 수 있다는 점을 강조한다.

3. 천도교의 문명개벽(文明開闢)과 개화운동

동학농민혁명이 실패한 이후 동학 교단은 혁명 세력으로 낙인 찍혀, 그것을 개신하지 않고는 근대 공간에서 정상적인 종교 활동이 어려운 상황에 처하게 되었다. 당시 동학당 내 친일 세력 일파인 이용구가 창립한 일진회는 조선의 문명개화를 위해 일본에 의한 문명지도론[48]을 주장하고 있었다. 1904년 러일전쟁을 기점으로 일진회의 성격이 변질되기 시작했다. 일본의 한국에 대한 보호국화 추진과 다각적인 매수공작, 일본 우익 정치인들의 후원 등이 변질의 주요 요인이었다. 여기에 자신들의 정치적 기득권을 확보·유지하기 위해 1910년에는 일제의 강점에 협력하기까지 하였다. 이에 의암(義菴) 손병희(孫秉熙, 1861-1922)는 이용구를 파문하고 1905년 12월 1일 천도교의 대고천하(大告天下)를 선포하였다. 이를 계기로 동학의 은도 시대가 막을 내리고 천도교의 현도시대가 개막되었다.

동학을 천도교(天道敎)라 이름하고 천하에 광포(廣佈)하였으니 이것이 곧 천도교(天道教)의 대고천하(大告天下)이다. 당시 현도에 대한 광고문은 광무 9년 (1905) 12월 1일(금요일) 자 《제국신문(帝國新聞)》 제8권 제274호 첫머리에 게재 (揭載)된 것을 비롯해서 15회나 반복 게재되었다. 동학을 천도교라 이름하게 된 것은 '학즉동학(學則東學)'이요, 도즉천도(道則天道)'라고 한 데서 연유한다.[49]

의암은 동학으로서는 종교 활동이 어렵다고 판단하고 근대 문명개화의 노선을 채택하였다. 동학에 대한 근대적 해석도 하게 되는데, 그 새로운 해석의 핵심이 인내천주의와 후천개벽론이었다. 그는 1906년 일본에서 귀국하여 천도교대헌(天道教大憲)을 반포하고 동학을 근대적 종교 체제로 만들었다. 이러한 천도교의 근대화론을 3가지 측면에서 정리할 수 있다.[50] 첫째는 근대적 의미에서의 종교화 운동으로 정립하고, 둘째는 사회개벽으로부터 문명개화로 전환하며, 셋째는 전통과 민족으로부터 근대와 세계로의 자타의 인식 확산이다.

의암은 수운의 득도일을 개벽의 첫날로 보아 그 개벽을 새로 출발하는 천도교단과 연결시켰다. 그리고 한울님의 조화로서만 이루어질 수 있는 개벽을 현실의 인간이 할 수 있는 개화(開化)로 전환하려고 하였다. 그는 사람과 한울님을 등치시켜 인내천사상을 강조하고 현실의 개벽을 위해 사람과 교단의 역할을 부각시켰다.[51] 그가 사람과 교단의 역할을 강조하는 개벽론을 전개하면서 동학의 다시개벽은 비로소 후천개벽사상으로 불리게 되었다.

수운의 득도를 천지창조에 비할 만한 일로 규정하여 득도 이후를 후천이라고 규정하였다. 이전의 운수(運數)나 화옹(化翁)이 주관하는 물리적인 천지개벽과 분명히 구분하였다. 선천개벽이 물질적인 천지개벽이라면 수운이 득도한 후의 후천개벽은 그러한 물질개벽과는 다른 무형의 정신개벽이라고 하였다.[52] 이처럼 그는 개벽을 무형의 정신개벽(人開闢)과 유형의 육신개벽(肉

身開闢)[53]으로 구분하고 서구 문물 도입과 같은 유형의 육신개벽에 대처하는 길은 무형의 정신개벽임을 강조하였다. 이는 당시 국가는 패망했으나 정신은 보존해야 한다면서 조선정신을 강조했던 시대 조류와 맞닿아 있다.[54] 그는 육신을 지배하는 정신 능력을 가지는 것이 정신개벽이라고 하였고, 마음이 육신을 부려 쓰는 역할을 충분히 할 때에만 육신개벽도 제대로 이루어질 수 있다고 했다. 이러한 유형·무형의 개벽관은 이후 1920년대 이돈화에 의해 신사회 개벽으로 계승 발전되었다.

이리하여 동학을 개신한 천도교는 근대적 종교들이 지향하는 이른바 '문명종교', 즉 문명화된 근대적 종교로 나아가고자 하였다. 의암의 이런 노력은 동학을 사회에서 인정받게 하기 위한 조치이자 천도교단이 문명개화 운동을 추진할 수 있는 종교적 근거를 마련하기 위한 것이었다. 이후 천도교는 당시 소위 가장 수준 높은 '문명종교'로 인식되었던 기독교만이 아니라 종교의 뿌리가 다르지 않았던 증산교까지 비과학적인 미신의 종교라고 비난하게 된다. 이는 천도교가 문명 시대에 맞는 최고의 종교임을 세상에 널리 알리고 싶었기 때문일 것이다. 그렇다고 해서 천도교가 서구적인 문명종교가 된 것은 아니다. 말하자면 문명개화의 담론을 적극 수용하고 문명적 개벽을 지향하면서도 동학의 보국안민과 교정쌍전(敎政雙全)을 통한 지상천국의 실현이라는 동학의 이상들을 포기하지 않았던 것이다.

4. 3·1운동 이후의 개벽사상

1. 이돈화의 사회개벽(社會開闢)과 신문화운동

이돈화(李敦化, 1884~1950)는 1920년대 의암의 뜻을 따라 천도교의 교학을 체계화한 이론가다.[55] 그는 1920년 천도교 청년회를 조직하고, 그해 6월 잡지 『개벽(開闢)』을 창간하여 주간을 맡았다. 그리고 1926년 개벽이 폐간될 때까지 거의 매회 천도교 교리의 근대적 해석과 민족자주사상을 고취하는 글을 썼다. 특히 1926년 간행된 『신인철학』[56]에서 천도교사상을 근대적 시각에서 해석하여 천도교의 교리 체계를 새롭게 정립하였다.

그는 서구의 근대 철학을 받아들여 동학을 개신한 천도교를 근대적 사상으로 재해석하였다. 인내천(人乃天)사상이 인류 최고의 이상(理想)이라고 역설하였고, 이런 인내천사상을 기반으로 동학의 개벽사상을 체계적으로 정립하고자 하였다. 그리하여 이전의 동학과는 다른 인간 중심의 사상 체계를 만들어 낸 것이다. 그는 지상천국을 건설하는 데 운수에 의한 한울님의 조화에 의존할 것이 아니라 인간의 노력으로 달성하고자 하였다. 인간은 실재의 층위에서는 완전하지만 현상의 층위에서는 완전을 지향하는 과정적인 존재라고 풀이하고, 자신이 가지고 있는 한울을 갈고 닦아서 더욱 완전하게 만들 수 있다고 해석을 하였다. 이런 인간 해석을 통해서 인간 중심의 천도교로 전환한 것이다.

이돈화는 의암의 문명개벽사상을 계승하여 정신개벽, 사회개벽, 민족개벽이라는 3대 개벽운동을 주장하였으나, 실제로는 사회개벽(社會開闢)을 주장한 것이나 다름없다. 그가 제시한 정신개벽이란 일종의 인간 사상 개조를 의미하는 것이고, 민족개벽이란 민족문화와 생활 정도를 향상 발전시키는 데 잘못된 정신이 있다면 정신을 개조해야 한다는 것이고, 마지막으로 사회개벽은 바로 신사회 건설을 위한 신문화운동을 의미한다. 그의 개벽론에 의하면 정신개벽과 민족개벽을 연결해 주는 매개가 바로 사회개벽, 즉 신문화운동이다. 이돈화는 자신의 후천개벽론을 신문화 건설이라고 정의하기도 하고, 신사회에 맞는 신문화를 건설하는 문화 개조 운동이라고도 하였다.

후천은 신사회를 의미하는 말이고 개벽은 문화의 개조를 의미하는 것이니, 후천개벽은 곧 신사회 건설을 의미하는 것이 된다.[57] 다시 말하자면 그의 신사회 건설은 바로 동학의 이상인 개벽을 지상에 실현하는 길이고, 지상에 낙원세계를 만드는 구체적인 방법이었다. 그는 머지않아 다가올 지상낙원에서 인간은 덕치생활(德治生活)을 바탕으로 살게 될 것이고, 그곳에는 권력의 독점이 없으며 계급의 대립이나 귀천의 차별이 없이 모든 인간들은 상부상조의 덕성으로 살아가게 된다고 보았다. 또한 지금과는 달리 의식주(衣食住)의 부자유와 질병, 재앙 같은 자연적 압박을 충분히 극복하면서 살아갈 수 있다고 주장했다.

그의 후천개벽사상은 이같이 개화라는 사회적 과제에 집중되어 있었다. 개화의 방법론에 근대적 사상을 끌어들여 적극 활용하다 보니 동학의 지기(至氣)라는 종교성은 희석되고 동학에서의 우주론적인 기반이 약화되고 말았다. 그의 후천개벽사상은 '근대사상'에 더욱 가까워졌다. 그런 만큼 그의 개벽사상은 융즉(融卽)의 논리로 형성된 동양적 우주론을 이탈하여 동학에서 종교성이 약화되는 결과를 낳고 말았다. 그리하여 종교적 이상 세계와 현실적 과제가 동일시되었으며, 천도교인의 신앙심과 종교 조직을 신문화운동의 추진력으로 활용할 수 있는 새로운 사상 체계를 만들어 낸 것이다.[58] 그의 후천개벽사상은 종교적 사상이라기보다 신사회 건설의 당위성과 정당성을 제공하는 정치사상에 더욱 가까워지고, 종교가 현실 과제를 수행하는 수단인 것처럼 보였다. 이 같은 후천개벽사상은 3·1운동 이후 천도교가 교육과 식산흥업을 강조하는 신문화운동을 지향하는 데 적지 않은 영향을 주었다. 요컨대 그는 근대 서구 철학과 진화론을 동원하여 천도교가 신문화운동을 효율적으로 추진할 수 있는 종교적 근거를 마련하고 그것을 적극적으로 추진하였다. 그러나 1930년대 후반 그의 신문화운동은 식민 권력이 활동을 통제하자 결국 실력양성론에 빠져 친일화의 길로 가게 된다.

2. 보천교의 복고개벽(復古開闢)과 왕조 부활

1920-1930년대 증산교의 대표적 교단은 입암산 아래 보천교(普天敎)였다. 동학농민혁명으로 동학이 괴멸된 직후 증산교가 호남 지역에서 동학의 뒤를 잇게 된다. 보천교가 급속하게 성장한 것은 3·1운동 이후 천도교가 탄압을 받자 신앙 대중들이 새로운 탈출구를 찾아 나선 것과 관련이 없지 않다. 보천교를 이끈 차경석(車京石, 1880-1936)은 동학에 가담하여 전라북도 순회관(巡廻官)까지 지내다가 증산의 종도(宗徒)가 되었다. 그는 동학의 평민 두령으로 이름을 날린 차치구의 아들이다. 1911년 증산의 부인인 고판례(高判禮, 1880-1935)가 증산과 비슷한 종교체험을 하게 되자 흩어졌던 그의 제자들이 재집결하여 선도교(仙道敎)라는 새로운 종단을 만들었는데, 이때 종도 차경석이 중심적 역할을 했다. 이후 신도들이 크게 늘어나면서 차경석은 신도들과 수부(首婦)인 고판례와의 만남을 차단하고 교권을 장악해서 1922년 교단의 명칭을 보천교로 개명하였다.

증산교는 1920년대 후반까지 경전이나 체계적인 교학이 없었던 것으로 보인다. 증산교는 다양한 민간신앙을 대폭 수용하였기 때문에 천도교처럼 후천개벽사상을 체계적으로 정립하기가 쉽지 않았다. 민간신앙인 무속과 비결, 미륵신앙, 일부의 『정역』 등을 모두 활용하고 있었기 때문에 증산교의 후천개벽사상에 대한 이해가 분파마다 각기 다를 수밖에 없었다. 더구나 동학의 개벽은 한울님의 조화로 달성될 것이라고 했는데, 증산교에서는 증산 스스로가 그 조화를 부리는 한울님의 역할을 직접 행하는 신앙구조였다. 그것이 바로 천지공사다. 이 천지공사가 바로 후천개벽이요, 개벽운동으로 이해될 수 있다. 따라서 천도교의 후천개벽사상은 이돈화에 의해 개벽의 성취가 인간의 역할로 규정된 반면, 증산교에서는 증산의 천지공사로 인하여 개벽의 운수는 이미 이루어졌으니 이제 증산이 남겨 놓은 병겁만 잘 극복하면 후천에 들 수 있다고 하였다. 이는 화공(化工)의 역할을 하고 있는 강증산의 권능을 강화하는 역할을 해 증산교에 종교성이 대폭 강화되는 결과를 낳았다. 말하자면 1920년대 천도교는 이돈화에 의해 인간 중심적인 근대사상이 대폭 수용되면서 후천개벽사상이 인간 중심적인 근대사상으로 자리를 잡아 갔으나, 증산의 초월적 권능을 중심으로 발전한 보천교에서는 전혀 그렇지 않았다. 도리어 강증산의 천지공사를 강조하는 등 원시동학으로 회귀하는 복고적인 조짐을 보였다. 이에 일부에서는 근대적인 교리 체계를 마련하고 보천교를 근대종교로 개혁하려는 움직임이 있었으니 이들을 보천교의 혁신파라고 한다. 이상호, 이정립 형제가 증산의 행적을 수집 정리하여 후천개벽사상에 입각한 교리체계를 세우려고 노력한 것이다.[59]

보천교 교주 차경석도 자신만의 후천개벽운동을 전개하였다. 그는 천지개벽의 문로(門路)가 자기에 의하여 열린다고 주장하면서, 자신은 동방연맹(東邦聯盟)의 맹주가 될 것이고 조선은 세계 통일의 종주국이 될 것이라고 예언하였다. 또한 정읍(井邑)에서 조선을 종주국으로 하고 정교 양면에서 세계 통일의 신정부가 세워질 것이라 선전하며, 이것을 합리화하기 위해 『정감록』까지 동원하기도 하였다. 이 같은 예언은 민중들의 호응을 얻어 보천교 교세의 확산을 가져와 거의 7백만에 달하는 신도를 모았다고 한다.[60] 이에 차경석은 1921년 경찰의 체포령과 비상망을 뚫고 경상남도 덕유산 기슭의 황석산(黃石山)에서 대규모의 천제(天祭)를 올리고 국호를 '시국(時國)'으로 선포하였다. 이때부터 교단 안팎에서는 차경석이 천자로 등극할 것이라는 소문이 크게 떠돌아 차경석을 차천자(車天子)라 부르기도 하였다.[61]

이 같은 차경석의 고천제(告天祭) 시행은 보천교가 전통적인 왕조 교체와 같은 왕조개벽을 꿈꾸고 있는 것으로 해석하게 한다. 이는 전통적인 왕조나 전통 유교 성향으로의 복귀를 의미하며, 이것을 뒷받침할 만한 증거 또한 적지 않다. 보천교의 후천개벽에서는 증산교 본래의 삼계개벽의 천지공사 정신이 크게 약화되고 전통적인 왕조시대의 일(日)·월(月)·성(星)을 의미하는 삼광영(三光影)을 받든다든가, 기본 교리에서도 증산교의 본래 특성인 사회변혁의 성향이나 해원상생의 윤리는 약화되고 전통적인 인의(仁義)를 다시 강조하는 점 등이 그 증거이다.[62] 당시 보천교는 유교적 윤리를 강조한 면을 제외하면 동학과 같은 전형적인 민중종교의 성격을 띠고 있었다.

한편 보천교는 초기에 대한독립군에게 군자금을 보내기도 하였으나, 후기에 일제의 압력이 심해지자 종교 활동을 보장받기 위해 조선총독부에 친일 사절을 파견하는 한편, '시국대동단(時局大同團)'이라는 어용 단체를 만들어 전국을 순회하면서 대동아단결(大東亞團結)을 강조하는 연설을 하였다. 그러자 여기에 반대하는 보천교 혁신 운동이 일어나 신도를 이끌고 별도의 교단을 세우고 나섰다. 특히 혁신파인 이상호·이정립 형제가 그로부터 분립하였는데, 이에 보천교는 왕조 복구적인 성향이 더욱 강화되었다. 1936년 차경석이 죽고 이어 조선총독부가 1937년 유사종교해산령을 선포함에 따라 다른 신종교들과 함께 보천교도 해체되고 말았다. 그러나 1920년대 이후 보천교의 등장은 근대 개벽종교의 확산에도 많은 영향을 주었다.[63]

3. 원불교의 정신개벽(精神開闢)과 용화회상

원불교는 당시 확산되고 있었던 물질 세력을 항복받아 일체 생령(生靈)을 광대무량(廣大無量)한 낙원으로 인도한다는 것이 창립 동기였다.[64] 이는 동학을 개신한 의암의 정신개벽과 그리 먼 것이 아니다. 소태산도 과학 문명을 따라가지 못한 정신문명의 침체를 개탄하고, 하루 속히 정신문명을 개발하여 고해에서 헤매는 중생을 낙원으로 인도하고자 했다. 그리고 인간을 비롯한 모든 생령(生靈)을 인도하는 방법으로 '진리적 종교의 신앙과 사실적 도덕의 훈련'을 주창하였다. 즉 미신에 대립된 진리적 종교와 형식적인 도덕이 아니라 실생활에 필요한 생활 도덕을 강조한 것이다. 그는 모든 만물에 불성이 있다는 처처불상(處處佛像), 인간의 모든 행위가 불공이라는 사사불공(事事佛供), 종교적 수행에는 때와 장소가 따로 없다는 무시선(無時禪)과 무처선(無處禪)을 통해서 불법이 바로 생활이고 생활이 바로 불법이라는 생활불교를 전개하였다.

소태산은 대순환의 원리에 따라 묵은 세상이 끝나고 새 세상이 시작되는 대진급기(大進級期)에 있다며, 가까운 미래에 문명한 도덕 세계, 대명국, 대명천지의 세계, 양세계(陽世界) 즉 용화회상(龍華會上)[65]의 세상을 전망하였다.[66] 소태산은 선후천론을 직접 언급하지는 않았지만 용화회상은 다른 종교에서 말하는 후천세계와 다르지 않았다. 그가 지향하는 광대 무량한 낙원세계는 물질문명과 정신문명이 조화된 새 문명 세계이며, 해원상생(解冤相生)하는 은(恩)의 세계이다. 그런 세상으로 나아가게 하는 개벽의 주체는 정도령, 미륵불, 상제 등과 같은 특정한 존재가 아니라 모든 존재와의 연기적 생명 관계가 있는 은혜로운 존재인 자아(自我)라고 하였다. 이와 같이 소태산은 주체적인 개인을 인정하면서도 연기적인 생명 관계를 강조한다.

소태산은 지금의 사회가 물질문명의 발달로 인해 심각한 병이 들었다고 보고 이에 대한 대처가 시급하다고 주장하였다. 그는 인간과 사회가 안고 있는 병(病)을 즉 마음의 병, 사회의 병, 종교의 병으로 진단하고 그에 대하여 나름의 처방을 하였다. 그것이 진리적 종교의 신앙과 사실적 도덕의 실천이다. 그는 현 세상이 물질문명만의 발전으로 물질의 노예 생활을 면하지 못하게 되었다며, 정신문명의 쇠약과 고통 불안을 지적하였다. 그래서 생활 속에서 신앙이 가능한 종교만이 병들지 않은 종교라고 하였다. 그는 진리적인 신앙을 하게 되면, 미신적 신앙은 사실적 신앙으로 돌려지게 되고, 불국정토가 이 세상에 건설될 것이라고 하였다. 그리고 앞으로는 문명이 크게 발전하여 큰 도덕 세계요 참 문명 세계가 된다고 보고, 미신과 사도(邪道)를 강력하게 경계하였다. 특히 재래종교의 병폐인 우상숭배와 천신, 수신, 목신, 토신, 가신에 대한 기도, 풍수, 점복 등 모든 허위 미신을 타파하고, 자심(自心)이 곧 신(神)이요 불(佛)이라는 점을 고취하여 이른바 진리의 종교 나아가 문명종교로서 이 격을 가지게 하였다. 인간의 길흉화복이 모두 자기가 짓는 대로 보응되는 것을 깨달아 모두가 주체적으로 문명정신을 가질 것을 촉구하였다.[67]

이와 더불어 그는 해원상생하는 사회를 만들기 위해 연기적 관계에서의 '은(恩)' 개념을 사용하였다. 은(恩)은 모든 존재가 그것 없이는 살 수 없는 필연적이며 원초적 것임을 강조한다. 구체적인 범주로 천지은, 부모은, 동포은, 법률은의 4가지를 규정하고, 이런 은적 관계의 강화를 통하여 상호간 맺힌 원한(怨恨)을 풀어 주고, 상생의 관계와 은혜의 관계를 근본적으로 회복하도록 하였다. 즉 계급 차별, 지역 차별, 남녀 차별, 빈부 차별, 종족 차별 등의 사회문제를 개혁하여 평등한 사회, 서로가 존중받는 시대가 될 때, 억눌린 원한들을 제거할 수 있다고 보았다.

소태산은 물질 위주의 과학 문명이 불균형하게 발전함에 있어 그 위험성을 제거하기 위해 정신개벽을 실현하는 것이 최우선 과제라고 보아 마음을 공부하는 도학을 중시하였다. 원래 형상이 없는 사람의 마음을 단련하는 도학은 정신세계 또는 도덕 세계를 지향하는 것이다.[68] 그는 '과학'은 의식주

등 인간의 육신 생활을 편리하고 윤택하게 하는 '물질문명'이며, '도학(道學)'
은 정신적 생활을 풍요롭게 하는 것으로서 '정신문명'을 '도덕문명'이라고 하
였다. 따라서 도학과 과학의 관계는 주종의 관계로서 과학 문명을 선용할
정신문명이 발전되어야 하며, 도학과 과학이 조화롭게 발전될 때 이상적인
세계가 된다고 하였다. 심전(心田)의 농사를 잘 짓기 위해 수양, 연구, 취사를
강조하였다.

> 세상에서 도학은 주가 되고 과학은 종이 되는 바 이 본말과 주종을 분명히
> 알아야만 비로소 도를 아는 사람이라, 이러한 사람이라야 능히 천하사도 바
> 로잡을 수 있나니라.[69]

> 예로부터 도가에서는 심전(心田)을 발견한 것을 견성(見性)이라 하고 심전을
> 계발하는 것을 양성(養性)과 솔성(率性)이라 하나니, 이 심전의 공부는 모든 부
> 처와 모든 성인이 다 같이 천직(天職)으로 삼으신 것이요, 이 세상을 선도하는
> 데에도 또한 그 근본이 되는 것이니라. 그러므로 우리 회상에서는 심전 계
> 발의 전문 과목으로 수양 연구 취사의 세 가지 강령을 정하고 그를 실습하기
> 위하여 일상 수행의 모든 방법을 지시하였나니, 수양은 심전 농사를 짓기 위
> 하여 밭을 깨끗하게 다스리는 과목이요, 연구는 여러 가지 농사짓는 방식을
> 알리고 농작물과 풀을 구분하는 과목이요, 취사는 아는 그대로 실행하여 폐
> 농을 하지 않고 많은 곡식을 수확하게 하는 과목이니라.[70]

그는 과학 문명의 발달에 따라 사람의 욕심이 날로 치성하게 될 때, 심전
계발(心田啓發) 공부를 하여 이러한 욕심을 항복받아야만 세상의 평화가 이루
어지게 될 것임을 밝히고 있다. 세상의 평화를 이루기 위한 근본적인 대책

이 바로 심전개발이라고 하였다. 이러한 심전개발을 위해 소태산은 삼학(三學) 수행[71]을 권하였다. 청정한 마음, 화평한 마음을 닦음으로써 안으로 깊은 원심(怨心)과 독심(毒心)을 녹여 없앨 때, 천지 허공 법계가 다 청정하고 평화로워질 것이라[72]고 하였다.

한편 소태산의 사상에는 우리 민족에 대한 강력한 주체 의식과 민족 의식이 『대종경』의 「전망품」에서 잘 드러나 있다.

> '금강이 현 세계이니 조선이 갱조선'이라든가,[73] '이 나라가 도덕 문명의 못자리 판'이라든가,[74] '이 나라는 세계 도덕 문명의 종주국이요 지도국으로 어변성룡이 되어 가고 있다'고 하여 우리나라가 장차 크게 문명국가가 되어 세계의 강대국이요 지도국으로 성장할 것이다.[75]

그렇지만 소태산은 당시가 일제강점기라는 것을 고려하여 일제에 대한 노골적인 적대 행동이나 발언을 한 적은 거의 없다. 그렇게 한 것은 강증산이 동학농민혁명 이후 종도들에게 보여준 것과 같이 일제강점하에서 필요 없는 대중의 희생을 줄이고 종교가 생활에 실질적인 도움이 되어야 한다는 '생활종교론'을 피력한 것과 맥락을 같이한다.

소태산은 개벽사상을 생활화하고 일상화하였다. 교육과 경제 자립에 힘쓰면서 개벽운동에 점진적인 프로그램을 실천하였다. 또한 그가 근대적 종교 개념들을 활용하여 병든 종교에 대해 진단하고 진리적 종교로 처방하였다는 점도 원불교가 문명종교로서의 위상을 잡는 데 큰 도움이 되었다. 또한 그가 현실의 문제점이 남녀 불평등, 사회계층의 차별 등 사회의 제도적 모순에 기인한다고 보고, 이러한 사회구조적 문제점들을 해결하기 위해 교육기관을 설치하여 성별, 신분, 직업 등의 차별이 없이 가르친 점 등은 생활

종교의 강인하고 실천적인 측면을 잘 보여준다.

이같은 개벽사상의 실천은 그가 묘사한 용화회상을 보면 잘 나타난다. 전통적인 미륵의 용화세계와는 사뭇 다르다. 그의 미래 낙원은 기독교의 천당이요, 불교의 극락이며, 선교의 선경이다. 그러면서도 법신불의 진리가 드러나는 미륵의 출세와 처처불상, 사사불공의 대의가 행해지는 세계이다. 그세상에서는 인간의 인지가 밝아져서 모두가 생불이 되어 집집마다 부처가 살게 된다고 한다. 또 사람들은 죄 짓기를 싫어하고 위없는 도덕이 발전하여 산에는 도둑이 없고 길에는 흘린 물건을 줍지 않는 참문명 세계가 된다. 그리고 모든 재산은 자녀에게 상속하지 아니하고 교화·교육·자선사업에 쓰며 사람들은 남에게 이익을 줌으로써 자기의 이익을 삼는 세상이 될 것이라고 하였다. 그 외에도 면면촌촌 학교가 들어서고 동리마다 공회당을 세우고 직업소개소에서 직업을 구하며, 재봉소나 세탁소도 많이 생겨나고 큰 산위에 비행장과 공원을 만들고 화려하고 웅장한 영정각(影幀閣)을 지어 공도자(公道者)들의 영정과 역사를 봉안하는 등 문명세계가 올 것이라고 했다.[76] 이러한 후천세상이 되면 인지가 훨씬 밝아져서 모든 것에 상극이 없어진다. 또 허심과 진실이 분간되어 천지만물 허공 법계를 망라하여 경우와 처지에 따라 모든 공(供)을 심어 부귀도 받고 생불이 되어 서로를 제도(濟度)하며 살게 된다는 불국토 극락사상을 제시하였다. 그가 제시한 미래 낙원의 모습을 보면 초기의 다른 근대 개벽종교들보다 상당히 구체적인 문명사회를 그리고 있다는 점을 알 수 있다.

소태산은 수운, 증산의 개벽신앙과의 연속성을 인정하면서도 시대에 맞는 개벽의 실천을 그 핵심 과제로 삼았다. 그러나 그의 지상선경 건설 방법은 이전의 선지자와는 달랐다. 교육과 경제 자립에 힘쓰면서 개벽운동에 대한 장기적 프로그램을 성실히 실천한 것이다.

"선지자들이 말씀하셨듯이 후천개벽의 순을 날 새는 것에 비유한다면 수운 선생의 행적은 첫 새벽의 소식을 먼저 알리는 것이요, 증산 선생의 행적은 다음 소식을 알리는 것이요, 대종사께서는 날이 차차 밝으면 그 일을 시작하신 것으로 알아도 됩니까?"라는 제자 질문에 그는 수긍한 것을 보면 시대에 맞는 개벽의 실천이 그의 과제였음을 잘 알 수 있다. 그러나 그들이 제시하는 선경 건설의 방법은 달랐다. 수운은 사람을 한울님처럼 모시고 살라고 가르쳤고, 증산은 서로 상생 해원하라 권하였으며, 소태산은 사람 불공을 통하여 모두가 미륵이 되는 낙원세상을 만들자고 하였다.[77]

요컨대, 소태산은 문명과 과학의 발달로 인해 물질개벽이 이루어지고 있음에 비해 그것을 주체적으로 대응해야 할 인간의 정신이 뒤처져 있다고 진단하면서, 그것을 극복할 방안으로 정신개벽을 주창하였다. 그리고 개벽사상을 생활화하고 일상화하는 데 중점을 두어 교육과 경제 자립에 힘쓰면서 개벽운동에 대한 점진적인 프로그램을 실천하였다. 또한 그가 근대적 종교 개념들을 활용하여 병든 종교에 대한 진단을 하고 진리적 종교로 처방한 것도 원불교가 문명종교로서 시대 대응을 한 것으로 볼 수 있다. 그는 개벽사상을 실생활에 정착시켜 문명개화의 시대에 맞는 문명종교, 민중의 실제 삶에 적합한 생활종교, 부분적 신앙들을 통합하는 통합종교로 불법연구회를 정착시켰다. 그러나 식민지 권력에 저항하는 정치종교로서의 역할에는 한계가 있었다고 평가된다.

5. 소결

개벽사상은 본래 유교적 체제 교학의 정통 사상에 대한 참위론(讖緯論)적

운세사상에 지나지 않았다. 그러나 민중의 급박한 삶의 위기는 그런 운세사상을 자신의 구원 논리로 발전시켰고, 그 구원의 논리는 기존 사회와 구조에 대한 반구조적인 특성이 있었다.[78] 개벽사상은 진인(眞人)에 대한 출현을 대망하는 민간전승과 결합함으로써 민중성과 변혁성 그리고 공동체성을 더욱더 강화하였다. 그 때문에 개벽운동은 개인의 삶이나 종교의 장에만 머물지 않고 동학농민혁명과 같은 사회 변혁을 도모할 수 있었다.

개벽종교들이 주창하는 지상천국은 하나의 종교전통이나 전통적인 사상에 머무르지 않았다. 현실적 필요에 의해 각기 다른 이상 세계들은 융합되기도 하고 재구성되기도 하였으며, 더 나아가 다양한 종교전통의 재구성에 그치지 않고 근대적 이상 사회의 요소들과도 거침없이 결합하는 경향을 보여주었다. 반봉건적인 인존사상과 평등 사회, 미신타파와 식산흥업을 위한 과학정신, 외세 저항과 민족적 문화적 정체성 보존, 근대국가의 형성 의지 등 근대적 요소들이 그것에 합류하고 있었던 것이다.

한편, 근대종교들은 두 가지 과제에 직면하고 있었다. 하나는 종교자체의 근대화이고, 다른 하나는 종교에 요구되는 근대국가 형성에 참여할 수밖에 없는 이른바 근대 정치종교의 역할에 대한 요구였다. 전자는 근대 개벽종교들이 근대적 종교의 모델인 '문명종교'에 대응하는 것이요, 후자는 식민지 지배 권력에 '정치종교'로서 대응하는 것이다. 여기서 근대적 요소와 전통적 성향을 동시에 가진 개벽사상이 '근대적 종교'로서의 과제에 대해 어떻게 수용하고 저항하였는가를 세 시기로 구분하여 간단하게 정리해 보았다.

첫 번째 시기는 전통 사회가 붕괴하고 열강이 한반도의 패권을 잡기 위해 개항을 요구하는 시기다. 이 시기는 종교적으로 동학의 창도, 사교로서의 탄압, 동학 교조신원운동, 동학농민혁명에 이르기까지의 시기로서 민란의 연장선상에서 사회변혁의 문제가 최대 사회 과제로 등장하였다. 특히 서학의 확산과 봉건사회의 적폐 문제가 중심을 이루었다. 사회변혁을 바라는 민중의 열망을 담아 낸 변혁 운동이 한말 민란이었다면, 그것을 종교화한 것이 바로 근대 신종교의 개벽사상이었다.[79] 요컨대, 전통 사회 해체기에 민란의 이념을 계승한 동학의 다시개벽과 정역(正易)의 역수개벽(曆數開闢)이 새로운 지상천국의 도래에 대한 정당성을 역설하였던 시기이다.

두 번째 시기는 동학농민혁명에서 3·1운동까지의 시기이다. 이 시기는 문명개화와 식민지화가 급속하게 진행된 한국 근대사의 가장 극적인 시기로, 한국 근대사에서 최대의 민중운동인 동학농민혁명 이후 동학의 한계를 타개하고자 개벽사상이 다양한 형태로 분화하던 때이다. 그러나 한편으로는 민중의 열망을 유지하면서 각자의 위치에 따라 문명종교, 문명개화, 국권 보존이라는 자기 역할을 찾아 나선 시기이기도 하다. 즉 민중종교인 동학이 제시한 개벽의 종교화를 충실히 추구한 증산교의 삼계개벽(三界開闢), 문명개화의 조류를 받아들여 개벽의 문명화를 시도한 천도교의 문명개벽(文明開闢), 식민지화의 위기에 대응하여 국권을 보존하려 개벽의 민족화를 도모한 대종교의 개천개벽(開天開闢) 등이 주장된 시기이다.

세 번째 시기는 3·1운동 이후 유사종교 철폐까지의 시기로 1930년대 후반 중일전쟁 이후의 시기이다. 이 시기는 일제의 황민화 정책[80]의 강화와 1937년 종교단체법 등으로 인해 유사종교로 규정된 일부 신종교들이 강제로 해체된 때이다. 앞선 시기에 문명화와 식민지화로 제기된 사회 과제들을 해결하기 위해 다양하게 정착한 개벽종교들이 일제의 극심한 탄압으로 인하여 현실적이고 실용적인 방향으로 노선을 변용한 시기이다. 3·1운동 이후 개벽사상들은 문명사회를 지향하는 신사회, 식민지화에 대한 민중의 독립 의지를 반영한 왕조 복고, 문명사회를 지향하는 개벽사상의 실용적 노선을 강조하는 방향으로 나아간다. 천도교의 신문화운동을 이끈 이돈화의 신사회개벽(新社會開闢), 전통적인 유교적 복고주의를 지향한 보천교의 복고개벽(復古開闢), 개벽의 생활화를 주장한 원불교의 정신개벽(精神開闢) 등이 그 대표적인 예이다.

요컨대 동학은 민중의 당면 과제를 해결하고자 사회변혁에 치중하였고, 정역은 선천과 후천의 교역과 새로운 지상천국의 도래에 대한 역리적 근거를 제시하였으며, 증산교는 동학농민혁명의 실패로 실망한 민중들에게 희망을 부여하는 미래 예언성과 강력한 종교성이 있었으며, 대종교는 일제가 조선에 대해 패권을 장악하게 되자 단군신앙을 체계화하여 민족종교로서의 성격을 분명히 하였다. 그리고 동학을 개신한 천도교는 문명개화의 물결이 밀려오자 근대적 문명종교를 지향하였고, 원불교는 일제 통제 내에서 개벽의 이상을 실생활에 적용함으로써 실용적인 생활종교로서 정착하였다.

제 7 장

개벽종교들의
사회사적 전개*

* 이 장은 필자의 「한국 신종교에 대한 종교사적 연구와 과제」, 『한국종교』 36권, 2013을 저
   본으로 활용하여 새롭게 작성한 것이다.

1. 서론

　근대 개벽종교는 1876년 개항 이후 서세동점으로 말미암은 서구적인 문명화와 일본이 동아시아 패권을 잡은 1904년 러일전쟁, 그리고 대한제국 성립 이후 일제의 식민지화 과정과 궤적을 함께하였다. 이들의 변화는 당시 생겨난 종교적, 사회적 문제의식들을 고스란히 반영하고 있다. 서구 근대성의 수용, 내면의 신앙을 강조하는 근대 문명종교, 정교의 분리를 통한 세속 국가의 출현, 제국주의의 침탈에 의한 식민지화와 식민지 근대성의 문제 등이 개벽종교의 변화와 직접 관련된다. 근대 개벽종교들은 대체로 동일한 시대적 배경을 가지고 있었을 뿐 아니라 모두 민중종교의 성향을 띠고 있었기 때문에 종교운동으로서도 많은 공통점이 있다.[1] 하지만 개벽종교들은 각기 근대를 받아들이는 종교적 경험과 그에 따른 대응 방식에는 많은 차이가 있다.

　종교적 차원에서는 근대에 대한 대응 양상을 크게 네 가지로 구분할 수 있다. 먼저, 전통과 근대의 타협을 시도하며 근대적 종교를 지향하려는 동도서기파(東道西器派)이다. 근대를 적극 수용해서 근대 문명종교 만들기를 시도한 불교와 유교의 종교개혁 입장이다. 둘째, 근대에 저항하면서 종교의 전통을 굳게 지키려는 동도동기파(東道東器派)이다. 근대에 적극 저항하려는 수구파의 입장과 유사하다. 이들은 위정척사를 주장하며 전통종교에 종교성만 강화하여 그대로 보존하려고 한다. 대표적인 것으로 한말 초기 의병운동 이념을 들 수 있다. 셋째, 서구의 발전의 원동력이 기독교에 있다고 보고 문명화와 민족 독립을 실행하려면 서구 기독교를 적극 수용해야 한다는 서도서기파(西道西器派)이다. 이들은 대체로 개화 기독교인들로 근대를 적극 수용하려는 문명개화파의 입장과 유사하다. 마지막으로 이들과는 전혀 다른 입장을 취한 민중종교의 개벽파(開闢派)이다.[2] 이들은 동도(東道)의 개혁을 통해 근대를 주체적으로 수용 융합하여 구시대를 청산하고 새로운 세상을 만들기 위해 개벽을 주장하는 민중종교들이다.

개벽사상은 과거와의 단절과 현재의 새로움을 추구한다는 점에서 과거 구습을 타파하고 새로운 문명을 받아들이는 문명개화와 닮은 점이 없지 않다. 그러나 양자는 단절과 새로움의 추구라는 형식은 같을지 몰라도 내용에서는 완전히 다르다. 개벽사상은 차별적인 신분제도를 타파하는 것에 동의하지만 공동체의 정체성에 필요한 전통은 유지하자는 입장이고, 문명개화는 모든 전통을 근대 문명으로 전반적으로 교체하자는 입장이다. 또 문명개화는 개인의 인권 보장과 세속 국가 건설에 대한 계몽의 사명을 가지고 있으며, 그것을 통해 타자를 복속시키려고 한다. 타자의 정복을 통한 주체 형성의 논리와 개화라는 진화론적 사고가 내재해 있으며, 동시에 시장의 확산이라는 의지를 포함하고 있다.

또한 개벽사상은 주체와 객체의 분리, 정치와 종교의 분리와 같은 분절적 사유 형식을 지양하고 총체적 사유 형식을 취하고 있으면서, 동시에 개인보다는 공동체를 우선한다. 이러한 특성으로 인해서 한국 근대 개벽종교는 이원론적인 분절적 사고와 개인의 주체성을 기반으로 형성된 서구 근대사상과는 상당한 거리가 있다. 인간이 자연과 우주의 한 부분이 되는 동양의 천인합일(天人合一)이나 범아일여(梵我一如)의 사유 방식은 근대의 이분법적 사유 형식과 근본적으로 배치된다. 이때문에 개벽의 종교는 서구 근대성을 기반으로 한 문명화를 달성하기가 원천적으로 힘들거나, 설령 문명화에 이른다 하더라도 서구 근대성의 입장에서 보면 불안정할 수밖에 없다. 이러한 특성이 있는 개벽종교들은 근대적 종교로의 정착과 사회적 과제의 수행이라는 이중적인 부담 속에서 근대–서구 근대성과 서구 문명–를 수용하기도 하고 그것과 갈등을 일으키기도 하고 타협을 하기도 하였다.

이 장에서는 개벽사상이 근대의 종교적 사회적 과제를 어떻게 수용하고 또 대응하였는가를 사회사적으로[3] 살펴보고자 한다. 구체적인 논의를 위해 근대 개벽종교들의 지형 변화와 민족사의 변곡점을 종합적으로 고려해서 시기별로 나누어 살펴보았다.

첫 시기는 전통 사회가 붕괴하고 서구 열강이 문호 개방을 요구하던 시기이다. 이 중 첫 소시기는 민란의 확산과 서세동점에 방어하는 시기로, 1860년 동학 창도에서 1976년 개항 이전의 근대 모색기에 해당된다. 동학의 창도와 일본의 근대화가 추진된 시기이다. 다음 소시기는 사회변혁을 위한 민중 투쟁과 서구 열강이 불평등조약을 요구한 개항기로, 개항 이후 청일전쟁과 동학농민혁명기까지인 1876년부터 1894년까지의 시기에 해당된다. 청국과 일본이 패권을 다투다 일본이 한반도 헤게모니를 장악했으며, 종교적인 면에서는 한불조약으로 종교의 자유가 확산되고 동학의 교조신원운동이 전개된 시기이다.

두 번째 시기는 조선에서 열강이 각축전을 벌여 일본 제국주의가 승리하고 조선을 무단정치로 지배한 시기이다. 이 중 첫 소시기는 본격적인 문명 개화의 압력과 서구 열강들의 한반도 패권을 둘러싼 각축기다. 동학농민혁명의 실패로 인하여 외세 간섭이 심해진 시기로, 동학농민혁명기에서 러일 전쟁기까지인 1894년부터 1904년까지의 시기에 해당된다. 일본이 패권을 잡자 이에 저항하는 항일 의병과 애국계몽의 활동기에 해당되는 시기로, 독립협회와 만민공동회, 대한제국 성립(1897)과 광무개혁이 추진된 시기이다. 다음 소시기는 일제 통치 기반 형성기로서 국권 상실에 대한 대응이 필요했던 시기로, 러일전쟁기에서 3·1운동기까지인 1904년부터 1919년까지의 시기에 해당된다. 일제가 무단정치로 애국계몽 운동을 탄압하고 종교에 대한 통제 입법을 만든 시기다.

세 번째 시기는 근대 민족의식을 고양한 3·1운동 이후 일제가 문화정치로 전환했으나 만주사변을 계기로 황민화정책이 본격적으로 시행된 시기이다. 이 중 첫 소시기는 문화주의와 사회주의 그리고 민족운동을 중심으로 전개된 식민지 근대화, 그리고 신문화운동과 무장독립운동, 그리고 사회주의운동 등이 추진되었던 시기로, 이는 3·1운동기에서 만주사변기까지인 1919년부터 1931년까지의 시기에 해당된다. 다음 소시기는 황국신민화와 총동원 체제의 시기, 그리고 개벽종교들이 해산되거나 지하화한 시기로, 만주사변에서 해방기까지인 1931년부터 1945까지의 시기로 구분하여 서술하였다. 일제가 종교 순치와 말살을 위해 종교보국운동과 심전개발운동을 전개하던 시기다. 마지막으로 해방 이후 냉전 체제로 인하여 개벽종교들이 어떻게 달라졌는지는 이 책의 결론 부분에서 정리할 것이다.

2. 민란과 불평등조약기

1. 동학 창도에서 개항(1860-1876)

18세기 말 조선왕조의 성리학적 도학 일변도의 사상에 차츰 균열이 생기기 시작하자 실학과 서학, 양명학 등 다양한 사상들이 등장하였다. 19세기에 들어와 봉건 지배의 가혹한 수탈에 반항하는 농민봉기가 발생했는데,[4]

1811년 홍경래(洪景來)의 난과 1862년 임술민란이 그 대표적인 예이다. 이런 혼란 상태에서 서구 열강은 불평등조약을 요구하여 개항[5]을 압박하기 시작했다. 하지만 당시의 지배층은 근대 조선으로의 출발을 감당할 수 없었을 뿐만 아니라, 자주 주권을 수호하는 데에도 너무나 무기력하였다. 구미 열강은 그들의 종교와 상품을 가지고 조선 내부로의 침투를 도모하였고, 더 나아가서는 직접적 무력 침공을 시작하였다. 이는 쇄국정책을 쓴 흥선대원군의 집정기(1865-1873)에 절정에 달했다. 그러나 관민은 일치단결하여 이러한 침략을 격퇴시켰는데, 이는 민중에게 민족의식을 불러일으켜 장차 사회운동으로서의 민족운동을 싹트게 한 원동력이 되었다.

이 시기에 창립된 첫 근대 신종교가 동학이었다. 동학은 이전에 볼 수 없었던 새로운 유형의 종교였다. 창립 교조가 있고, 신도가 있으며, 경전과 의례가 있는 이 땅 최초의 근대적 종교다. 새로움을 추구하는 다시개벽의 종교로서 민란의 이상을 계승해서 종교화하고, 서학과 외세에 대해 인민과 국토를 보전하고자 하는 보국안민의 종교였다.

1860년에 창도된 동학은 내세구원이 아니라 현세구원의 종교로서 현세변혁을 통하여 지상천국을 실현하려고 하였다. 이런 점은 동학 창도의 동기가 병든 사회의 구제에 있으며, 그 구제 활동이 이전 시대 민란의 이상을 실현하는 것과 맥을 같이하였다. 또한 동학 창도는 18세기 중엽 정감록(鄭鑑錄) 신앙[6]이나 미륵(彌勒)신앙[7], 남조선(南朝鮮)신앙[8]과 같은 민간신앙의 흥기와 봉건 체제의 학정에 저항하는 민란의 확산에 힘입은 바가 크다. 그래서 전통사회 해체기 체제 모순과 서세동점에 따른 위기의식의 고조, 그와 더불어 유교의 위상 약화와 천주교의 확산이라고 하는 사회적, 종교적 상황이 동학 창도의 직접적인 배경이 되었다. 그리고 서학(西學, 天主敎)의 확산에 대응하여 자신을 동학(東學)으로 규정함으로써 외세에 대응하고자 하는 의지도 함께 보여주었다. 동학은 이전의 민란들이 지향했던 민중의 이상을 종교화(宗教化)한 것이고,[9] 다양한 민간신앙들을 수렴해서 그것을 재창조하여 새로운 민중종교로 정립한 것으로 볼 수 있다.[10] 그 때문에 지배 세력으로부터 억압과 탄압을 피할 수 없었다. 조선 말기에는 서학과 유사하다는 이유로 조선 조정으로부터 탄압받고, 식민지하에서는 민족종교라 하여 유사종교로 낙인찍혀 일제의 탄압을 받았다. 이렇게 본다면 동학을 비롯한 근대 개벽종교의 발생은 '문명개화에 따른 종교적 음화(陰畵)'로서의 의미를 가지고 있다.

2. 개항에서 동학농민혁명기(1876-1894)

쇄국정책을 펴던 조선은 흥선대원군이 하야하고 고종의 친정이 시작되면서 문호를 개방하기 시작했다. 운요호 사건을 계기로 1876년 일본과 불평등한 강화도조약이 강제로 체결되면서 조선은 무방비 상태에서 개항을 맞게된다. 시간이 흐를수록 열강의 침략은 더 심해져서 조선은 일제를 비롯한 구미 열강들의 세력 각축장이 되어 버렸고, 이로 인하여 농민 생활은 더욱 어려워지게 되었다.

개항 이후부터 근대의 수용을 두고 벌어졌던 척사파와 개화파의 갈등은 드디어 1884년(고종 21) 갑신정변으로 표출되었다. 갑신정변은 청국의 '속방화(屬邦化)' 정책에 저항하여 조선의 완전한 자주독립과 자주근대화를 추구하며 급진개화파가 주도적으로 수행한 정변이다. 김옥균(金玉均)을 중심으로 1874년경부터 본격적으로 형성되기 시작한 개화당은 개항 후 자주적 근대국가를 건설하기 위해 여러 가지 근대적 개혁을 추진해 왔으나, 1882년 7월 임오군란으로 인해 장애에 부딪치게 되었다. 임오군란이 일어나 흥선대원군이 집권하자 민씨 수구파는 청국에 구원을 요청하였으며, 청국은 군대를 파견하여 임오군란을 진압한 다음 조선을 실질적으로 속방화하기로 결정하였다. 그럼에도 민씨 척족 정권은 오히려 속방화 정책에 순응하여 나라의 독립과 자주근대화가 크게 훼손당한 상황이었다. 이에 개화파들이 무력으로 정변에 나섰으나 결국 청군에 패배함으로써 개화당의 집권은 삼일천하(三日天下)로 끝나고 말았다.

갑신정변은 비록 실패했으나 그 역사적 의의는 작지 않았다. 그것은 소수의 개화 지식인에 의한 정변이긴 하지만 자주적 근대국가를 건설하려고 했던 근대화 운동이었으며, 한국 근대사에서 개화운동의 방향을 정립해 주었다. 그리고 그들이 지향했던 근대국가와 시민사회와 근대 문화, 그리고 자주적 근대 국방의 건설은 그 뒤 모든 개화운동과 민족운동에 하나의 전범이 되었다. 또한 한국 민족의 반침략 독립운동에도 하나의 기원을 만들어 주었다. 이후의 모든 민족주의 운동은 갑신정변을 계승하여 그것을 비판하고 반성한 것에서 발전한 것이었다고 평가할 수 있다.

개항을 기점으로 하여 당시 정치 세력들의 근대에 대한 입장과 정치 세력 지형이 달라지기 시작했다. 일본의 문명개화를 지향하는 급진개화파들은 갑신정변의 실패로 그 주동자들이 해외 망명길에 올랐고, 위정척사파들은 이전의 문화적 화이론(華夷論)에서 인수론(仁獸論)과 왜양일체의 논리로 전환했다. 그리고 개화사상과 위정척사사상은 각기 근대화 개혁과 반외세 자주 정신을 표방하며, 한국 근대 민족주의 운동의 동인으로 작용하기 시작했다. 그러나 이들의 운동은 여전히 양반 사대부와 지식층에 국한되는 한계가 있었다. 그러나 동학은 그렇지가 않았다. 종교적 성향도 그렇지만 민중을 중심으로 한 새로운 정치 세력으로 사회 전면에 등장함으로써 민중운동의 첫 걸음을 내딛게 한 것이다. 여기에는 동학의 인본주의와 혁명사상이 큰 역할을 하였다. 인본주의는 자신을 한울님으로 모시라는 시천주신앙에서, 혁명사상은 낡은 세상을 버리고 새로운 세상을 대망하는 후천개벽에서 그 근원을 찾을 수 있다. 그와 더불어 서학의 도전과 자본주의 열강의 침입에 저항할 수 있는 민본 사상을 제시한 것이다.[11]

종교적으로 보아도 이 시기는 대외 개방의 흐름을 보였다. 개신교도 1884년 공식적으로 선교사를 조선에 파송하기 시작했다. 그들은 천주교와의 차별화를 시도하면서 정치에 관여하지 않는 문명의 기호로서 자리를 잡게 되었다. 1886년 한불조약[12]에 의해 조선 정부의 의사와는 관계없이 천주교는 선교의 자유를 얻었다. 한불조약 제9관에 '교회(敎誨)'라는 말과 조선 사람을 학자나 통역자로 고용할 수 있다는 내용이 삽입되었으나, 그에 대한 양국의 의견이 서로 달랐다. 그러나 그로 인하여 천주교 선교사들은 사실상 선교의 자유를 누리게 되었다. 이에 서구 열강들도 동 조약의 최혜국 대우를 받아 선교의 자유를 얻을 수 있게 되었다. 그리고 1895년 승려의 도성 출입 금지가 해제되어 불교는 근대불교로서 새 출발을 하게 되었다. 조선 시대 수련 도교의 맥을 이은 도교와 선교는 종교 집단이 형성되지 않아 종교로서의 의미는 반감되었지만, 신앙전통으로서 근대 개벽종교에 지대한 영향을 끼쳤다.[13]

이런 종교 지형 속에서 당시 동학이나 정역과 같은 개벽종교들이 등장하였다. 수운은 '다시개벽'을 강조함으로써 한울님의 힘을 빌려서 당시 민중이 대망하는 사회변혁을 도모하고자 하였고, 정역은 이전에 좌도 지식인이나 민란의 지도자들이 의지하던 예조사상을 역리학적인 차원으로까지 승화시켰다.[14] 정역은 모순과 부조리로 점철된 낡은 질서 곧 선천은 종말을 고하고, 후천의 유리세계(琉璃世界)가 도래될 것이라고 역(易)을 통해 예견하였다. 시대적 흐름에 맞물려 개벽사상이 확산됨에 따라 근대 개벽종교가 사회 변혁의 상징으로 자리잡게 되었다. 정역에서 제시된 후천개벽의 논리는 개벽의 정당성을 제공했을 뿐 아니라 이후 증산교를 비롯하여 많은 개벽종교의 교리 형성에 기본적인 골격이 되었다.[15]

그러나 동학은 창도 이후 4년 만에 창도자 수운이 사도난적이라는 죄목으로 대구에서 처형되었다. 이후 조정의 지속적인 탄압에도 불구하고 삼남 지방으로부터 충청도와 강원도 지역으로 확산되자, 동학교도들은 자신의 신앙 활동을 공인받고자 1892년부터 교조신원운동[16]을 펼쳤다. 교조신원운동에는 1884년 개신교가 공개적으로 활동하게 된 것과 1886년 한불조약에 의해 천주교가 선교 활동을 할 수 있게 된 것에 대한 불만도 작용하였다.[17] 당시 조선에서는 서구 열강이 조선과 불평등조약을 체결한 후 기독교 교회와 정부, 교인과 비교인 사이에 많은 분쟁들이 속출하였다. 서양 선교사들이 치외법권을 월권으로 행사해 교안(敎案)이 발생하는 경우도 적지 않았지만, 지방에서는 동학이나 일진회(一進會) 등이 의식적으로 분쟁을 야기한 측면도 없지 않았다. 그런 가운데 교조신원운동에서 개항으로 야기된 외세에 대한 민중의 불만도 같이 표출되었다. 이 같은 민중 동향은 결국 반제 반봉건의 성격을 띤 동학농민혁명으로 귀착되었으며, 그 혁명은 봉건적 질서와 서세 동점에 저항한 한국사 최대의 민중 저항운동으로 한국 근대사에서 민중이 처음으로 정치세력화했다는 점에서 하나의 분수령을 이룬다.

반봉건·외세배척 운동으로서의 동학농민혁명이 진행되는 가운데 조선 정부는 이를 진압할 목적으로 청나라에 원병을 요청하였고, 이에 일본도 톈진조약(天津條約)을 구실로 군대를 파견하였다. 그러나 동학농민군은 청나라와 일본에게 출병한 구실을 주지 않기 위해 폐정개혁안 12개조[18]를 정부에 제시하였고, 정부가 이에 동의함에 따라 청일 양국은 더 이상 주둔할 필요가 없게 되었다. 이에 청나라는 일본에 공동 철병할 것을 제안하였으나, 일본은 오히려 양국이 공동으로 조선의 내정(內政)을 개혁하자고 제안하였으

며, 청나라가 이를 거절하여 청일전쟁이 발발하게 되었다.[19]

청일전쟁에서 승리한 일본은 일시에 동양의 최고 문명국으로 부상하였다. 일본은 조선에서 청국 세력을 몰아내고 갑오개혁(1894)을 추진한다. 갑오개혁은 표면적으로는 동학농민군의 요구를 수용한 것이지만 실제로는 일본이 주도한 타율적인 근대 개혁이었다. 그렇지만 갑오개혁은 조선의 전통적인 제도와 인습을 개혁하고, 근대적인 사회체제로 나아가는 기본 틀을 마련했다는 측면도 있다.[20] 동학농민군이 요구한 폐정개혁안은 갑오개혁에 상당 부분 수용되었으나 이는 청국이 조선에 간섭하는 것을 막기 위한 일본의 술책과 깊이 연계되어 있었다. 어떻든 조선에 문명개화의 물결이 한꺼번에 밀려와서 사회 전반에 급속한 변화가 진행되었다. 특히 제3차 개혁(을미개혁)의 주요 내용은 태양력 사용, 소학교 설치, 건양(建陽)이라는 연호 사용, 군제개혁, 단발령(斷髮令) 등이었는데, 단발령의 강제 시행은 유생을 중심으로 한 전국적인 반일·반개화 운동을 초래하여 을미의병(乙未義兵)이 일어나기도 했다. 이상의 갑오개혁은 근대 개혁이라는 면에서 양면성이 있다. 봉건사회의 문제를 해결하려는 조선 내부의 개혁적 요구를 반영하고 있다는 점에서는 자율적 개혁이지만, 일본의 영향력 아래에서 이루어졌다는 점에서는 타율적 개혁이다. 신분제를 철폐하는 등 근대적 제도 개혁에서 중요한 진전을 이루었으나, 근대국가 수립이라는 원래의 목적은 제대로 실현될 수 없었다.

이 시기 신종교들은 민중화된 유·불·선 3교 및 민간신앙 등의 전통적인 민중신앙을 창조적으로 재해석하면서 독자적인 교리 체계와 조직을 마련하였으며, 외적으로는 봉건적 질서를 타파하여 보국안민을 위한 현세의 이상사회를 건설하고자 하였다. 개벽에 대한 민중의 기대와 기존 체제에 대한 민중의 불만이 맞물리면서 동학은 거대한 민중운동 집단으로 성장할 수 있었다. 근대 개벽종교는 과거의 전통종교를 계승하면서도 동시에 그것과 단절하려는 이중적인 형태를 보여준다. 여기서 계승이란 비록 봉건체제에 저항한다 하더라도 전통종교의 윤리 의식이나 규범을 그대로 수용한다는 뜻이고, 단절이란 엘리트와 교학 중심의 전통종교를 민중화·대중화하여 민의 요구를 대변하는 민중종교로 개편시켰다는 의미이다. 즉 자신의 삶의 방식인 동도(東道)를 개혁해서 전통과 근대를 주체적으로 수용하려고 했다는 것이다.

　이 시기 동학은 빈부귀천에 관계없이 인간은 모두가 평등하다는 시천주사상을 제시하였고, 정역은 전통적인 역의 논리를 통해 일월(日月)의 대개벽을 추구하였다. 특히 정역은 현 세상의 운행 원리를 선천의 억음존양(抑陰尊陽)에서 후천의 음양조율(陰陽調律)로 전환할 것을 주장했다. 하지만 동학의 무극대도나 정역의 심법지도(心法之道)에서 보는 바와 같이, 새롭게 제시된 삶의 원리로서의 종교를 '도(道)'나 '학(學)'으로 명명(命名)하는 것은 아직도 전통적인 종교 개념을 그대로 간직하고 있다는 점을 여실히 보여준다. 새로운 근대적 종교임에도 불구하고 여전히 전통적인 성인의 가르침으로 표현한 것이다. 이런 점으로 미루어 볼 때, 문명종교인 개신교가 전래된 시기였음에도 불구하고 근대적 종교 개념이나 서구 근대성이 미친 영향력은 아직 제한적이었다는 것을 알 수 있다. 당시의 개벽종교들은 아직 세속과 명확하게 분리되지 않은 채로 남아 있었으며, 근대적인 '문명화와 국권 수호'라는 시대적 과제도 종교에서는 아직 분명하게 설정되지 않았던 것으로 보인다. 단지 전통 사회의 해체와 관련하여 봉건적 신분 사회에 대한 비판이 사회적 과제의 주류를 이루고 있었으며, 개항으로 인해 외세에 대한 투쟁이 막 시작된 시기로 평가된다.

3. 문명개화와 식민지 초기

1. 동학농민혁명기에서 러일전쟁(1894-1904)

이 시기는 조선의 근대화 운동이 근대국가로의 체제 개편에 좀 더 많은 관심을 보였던 때이다. 청일전쟁 이전만 하더라도 조선의 관료들은 청국의 영향을 많이 받아 중체서용(中體西用)에 기반을 둔 양무운동(洋務運動)에 머물러 있었으나, 청일전쟁 이후에는 일본의 영향을 받아 부국강병을 기조로 하는 이른바 변법자강(變法自疆)으로 변화되었다. 또 근대 사회과학의 개념들이 대거 유입되어 근대적 의미의 권력, 주권, 부국강병, 국가와 민족, 민주주의, 개인 등의 개념이 우리 사회에 물밀듯이 들어왔다.[21] 근대 국민국가 혹은 민족국가 개념, 그리고 법령에 의한 권력 집행 등 근대적 개념들이 확산됨으로써, 국권이 흔들리는 조선에 사회 문명화는 물론 근대 민족국가 형성이라는 중차대한 과제가 부상하였다.

정치적으로는 일본과 러시아가 각축전을 벌이고 있었다. 이러한 일·러의 틈바구니에서 1896년 자주적 개혁과 독립을 목표로 하는 독립협회가 서재필, 윤치호 등 젊은 지식인 중심으로 결성되었다. 독립협회는 열강에 의한 국권 침탈과 지배층에 의한 민권 유린의 상황 속에서, 자주독립·자유민권·내정 개혁을 위해 근대화 운동을 전개한 최초의 민간 정치단체다. 이들은 국정운영에 외국인 고문을 두는 것과 교관 초빙을 반대하고, 지하자원 개발권 및 철도부설권을 외국인에게 허용하는 것은 외국자본에 국가 경제를 예속시키는 처사라고 맹렬히 규탄하였다. 그리고 독립협회는 만민공동회(萬民共同會)[22]를 개최하여 시국에 대한 6조 개혁안[23]을 결의하고, 그 실행을 고종에게 주청하였다. 그러나 정부는 독립협회가 왕정을 부정하고 공화정을 수립하려는 쿠데타적 발상을 가지고 있다며, 그해 11월 4일 독립협회 간부 전원을 체포하고 다음 날 독립협회를 해산해 버렸다.[24] 이에 대해 1897년 성립된 대한제국은 고종 황제의 권한을 강화하는 광무개혁(1897)을 추진하였다. 그 개혁의 기조를 구본신참(舊本新參)이라고 하는데, 왕권 강화와 통치권의 집중, 군제(軍制)의 전면적인 개편, 친위대(親衛隊)·시위대·호위국의 개편과 창설, 무관학교 설립 등을 주요 내용으로 하였다.[25]

독립협회운동이 좌절된 시기에 동학농민군의 잔존 세력은 의병 투쟁에 합류하기도 하고, 그에서 떨어져 나와 영학당(英學黨)·활빈당(活貧黨) 등을 구성하여 구국 안민책을 내세우며 투쟁을 계속하기도 하였다. 19세기 후반의 사회사상은 민중을 대변하는 동학사상 외에도 사대부의 사상으로서 유학에 뿌리를 둔 위정척사사상과 실학에 뿌리를 둔 개화사상이 있었다. 위정척사사상은 봉건제도의 재건을 목표로 하여 농촌을 중심으로 대중과 결합되어 의병 투쟁으로까지 전개되었고, 개화사상은 문명개화를 목표로 하여 도시를 중심으로 대중과 결합되어 애국계몽운동으로 전개되었다.

이 시기 종교 지형을 살펴보면, 동학농민혁명이 실패한 후 동학농민혁명에 참여한 민중들은 실의에 빠져 새로운 출구를 찾고 있었다. 이는 조선의 새로운 종교 지형 형성에 상당한 영향을 미쳤다.[26] 동학농민혁명이 실패로 끝나자 혁명의 과정을 통해 사회적 모순의 원인을 더 분명하게 체험한 일부는 여전히 새로운 종교를 찾고 있었다.[27] 여기에 화답한 것이 바로 증산교다. 1901년 강증산이 창립한 증산교가 동학을 계승했다며 '참동학'이라고 자칭하였다. 증산 상제(上帝)는 동학의 수운을 보내 세상을 구원하도록 하였으나, 그 뜻을 이루지 못하자 상제가 직접 이 땅에 하강하였다고 주장했다. 이는 동학을 계승해서 동학의 대의를 자신이 직접 이루겠다는 의지의 표현이며, 동시에 동학의 다시개벽을 계승해서 후천개벽을 이 땅에 직접 실현하겠다는 뜻을 드러낸 것으로 이해할 수 있다.

이상을 볼 때, 증산교는 동학농민혁명 이후 절망한 이들을 중심으로 다시 시도한 새로운 개벽운동으로 볼 수 있다. 이들은 수많은 사상자를 낸 동학농민혁명과 같은 투쟁적인 방법에서 벗어나서 좀 더 종교적인 방법으로 사회변혁을 성취하고자 하였다. 이에 증산은 천지운도를 직접 뜯어고쳐 후천선경이 곧 이루어질 것이라며, 향후 도래할 후천선경에 모두가 참여하기를 바라며 척을 짓지 말고, 해원상생의 삶을 강조하였다. 그는 스스로 상제가 되어 후천개벽의 운도를 직접 고치는 천지공사를 행하는 등 자신의 종교에 초월적 종교성을 대폭 강화하였다. 이처럼 증산교는 동학이나 정역과는 다른 근대적 의미의 종교화 운동이라고 하겠다.

2. 러일전쟁에서 3 · 1운동(1904-1919)

일제는 러일전쟁으로 조선의 패권을 장악하며 조선의 본격적인 식민지화에 착수하였다. 1905년 대한제국은 외교권을 상실하고, 이제 일제의 식민지화 길을 걷게 된다. 이에 동학농민혁명과 청일전쟁을 기점으로 하여 반봉건과 개화에 초점을 두었던 개벽운동은 반제(反帝)의 성격을 가진 민족운동으로 전환되었다. 이러한 흐름은 조선을 근대적인 민족 공동체로 인식하게 한 3 · 1운동에서 정점에 이른다. 일제는 조선의 식민화를 위해 당시 조선의 유생들이 중심이 된 항일 의병운동이나 개화 지식인의 애국계몽운동을 철저히 탄압하였다. 러일전쟁 중에 활용하던 군율(軍律)을 조선 전역에 그대로 적용시키고, 군의 시위하에 을사늑약을 체결하였다. 이로 인해 조선인의 반일감정이 격화되고 항일운동은 더욱 확대되고, 빈발하였다.

먼저 유생들의 항일운동을 보자. 국권 상실의 과정이 진행되는 때 가장 격렬히 일본에 항거, 투쟁한 네가 바로 유생들을 중심으로 한 의병운동이었다. 1905년에 일어선 의병은 산발적이기는 하지만 곧 경기·충청·전라·경상·강원도로 쉽게 퍼져 갔으며, 1907년에는 의병투쟁이 전국적으로 확대되었다. 특히 1907년 헤이그특사 사건을 계기로 고종의 강제 퇴위와 한국군대의 강제 해산이 강행되자 이에 반발한 군중과 군인들이 의병투쟁에 합류하였다. 이후 의병운동에는 유생이나 해산을 거부한 군인뿐 아니라 농민·시민·학생·관리 등 광범위한 층이 참가하였다. 그들은 일본인과 일진회 회원 등의 대일 협력자를 살상하는 한편, 일본군 및 일본군용 시설을 파괴하였다.[28] 결국 일본 군대의 현대식 무기와 겨룰 수 없었던 의병은 국권 회복의 뜻을 이루지 못한 채 진압되었고, 잔여 세력은 나라를 떠나 투쟁의 무대를 만주와 연해주 지방으로 옮기고 말았다. 비록 의병투쟁은 1908년을 정점으로 수그러졌지만, 이들은 민족적 연대감을 강화시켰고, 연해주·간도 등지로 이주한 무장 세력은 그 뒤로도 오랫동안 광복을 위한 투쟁을 계속하였다.

다음으로 애국계몽운동을 보자. 국권 상실에 대한 비통한 개화지식인들은 근대적 교육 및 산업 발달을 통해 나라를 구하겠다는 애국계몽운동으로 나타나기도 하였다. 이는 국권 상실의 원인을 국력이 보잘것없이 쇠미했던 탓이라고 규정하고, 국권 회복을 위해서는 실력 배양과 인재 양성이 급선무라고 인식한 이들이 전개한 대중운동이었다. 의병투쟁이 무력을 사용하여 일본과 정면으로 충돌하는 국권 회복 운동인 데 반하여, 애국계몽운동은 언론·교육·출판 등의 활동을 통하여 민중의 애국정신 함양과 국력 배양으로 국권 회복을 도모하려는 운동이었다. 이 둘은 지도 계층 면에서도 질적으로 성격을 달리하는데, 애국계몽운동의 지도 계층은 의병투쟁의 경우와 같이 유생 출신이 아니라 주로 기독교도와 민족자본가 층이었다.

1905년을 계기로 국정 개혁과 민권 신장을 요구하던 독립협회운동과 맥을 같이한 대한자강회가 1906년 윤치호 등에 의해 결성되는 것을 비롯하여, 봉건제에 반대하여 입헌정치를 표방한 헌정연구회가 설립되고, 이어 신민회·흥사단 등 각종 계몽 문화 단체들이 속속 출현하였다. 이들은 공통적으로 교육과 산업의 진흥을 내세웠는데, 그 운동 형태 또한 광범하며 다양하였다. 주된 활동 내용은 교육운동, 출판운동, 민족어를 확립하려는 국문운동, 여성의 사회적 평등을 실현하려는 여권운동, 자주독립 촉진을 위한 국채보상운동 등이었다. 또한 자주적 개화를 실현하기 위해 봉건적 유교교육 대신에 신교육 실시가 불가피하다는 신교육운동은 개화운동 중에서도 일찍부터 시작되었다. 민간 주도로 설립된 사립학교는 1910년 일본에 강점된 이후에도 황민화 즉 동화교육에 대한 저항 거점이 되었다. 조선통감부는 이러한 신교육운동을 사립학교령으로 억압하였다. 또한 안악 사건을 전초로 하여 데라우치(寺內正毅) 암살 미수 사건을 날조함으로써, 신민회 600여 명을 체포하고 이 중 윤치호 등 105인을 유죄 판결하였다. 이것이 세칭 신민회의 '105인 사건'이었다.

이 시기를 조선의 지배 권력이 교체되는 일제의 조선강점기 직전과 직후의 두 소시기로 구분할 수 있다.

첫 소시기는 일본을 중심으로 한 문명개화와 식민지화가 급속하게 진행된 시기(1904-1910)로서 한국 근대사에서 가장 극적인 시기다. 러일전쟁 이후 대한제국의 국운은 풍전등화와 같은 국권 상실의 위기에 있었다. 이에 개벽종교들도 무엇보다 먼저 국권 수호를 위해 모든 방안을 총동원해야 할 시기를 맞았다.

이 시기의 시대적 과제와 분위기를 개화 지식인들이 활동한 신민회(1907)를 통해 살펴볼 수 있다. 신민회는 애국계몽운동 단체 가운데 유일한 비밀

결사 단체이며, 또 정치운동과 무장저항운동을 함께 추진하던 민족 세력이었다.[29] 1907년 4월 안창호의 발기에 의하여 창립되어, 서북 지방의 개신교인이 압도적 다수를 차지하고 있었다. 실력의 양성을 위해 국민이 새로워져야 한다는 신민(新民), 즉 자기 스스로의 힘으로 신 개혁을 이룩할 수 있는 인간을 지향했다. 그러나 1910년 8월 29일 소위 '한일합병'이 선언되자 신민회는 독립전쟁론을 운동 방향으로 채택하고, 무관을 양성하기 위해 활동 무대를 만주로 옮기는 한편 자금 조달 책임을 지역별로 분담하는 활동을 하였다. 신민회는 만주와 중국에서 일어난 독립군 형성에 실질적인 밑거름이 되었다.

이 시기의 종교 지형을 보면, 이 시기가 한국의 주요 개벽종교들이 등장한 시기이다. 동학농민혁명의 실패로 개벽종교들은 스스로가 시대적 한계를 인식하고, 동학의 사회변혁 방안을 보완하려고 하였다. 그리고 개벽종교는 다양하게 분화하고 새롭게 단장을 하였다. 근대적 종교로서의 인정 투쟁을 위해 동학의 개신을 선언한 천도교, 민족의 시조 단군을 호명한 대종교, 그리고 동학을 새롭게 계승한다는 증산교가 이 시기에 주로 활동한 것이다.

동학은 그동안 사회개벽에 치중하여 사회로부터의 부정적인 인식을 해소하지 못하였고, 천주교와 개신교가 전래되어 자유로운 선교 활동이 허용되고 있음에도 불구하고 동학 교단의 합법화를 쟁취하지 못한 상황이었다. 이에 손병희는 1905년 동학을 천도교로 개신하여 근대적 종교 체제를 염두에 둔 '-교'라는 '종교'의 명칭을 붙였다. 그는 1906년 1월 귀국하여 천도교의 헌법에 해당되는 천도교대헌(天道敎大憲)을 반포하고, 새로운 교단 조직을 만들어 문명개화의 적극적인 수용, 근대적인 종교 조직으로의 재편, 다양한 문화 사업의 전개, 그리고 정치와 종교의 분리 수용 등 종교의 근대화를 적극 추진하였다. 그럼에도 불구하고 천도교는 서구적인 문명종교로 나아간 것은 아니었다. 동학에서 천도교로 개신했다고는 하지만 이후 3·1독립운동[30]을 주도한 것을 보면, 천도교는 공동체 보존과 보국안민, 광제창생 등 동학의 이상을 결코 포기하지 않았다고 볼 수 있다.

대종교는 민족의 시조이자 배달의 나라를 세운 단군을 신앙 대상으로 삼아 민족의 대동단결을 도모하고 일제의 침략에 대응하려는 개벽종교다. 1909년 홍암 나철(羅喆)은 민족이 단군을 중심으로 결집하는 것만이 민족을 보존하고 미래를 기약할 수 있는 길이라고 판단하여 민족 고유의 신교를 중광(重光)하였다. 개천개벽운동은 일제의 침략에 대응하려는 정치-종교운동으로 볼 수 있다. 패망한 국가를 대신해서 민족을 호명하고, 민족의 이름으로 국가종교[31]를 대신하고자 하였다. 대종교는 일제의 탄압을 피해 교단의 포교 활동의 중심을 북간도 지역으로 옮기고, 항일 무장투쟁 노선을 종교적 실천의 과업으로 삼았다. 그러나 일제는 1915년 「포교규칙」 반포를 통해 대종교의 국내 활동을 불법화하였다. 바로 그 이듬해 홍암은 이에 항의하는 뜻으로 황해도 구월산에서 스스로 폐기조천(閉氣朝天)하였다.[32] 홍암은 스스로 목숨을 끊은 이유를 「순명삼조(殉名三條)」[33]에 남겼다.

이후 대종교는 일제 투쟁에 청산리대첩과 같은 공적을 쌓았으나 일제의 가혹한 보복으로 결국 1930년대 들어 교단이 궤멸 상태에 빠지고 말았다. 대종교는 무장독립투쟁의 주체가 되었던 만큼 일제 치하에서 안정된 교단으로 정착될 수 없었다. 요컨대, 대종교는 일제에 의해 국권 수호가 어렵게 되자 민족의 이름으로 국가를 보존하고자 하는 민간 차원의 근대 국가종교였으며, 식민지 지배 권력에 민족종교로서 저항한 근대적 종교였다. 이렇게 천도교와 대종교는 근대적 종교로서의 체제를 갖추고 본격적인 종교 활동을 할 차비를 하였으며, 특히 근대사회 문명의 상징인 정교분리를 준수하는 종교임을 자임하고 일제 권력에 신교의 자유를 요구했으나, 일제는 이를 인정하지 않았다.

또한 증산은 서양의 침략에 대해 동양 사회 전체가 함께 대응해야 한다고 했다. 당시 서양 세력을 막아 내기 위한 적임자는 진흥의 열기가 가득한 일본이라고 하였다. 언뜻 보기에는 일본의 식민 통치가 낙후된 조선 사회를 발전시킬 수 있다는 식민지 근대화론과도 동일한 것처럼 보인다.[34] 그러나 그는 서양 세력의 침투를 막기 위해 조선을 일본에 잠깐 맡긴 것에 불과하다며, 서구 제국주의 침략을 모면하고 민족적 각성과 발전이 이루어지면 조선은 독립하여 결국 세계 통합의 구심점이 되고 세계 상등국이 될 것이라고 역설했다. 이같이 증산은 민족의 현실을 인정하되 민족적 자긍심만은 결코 부정하지 않은 것이다. 그는 동학농민혁명으로 발생한 민중적 희생을 고려하여 현실적인 힘으로 대항하는 것은 큰 희생이 뒤따른다는 것을 잘 알고 있었던 것으로 보인다. 즉 동학이 민중의 결집된 힘을 바탕으로 외세 열강의 침략을 극복하는 세속적 방법을 강조했다면, 증산은 자신의 초월적 권능을 통해 세상의 운행 질서를 바꾸는 종교적인 방법을 사용하고자 했던 것이다.

다음 소시기(1910-1919)는 일제의 강점으로 조선이 일제의 식민지로 전락함에 따라 식민지 상황에 적응하기 위해 조선 종교 전반에 소위 근대적 개혁의 바람이 불기 시작한 시기다.

현직 육군 대신 데라우치 대장이 조선 총독을 겸임하였다는 사실에서 알수 있듯이, 강점 이후 일제 지배의 특징은 종전의 군사적 지배를 강화하여 제도화한 데 지나지 않았다. 일제는 한민족을 군사적 지배하에 두고 헌병을 앞세워 식민지정책을 수행하였다. 일제는 식민지 경영의 기초 공작의 하나로 토지조사사업을 실시하였다. 토지조사사업을 통해 근대적 토지소유권을 성립시키는 과정에서 일제는 사실상의 경작자인 농민이 점유했던 토지의 상당 부분을 국유지로 편입시켰고, 나중에 그것을 동양척식회사와 일본인 지주에게 염가로 불하하였다. 이 토지조사사업을 계기로 생활 기반을 상실한 농민들은 소작농으로 전락되거나 도시의 토막민 또는 산속의 화전민이 되었고, 일본·만주·시베리아 등지로 이주하기도 하였다. 더욱이 1910년 8월「조선교육령」을 공포하여 공립보통학교 교육에서는 한국의 지리와 역사를 가르치지 못하게 하고, 한글 교육을 제한하는 대신 수신(修身)과 일본어를 강제로 가르치게 하였다. 이러한 일제의 탄압에 못 이겨 해외로 망명한 한국인들은 그곳에서 군대를 조직하고 학교를 세우며 신문을 만드는 등 국권 회복을 도모하였다. 그러던 중 블라디보스토크·하바롭스크·북간도·만주 일대 등이 항일운동의 중심지로 부각되면서, 이들 지역에서는 비교적 조직적인 무장항쟁이 전개되었다.

일제의 무단통치는 민족적 요구를 일체 금지하여 억압하고 농민으로부터 토지를 수탈하였지만, 이것은 오히려 한국인의 저항을 더욱 키워 갈 뿐이었다. 그리하여 토지조사사업의 완료와 함께 이러한 저항 의식이 폭발하여 1919년 3·1독립운동이 펼쳐진 것이다. 1919년 1월 22일 일제에 의하여 강제로 퇴위당했던 고종이 일본인 의사에게 독살되었다는 풍문이 떠돌았다. 국민의 고종에 대한 애도는 곧바로 망국에 대한 슬픔, 일제에 대한 저항감, 독립에 대한 염원으로 전이되어 고종의 장례식인 3월 3일을 앞두고 3·1운동으로 폭발되었다. 3·1운동은 독립을 요구하는 전국적 규모의 항일운동인 동시에 공화주의 민족운동으로, 당시의 사회구조가 낳은 필연적 결과였다고 볼 수 있다.

3·1운동의 직접적인 계기를 만든 사회 세력은 손병희(孫秉熙)를 중심으로 한 천도교·기독교·불교 등의 종교계 지도자들이었으며, 이들과 긴밀히 연결되어 있던 학생들이 주도 세력으로 부가되었다. 3·1독립선언문은 우리 역사에 대한 자부심과 독립이 민족의 염원임을 천명하고, 조선 독립

이 세계평화에 중요한 계기임을 강조하여 일제가 물러갈 것을 촉구하는 내용으로 이루어져 있다. 이 선언문의 서명자 33인이 3·1운동의 산파 역할을 하였다는 점에서 역사적 기여도는 매우 큰 것이었지만, 그들은 나름대로 한계가 있었다. 제국주의의 생리는 스스로 물러나 타민족에 대한 지배를 포기하는 것이 아님에도 불구하고, 민족자결 선언과 같은 도덕적 낭만에 빠져 그것에 의해 식민 지배가 종식될 수 있을 것이라고 믿었던 것이다. 그들은 약소민족의 불굴의 투쟁만이 독립을 쟁취하는 유일한 길이라는 것을 인식하지 못하였고, 윌슨(J. W. Wilson)의 민족자결 선언이 자기기만이라는 사실도 깨닫지 못하였다.

3·1운동은 비록 실패하였지만, 반침략뿐 아니라 반봉건의 기치를 높이 들어 민족운동에 질적 전환을 이루는 계기가 되었다. 갑오개혁이 일본이라는 외세에 의해 이루어진 것이라면, 3·1운동은 자체의 민족적 역량에 의해 이루어진 근대화 운동이었다. 또한 3·1운동 이전의 독립운동이 조선왕조의 부흥을 꾀한 왕조적인 것인 반면, 3·1운동은 반봉건과 민주화를 목표로 한 민중적인 운동이었다. 이처럼 3·1운동은 운동의 형태와 그 목표에서 질적 전환을 가져와, 이후 민족 독립운동이 소작쟁의·노동쟁의·학생운동·공산주의 운동 등으로 전개되는 데 길을 열었다.

이 시기 일제는 또한 식민지 조선의 효율적인 통치를 위해 식민지 종교 정책의 기반을 조성하였다. 일제는 세속적인 근대국가로 나아가는 데 전통사회의 구성 원리를 제공한 종교의 역할이 무엇보다도 중요하다는 것을 잘 알고 있었다.[35] 그래서 식민 통치 초기부터 종교를 감시·통제하기 위한 법적 제도를 완비하는 데 많은 노력을 기울였다. 일제는 종교별 특성을 각기 고려한 법과 제도를 차례로 정비하였다. 불교는 본사 교구 차원의 통제가 가능한 '사찰령(1911)'으로, 유교는 각 지역 민심을 지배하는 유림들을 회유하기 위해 '경학원 규정(1911)'으로, 기독교는 선교사와 선교 행위를 제한하는 '포교규칙(1915)'으로 각각 규제하였다. 1915년 일제가 '포교규칙'을 반포함으로써 근대 개벽종교들이 종교에서 배제되고 유사종교로 낙인찍히기 시작하였다. 특히 포교규칙에서 신도, 불교, 기독교만이 종교로 인정되고, 근대 개벽종교들은 종교 영역에서 제외되었다.[36] 유교는 사회규범이나 도덕으로, 그리고 천도교(天道敎)나 보천교(普天敎), 대종교(大倧敎)와 같은 신종교들은 종교 유사단체로 규정되었다. 일제는 학무국에 교화 업무[37]를 담당하는 종교과를 신설하여 종교로 인정되는 신도, 불교, 기독교와 관련된 사항만을 담당하고, 개벽종교들 이른바 유사종교로 지목한 종교들에 관한 것은 치안 업무를 다루는 경무국에서 관할했다. 이는 개벽종교들을 민족운동 단체 또는 비밀 정치단체로 분류했다는 뜻이며, 실제로 일제는 해방 때까지 개벽종교들에 대해 항상 감시와 통제를 풀지 않았다.

을사늑약(乙巳勒約)을 체결하여 조선의 외교권을 박탈한 일제에 대해 민족적 울분을 가진 조선의 종교들은 새로운 상황에 대해 나름의 대응을 시도하였다.[38] 이 시기에 서구에서 형성된 기독교적인 근대적 종교 개념과 정교분리라는 근대적 종교 체제[39]가 한국 사회에 확산되었다. 1880년대까지만 하더라도 세속과 미분화된 전통적인 '교(敎)'나 '학(學)'의 개념이 쓰이다가 1890년대 들어서는 이른바 근대적 '종교' 개념이 유교에도 적용될 만큼 확산된 것이다.[40] 그로 인해 유교와 불교와 같은 전통종교들의 사회 정치적인 힘은 점점 약화될 수밖에 없었고, 이에 대처하기 위해 당시 종교들은 서구적인 근대종교로서의 자체 개혁을 도모하려 하였다.

개벽종교들 역시 근대적 종교 개념과 정교분리 체제에 적응하면서도 국권회복에 참여하는 길을 모색하려 했다. 이런 가운데 동학의 분파 활동과 증산교의 분파 활동이 활발하게 이루어지고, 이들 계열과는 다른 전통의 개벽종교들도 대거 등장하였다. 1910년 이승여(李承如)가 계룡산으로 남천(南遷)하여 금강대도를 창립하며 천지인 합일의 종교를 세우고, 또 1915년 이선평(李仙枰)은 다양한 종교들을 합일한 각세도를 만들었다.

4. 민족 저항과 황민화 시기

1. 3 · 1운동에서 만주사변(1919-1931)

일제는 3 · 1운동 이후 무단통치의 한계를 깨닫고, 통치 방침을 문화통치로 바꾸었다. 이에 따라 경찰제도 · 교육제도 · 행정제도 분야에서 약간의 개혁이 추진되었으며, 전면적으로 금지되던 한글 신문 · 잡지의 발행이나 집회 · 결사도 극히 한정된 범위 내에서나마 허용되었다. 그리하여《동아일보》와《조선일보》, 기타 잡지 등이 우리말로 발간될 수 있었고, 조선노동공제회를 비롯한 사회단체도 결성되었다. 그러나 이는 우리 민족의 큰 저항에 부닥쳐 민족말살정책과 식민지 수탈 정책을 동시에 추진하는 것이 불가능해진 데서 비롯된 기만적 회유책에 불과하였다. 우리 민족을 원천적으로 말살 · 동화하려는 일제의 군사적 무단 지배의 근본 의도는 조금도 변함이 없었으나, 3 · 1운동으로 악화된 국제 여론에 대처하기 위해 고안된 문화통치는 오히려 종전보다 한층 더 심화하여 한민족을 예속화하는 정책이었다.

1920년대 일제의 회유물인 문화정치와 그때 비타협적으로 반대하는 사회주의사상의 유입으로 한국의 독립운동은 여러 갈래로 갈라졌다. 그 가운데 가장 두드러졌던 것은 좌우익 간의 이데올로기적인 분열이었으며, 이것은 두 가지 형태의 시행착오로 점철되었다. 그 하나는 무장투쟁 방식인데, 이 운동형태의 본류는 의병의 계보를 이어 일찍이 1910년대부터 만주 · 시베리아에 근거지를 두고 무장항쟁을 전개한 조선 항일 독립군에 있었다. 이들의 활동은 1920년경에 정점에 달하여, 1920~1925년 사이에는 무려 3,929회나 일본군과 싸웠다. 이런 운동방식은 얼마 지나지 않아서 사회주의 운동의 흐름 속에 수렴되었다. 다른 하나는 3·1운동의 성과로 확대된 국내 합법 운동의 영역을 이용한 문화운동이다. 문화운동은 대중에 밀착하여 다각적인 문화적·경제적·사회적 운동을 전개하였는데, 새로 창간된 민족지인《동아일보》·《조선일보》 등을 통한 계몽선전운동, 농촌계몽운동, 민립대학 설립운동 및 민족자본을 형성하기 위한 물산장려운동 등이 그것이다. 이러한 다양한 흐름 속에서 여러 가지 운동을 조직·주도하기 위하여 조선노동공제회 등 각종 사회단체가 출현하였고, 1925년에는 조선공산당이, 1927년에는 신간회가 조직되었다.

한편, 1926년 4월에 조선왕조 마지막 왕인 순종이 승하하였는데, 그의 장례일인 6월 10일 서울·인천 등 전국 각지에서 이른바 6·10만세사건으로 일컬어지는 독립만세시위가 일어났다. 또한 학생들도 식민지 교육에 반대하여 동맹단체를 만드는 등 민족독립운동의 대열에 가담하였다. 또한 1929년 미국에서 시작된 세계 대공황은 일본에도 파급되어 수출의 격감, 기업 도산, 공황의 농촌 침투, 노동쟁의·소작쟁의 등으로 일본 경제를 곤경에 몰아넣었다. 이러한 공황은 자연히 우리나라와 중국에도 그 영향을 미치게 되었다. 특히 공황에 의한 타격과 손실을 우리나라에 대한 수탈 강화로 충당하려는 일본인 자본가와 지주 때문에 한국 근로자의 생활 핍박은 매우 심각하였다. 1929년 한국 노동운동사상 가장 규모가 컸던 원산 총파업이 일어났다. 「치안유지법」을 제정하는 등 일제의 탄압이 날로 가중되는 가운데, 조선공산당은 분파에 의한 분열로 1928년 8월에 해산되었고, 신간회도 결국 1931년 해산되고 말았다.

종교적 차원을 보면, 1920년대 진화론적인 문명주의에서 해당 공동체의 '삶의 방식'을 인정하는 문화주의로 방향이 달라졌다. 즉 제1차 세계대전 이후 반성의 차원에서 세계사의 흐름이 계몽주의적 사조에서 문화를 중심으로 한 문화주의와 인격주의, 그리고 개조주의 사조로 바뀌었다. 그와 더불어 반종교적인 담론을 확산시킨 사회주의도 1920년 중반에 확산되었다. 이에 개벽사상도 사회변혁적 성향과 단선적인 진화의 문명적 성향이 퇴조하고, 상대적으로 공동체의 삶의 현실을 용인하는 실용적인 방향으로 변모되어 갔다. 그리고 사회주의의 유입은 종교의 민족운동과 과학 담론에 많은 영향을 끼쳤다. 즉 민족운동의 실력양성론이나 반종교적인 담론에 직접적인 영향을 주었다. 이에 사회주의는 민족진영의 주류였던 종교 세력과 연합하기도 하고 갈등을 일으키기도 했다. 특히 종교에 대해서는 미신 담론의 확산에 주요한 계기가 되었으며, 일부 개벽종교들은 사회주의 과학 담론을 수용하거나 그에 대한 대응책들을 마련하려 하였다.

이 시기의 개벽종교로서는 천도교의 신문화운동을 이끈 이돈화의 신사회개벽(新社會開闢), 전통적인 유교적 복고주의를 지향한 보천교의 왕조개벽(王朝開闢), 개벽의 생활화를 주장한 원불교의 정신개벽(精神開闢) 등이 대표적인 것이다. 당시 민족운동에 대한 개벽운동은 크게 두 가지로 대별되었다. 하나는 일제의 합법적 공간을 활용한 신문화운동의 성격을 띤 국내 민족진영 계열이고, 다른 하나는 일제의 탄압을 피해 만주나 상해 등 해외로 나가 무장투쟁한 민족독립운동 계열이다. 전자는 주로 천도교가, 후자는 주로 대종교가 담당하였다.

특히 3·1운동[41]은 한민족이 민족국가 건설을 지향하고 있다는 것을 분명하게 확인시켜 준 사건이었다. 해외에서 대한민국임시정부가 탄생하였고, 국내에서는 문화정치가, 해외에서는 무장독립투쟁이 본격화되는 계기가 되었다. 여러 종교 법령을 통해 일제는 정교분리의 경계선을 만들어 놓고 있었지만 개벽종교들은 이런 장벽을 허물고 정치적인 민족 독립을 요구하였다. 이것은 정교분리에 의존한 일제 종교 정책의 한계를 노출한 것이기도 했다. 이후 일제는 식민지 조선에 종교의 활동을 어느 정도 보장하는 유화정책으로 돌아서게 된다. 그리고 이를 계기로 다양한 개벽종교들이 등장하게 된다. 3·1운동 이후 천도교는 사회변혁의 개벽운동을 문명화의 개화운동으로 전환하였고, 증산교 계통의 보천교는 민중의 정신적 위안처로서의 구심점으로 새롭게 부상하였다. 원불교는 일제의 탄압을 피하고 일제의 합법적 공간을 활용할 수 있는 '불법연구회'를 창립하였다.

이 시기에는 천도교와 대종교 이외에도 다양한 성향의 개벽종교들이 활동하였다. 대표적으로 차경석(車京石)의 보천교(1920), 조철제(趙鼎山)의 태극도(1921), 이상룡(李象龍)의 수운교(1923), 그리고 종교 생활에 과학과 보은을 받아들인 소태산(少太山)의 불법연구회(1916) 등의 종단들이 출현하였다. 특히 보천교는 3·1운동 이후 막대한 피해를 입은 천도교를 대체할 수 있는 종교로 부상하여 자칭 6백만 신도에 이를 정도로 큰 교단을 형성하였다. 또 한국적인 기독교들도 이 시기에 출현했다. 1920-1930년대에 반선교사 및 조선적 영성(靈性)에 입각한 소종파 심령운동들이 대거 나타났다.[42] 이들은 모두 예수가 한반도에서 인간으로 재림할 것이라며 그를 영접하기 위한 혼인 잔치와 같은 준비를 하기도 했다.

이들 신종교들은 유사종교의 개념에 걸려 일제강점기 내내 감시와 탄압의 대상이 되었다. 또한 과학에 대칭되는 미신으로 전락하지 않으려고 일제 권력과 끊임없이 싸워야만 했다. 일제의 이런 덫에서 벗어나고자 당시의 종교들은 스스로가 문명적이고 과학적인 종교임을 증명하려는 노력을 계속하였다. 그런 가운데서도 천도교는 3·1운동을 주도하여 패망한 국가를 대신하여 민족의 이름으로 민족을 대통합하였다. 이후 사회진화론[43]과 근대사상을 도입하여 근대의 문명종교임을 과시하며 신문화운동을 적극 추진한다. 더 나아가 천도교는 기독교 신앙의 불합리성 혹은 미신성에 대해 비판하고[44] 보천교와 같은 증산교에 대해서도 그들의 혹세무민(惑世誣民)과 이른바 미신성에 대해 신랄하게 비난하였다.[45] 이런 비판을 통하여 천도교는 문명개화의 선두에 있는 문명종교[46]라는 것을 과시하고자 했던 것이다.

천도교의 신문화운동은 천도교 신파들이 추진한 사회운동이었다. 이들은 인간의 정신적 개벽을 통해 신사회를 건설하려고 하였다. 농민·노동·학생·상민·청년·소년·여성부를 두고 각 부문별로 새로운 인간을 형성하기 위한 운동을 전개하였다. 특히 농민의 각성과 생활 개선을 위해 1925년 10월 조선농민사를 설립하고 『조선농민』을 발간하여 농민계몽운동을 전개하였고, 정신적·물질적으로 자립한 신여성을 만들기 위해 『부인』, 『신여성』 등의 잡지를 발간하고 강습·야학·강연 등을 실시하였다. 이러한 천도교의 신문화운동은 새롭게 대두한 사회 개조운동에 자본주의를 근간으로 하면서도 사회주의적 요소를 받아들여 천도교적 이상사회를 수립하려고 한 것이다. 다만 그 운동론의 철학적 기초가 일제의 지배 체제를 합리화하는 측면과 새롭게 형성하려는 문화가 일제가 지향하는 문화주의와 유사해 일제의 지배 체제를 더 공고히 해 준 측면이 없지 않았다.

이 시기 종교와 관련한 민족운동에 의미 있는 일이 있었다. 바로 좌우합작의 신간회 설립이다. 신간회는 일제강점기에 가장 큰 합법적 민족독립운동 단체로서 1927년 2월에 설립되었다. 사회주의는 근대 과학주의의 반종교 담론 자체가 이른바 해방 투쟁의 중요한 무기인 만큼 본래 종교 단체와의 협력이 쉽지 않다. 그렇지만 천도교 구파들과 연합해서 민족운동에 나선 것이다. 이는 한국의 사회주의자들이 비타협적인 민족운동에서 출발했다는 사실을 새삼 확인해 준다. 이 단체는 1931년 5월에 해체되었다. 결국 양자의 종교 본질에 대한 갈등, 천도교의 영도권 요구, 사회주의 성장 등이 해소의 요인이 되기는 했지만, 사회주의와 근대 신종교가 민족운동을 접점으로 하여 좌우합작의 유일당을 형성한 것은 근대 민족사에 충분한 의미가 있다.

2. 만주사변에서 해방기(1931-1945)

1929년 세계적인 공황의 영향을 받은 일제는 경제적인 문제를 식민지 조선에 전가하였다. 조선의 농민뿐 아니라 도시 근로자도 큰 타격을 입게 되어, 적지 않은 몰락 농민과 노동자들이 만주로 이주하였다. 일제는 만주로 이주한 조선 농민을 중국 농민과 대립시켜 1931년 7월 만보산사건(萬寶山事件)을 조작함으로써 만주 침략의 구실을 삼았다. 뒤이어 1931년 9월 18일 중국군이 류탸오우(柳條溝)에서 만철선로를 폭파했다는 트집을 잡아 만주사변(滿洲事變)을 일으켰다. 만주사변은 중국에서 만주와 몽고를 분리시켜 일제의 식민지로 만들려는 계획을 실천에 옮긴 것으로서, 태평양전쟁의 도화선이 되었다. 만주사변이 일어날 무렵부터 일본 자본에 의한 한국의 식민지공업화 정책이 추진되었다. 이후 일본 자본은 광공업 부문으로 급속히 진출하였다. 이는 공황의 타격에서 벗어나려는 일본 자본의 요구를 받아들이고, 일제의 중국 대륙 침략을 위한 거점을 마련하려는 것이었다. 일본은 군수공업과 관련한 금속공업과 화학공업을 일으키는 동시에, 직·간접으로 병기 생산에 소용되는 지하자원 개발을 도모하였다. 이와 같은 파행적 공업화의 결과로 비록 공장노동자의 수는 증가하였으나, 이들은 민족 차별적 노동정책하에서 저임금·장시간 노동으로 수탈당하였다. 이에 따라 소작쟁의와 더불어 노동쟁의가 급격히 늘어났고, 다른 한편에서는 동만주 일대와 간도를 중심으로 무장항일투쟁이 새로이 고조되고 있었다. .

이같이 만주사변(1931) 이후 일제는 일본 천황을 신격화하고 조선인의 황민화정책을 적극 추진하였다. 전쟁이 확대됨에 따라 또다시 민족말살정책을 펼침과 동시에 식민지수탈 정책을 대폭 강화하였다. 일제는 한국인을 '충직한 신민'으로 만드는 것을 학교교육의 목적임을 명백히 하고, 이른바 황민화라는 구호 아래 신사참배, 1면 1신사 설치, '황국신민의 맹세' 등을 제정하여 식민지정책을 강행하였다. 이어 이른바 창씨개명을 강요하는 한편, 1938년 3월 새로이 조선교육령을 공포하여 우리의 역사는 물론이요 우리말에 대한 교육까지 금지시켰다. 더욱이 1936년《동아일보》를 무기정간한 것을 비롯하여, 그들의 민족말살정책에 저항하는 한국인 언론기관과 문화단체를 가차 없이 탄압하였다.

특히 1937년 중일전쟁 이후 전시 동원 태세는 내정으로도 이어져, 일제는 조선사상범 예비 구금령과 조선사상범 보호 관찰령을 공포하여 사상운동의 탄압에 들어갔다. 일제의 전시총동원 체제하에서 모든 종교들이 종교보국운동에 총동원되었다. 이 시기의 일본은 근대의 시대정신은 사라지고 일본정신만 강조되는 이른바 근대 초극의 시기였다.[47] 그리고 1938년 교육령을 개정하여 국체명징(國體明徵)・인고단련(忍苦鍛鍊)・내선일체(內鮮一體)의 3대 강령을 내세워 황국신민화(皇國臣民化)를 철저히 시행하였다. 이에 사회주의 운동의 기수였던 조선공산당과 신간회는 해산되었지만, 증가되는 노동자와 빈곤화된 농민을 기반으로 공산주의 운동이 지속되었고, 농민운동・노동운동을 비롯한 모든 비합법적인 사회운동은 좌경화・지하화되었다. 이때 국내외에서 사회주의자들이 민족운동을 지하에서 주도하고 있었다.

종교적 측면에서 일제는 1937년 중일전쟁 이후 교육계에 수신과목을 편입하고 신사참배를 강요하였으며, 1936년부터 전국 1군(郡) 1사(祀) 운동과 심전개발운동(心田開發運動)[48]을 추진하였다. 모두가 황국신민을 만들기 위한 조치였다. 특히 농촌개발운동은 일제의 신사참배와 같은 경신운동과 더불어 보은·감사·자립의 정신을 고취한다는 목표가 있었다. 이는 미신 타파와 신흥종교 박멸을 내거는 생활개선 운동으로 전개되었다. 여기에 1920-1930년대 문화주의를 추구한 천도교와 원불교가 합류하게 된다. 이들 개벽종교들은 우선 민중과 공식적인 접촉을 가지기가 쉽지 않았고, 이미 지하화된 민족운동에 주도권을 가질 수 없었다. 특히 1936년 유사종교 해산령[49] 공포로 말미암아 많은 개벽종교들은 해산되거나 지하화하기도 하고, 혹은 생존을 위해 노골적인 친일화의 경향을 보였다. 그럼에도 불구하고 이 시기에 물법교(1937)와 갱정유도(1945)가 창립된다. 물법교는 김봉남(金奉南)이 하늘로부터 심수법(心水法)을 받아서 그 물법을 가지고 치병 위주의 활동을 전개하였다. 갱정유도는 강대성이 유·불·선에 근거하여 동·서학을 합일하되 다시 유도로 구세한다고 하였다. 태극도와 같은 일부 종단들은 일제의 감시를 피해 지하화하였다.

5. 소결

이상의 근대적 종교 상황을 고려하여 한국 신종교의 흐름을 정리해 보면 다음과 같다.

1860년 민중종교인 동학으로 출발한 근대 신종교는 동학농민혁명을 거치면서 사회적 투쟁에서 종교적 투쟁으로 방향을 선회한다. 이때 나타난 근대 신종교가 증산교이다. 또 애국계몽기라고 할 수 있는 1890년대에 대한제국의 국운이 기울어지자 1909년 고유의 신교를 중광(重光)한 대종교는 민족종교로서의 성격을 분명히 하였다. 그리고 3·1운동 이후 1920년대 문명주의 담론에서 문화주의 담론으로 사조가 변하자 일부는 일제하에서 천도교 신파와 같이 문화주의적 근대화의 길을 가게 되고, 일부는 증산교와 같이 민중종교의 성격을 강화하였다. 또 이에 반대한 천도교 구파와 같은 일부는 민족운동에서 비타협적인 노선을 견지하며 1930년대 후반 근대 신종교의 해체기에 이르기까지 민족의 호명에 응답하였다. 이들 비타협적 노선파의 일부는 1920년대 대종교와 같이 민족독립투쟁에 나서기도 하고, 천도교 구파와 같이 사회주의와 협력하는 길로 나아가기도 하였다. 1930년대 이후 전시체제가 되면서 어떠한 민족운동도 공개적인 활동이 쉽지 않았다. 이후 국내에서는 민중을 응집시킬 만한 구심점도 없었으며, 민중 스스로의 산발적인 투쟁만 지속되었다. 그것마저도 반종교 세력인 사회주의자들의 손에 있었다. 그만큼 종교 세력은 민족운동에서 멀어져 간 것이다.

이상과 같이 개벽종교가 가장 왕성하게 활동하던 시기는 1900년대부터 1920년대까지 약 30년간이었다. 이들은 민중종교로 출발하여 민중종교의 성향을 유지하면서도 한편으로는 시대의 변화에 대처해 가며 자기 정체성을 만들어 왔다. 그 방향은 대체로 네 가지의 흐름이 있다.

첫째, 민중종교의 성향을 그대로 유지하면서 전통적인 성향의 종교성을 강화하는 방향이다. 대표적으로 동학(개신하지 않은 동학 교파들 포함)이나 증산교(보천교나 여러 교파들 포함)를 들 수 있다. 이들의 개벽운동은 종교성이 강한 심령개벽에 속하는 것으로, 민중의 현실적인 삶과 이해에 좌우되는 경우가 많았다. 사회적 활동에 대해서는 현실 이해에 함몰되거나 복고적인 경향을 보였다.

둘째, 문명화의 사회 압력을 형식적으로 수용한 문명종교로서 민중종교에 이신론(理神論)적 성격을 강화하는 방향이다. 대표적으로 천도교를 들 수 있다. 이들의 개벽운동은 근대성에 기반을 두고 있으나 식민지적 근대성에 대해서는 철저히 저항하였다. 그러나 결국 이들은 민족운동에서 사회주의자들에게 주도권을 내주자 친일화하거나 비정치화하였다. 이들의 초기 개벽운동은 애국계몽과 식산진흥과 같이 세속 사회운동과 거의 유사한 성향을 보였다.

셋째, 국권 위기와 식민지화에 저항한 유사 정치종교성을 띠고 식민지화에 저항하는 성향이다. 이들은 민족 공동체를 성화(聖化)하여 근대국가 건설을 목표로 한다. 대표적으로 대종교를 들 수 있다. 이들의 개벽운동은 국권 상실에 대한 저항과 민족의 영광을 회복하는 데 중점을 두었다. 이들은 식민지 권력에 무장투쟁으로 대항함으로써 이후 해외 독립운동으로 방향을 잡았다.

넷째, 문명화와 식민지화에 대해 현실적으로 대처하는 성향이다. 대표적으로 원불교를 들 수 있다. 이들의 개벽운동은 근대성을 대폭 수용하면서도 식민지적 근대성과는 직접적인 마찰을 피하는 경우다. 문명화의 사회 압력을 적극적으로 받아들이되 강제된 식민지화에 대해서는 현실적인 이해로 대처하는 경우다. 그리고 현실 생활 중심으로 종교를 통합하고 개혁한다.

근대의 개벽종교는 민란의 혁세사상을 종교화하여 민중종교로 출발하였지만 이후 시대에 적응하기 위해 다양하게 분화되어 갔다. 민중종교인 동학은 다시 개벽에 사회변혁과 보국안민을, 그 동학을 계승한 증산교는 개벽에 심령적인 것과 삼계개벽을, 국가를 대신해 민족을 앞세운 대종교는 개벽에 민족과 개천개벽을, 동학을 개신한 천도교는 개벽에 사회 문명개화와 신문화운동을 추가하고, 과학과 도학의 조화를 주장한 원불교는 개벽의 생활화에 중점을 두었다.

근대 개벽의 종교들은 일제로부터 '유사종교'라는 부당한 대우를 받으면서도 근대 식민지의 과제들을 외면하지 않았다. 전통적인 민중신앙을 개혁함으로써 민중적 에너지를 결집시키고, 나아가 근대성을 적절히 수용함으로써 급격한 종교 성장을 이루어 당시의 사회적 과제였던 문명개화나 민족운동에도 적극적으로 참여할 수 있었다. 이들은 근대 한국사회가 겪은 사회변혁과 문명개화, 그리고 식민지화에 적극적으로 대처하며 해방 이전까지 종교계만이 아니라 암울한 조선 사회 전체에 큰 등불이자 희망이 되었다. 이들은 상대적으로 자유로운 종교 영역을 통해 그들의 독자적인 활동 공간을 확보하려고 노력하였으나, 개벽종교의 근대 문명화는 끝내 실현되지 못했다. 결국 일제의 식민 체제에 내화(內化)하는 길을 걸을 수밖에 없었다. 그 원인은 서구의 근대성이 근대성과 식민성이라는 양 측면을 동시에 포함하는 계몽주의적 담론을 기반으로 하고 있기 때문이다.[50] 식민 지배 권력이 근대성을 비롯한 모든 근대 개념을 독점하고 있었던 가운데 근대를 추종할 수밖에 없었던 개벽종교들의 자기한계라고도 할 수 있다.

제8장

결론과
근대 이후

본 연구는 근대 신종교들의 발생과 전개 과정을 개벽사상 중심으로 조망하고, 개벽종교의 종교적 성격과 그 사회사적 의미를 개괄적으로 검토해 보았으며, 이어서 이들 종교들이 근대를 어떻게 수용하고 저항해 왔는가를 살펴보았다. 이 장에서는 1) 개벽종교들이 근대 세속 문명을 어떻게 수용하고 저항했는지를 간단하게 정리하고, 2) 개벽종교들의 근대적 정체성에 대한 문제를 논의한 다음, 3) 해방 이후 개벽종교들의 현황과 이후 전망을 간단하게 정리해 봄으로써 결론을 대신하고자 한다.

1. 제3의 근대종교

1. 근대의 수용과 저항

19세기 말 조선에 문명개화와 식민지화가 진행됨에 따라 개벽사상이 여러 형태로 변모해 왔음은 이미 앞에서 서술하였다. 개벽사상은 사회변혁을 지향한 동학의 다시개벽과 정역의 역수개벽, 문명개화의 영향을 받은 증산교의 삼계개벽과 대종교의 개천개벽, 그리고 천도교의 문명개벽, 3 · 1운동 이후 1920년대 문화주의의 영향을 받은 천도교 신파의 사회개벽, 이에 대한 반동으로 출현한 보천교의 복고개벽, 물질개벽의 대응으로서 개벽을 실용화한 원불교의 정신개벽 순으로 전개되었다.

이것을 개벽종교 차원에서 보면, 지상천국을 지향하는 민중운동으로 출발한 개벽종교는 동학의 보국안민과 사회변혁(사회변혁에 중점)에서 동학을 계승한 증산교(신앙에 중점)와 국가를 대신해 민족을 보존하려는 대종교(민족에 중점)를 거쳐, 종교만이 아니라 사회 문명화를 추구한 천도교(문명에 중점), 문화주의를 지향한 천도교 신파(신문화에 중점), 사회주의와 연합한 구파(민족운동에 중점), 왕정복고를 지향한 보천교(전통에 중점), 합리적 생활화를 주장한 원불교(실용에 중점) 등으로 전개되었다. 그러나 개벽종교의 문명화나 근대화는 식민지 지배 권력이 서구 근대성을 독점하고 있는 상황에서 사회적 활동 공간을 더 이상 확보하지 못함에 따라 결국 식민지적 근대화로서 체제 내화(內化)되고 말았다.

이들 개벽종교는 근대를 수용하는 과정에서 자신들이 타자로 인식하였던 전통종교인 유불선 삼교와 외부에서 온 서학을 차별화하고, 시대적 조류였던 정교분리와 함께 세속 과학을 도입하여 근대 문명종교를 지향하였으며, 또 '외세와 일제의 권력'에 저항하여 국가를 대신해 민족종교로서 자신의 정체성을 확립하려 하였다. 여기서 근대종교의 종교적 조건이라고 할 수 있는 '문명종교 되기와 정교분리 실현', 그리고 사회적 특성이라고 할 수 있는 '세속 과학의 도입과 근대국가 형성'에 대해 개벽종교가 어떻게 대응해 왔는가를 살펴 '근대의 수용과 저항' 양상들을 간략하게 정리해 보려고 한다.

첫째, 민중종교로 출발한 개벽종교는 문명종교를 지향했지만 동시에 많은 한계도 드러냈다. 근대 기획에 의해 형성된 근대 문명종교는 동아시아 전반에 통용되는 근대종교의 모델이 되었다. 이 종교 모델에 따라 당시 종교들은 문명화를 달성한 문명의 종교와 그에 맞지 않은 야만의 종교로 구분되었으며, 나아가 모든 종교들은 문명종교의 모델을 기준으로 위계화되었다. 이는 근대종교들이 당시 최고의 문명종교로 인식된 기독교와 같은 신앙

형식으로 종교가 개편되어 가는 것을 의미한다.

　문명종교로의 지향은 개인 구제와 사회적 교화가 융합된 전통적인 '교'에서 개인 구제만을 추구하는 '종교'로의 지향이다. 전통적인 '교'는 생활양식으로서 실천 체계 중심이고 교화의 개념이 강하게 반영되어 있는 반면, 근대적 '종교'는 개인 내면의 신앙에 기초하고 종교의 믿음 체계에 중점을 두어 경전과 교리가 분명하게 정립되어 있어야 하고, 또 의례와 조직 등의 체제를 갖추고 있어야 한다. 그것이 근대적 종교의 형식 갖추기다. 그러나 민중종교의 성향을 띠고 있었던 개벽종교들은 문명종교를 향한 노력에도 불구하고 전통종교의 특성인 '교'나 '학'에 가까운 전통적인 성향을 벗어날 수 없었다. '교'는 전통적인 삶의 부분으로서 경전과 교리, 의례와 조직이 없어도 종교로서 충분한 역할을 했을 뿐 아니라, 실제 삶의 현장에서도 종교로서 큰 문제가 없었다. 이로 인하여 정치적이고 제도적인 문명종교로 나아가는 데에 한계를 가질 수밖에 없었다.

　또 이 책에서는 별도의 장으로 다루지 않았지만 유불선 삼교 및 서학과의 관계도 개벽종교들이 자신의 정체성을 확립하는 데 장애가 되었다. 개벽종교는 이전의 유불선 삼교와 서학과의 차별화를 통해 새로운 종교를 창립하려고 하였다. 즉 유불선 삼교와 서학을 부정함으로써 자기 정체성을 내세우려고 한 것이다. 그런데 개벽종교들은 이미 유불선 삼교 합일을 자신의 종교 내용으로 삼고 있어서 유불선 삼교 전통에 대한 단편적인 비판만으로는 자기 정체성을 정립하는 데에 한계를 보였다. 그리고 서학과 기독교를 비판하면서 동시에 문명화의 압력으로 그들의 종교 형식을 수용할 수밖에 없었기 때문에 그것에 대립하여 독자적인 자신의 정체성을 정립하기가 쉽지 않았다. 이들은 유불선 삼교에 대한 비판을 통해 자신의 새로움을 강조하고는 있었으나 다른 새로움을 보여주기에는 역부족이었다. 그리고 증산교와 같이 서학을 비판하면서도 경전이나 의례 형식에서는 도리어 서학을 수용하는 모습을 보여주기도 했다.

둘째, 종교와 세속의 관계 문제로서 정교분리의 수용과 그 한계를 들 수 있다. 정교분리의 수용은 전통 사회와 문명사회를 구분하는 중요한 징표다. 근대사회의 정교분리는 과거 정치(황제)와 종교(교황) 같은 단순한 기능적 역할의 분리가 아니다. 이는 성과 속, 공과 사, 정신과 물질, 영혼과 육체 등의 근대 이분법적 사고가 종교만이 아니라 전 사회에 작동하는 하나의 근대적 사유 방식이자 사회 체계이다. 근대적 세속 사회 만들기는 전통 사회를 뒷받침해 온 '교'에서 독자적인 '종교' 만들기와 다를 바가 없다. 이렇게 종교와 세속이 분리되면, 세속 영역은 공적 영역으로 세속 국가의 몫이 되고, 종교 영역은 사적인 것으로 종교 활동은 국가가 아닌 시민 영역에서 실현된다. 이런 사회체제에서는 세속 국가가 인정하지 않는 한 종교는 세속의 정치에 관여할 수 없는 구조가 되어 버린다. 일제는 종교의 영역으로 분류한 불교와 유교도 체제에 동화시켜 개인 구제는 불교에, 인민 교화는 유교에 배정함으로써 종교 영역에서 민중운동의 위력을 제거하고자 하였다.

개벽종교들은 동학농민혁명 이후에도 여전히 변혁을 지향하는 개벽을 중심 주제로 삼고 있으며, 그것을 지상에 실현하여 지상천국 건설을 목표로 하는 종교들이다. 그리고 개벽종교는 정신과 물질을 구분하지 않는 영육쌍전(靈肉雙全)과 이사병진(理事並進)을 추구하는 종교들이다. 결과적으로 보면, 이들은 세속의 정치와 내면의 종교를 분리하지 않을 뿐 아니라 교정일치(教政一致)를 지향하고 있다고 해도 과언이 아니다. 근대 정교분리의 입장에서 보면, 개벽종교는 종교와 세속이 분리되지 않고 사적인 영역의 종교가 공적 영역인 세속 사회의 변혁을 지향하는 종교로 규정할 수 있다. 그러므로 식민지의 세속 권력은 이들 개벽종교들을 근대적 문명종교로 인정하지 않은 것이다. 그럼에도 불구하고 개벽종교들은 식민 지배 권력이 규정한 유사종교를 벗어나고자 정교분리를 도입하고 문명종교로 인정받으려는 노력을 계속했다. 그러나 정교분리를 천명하는 천도교의 대고천하(大告天下)나 대종교의 종교 분리 천명은 일제의 눈으로 보면 정치 영역 내에서 자유로운 종교 활동 공간을 확보하기 위한 방편적인 것에 지나지 않는 것으로 보였을 것이다.

민중종교의 성향이 있는 개벽종교들은 모두 지상천국 건설 운동에 매진할 수밖에 없었다. 그리하여 표면적으로는 정교분리를 수용하지만 내면적으로는 그것을 거부할 수밖에 없는 영육쌍전이라는 자기 한계가 있었다. 식민지 지배 권력은 그것을 두고 개벽종교를 종교적이긴 하되 근대적 종교는 아닌, 말하자면 유사종교로 규정하였다. 유사종교 개념은 근대적 종교개념을 토대로 식민지 정치권력이 정교분리가 분명하지 않았던 종교들에게 종교 활동을 제약하는 방법으로 도입한 것이다. 또한 개벽종교는 사회변혁의 논리와 민족 주체성을 담고 있었기 때문에 식민지 지배 권력으로부터 유사정치종교로 규정될 수밖에 없었던 측면도 무시할 수 없다. 그 규제 때문에 개벽은 결국 순치되고, 체제 내화되었으며, 만주사변 이후 반종교적인 담론을 펴는 사회주의 운동을 멀리하고 반면 문화주의와 유사한 개인 수양의 논리를 내세운 일제의 심전개발운동에 참여하여 기생하는 처지가 되었다.

이상과 같이 문명종교로서의 한계와 정교분리 수용의 한계는 개벽종교가 반구조적인 민중종교로서, 종교 영역의 중심에서 벗어나 주변에 머물 수밖에 없게 만들었다. 이는 개벽종교의 종교적 정체성을 결정하는 중요한 변수였다.

셋째, 개벽종교는 세속과의 관계 설정과 관련해서도 많은 문제에 부딪쳤다. 사회의 문명화는 세속 사회를 이끄는 과학의 수용 여부가 관건이다. 이는 앞서 지적한 것처럼 1920년대 중반 이후 사회주의의 반종교적인 담론 확산과도 직접적인 관계가 있다. 근대 문명화의 압력에 따라 개벽종교는 근대 과학과 근대 문명을 어떤 형식으로든 수용할 수밖에 없었다. 서구에서는 국가와 개인 간에 시민사회라는 공간이 있어 종교가 시민의 기본권으로 보장받을 수 있는 자리가 있으나 근대 동아시아에서는 그렇지 않았다. 종교가 활동할 수 있는 시민사회라는 자율적 공간이 없었기 때문에 국가 세속 권력은 종교와 종교 활동을 직접 관리하고 통제하게 된 것이다.

근대 정교분리 원칙에 의하면, 근대 세속 국가는 세속 정치를 보호하기 위해 언제 돌출할지 모르는 불안한 종교를 정교분리를 내세워 제도화된 종교 영역에 가두어 두려고 한다. 그리고 세속은 종교와 관계없는 공적 영역으로서 정치가 담당한다. 정치가 담당하는 세속은 법과 제도로 짜여 있으나 기실 그것을 뒷받침하고 있는 것은 합리적인 과학이다. 말하자면 합리적인 과학은 세속 권력의 근거가 되고 동시에 세속의 방향성을 제시해 준다. 그렇다면 세속을 담당하는 정치권력은 세속의 과학화를 통해 자기 정당성을 더 강화하고자 할 것이고, 동시에 자신의 대척점에 있는 종교를 근대적 종교 영역에 가두는 데 많은 관심을 가질 것이다. 특히, 종교의 영역에 길들여진 제도종교와 그렇지 않은 비제도종교의 분리는 세속의 권력이 추구하는 종교에 대한 세속의 정치학이다. 그러지 않으면 비제도종교를 비정치적인 전통문화로 몰아 제도적인 문화재로 정착시킨다. 세속을 담당하는 정치는 종교의 폭발력을 무마시키든지 혹은 세속에서 약한 고리부터 종교를 배제하려고 한다. 즉 문명종교 만들기는 그들을 제도화하여 그들의 폭발력을 무마시키는 것이고, 야만의 종교들은 과학의 이름으로 미신화하여 세속에서 추방하려고 하는 것이다. 관습적이거나 비합리적 성향이 강한 민중종교 즉 교리가 분명하지 않은 의례나 실천 중심의 종교, 근대 종교전통과는 별 관계가 없는 민중종교들은 세속 권력으로부터 금압을 받아 활동은 고사하고 존속에도 위기를 맞게 될 가능성이 많다. 그래서 세속에는 관여하지 않든지 아니면 스스로 문명종교임을 증명하기 위해 사회 계몽운동에 적극 나서야 하며, 그렇지 않을 경우 자신이 계몽의 대상이 되는 것이다. 이에 민중종교의 전통을 이어받은 개벽종교들은 그 경계선에서 미신으로 떨어지지 않으려고 항시 전전긍긍하였다.

한편, 개벽종교가 지상천국을 지향하고 있는 만큼 과학의 수용을 통해 이상사회 건설에 기여할 수 있는 길을 모색하려는 것은 어쩌면 당연한 일로 생각했다. 그러나 개벽종교들이 과학을 도입한다고 하여 과학의 기반인 합리적 사고를 전적으로 받아들일 수 있는 것은 아니다. 물론 천도교의 신문화운동을 주창한 이돈화가 새로운 과학의 시대 종교를 넘어선 '신종교'를 언급하고 있지만 그것을 받아들인 것은 지상천국이라는 이상향을 정당화하고 어디까지나 그 실현 수단을 확보하기 위한 것일 뿐이다. 그런데 개벽의 종교는 종합과 융합의 종교요, 동귀일체의 종교라서 신앙의 내적 일관성이나 종교전통의 순수성에는 애초부터 별 관심이 없었다. 이들은 종교적 형이상학을 가지고 출발한 것이 아니라 민중의 삶과 생활 현장의 신앙에서 출발했기 때문이다. 이런 개벽종교에 식민 지배 권력이 '종교, 미신, 과학'의 삼각 구도의 동학(動學)을 적용하면, 큰 피해를 감수해야 한다. 그들은 문명종교의 범주에 포함되지 않는 종교에 대해서는 미신타파 운동을 강화하고, 지상천국 건설을 위한 애국계몽운동은 정치운동으로 간주하여 탄압하는 것이 가능했기 때문이다. 그래서 개벽종교는 과학과 결합하든지 아니면 과학이 뒷받침하고 있는 세속과 거리를 두든지 한다. 전자는 천도교와 원불교 같이 종교가 먼저 나서서 사회의 문명화에 앞장서며 사회 계몽운동에 매진하는 형태이고, 후자는 계룡산에 들어간 상제교나 태을교의 뒤를 이은 보천교와 같이 종교의 영역에 침잠하는 형태이다. 그리고 많은 개벽종교들이 지상천국의 청사진에 과학으로 형성된 근대적 문물을 수용하고 있다는 것을 자신들의 과학성의 증거로서 활용하고 있는데, 이는 주객 합일의 사고를 기반으로 하는 개벽종교에서는 그저 이상적인 청사진에 지나지 않을 가능성이 크다.

넷째, 외세와의 관계로서 근대국가 형성에 관한 문제다. 말하자면 근대국가의 기능을 대신한 개벽종교의 민족운동에 관한 것이다. 서구 근대를 보면, 근대 세속 국가의 형성 과정은 종교와 세속을 분리하는 정교분리 과정이라고 해도 지나치지 않다. 서구 근대도 정교를 분리하면서 새로운 세속 국가의 국민을 어떻게 창출할 것인가가 핵심 문제였다. 동아시아에 서구 근대가 이식되면서 근대국가 건설에 종교가 핵심 문제로 등장한 것도 이와 같은 연유에서다. 그래서 서구 근대국가 형성 과정에서는 정교를 분리하면서 동시에 그에 맞는 국가교회들을 출범시켰다. 우리는 이들을 근대국가의 이해에 맞는 근대 정치종교들이라고 한다. 개인적 믿음의 신앙이면서도 국민국의 체제를 뒷받침할 수 있는 근대적 종교들이다. 그러나 식민지 국가로 전락한 조선은 개벽종교가 식민지 국가로부터 인정받지 못한 가운데 식민지 민중들이 인정하는 유사 권력기관으로서 역할과 기능을 하였다. 민족의 이름으로 근대국가의 기능을 대신하는, 즉 서구 세속 국가의 정치종교의 역할을 담당했던 것이다. 이것이 개벽종교들을 민족종교라고 칭하는 중요한 이유다.

그런데 개벽종교는 근대 민족국가의 건설과 관련해서 자기 한계를 노출하였다. 먼저 근대 세속 국가는 이전의 천명설(天命說)이나 왕권신수설(王權神授說)처럼 신이나 하늘의 권위에 의해 국가의 주권을 행사하는 것이 아니라, 천부적 권리를 가진 개인의 대표들이 모인 세속적인 의회와 헌법을 통해 국가의 주권을 행사한다. 이제 세속 국가는 지배의 정당성을 위해 종교의 힘을 빌려야 할 필요가 없다. 도리어 종교가 세속적인 주권을 행사하는 데 장애가 되는 경우가 종종 발생한다. 그러자 종교는 근대국가에서 그 위상과 내용이 크게 달라졌다. 말하자면 종교는 개인의 내면적 정신 영역에 자리 잡아 지극히 사적인 것으로 한정되고 만다. 그런데 조선의 전통종교들은 여전히 구성원을 통합하고 삶의 방식을 제공하고 있었다. 그 때문에 근대적 정교분리 제도의 운영은 세속 국가의 '법적 정치적 개념'의 종교에 한정될 수밖에 없었다. 즉 전통종교들의 종교적 역할은 남아 있었지만, 법적 정치적으로는 종교의 활동으로 인정될 수 없었다. 따라서 근대 국민국가에 역할과 기능을 할 수 있는 통로가 없었으며, 민족독립운동에 참여하고 있는 이상 개인적 신앙에 머물 수도 없었던 모호성을 가지고 있었다.

당시 동아시아에서는 근대국가의 형성 과정에서 비록 의회와 헌법을 만들어 세속적인 지배를 한다 하더라도 문화적 정체성을 살리고 국민을 통합하는 데는 여전히 종교만큼 효율적인 기제가 없었다. 그래서 근대 국민국가들은 정교를 분리하면서도 동시에 그에 맞는 국민종교를 내세우려 하였다. 서구로 보면 이들은 근대 세속 국가의 정치종교들이다. 세속 국민국가 형성에 발맞춰서 국민국가의 사회적 통합을 보완하는 영국의 성공회, 독일의 루터교회 같은 정치종교들이 그에 속한다. 그래서 중국에서는 5·4운동 이전까지 유교의 국교화가 계속 논의되었고, 일본에서는 그들의 고유 신앙이라고 할 수 있는 신도(神道)가 세속 국가의 정치종교로서 근대국가 체제에 편입된 것이다. 식민지 조선에서는 개벽종교들이 근대 세속 국가를 대신하기도 하고, 국민국가의 정치종교 역할도 일부 담당하게 된다. 전자로는 3·1독립운동을 수행한 천도교, 후자로는 만주에서 무장독립운동을 한 대종교를 들 수 있다. 이같이 개벽종교들이 근대사회 지향과 근대국가의 형성에 적극적으로 참여한 것을 고려한다면, 개벽종교의 사회적 정체성은 민간에 의한 민족국가의 정치종교로서 규정될 수 있을 것이다.

개벽종교와 관련하여 종교적 사회적 정체성을 이상의 4가지 차원에서 살펴보았다. 종교적 정체성으로서 문명종교와 민중종교의 갈등, 세속사회와의 관계 정체성으로서 정교분리와 정교일치의 갈등, 사회문화운동의 정체성으로서 과학의 수용과 미신 찍히기의 갈등, 정치운동의 정체성으로서 근대 민족국가 건설과 한계 등의 갈등들을 살펴보았다. 개벽종교들의 문명종교 되기와 정교분리 실현은 개벽종교의 민중종교적 성향 때문에, 세속의 과학의 도입과 근대국가 형성에의 참여는 개벽사상의 전통적인 사유방식과 지상천국을 위한 운동적 성향 때문에 쉽게 이루어질 수 없는 것이었다. 그러나 이들은 불교나 유교와 같이 종교전통의 이해가 앞서는 전통종교의 개혁의 길도 아니고 문화적으로 수용하기 힘든 문명종교의 길도 아닌 제3의 길을 가게 되었는데, 이런 점을 고려한다면 '제3의 토착적 근대종교'로서 개벽종교의 근대적 정체성을 규정할 수 있을 것이다.

2. 제3의 근대종교론

18세기 중엽 이후 민란의 발흥이라고 하는 민중운동의 확산 및 유교의 위상 약화와 천주교의 수용 · 확산으로 인해 조선의 사회 문화적인 위기는 한층 더 심화되었다. 이와 같은 총체적 위기에 대응하고자 민중들은 새로운 근대 신종교들을 창출하였다. 이들의 창립은 최초의 창립종교(established religion)의 등장이라는 종교사적 의미가 있다. 그리고 이들은 개항기에는 봉건적 사회 차별에 항거하여 사회변혁을 도모하였고, 문명개화기에는 서구 열강에 저항하며 서구 근대 문명을 비판적으로 수용하려고 하였으며, 식민지 상황에서는 민족의 이름으로 국가의 기능을 담당하면서 일제에 저항하는 저항적 민족주의를 담아 내는 그릇이 되었다.

근대 개벽종교들은 종교적으로는 문명종교를 지향하면서 식민지의 종교라는 한계 때문에 민중종교의 성향을 쉽게 버릴 수가 없었다. 사회적으로는 근대사회의 지배종교이면서도 식민지 지배 권력에 저항하는 정치종교이자 민족종교였다. 이들은 모두 신앙 대중의 종교적 요구를 수용해서 창립되었다. 그래서 전통종교와 서구종교를 지양하고 민중의 전통적인 신앙들을 개혁함으로써 민중적 에너지를 종교로 결집시킬 수가 있었고, 또 비록 민중종교라는 한계는 있었지만 근대를 주체적으로 수용함으로써 급격한 성장을 이룰 수가 있었다. 그러나 개벽종교는 근대사회가 요구하는 근대 제도적 종교가 아니라 지상천국을 건설하는 운동적 종교이기 때문에, 운동적 에너지가 사라지면 개벽종교로서 한계를 가질 수밖에 없었다. 민란의 후예인 동학의 사회변혁운동이 후기 개벽종교에 오면 개벽의 복고화, 합리화, 실용화로 치닫는 데서 그 사실을 알 수 있다. 이같이 운동성이 사라진 개벽은 조직종교로 정착하든지 아니면 개벽의 폭발성을 초월적인 이상 세계로 넘겨 버리든지 한다. 그것이 보천교의 복고적 종교, 천도교 신파의 문화주의적 종교, 원불교의 제도적 종교로 진행된 과정들이다.

여기서 제3의 토착적 근대종교로서 개벽종교의 의미를 간단히 정리해 보면 다음과 같다.[1]

첫째, 근대 이전의 전통종교와 민속신앙을 함께 계승하여 민중적인 입장에서 종교 문화를 혁신하였다. 그리하여 근대 이전 종교 엘리트들의 권위적인 독점물로서의 전통 종교를 민중들에게 해방시켰다고 볼 수 있다. 인간 본성의 이(理)의 발현이 아니라 조화옹(造化翁)의 기(氣)를 모으는 수련과 수도를 통해 누구나 군자 되고 신선 되는 길을 제시한 것이다.

둘째, 근대성의 도입과 민족의 위기에서 동서양의 종교 충돌을 지양(止揚)하고 모든 종교를 포괄하는 새로운 형식의 통합종교를 창출하였다. 이 통합종교의 창출은 당시 시대의 과제인 반제와 반봉건을 기조로 하였다. 이에 근대 개벽종교는 종교전통을 가지고 피아를 구분하는 근대종교에 대해서는 별 관계없는 민중종교이고, 다른 한편으로는 제국주의에 저항하는 민족종교라고 규정할 수 있다.

셋째, 이전의 전통종교는 내세 구원을 지향하는 데 비해 개벽종교들은 공동체 중심의 지상천국이라는 현세적 구원을 지향하고 있다는 점이다. 이런 경향은 이전 전통종교의 현세 부정[2]을 거부하고 현세를 구원의 공간으로 받아들이는 근대적 사고에 기초하고 있다는 것을 의미한다.

넷째, 철저한 개인의 실력주의와 대중주의에 근거하고 있다는 점이다. 이들은 종교 엘리트에게 필요한 지적인 학습이나 정교한 형식의례를 요구하지 않는다. 전통적인 권위나 지적인 권위에 의존하지 않고 신분에 관계없이 개인의 수행과 증진을 통해만 구원될 수 있다고 보았다.

이상의 개벽종교의 특성을 볼 때 한국의 개벽종교는 근대적 가치라고 할 수 있는 '종교의 근대화와 민주화'를 어느 정도 구현한 것으로 평가된다. 그런 의미에서 개벽종교는 근대의 민중문화와 사상을 대표하는 '총체적인 근대 정신문화'라고 해도 과언이 아니다. 말하자면 서세동점의 위기와 근대 식민지 상황에서 민족의 얼을 보존하고 당시 민중의 고난의 삶을 담은 종교이지, 개혁된 전통종교나 서구 문명종교를 무조건 수용한 종교가 아니다. 당시의 시대적 과제들까지 자주적으로 수용한 한국인의 독창적인 '제3의 토착적인 근대종교'라고 평가할 수 있다.

2. 근대 이후의 개벽종교들

1. 해방 공간의 개벽종교들

미군정은 미국적인 정교분리 정책을 실시함으로써 일제와는 전혀 다른 '종교의 자유'를 보장하였다. 이에 종교의 자유경쟁 체제가 형성되었고, 그 체제를 기반으로 복잡한 종교 상황이 전개되었다. 그러나 미군정 치하에서 종교의 자유는 문명종교 체제를 갖춘 법적 사회적 종교들에 혜택을 주는 도구가 되었다. 그것은 문화전통을 계승하고 민족 공동체의 미래 전망을 가진 종교에 정당하게 적용된 것인가는 좀 더 생각해 볼 여지가 있다. 여기에 민족분단으로 야기된 민족주의의 약화와 기독교 팽창주의에 발목이 잡혀 개벽종교들은 해방 이후에도 제대로 자리를 잡지 못했다.

민족운동에 치열하게 나서다 결국 일제에 의해 해산되거나 일본 종교에 강제로 편입된 신종교들은 대다수 재건되었다. 그리고 종교 자유의 흐름을 타고 새로운 종교들이 무수히 등장하였다. 하여 해방 공간은 '신종교의 전성시대'라고 일컬을 수 있을 정도였다. 이때 등장한 신종교들도 대부분 민중종교이고 현세 구원의 종교였다. 이들은 이전의 개벽종교처럼 지상천국을 대망하는 민중들의 희원을 담아 개신교의 말세와 재림사상, 불교의 미륵하생신앙, 정감록의 정도령 출현신앙, 정역(正易)의 운도(運度)사상 등을 구제재(救濟財)로 제시하였다. 신종교 교조들은 '현세 구원자'로서 등장하였다. 새로운 세상을 대망하는 신앙은 개벽종교와 크게 다를 바가 없었다. 그러나 신앙의 형식은 전혀 달랐다.

민족 분단에 따르는 좌우 사회 갈등으로 인하여 민중들은 안식처를 요구하였으나, 전통종교들은 일제 잔재의 청산 문제를 둘러싸고 분규에 휩싸여 제 힘을 발휘할 수 없었고, 기독교는 아직도 서구적인 성향과 문화적인 이질감을 여전히 벗어나지 못한 상황이었다. 그로 인하여 한국적인 영성(靈性)들을 혼합시킨 기독교계 개벽종교들이 대거 등장하게 된다. 이들은 신앙형식은 기독교적인지만 신앙 내용은 여전히 한반도가 세계중심이고 이 시대가 개벽의 시대라는 이전의 개벽종교들이 가지고 있었던 문제의식들을 그대로 담고 있었다.

한편 미군정과 친미분단정권은 민족의 표상들을 드러내는 전통종교나 보국안민의 새로운 세상을 바라는 개벽종교에 대해 별로 관심이 없었다. 미군정은 일본 종교들이 남기고 간 종교 적산자산으로 기독교의 물적 기반을 제공해 주고, 한국전쟁 때는 해외원조물자를 기독교를 통해 배급함으로써 기독교의 팽창을 크게 도왔다. 게다가 공산 치하를 피해 대거 월남한 기독교도를 지원하여 반공 세력으로 자리잡게 하였다. 해방 당시 남한 사회에서 기독교인이 남한 국민의 3% 정도에 지나지 않았음[3]에도 기독교가 우리 사회 지배종교로서의 역할을 담당하였다. 그에 반해 민족진영에서 주도적 역할을 해 온 개벽종교들이 민족 분단의 냉전 체제에 적응하기조차 쉬운 일이 아니었다. 미군정하에서 기독교 세력과 친일 세력들이 정치적 종교적 패권을 장악하자 민족 중심의 개벽종교들은 또다시 후순위로 밀려날 수밖에 없었다. 더구나 해방이 되었음에도 개벽종교의 활동을 구속해 왔던 일제의 '유사종교' 개념은 70년대까지 그대로 통용되고 있었다.[4] 천도교와 대종교, 갱정유도(更正儒道)와 같은 근대 개벽종교들은 남한 단독 정부의 설립을 반대하는 세력으로 몰려 해방의 혜택은 고사하고 도리어 미군정과 이승만 정부의 감시의 대상이 되었다.

해방 이후 이런 과정을 거쳐 근대 개벽종교의 세력은 쇠퇴하고 그 자리는 기독교적 성향을 가진 신종교들로 채워졌다. 이제까지 한국 근대사회를 주도해 온 전통적인 개벽종교들은 크게 후퇴하고, 기독교계 공동체형의 신종교들이 대거 흥기한 것이다. 민족 분단의 냉전 체제, 한국전쟁으로 인한 사회혼란과 공동체 해체, 일제라는 투쟁 대상의 상실, 일제 적산자산 처분[5]과 해외원조물자 배급, 해외 기독교 선교단체 대거 유입 등과 같은 여러 원인으로 개항 이후 '민족주의[6]'를 담지하고 있던 근대 개벽종교들은 해방 공간에서 대우를 받기는커녕 자신의 생존을 걱정해야 할 지경에 이르렀다. 이 시기에 또 한 번 근대 문명종교 개념의 위력이 발휘되었다.

이 시기 기독교, 불교 등 기성종교로부터 분리된 신흥 종파들이 대거 등장하였다.[7] 특히 기독교에서는 '한국적 기독교'라고 할 수 있는 개벽종교들이 연이어 나타났다. 김백문(金白文)의 이스라엘 수도원(1945), 박태선의 전도관(1949), 문선명의 통일교(1954), 나운몽의 용문산기도원(1956) 등이 대표적이다. 이들은 모두 근대 개벽종교의 특성들을 부분적으로는 공유하고 있다. 이외에도 해방 후 민간 차원에서 민족주의적 열망이 분출하면서 단군계의 신종교와 사회단체 및 각종 단군 사묘 등이 폭발적으로 증가한 것도 이 시대의 특징이다. 그러나 이들은 중앙에 단일한 기구를 만들지 못하고 지방에 분산된 종교운동에 그치고 말았다.

2. 개벽종교들에 대한 전망

일제에 의해 고난을 겪었던 근대 신종교들은 해방 이후 별로 달라진 것이 없었다. 해방 정국에서 냉전 체제가 정착되고 '민족과 반공'이 서로 갈등을 일으키면서 이전의 '문명종교와 민족종교'의 대립 구도가 '반공종교와 민족종교'의 대립 구도로 전환된 것에 불과했기 때문이다. 분단은 민족의식에 큰 상처를 입혔다. 이에 해방 이후 재출범한 개벽종교들은 분열과 변신을 거듭하다가 기독교의 옷을 입고 나타나기 시작했다. 해방 이후 기독교계 신종교로 등장한 전도관, 통일교, 용문산기도원 등이 그것이다. 그들은 비록 기독교의 신앙 형식을 취하고 있지만 실제는 이전의 개벽종교를 계승한 종교들이다. 이들은 분단 체제에 맞는 반공적 성향을 띠고 있었으나 신앙상의 이유로 기독교로부터 이단시되어 비판의 대상이 되었다.

또한 일제 말기 잠복했다가 다시 출범한 많은 개벽 종교들은 전통문화와 종교를 분리하기 시작한 1970년대까지도 여전히 유사종교로 간주되었다. 이후 개벽종교들은 분열과 변신을 거듭하였으나 많은 종교들은 산업사회 적응에 실패하고 원불교, 통일교, 대순진리회와 증산도 같은 소수의 조직종교들만 성공하여 살아남았다. 이들의 성공은 아쉽게도 세상을 바꾸려는 개벽의 추동력에 의한 것이라기보다는 민족문화의 전통과 전통종교의 정감(情感) 때문이 아닌가 한다. 이들 종교에서조차 이미 한민족을 중심으로 새로운 인류 역사를 지향하는 개벽의 운동성은 많이 상실되고 신앙 형식으로서의 기능만 남아 있는 것이 아닌가 한다. 그러나 분단이 지속되고 있는 지금 개벽에 대해 섣부른 판단을 하기에는 아직 이르다. 개벽은 아직도 한반도를 규제하는 세계 체제에 저항하는 민족주의의 산실이기 때문이다. 분단의 시간은 길어지고 있으나 개벽의 종교들은 개벽의 꿈을 접지 않고 통일의 그날을 기다리고 있을지도 모른다.

주석

제1장 서론

1) 근대기의 기점과 종점에 대해서는 이견이 많다. 한국에서는 고종이 즉위한 1863년 흥선대원군의 집권이 주요한 기점으로 지적되기도 하고, 강화도 조약을 체결한 1876년의 개항을 근대의 기점으로 들기도 한다. 이 경우는 내적으로 근대화가 시작되고, 외적으로 세계적 자본주의 체제에 편입되었다는 근거를 들고 있다. 또는 민란과 병인양요로 인해 반침략 반봉건의 시대적 과제가 제기되었다는 1860년대를 지적하기도 하며, 사회·제도적으로 큰 변화가 가해진 갑오개혁과 을미개혁, 또는 동학농민운동 전후를 제기하기도 한다. 현대기는 근대의 연장선상에서 당대의 역사(contemporary history)라는 의미로 설정한 개념이므로, 그 기점에 대해서나 정확한 개념에 대한 확실한 정설은 없다. 다만 세계사에서는 대체적으로 제1차 세계대전으로 잡고 있으며, 중국에서는 5·4운동을 기점으로 삼는다. 대한민국에서는 대개 1919년의 3·1운동과 대한민국 임시정부의 수립이나 1945년의 독립으로 설정하는 경우가 대부분이다. 조선이 현대적인 국가 체제를 갖춘 대한제국으로 발전한 1897년이나 전제군주정이 막을 내린 1910년을 드는 경우가 있기도 하다. 그러나 이 책에서는 근대를 강화도 조약을 체결한 개항기 이후 일제시기 전시기까지 폭넓게 잡고 있다.(『한국 위키피디아』(http://ko.wikipedia.org/wiki)의 「한국사의 시대구분」 항목 참고.)

2) 학계에서는 동학 이후에 등장한 자생적인 근대 신종교들을 말한다. 이들 종교들에 대해 여러 명칭을 사용하고 있다. 이들은 민중신앙을 기반으로 형성된 '민중종교'의 성격과 민족의 집단구원을 지향하는 '민족종교'의 성격을 동시에 공유하고 있다고 하여 통상 '민중종교' 또는 '민족종교'라고도 규정하는 경우가 많다. 그러나 이 글에서는 이들 종교들을 보다 중립적인 개념을 사용한다는 의미에서 '신종교'로 통칭하고 있다. 김홍철, 1989, 『한국신종교사상연구』, 집문당, 10-16쪽 참고.

3) 불교와 유교에는 근대사회에 적응하기 위한 종교개혁이 있었으나 근대적 종교로서 정착하는 데는 큰 성과를 내지 못했다. 그에 비해 근대 신종교는 지배 권력으로부터 버림을 받았음에도 동학농민혁명과 3·1운동, 그리고 독립운동 등을 주도하는 등 민족사에 빛나는 업적을 남겼다. 성주현 외, 2014, 『민족종교항일운동사』 IV, 한국민족종교협의회, '일제강점기 민족종교의 국내 항일운동' 참고.

4) 개벽이라는 말은 하늘이 처음 열리고(天開) 땅이 처음 만들어짐(地闢)을 말한다. 천지가 새로 짜여진 것(肇判), 현재 우리가 살고 있는 세상이 새로 만들어진 것 등을 의미한다. 이 말은 일찍이 중국에서 사용되기 시작했으나, 우리나라 민간에서는 우주자연의 대변

화와 종말을 의미하는 개념으로도 사용되었다. 김홍철, 2012,「근현대 한국 신종교의 개벽사상 고찰」,『한국 신종교의 개벽사상』, 원광대 종교문제연구소, 8-9쪽 참고.

5) 개벽의 내용이나 운동성은 시대의 변화에 따라 굴곡이 없었던 것은 아니다. 개항기와 일제식민기, 그리고 해방 이후가 각각 다르다. 해방 이후 개벽의 운동성이 많이 약화되고 사회제도 속으로 편입되긴 했지만, 원불교, 통일교, 증산도, 대순진리회 등 현재에도 대부분의 자생적 신종교들은 이러한 개벽신앙의 틀과 사상을 굳건히 유지하고 있다. 윤승용, 2012,「한국의 근대 신종교, 근대적 종교로서의 정착과 그 한계: 개벽사상을 중심으로」,『종교문화비평』22, 종교문화비평학회 참고.

6) 당시 등장한 전통사회의 보존을 주장한 척사위정파, 전통사회의 개혁을 주장한 개화파, 동도서기론을 바탕으로 한 온건개화파는 모두 지식인들의 파당이자 주장이었다. 김동노, 2009,『근대와 식민의 서곡』, 창비, 38-60쪽, '제2장 새로운 세계인식과 근대의 모색' 참고.

7) 일제에 의한 조선역사의 왜곡은 크게 네 가지로 정리할 수 있다. 첫째는 일선동조론, 둘째는 타율성론, 셋째는 정체성론, 넷째는 당파성론이다. 이런 자료들이 조선총독부 이름으로 1923년부터 1941년까지 47권의 자료집으로 발간되었다. 성주현 외, 2014,『민족종교항일운동사』IV, 한국민족종교협의회, 232-237쪽.

8) 무라야마 지준은 조선총독부의 촉탁으로 근무하면서 경찰을 동원하여 한국의 민간 신앙과 민중종교에 대해 많은 양의 자료를 남겼다. 동 조사 자료는 한국인의 토착적인 신앙과 종교에 대한 부정적인 관점으로 서술함으로써 식민지 정책에 일조를 하였다. 그의 주요 저서는 다음과 같다.『朝鮮人の思想と性格』, 朝鮮總督府, 1927;『朝鮮の鬼神: 民間信仰 第一部』, 朝鮮總督府, 1929;『朝鮮の民間信仰』無聲會, 1931;『朝鮮の風水』, 朝鮮總督府, 1931;『朝鮮の巫覡: 民間信仰 第3部』, 朝鮮總督府, 1932;『朝鮮の占卜と預言』, 朝鮮總督府, 1933;『朝鮮の類似宗敎』, 朝鮮總督府, 1935;『部落祭』, 朝鮮總督府, 1937;『釈奠・祈雨・安宅』, 朝鮮總督府, 1938;『朝鮮の郷土娯楽』, 朝鮮總督府, 1941 등. 박광수, 2015,「한국신종교지형과 종교문화서설」,『한국신종교지형과 문화』, 집문당, 25-27쪽 참고.

9) 일제는 식민지 사정에 대해 자신들이 유리한 과장된 통계로 조선의 사회현상을 호도하였다. 이에 〈개벽사〉는 이들이 조선인의 삶을 왜곡하고 있음을 비난하고 전국을 답사하여 조선문화의 기본조사를 실시하고『개벽』31호부터 64호까지 분산해서 싣고 있다. 성주현 외, 앞의 책, 240-241쪽; 개벽사가 추진한 '도별『조선문화의 기초조사』도표' 내용 참고.

10) 당시 일제는 민족의식이나 민족문화의 부활을 막기 위해 신종교들을 금압하거나 유사종교나 미신으로 치부하였다. 村山智順, 1991, 최길성・정상언 옮김,『조선의 유사종교 上下』하편, 계명대학교 출판부, 879-881쪽.

11) 1960년대에도 신종교에 대한 평가는 여전히 부정적이었다. 그 연구에서도 일제의 연구

경향은 지속되었고, 또 서구의 기독교적 시각에서 벗어나지 못했다. 1970년대 초 문화
공보부가 공식적으로 조사한 한국 신종교에 대한 실태조사의 명칭이『한국 신흥 및 유
사종교 실태조사』였다. 김홍철, 1997,「신종교학 연구 어디까지 왔나」,『해방후 50년
한국종교 연구사』, 도서출판 창, 170-171쪽.

12) 1970년대에 들면서 우리 전통문화의 가치를 재발견하자는 의식이 되살아나 한국 신종
교에 대한 긍정적인 입장에서 연구가 시작되었다. 당시 전국민속경연대회가 개최되었
고, 무속의 굿이 재평가되었으며, 한국문화의 정체성에 해당하는 국조숭배와 조상숭
배의식이 되살아났다. 그리고 자기 신앙 이외의 종교에 대한 관심도 고조되었다. 특히
1978년 국민정신교육을 체계적으로 개발, 진흥하여 민족문화의 창달을 기여할 목적으
로 설립한 '한국정신문화연구원'을 고려해 보면 당시의 분위기를 짐작할 수 있을 것이
다.

13) 1980년대 신종교에 대한 연구가 본격적으로 시작되었다. 연구의 기초자료가 되는『한
국신종교실태조사 보고서』를 1985년에 문화공보부의 후원으로 한국종교학회가 발간
하였다. 그리고 노길명의『한국의 신흥종교』(1988), 류병덕의『한국 민중종교 사상론
(한국종교 연구1)』(1985), 김홍철의『한국 신종교 사상의 연구』(1989),「한국신흥종교
탐방」(1986.8-1990.12), 이강오의『한국신흥종교총감』(1992)에 수록된 각종 논문들, 그
외에도 박기민의『외래신흥종교 연구』(1986), 서강대학교 사회문제연구소의『한국의
신종교에 관한 연구』(1976) 등의 논문들이 발표되었다.

14) 강영환, 1998,「現代 新靈性運動의 특징과 그 발전의 사회적 배경」,『우리사회연구』5,
우리사회문화학회; 권동우, 2013,「해방 이후 한국종교계의 변화와 신종교: 공인교 제
도와 영성운동, 그리고 신종교의 대응」,『신종교 연구』28, 한국신종교학회; 노길명,
2002,「신영성 운동의 전개와 성격」,『누리와 말씀』12, 인천가톨릭대학교; 박규태,
2000,「일본의 현대종교에 관한 몇 가지 쟁점: 정신세계·신영성운동·신신종교」,『신
종교 연구』3, 한국신종교학회: 우혜란, 2004,「서구의 '뉴에이지' 연구동향」,『종교문화
비평』5, 종교문화비평학회; 우혜란, 2003,「포스트모던 시대의 새로운 종교현상: 한국
의 예를 중심으로」,『新宗教研究』19, 한국신종교학회; 우혜란, 2005,「동시대 한국의
종교현상 연구와 '종교'개념의 재고찰: '영성'(spirituality)에 대한 논의를 출발점으로」,
『한국종교 연구』7, 서강대학교 종교 연구소; 우혜란, 2008,「신자유주의와 종교문화의
상품화」,『종교문화비평』13, 종교문화비평학회; 윤승용, 2011,「한국 신종교운동의 미
래와 금강대도」,「신종교 연구』24, 한국신종교학회; 전명수, 2001,「현대사회와 종교
문화의 변용에 관한 연구: 신영성운동을 중심으로」, 고려대학교 박사학위논문; 전명수,
2004,「신영성운동에 대한 종교사회학적 고찰」,『한국사회』5, 고려대학교 한국사회
연구소; 전명수, 2010,「개인주의적 영성운동과 세속화 논쟁」,『담론201』13(3)(통권39
호), 한국사회역사학회 등이다.

15) 역사학과 사화과학 분야에서는 이현희, 1998, 「최제우의 개벽사상과 19세기의 한국사회」, 『동학연구』 2, 한국동학학회; 김형기, 2004, 『후천개벽사상 연구』, 한울; 민영현, 2013, 「한국근대민중종교에 나타난 개벽사상의 이상사회론에 관한 연구: 附. 선(仙)과 선경(仙境)에 대한 이해를 중심으로」, 『仙道文化』 14, 국학연구원; 정해정, 2010, 「동학의 개벽사상과 역사의식」, 『역사와 교육』 10, 역사와교육학회; 조극훈, 2013, 「동학 개벽사상의 역사철학적 의미」, 『동학학보』 17(1), 동학학회; 최길성, 1993, 「천지개벽과 종말론」, 『비교민속학』 10, 비교민속학회; 허수, 2009, 「러셀 사상의 수용과 『개벽』의 사회개조론 형성」, 『역사문제연구』 21, 역사문제연구소 등이 있다.

16) 개별 종교의 연구로서는 김용휘, 2012, 「동학의 개벽사상과 새로운 문명」, 『한국종교』 35, 원광대학교 종교문제연구소; 이찬구, 2012, 「수운교 개벽사상의 역리적(易理的) 고찰」, 『한국종교』 35, 원광대학교 종교문제연구소; 이재헌, 1999, 「금강대도의 午中運度 사상과 새시대의 비젼」, 『신종교 연구』 1. 한국신종교학회; 양은용, 2012, 「원불교의 개벽사상」, 『한국종교』 35, 원광대학교 종교문제연구소; 송재국, 2012, 「정역(正易)의 개벽사상」, 『한국종교』 35, 원광대학교 종교문제연구소; 안창범, 2001, 『환웅·천황과 한국 고유사상의 탄생: 현대사상 이전의 선천개벽사상』, 제주대학교 출판부; 임형진, 2004, 「동학의 정치사상과 개벽」, 『동학연구』 17, 한국동학학회 등이 있다. 유철, 2000, 「증산도의 "原始返本" 사상과 개벽」, 『증산도사상』 2, 증산도사상연구소.

17) 김홍철, 2012, 『근·현대 한국 신종교의 개벽사상(開闢思想) 고찰』, 원광대학교 종교문제연구소; 노길명, 2008, 「개벽 사상의 전개와 성격」, 『국학연구』 28, 고려대학교 한국학연구소; 박광수, 2012, 「한국 신종교의 개벽사상 소고」, 『한국종교』 35, 원광대학교 종교문제연구소; 신재윤, 2007, 「영국 농민반란과 동학농민혁명의 종교 사상적 배경: 존 볼(John Ball)의 천년왕국사상과 崔濟愚의 동학사상의 비교 연구」, 『韓國思想과 文化』 37, 수덕문화사; 윤승용, 2012, 「한국의 근대 신종교, 근대적 종교로서의 정착과 그 한계: 개벽사상을 중심으로」, 『종교문화비평』 22, 종교문화비평학회; 윤이흠 외, 2004, 『민족종교의 개벽사상과 한국의 미래』, 한국민족종교협의회; 황선명, 1887, 「근세한국 종교문화와 후천개벽사상에 關한 연구: 근대화과정에 있어서 文化의 지속성 인식」, 서울대학교 박사학위논문; 황선명, 1983, 「후천개벽과 혁세사상: 조선말기 민중종교운동을 중심으로」, 황선명 외, 『한국근대 민중종교사상』, 학민사.

18) 신종교는 전통종교에 대한 상대적 개념이다. 그렇지만 전통종교에 대한 개념도 고정적인 것은 아니다. 전통종교라는 개념은 근대 세계종교를 기반으로 하고 있지만 특정 지역의 사회역사적인 전통을 고려한 개념으로 이해할 수 있다.

19) 이 경우 해방 이후 본격적으로 등장한 통일교, 전도관, 용문산 기도원 등 기독교계 개벽 종교들이 제외된다.

20) 원불교는 일제시대, '불법연구회'가 해방 이후 개명된 근대 신종교이다. 통일교는 해방

이후에 교단이 설립되었으나 1930년대 기독교 심령파에 뿌리를 두고 있으며, 그 신앙 형식이 개벽종교에 속하기 때문에 학계에서는 대표적인 기독교계 근대 신종교로 다루 어지기도 한다. 윤승용, 2013, 「한국신종교에 대한 종교사적 연구와 과제」, 『한국종교 제36집: 신종교의 연구방법론과 과제』, 원광대학교 종교문제연구소, 121-125쪽.

21) 세계종교 패러다임은 모든 종교전통의 근원을 하나라고 전제하기 때문에 한 종교전통 을 제대로 알면 모든 종교의 본질을 충분히 알 수 있다고 주장한다. 이런 세계종교 패 러다임은 19세기 서구의 민족종교/보편종교의 구분에서 비롯된 것으로서 우리/그들 을 구분하는 이분법적인 사고의 변형이다. 이는 근대 서구 제국주의와 기독교 보편주 의의 산물이라는 비판을 피할 수 없다. 기독교를 표본으로 한 세계종교 개념은 종교의 다원성을 포용하는 개념도 아니고, 서구 세계와의 역학관계에서 종교적 위상이 결정 되기 때문에 보편적일 수도 없는 것이다. Tomoko Masuzawa, 2005, *The Invention of World Religions, or, How European Universalism Was Preserved in the Language of Pluralism*, Chicago: University of Chicago Press; Robert A. Segal, 2007, "The Invention of World Religions: or How European Universalism Was Preserved in the Language of Pluralism," *The Journal of Religion*, Vol. 87, No. 1, pp. 146-148; 안연희, 2016, 「세계종 교와 종교 가르치기」, 『종교문화비평』 29, 종교문화비평학회, 52-60쪽에서 세계종교 개념과 그 비판을 정리하고 있다.

22) 안병무, 1993, 『민중신학을 말한다』, 한길사, 162쪽.

23) 한국에서는 대체로 1900년대에 이르러서야 민족이라는 근대 개념이 도입된 것으로 보 인다. 하영선, 2009, 「근대 한국의 문명개념 도입사」, 『근대적 사회과학 개념 형성사』, 창비, 57-69쪽.

제2장 근대와 종교, 그리고 신종교

1) 근대의 기획은 계몽주의 담론을 기반으로 하고 있다. 계몽주의 자체는 근대성과 식민성 의 양 측면을 포괄하고 있다. 때문에 서구의 계몽의 논리를 받아들이는 순간 제국주의 논 리의 수용은 피할 수 없다. 정용화, 2006, 「1920년대 초 계몽담론의 특성: 문명·문화· 개인을 중심으로」, 『동방학지』 133, 연세대학교 국학연구원, 174-175쪽.

2) 장석만, 1992, 「개항기 한국사회의 종교개념 형성에 관한 연구」, 서울대학교 박사학위논 문, 18-22쪽.

3) 장석만, 1997, 「한국근대성 이해를 위한 몇 가지 검토」, 『현대사상』, 민음사, 120쪽.

4) 근대적 종교는 실천체계 중심인 전통종교와는 달리 믿음체계 중심이며 동시에 개인의 사적인 믿음을 전제한다. 장석만, 2012, 「종교를 묻는 까닭과 그 질문의 역사: 그들의 물 음은 우리에게 어떤 문제를 던지는가?」, 『종교문화비평』 22, 종교문화비평학회, 24쪽.

5) 전통사회의 불교는 왕조에 종속되어 있으며, 문화적인 삶의 방식을 제공하는 역할을 하였으나, 근대불교는 단위 종교전통으로서 개인의 구제에 중점을 두며 종교공동체와 의례체계를 정비하는 등 근대 세속사회에 맞는 혹은 근대 종교시장에 맞는 새로운 신앙체계를 형성하고 있다. 이들을 프로테스탄트불교라고 한다. 송현주, 2012, 「서구 근대불교학의 출현과 '부디즘'의 창안」, 『종교문화비평』 22, 종교문화비평학회, 136-137쪽.

6) 문명의 진화정도에 따라 문명국가, 반문명국가, 야만국가로 분류하고 있다. 김봉렬, 1998, 『유길준 개화사상연구』, 경남대학교 출판부, 48쪽 참고.

7) 이는 서구를 중심으로 동양을 인식하고 이해하는 틀인 오리엔탈리즘(orietalism)과 직접 관련되는 것이다. Turner, B. S., 1983, *Religion And Social Theory: A Material Perspective*, Heinemann Edcational Books, pp. 20-35.

8) 자연종교의 개념에는 인간의 이성에 근거하는 종교를 가리키는 경우와 문화적인 입장에서 본 원시적 미개종교를 의미하는 경우가 있다. 후자는 자연숭배에 가까운 경우이어서 자연숭배와 혼동되거나 또는 같은 뜻으로 쓰이기도 한다. 전자의 대표적인 예가 영국의 이신론(理神論)과 독일의 라이마루스(Reimarus, 1694-1768) 등의 주장인데, 그 특징은 권위주의적이고 제도적인 기성종교에 대한 안티테제이며, 계시가 아닌 자연 또는 이성에 의한 진리를 중시한다는 점이다. 『두산백과사전』의 「자연종교」 항목 참고.

9) 근대에는 '종교(religion)' 개념의 탄생과 함께 '세속(the secular)'의 범주가 등장하였고, 종교-세속 이분법의 하위범주로서 종교-정치, 종교-과학, 종교-교육 등의 이분법도 출현하였다. Jang Sukman, 2013, "The Historical Formation of the Religious-Secular Dichotomy in Modern Korea, Religion and Secularity", Marion Eggert and Lucian Holscher, eds., *Transformations and Transfers of Religious Discourses in Europe and Asia*, pp. 257-279.

10) 김세민, 2002, 『한국 근대사와 만국공법』, 경인문화사의 '제1장 조선의 개항과 만국공법의 수용' 참고.

11) 윤승용, 2013, 「한국 신종교에 대한 종교사적 연구와 과제」, 『한국종교』 36, 원광대학교 한국종교연구소, 43-46쪽.

12) 개항기에 발생한 이 같은 '종교' 담론은 그 이후에도 지속적으로 위세를 드러낸다. 예컨대 고종의 조칙인 존성윤 음, 선교초기 개신교 선교사의 전통종교 비하발언, 개항기 자생종교의 기독교를 모델로 한 개신, 일제의 유사종교 정책, 해방이후 미군정과 이승만 정권의 친기독교정책, 산업화 시기의 미신타파운동, 유교의 종교성 논란, 신흥종교의 이단·사이비·주술·미신 논란 등은 바로 이 개항기에 발생한 새로운 '종교' 담론을 바탕으로 한 것이다. 장석만, 앞의 글(1992), 98-121쪽.

13) 이진구, 1996, 「종교의 자유에 대한 한국개신교의 이해에 관한 연구」, 서울대학교 박사학위논문, 88-121쪽.

14) 1910년 말 조선의 사회개조론은 일본의 '문명론'에서 '문화론'과 '사회개조론'으로의 변

화에 그 바탕을 두고 있으며, 일본 유학생을 중심으로 한 신지식층에 의해 수용 전파되었다. 김형국, 2001, 「1920년대 초 민족개조론 검토」, 『한국근현대사연구』 19, 도서출판 한울, 194쪽.

15) 위의 글, 191쪽.

16) 19세기 말부터 칸트의 비판주의 정신을 되살리려고 하던 독일을 중심으로 일어난 철학의 학파다. 당시 지나친 유물론에 대한 반성의 소리가 높아지자 물질에 그대로 환원될 수 없는 정신의 의의가 또다시 학자들에 의하여 논의되기 시작하였다. 그들은 칸트에 의하여 확립된 비판주의를 더욱 철저히 하는 동시에, 그것을 모든 문화 영역에까지 확대하여 적용하려고 하였다. 일본의 학자 쿠와키 겐요쿠(1874-1946)의 기여로 일본에 신칸트주의가 정착한 후, 천도교의 지도자 이돈화는 1920년 천도교청년회 기관잡지로 발행된 『개벽』에서 신칸트주의를 적극 받아들였다. 홍선영, 2003, 「1920년대 일본 문화주의의 조선수용과 그 파장」, 『일어일문학연구』 55, 한국일어일문학회, 461-463쪽 참고.

17) 김현주, 2002, 「식민지시대와 '문명'·'문화'의 이념 -1910년대 이광수의 정신적 문명론을 중심으로-」, 『민족문학사연구』 20, 민족문학사학회, 98쪽.

18) 홍선영, 앞의 글, 464쪽.

19) 수요역사연구회, 2007, 『식민지동화정책과 협력 그리고 인식 -일제의 식민지 지배정책과 매일신보 1920-30년대』, 두리미디어, 13-17쪽.

20) 홍선영, 앞의 글, 472-473쪽.

21) 『동아일보』 창간호(1920.4.1.), 창간사.

22) 『개벽』 6호(1920.6.), 13쪽.

23) 김형국, 앞의 글, 204-206쪽.

24) 나연준, 2011, 「1920년대 전반 부르주아 민족주의 세력의 문화주의 담론: 이광수와 이돈화를 중심으로」, 중앙대학교 석사학위논문, 11-12쪽.

25) 장석만, 2015, 「식민지조선에서 "문명-문화-종교"의 개념적 네트워크 형성」, 『종교문화비평』 28, 종교문화비평학회, 234쪽.

26) 김형국, 1999, 「1919-1921년 한국지식인들의 '개조론'에 대한 인식수용에 대해서」, 『충남사학』 11, 132-136쪽.

27) 이동휘(李東輝, 1873-1935)는 초기에 민족운동을 위해 기독교를 구국의 종교로 수용하였으나, 1918년 러시아에서 한국 최초의 사회주의 단체인 '한인사회당'을 조직하였다. 이는 볼세비키의 지원을 받아 독립운동을 하기 위한 선택이었다.

28) 이외에도 3·1운동 당시 중앙YMCA 학생부 회원으로 각각 경성의전과 전수학교를 대표하여 학생단의 거사를 주도하였다가 뒤에 'ML'당과 상해파 고려공산당의 간부로 활약한 한위건(韓偉建)과 윤자영(尹滋英)의 경우를 들 수 있다. 장규식, 2001, 『일제하 한

국 기독교 민족주의 연구』, 혜안, 166쪽.

29) 서울청년회는 1921년 서울에서 조직된 사회주의 청년단체다. 이 단체가 계급주의운동의 좌경노선을 처음 내세운 것은 1923년 3월 '서울청년회의 청년대회'에서였다. 1923년 3월 서울에서 94개 단체 대표가 참석한 가운데 개최된 전조선청년당대회를 주최했으며, 또 전조선노농대회를 준비하기도 하였다. 1924년 조선청년총동맹결성에 주도적 역할을 담당하였다. 1929년 8월 31일 조선청년총동맹의 중앙청년동맹에 합류하면서 발전적으로 해체하였다.

30) 김태용, 2011, 「중국 특색의 사회주의 종교이론에 대한 고찰」, 『中國學報』 63, 한국중국학회, 457쪽.

31) 정해정, 2001, 『동학 천도교의 교육사상과 실천』, 혜안, 376쪽.

32) 위의 책, 379쪽.

33) 양명, 「어시아관」, 『개벽』 65호(1926.1).

34) 이재화 편역, 1986, 『한국근대민족해방운동사』 1, 백산서당, 139쪽.

35) 천도교 구파는 동학농민혁명 당시 동학에 입도한 삼남지역 신도가 주류를 이루고 있다. 이들은 동학과 동학농민혁명의 전통을 그대로 계승하려고 노력하였다. 초기에는 천도교의 혁신파로서 만주에서 고려혁명당을 만들었고, 후기에는 민족 유일당인 신간회를 주도하였다. 박인호를 비롯해 오지영 등이 활동하였다.

36) 정해정, 2001, 앞의 책. 386-423쪽.

37) 이광수, 「금일 조선야소교회의 결점」, 『청춘』(1917.11).

38) 김준엽 · 김창순, 1986, 『한국공산주의운동사』 1, 청계연구소, 182쪽.

39) 위의 책, 118쪽.

40) 위의 책, 282-283쪽.

41) 장창진, 1994, 「일제하 민족문제 논쟁과 반종교운동: 1920년대 사회주의자들의 반기독교운동을 중심으로」, 서울대학교 석사학위논문, 49쪽.

42) 『개벽』 63호(1925.11.). 여기에는 반종교 및 반기독교 운동에 대한 개신교 측의 입장을 반영하는 여러 편의 글도 함께 실렸다. 김홍수, 1992, 『한국 기독교와 사회주의』, 한국기독교역사연구소의 부록에 모두 실려 있다.

43) 『신인철학』은 이돈화가 사회주의의 사조를 받아들여 '수운주의'를 체계화한 것이다. 책의 내용은 우주관, 인생관, 사회관, 개벽사상, 도덕관 등 다섯 편으로 구성되어 있다. 여기서 그는 이 책을 통해 문화개혁에 의한 신사회 건설을 주창했다. 그리고 수운(水雲)의 후천개벽사상(後天開闢思想)을 신사회건설로 해석하였다. 즉 후천은 신사회, 개벽은 문화개조, 신인(新人)은 후천개벽을 주도하여 지상천국을 건설하려고 하는 인간을 의미한다. 허수, 2011, 『이돈화 연구 -종교와 사회의 경제-』, 역사비평사의 '제6장 신인철학'과 종교적 근대' 참고.

44) 고건호, 2005, 「"종교-되기"와 "종교-넘어서기": 이돈화의 신종교론」, 『종교문화비평』 7
권, 종교문화비평학회, 58-59쪽.

45) 원불교의 교리는 불법으로 생활을 빛내고 생활 속에서 불법을 실현한다는 뜻에서 불법
의 시대화 · 생활화 · 대중화라는 특징이 있다. 도학과 과학의 병진, 영(靈)과 육(肉)의
쌍전, 이(理)와 사(事)의 병행, 자력과 타력의 병진을 강조한다.

제3장 한국 근대 신종교의 탄생

1) 이는 근대 신종교의 성격을 분석하려는 의도에서 비롯된 것이다. 대표적으로, 김열규,
1976, 「신흥종교와 민간신앙」, 『한국학보』 2(3), 일지사; 장병길, 1965, 「한국민간신앙」,
『논문집: 인문사회과학편』 11, 서울대학교 교양과정부; 유병덕, 1973, 「한국신흥종교」,
원광대학교 종교문제연구소 등 이 분야는 많은 학자들이 다루고 있다.

2) 민란과 신종교의 관계연구는 대체로 동학에 한정된 것으로 민란 전반과 신종교와의 관
련을 사상적으로 체계 있게 연결한 것은 거의 없다. 동학에 한정된 대표적인 예로, 김의
환, 1972, 『한국근대사연구논집』, 성진문화사의 '제1편 초기동학사상연구'; 신일철, 1980,
「동학사상의 전개」, 『한국사상』 17, 한국사상연구회 등을 들 수 있다.

3) 이는 E. Durkheim, R. Otto, M. Eliade 등 종교학자들의 일반적 견해이다.

4) Eliade, M. & Kitagawa, T. M., ed., 1959, *The History of Religion*, The Univ. of Chicago
Press, p. 95.

5) Van der Leeuw, 1963, *Religion in Essence and Menifestation,* New York: Harper & Row,
p. 192.

6) Turner, V.(a), 1969, *The Ritual Process*, Chicago: Univ. of Chicago, p. 166.

7) Turner, V.(b), 1974, *Dramas, Fields and Metaphors*, Ithaca and London: Cornell Univ.
Press, pp. 37-39.

8) 위의 책, p. 32; p. 36.

9) 위의 책, p. 26.

10) Cohen, A., 1974, *Two-Dimensional man*, London: Routledge and Kegan Paul; 에브너
코헨, 윤승용 옮김, 1982, 『이차원적 인간: 복합사회의 권력과 상징의 인류학』, 한벗,
216쪽.

11) Turner, V.(a), 앞의 책, p. 69.

12) 위의 책, pp. 131-132.

13) V. Turner가 사용한 구조라는 말은 구조주의자들이 사용하는 잠재적인 구조라는 말
과는 다르다. 구조주의자들이 무의식중에 여러 요소가 조합 통합함으로써 생기는 구
조라는 말을 사용하는데 비하여, V. Turner는 역으로 사회에 있어 의식적인 모델로

서 규범적 제도적 통합체로서 구조라는 말을 사용하고 있다. 그와 같은 의미는 반구조 (communitas)의 대칭개념으로서의 구조의 유효성을 인식하고 사용한 것이다. Turner, V.(b), 앞의 책, "chapter 6. Passage, Margins and Poverty", p. 236 참고.

14) Turner, V.(a), 앞의 책, p. 103.

15) 위의 책, pp. 99-100.

16) 위의 책, pp. 129.

17) Peter Berger & Thomas Luckman, 1967, *The Social Construction of Reality*, New York: Doubleday, pp. 173-175.

18) From, E., 1976, *To Have and To Be*, New York: Harper & Row, p. 135.

19) Turner, V.(a), 앞의 책, p. 69.

20) 위의 책, p. 129.

21) 위의 책, p. 131.

22) 위의 책, p. 128.

23) Turner, V.(b), 앞의 책, "chapter 7. Metaphors of Anti-Structure in Religious Culture", pp. 272-275.

24) Workman, H. B., 1913, *The Evolution of Monastic Ideal*, Beacon Press, pp. 15-18. 중세 수도원의 삶을 전체적으로는 가난으로 볼 수 있다. 그 가난을 세 종류로 분류해 보면 1) 세상의 소유와 재화로 부터의 가난(물질적 가난), 2) 정신적 가난(겸손, 순종 등), 3) 영적인 가난(자기 의지의 완전한 포기, 형제간의 사랑 등)의 3가지로 요약할 수 있다.

25) Turner, V.(a), 앞의 책, pp. 111-112.

26) Turner, V.(b), 앞의 책, p. 232.

27) 위의 책, p. 238.

28) 위의 책, p. 265.

29) 위의 책, p. 234.

30) 'marginal man'에 관한 발생과 유형분류를 상세하게 한 책은 Stonequist, E. V., 1965, *The Marginal Man*, New York: A Division of Ateneneum Publisher, Inc.이다. 여기에 소수민족의 문화적 갈등과 같은 열성구조현상이 잘 설명되어 있다.

31) Turner, V.(b), 앞의 책, pp. 292-293.

32) 위의 책, p. 250.

33) King, W., 1968, *Introduction to Religion*, New York: Harper & Row, p. 30.

34) Lewis, I. M., 1971, *Ecstatic Religion*, Penguin Books, p. 35.

35) Lefever, H. G., 1977, "Religion & Minorities", *Journal for the Scientific Study of Religion*, September, Vol.16, No.3, pp. 225-229.

36) 한우근, 1976, 『한국통사』, 을유문화사, 371쪽.

37) 한우근, 1961,『조선후기의 사회와 사상』, 한국문화총서 제16집, 을유문화사, 32-54쪽:
김진봉, 1966,「임술민란의 사회경제적 배경」,『사학연구』, 한국사학회 참고.

38) 김용섭, 1974,『조선후기농업사연구』, 일조각, 291쪽 참고.

39) 安秉珆, 1975,『朝鮮近代經濟史』, 東京: 日本評論社, 128-156쪽 참고.

40) 한우근, 1965,「정조내우소회첩록 분석연구」,『논문집: 인문사회과학편』 11, 서울대학
교 교양과정부.

41)『영조실록』 33권, 영조9년(1733, 계축) 1월 13일(을미).

42) 한국사상연구회, 1959,「전봉준공초」,『한국사상』 1 · 2합본, 161쪽.

43) 임란 이후 유행한 국문소설인 춘향전, 허생전, 양반전 등은 대체로 조선사회 신분제도
의 모순을 풍자한 것으로 농민의식 향상을 짐작할 수 있다.

44) 19세기는 민란의 시대라고 규정할 수 있다. 1811년(순조 11) 대규모의 농민반란인 홍경
래의 난이 일어나기 시작하여 1862년(철종 13) 임술민란에 이르러 전국적인 봉기 양상
을 보이기에 이른다. 이후 1862년 장흥민란, 삼남민란, 은진민란, 공주민란, 상주민란,
진주민란 등이 연이어 일어나고, 고종 연간에도 민란은 계속되어 마침내 1894년(고
종 31) 전라도 고부의 동학접주 전봉준(全琫準) 등을 지도자로 동학교도와 농민들이 합
세하여 전국적인 농민전쟁이 일어나 중앙봉건권력의 타도를 외치기에 이르렀다. 이의
화, 2017,『민란의 시대, 조선의 마지막 100년』, 한겨레출판사, '제1부 문벌정치의 등장
과 관서농민전쟁', '제2부 성장하는 민중의식, 계속되는 민중봉기', '제3부 반봉건, 반침
략의 동학농민전쟁' 참고.

45) 姜在彦, 1980,『朝鮮の開化思想』, 東京: 岩波書店, 제2장 참고. 주로 실학의 여러 학파
와 서학의 대두를 말한다.

46) 조선조의 성리학이 세계관적 관심에서 시작하여 수양론, 인성론으로 심화되어 간 것은
소위 사림파가 향약 등의 실시문제를 훈구파와의 권력투쟁 무기로 사용하면서부터였
다. 이태진, 1976,「사림파 유향소 복구운동」,『한국사 논문선집』 IV, 일조각 참고.

47) 성리학의 정착과 한국적 이해란 두 가지 방향에서 말할 수 있다. 첫째,『성리대전』의 보
급 이후 여러 갈래의 중국성리학을 정리하여『대학』,『주자대전』 등으로 주교재가 정
해지면서 양명학과 한당 유학이 배척되고 한국주자학의 도통이 확립되었음을 뜻한다.
둘째, 성리학의 여러 문제 중 사단칠정론, 인심도심설, 인물성 동이논쟁 등 수기론의 발
전, 그 수기의 형식으로서 예학의 발달 등을 들 수 있다. 배종호, 1974,『한국유학사』,
연세대학교 출판부, 제2장 참고.

48) 조선 성리학에서 예론의 발전을 보면 구봉 송익필에서 대성하고 그 후 율곡의 제자인
사계 김장생과 우암 송시열로 이어지는데, 주로 노론 계통의 사람들이다.

49) 이남영, 1980,「호락논쟁의 철학사적 의의」,『동양문화국제학술회의논문집』, 대동문화
연구원. 호락논쟁이란 16세기 사칠논쟁을 이은 심성론에 관한 논쟁을 말한다.

50) 그런 가운데서 주자학 일색의 학풍에서 벗어나려던 윤휴나 박세당 같은 인물이 있었으나 조선사림은 이를 용납하지 않았다. 오히려 주자이론의 해석에서 논쟁을 유발할 염려가 있다 하여 주자와 다른 논지를 찾아내고자, 우암 송시열에서 남당 한원진에 이르는 수십 년에 걸쳐 "朱子言論同異巧"를 집성하였다. 금장태, 1980, 『유학과 한국사상』, 성균관대학교 출판부, 수선문고 4, 192-202쪽.

51) 姜在彦, 앞의 책, 75-79쪽.

52) Giddens, A., 1971, *Capital and Modern Social Theory*, Cambridge; 박여일·박노영 역, 1981, 『현대사회이론』, 한길사, 245쪽.

53) 姜在彦, 1973, 『近代朝鮮の變革思想』, 東京: 日本評論社, 16-20쪽.

54) 『숙종실록』 19권, 14년(1688, 무진) 8월 1일(신축).

55) 이능화, 1918, 『조선불교통사 상편』, 515쪽.

56) 정석종, 1981, 「조선후기숙종연간의 미륵신앙과 사회운동」, 『전통시대의 민중운동사상』, 풀빛, 185쪽.

57) 金煐泰, 1974, 「신라불교에 있어서의 용신사상」, 『불교학보』 11, 동국대학교 불교문화연구원 참고.

58) 이능화, 1959, 『조선도교사』, 322쪽.

59) 『정조실록』 19권, 9년(1785, 을사) 2월 29일(기유).

60) 酒井忠婦, 1972, 「幇の民衆の意識」, 『東洋史研究』 31(2), 東洋史研究會, 95-98쪽.

61) 『정조실록』 19권, 정조 9년(1785, 을사) 2월 29일(기유).

62) 『정조실록』 19권, 정조 9년(1785, 을사) 3월 1일(경술).

63) 이능화, 1959, 『조선도교사』, 322-323쪽.

64) 『진중일기』, 국사편찬위원회, 한국사료총서 제15, 360쪽.

65) 『진중일기』, 국사편찬위원회, 한국사료총서 제15.

66) 『일성록』, 고종7년(1870, 경오) 8월 10일(갑진).

67) 한우근, 1979, 『동학농민기인에 관한 연구』, 『한국문화연구』, 68-69쪽.

68) "해산(海山)에서 체포 압래(押來)하여 알아본즉 그들의 역모에 있어서 언어문자가 지극히 흉찬(凶僭)하여 용납할 수 없고 신인이 공분(共憤)할 바다. 소위 그들이 쓴 축사 중에는 종사에 관련된 것인즉 민신(民臣)의 공동 원수(共讐)이다. 작진(作盡) 밑에 일구(一句)는 도저히 입에 올릴 수 없는 글귀." 『일성록』, 고종9년(1872, 임신) 6월 7일(경신); 한우근, 위의 책, 72쪽에서 재인용.

69) 『비변사등록』, 고종13년(1876, 병자) 9월 10일(정묘); 한우근, 위의 책, 73쪽에서 재인용.

70) 한우근, 1997, 앞의 책, 73쪽에서 재인용.

71) 『비변사등록』, 고종13년(1876, 병자) 9월 10일(정묘); 한우근, 앞의 책, 73쪽에서 재인

용.

72) 『용담유사』, 「몽중노서문답가」 "…괴이한 東古讖書 추켜들고 하는 말이 已去 임진왜란
때는 利在松松하고 …."

73) 동학과 민간신앙의 관계를 연구한 논문은 많이 있는데, 대표적인 것으로는 한우근,
1969, 「동학사상의 본질」, 『동방학지』 10, 연세대학교 국학연구원; 김의환, 1972, 『한
국근대사논집』 제1편, 성진문화사를 들 수 있다.

74) 한국민속종교사상, 1967, 『정감록』 감결, 삼성출판사, 287쪽.

75) 장병길, 1965, 「한국민간신앙」, 『논문집: 인문사회과학편』 11, 서울대학교 교양과정부,
138쪽.

76) 김의환, 앞의 책, '제1편 초기 동학사상에 관한 연구', 27쪽 참고.

77) 사고나 탈이 날 원인 또는 트집잡힐 실마리나 근거 따위를 제공하는 존재를 말한다.

78) 장병길, 1970, 『한국고유신앙연구』, 서울대학교 동아문화연구소, 45쪽.

79) 위의 책, 15-33쪽.

80) 민간신앙을 기초로 한 개벽종교에서의 신귀 혼신앙을 설명하고, 신명관과 음양화출적
관념으로서 나타나는 명당의 풍수관념 및 진인출현을 종합적으로 다룬 것으로, 장병
길, 1971, 「韓國農村의 신앙집단구조에 관한 연구」, 『논문집: 인문사회과학편』 18, 서
울대학교 교양과정부, 6-7쪽.

81) 김종만 편, 1980, 『한국근대민중불교의 이념과 전개』, 한길사, 343쪽.

82) N. Cohn이 천년왕국사상을 집합적 현세적 절박적 전체적 초자연적 구제의 신앙이라고
정의한 것에서 비롯한 용어이다. 藤井正雄, 1978, 「運動としこの宗敎」, 講座宗敎學 3,
『秩序への挑戰』, 東京: 東京大學出版會.

83) Comstock, W. R., 1971, *The Study of Religion and Primitive Religion*, New York:
Harper & Row, p. 83 참고. 예언자와 사제는 두 형태의 이상형(ideal type)이다. 비율상
의 차이는 있을지언정, 어느 종교든지 예언자 기능과 사제 기능을 동시에 수행한다.

84) Wolf, E. R., 1966, *Peasant*, New Jersey Prentice-Hall, pp. 96-109.

85) 여기서 위상이란 구조와 반구조는 사회를 구성하는 두 함수이며, 어느 하나에 영향을
주어 전체의 균형을 이룬다는 의미로 사용하였다. 이 용어는 열역학 제2법칙의 에너지
(energy) 변환에 관한 보존법칙에서 사용되는 말이다.

제4장 한국 근대 신종교의 경전과 의례

1) 그런 민중운동이 만연했다고 해서 언제나 민중종교운동으로 발전하는 것은 아니다. 민
중운동이 종교운동으로 발전하려면 반드시 형이상학적인 구원의 논리가 있어야 한다.
적어도 인간에 대한 본원적인 이해와 세상에 대한 형이상학적 설명체계를 전제로 한 인

간해방과 이상사회로 이끌 청사진이 필요하다.

2) 1945년 강대성(姜大成)이 창시한 종교. 일심교(一心敎)라고 부르기도 한다. 여기서 유도란 유·불·선의 일심(一心)에 합하는 유도를 말하는 것으로 일반적으로 생각하는 유교와는 다르다. 갱정유도의 교리를 보면, 한때 증산계 교단인 보천교의 신도이기도 하였던 강대성 자신의 독특한 종교 경험을 토대로 하고 있기 때문이다.

3) 윤이흠의 근대 민족종교의 유형을 참고하여 재구성하였다. 윤이흠, 1991, 「근대민족종교의 유형과 사상적 전개」,『한국종교 연구』3, 집문당.

4) 동학의 후예는 천도교만 있는 것이 아니다. 1905년 천도교 개신 이후 진보회를 이끌던 이용구(李容九) 일파가 천도교로부터 출교당한 후 설립한 교단인 시천교(侍天敎), 그 외 분파로 김연국(金演局)의 상제교, 청림교(靑林敎), 대도교(大道敎), 제우교(濟愚敎) 등이 있었으나, 지금은 거의 유명무실하다. 시천교에서 분리한 김연국은 1924년 교단본부를 계룡산 신도안으로 옮겨 상제교로 교명을 바꾸었다가 다시 1960년에 교단 이름을 천진교(天眞敎)로 개칭하였다. 1915년 청림(靑林) 김주희(金周熙)에 의해 창립된 동학교본부, 그리고 1920년 이상룡(李象龍)이 자신이 수운 최제우의 재생(再生)이라고 주장하며 창립한 수운교(水雲敎) 등이 있다.

5) 증산교는 시류에 따라 주류 교단이 계속 바뀌고 있다. 증산의 사후 태을교(고수부, 1911)에서 출발해서 미륵불교(김형렬, 1914), 선도교(안내선, 1914), 보천교(1916, 차경석), 순천교(1920, 장기준), 태극도(1923, 조철제), 삼성교(1024, 채경대), 동화교(1928, 이상호), 수선교(1029, 강상백), 선불교(1927, 강순임), 선도교(1928, 여처자), 무을도(1942, 김계주), 대순진리회(1974, 박한경), 증산진법회(1974, 배용덕), 증산도(1974, 안경전) 등으로 이어지고 있다.

6) 1937년 김봉남(金奉南, 1898-1950)이 창시한 종교. 물법교라고도 한다. 1898년 제주도 북제주군 구좌면 연평리에서 태어난 김봉남은 18세 때 집을 나와 전국 명산대찰을 돌아다니면서 수도생활을 하였다. 유(儒)·불(佛)·선(仙) 삼교의 교리를 초탈하는 심수법(心水法)의 원리를 체득하였다 하여, 신도들은 그를 수법선사(水法仙師)·태상상제(太上上帝)·생불(生佛)의 화신으로 믿게 되었다. 그러나 1950년 김봉남이 죽자 제자들은 제각기 종통(宗統)임을 주장하며 많은 분파를 형성하였다. 그 분파에는 성덕도(聖德道)·삼법수도교화원(三法修道敎化院)·적선도(積善道 : 지금의 自我道)·천지대안교(天地大安敎)·용화삼덕도(龍華三德道)·봉남사(奉南寺)·태화교(太和敎)·타불교·용화사(龍華寺)·도교(道敎)·대한도교(大韓道敎) 등의 교파가 있다.

7) 1915년 이선평(李仙坪, 1882-1956)이 서울에서 창시한 신종교이다. 이선평은 천하대보정진무외(天下大寶正眞無外)라는 글귀가 허공에 나타난 것을 보고 각세(覺世)의 진리를 깨달았다고 한다. 각세도의 교리는 중국적인 역학과 오행설에 근거하고 있다. 즉 역학과 오행설에 따라 시간과 방위(공간)의 개념을 도입하고, 모든 것이 귀일(歸一)하는 중앙을

수도의 이상적 목표로 삼았다. 또한 역학에 의거하여 운수변역(運數變易)에 따른 선천과 후천의 관념을 상정하여, 조선 후기 이래 대부분의 신종교에서 볼 수 있는 후천개벽 또는 종말론적인 이상세계의 도래를 선언했다. 그러나 각세도의 교리는 상당한 학문적 수련을 배경으로 하며 꽤 이론적인 성격을 갖고 있었다. 또다른 신종교에 비해 종말론적인 색채를 강조하지 않고 주술성에 의존하지 않았으며, 내면화된 종교체험을 강조하고 은둔적인 자가수도(自家修道)의 경향이 강하다.

8) 그 내용은 다음과 같다. "1. 동방의 밝은 햇빛 불타오르고 새벽의 종소리가 울려 퍼진다. 눈감고 귀 막고야 알 수 있으랴. 눈뜨자 귀 밝히자 사해동포야. 눈뜨자 귀 밝히자 사해동포야. 2. 사람이 한울인줄 뉘 알았으랴. 대신사 외치심에 세상 놀랐네. 빛바랜 낡은 폐습 벗어던지고 새로운 후천운수 맞으려가자. 새로운 후천운수 맞으려가자. 3. 새윤리 사인여천 온누리에 펴 너나가 하나같이 참사람 되고, 정성과 공경, 믿음 더욱 다져서 땅위에 한울나라 힘써 세우자. 땅위에 한울나라 힘써 세우자."

9) 현재 활용하고 있는 천도교 경전은 동학의 〈수운편(水雲編)〉과 〈해월편(海月編)〉, 천도교의 〈의암편(義菴編)〉으로 3분되어 있다. 〈수운편〉은 유교적인 용어가 많이 사용되었고 그 내용이 함축적이고 포괄적이며, 〈해월편〉은 일상 언어와 불교 용어가 많이 차용되고 있으며 그 내용이 좀 단편적이고 일상적이라고 한다. 화제가 풍부하고 일상적이어서 대중의 접근이 쉽다. 〈의암편〉은 내용이 상당히 논리적이고 해설적이어서 교리의 체계적인 정리가 가능하다고 평한다.(http://www.chondogyo.or.kr/niabbs4/. 천도교 홈페이지 참고)

10) 본문(本文)에는 포덕문(布德文), 논학문(論學文), 수덕문(修德文), 불연기연문(不然其然文) 등이 수록되었고, 별집(別集)에는 축문(祝文)·입춘시(立春詩)·절구(絶句)·강시(降詩)·좌잠(座箴)·화결시(和訣詩) 등이 실려 있다.

11) 9편은 1860년에 지은 용담가(龍潭歌), 안심가(安心歌), 교훈가(敎訓歌), 1861년에 지은 수도사(道修詞), 검결(劒訣), 몽중노소문답가(夢中老少問答歌), 1862년에 지은 권학가(勸學歌), 1863년에 지은 도덕가(道德歌), 흥비가(興比歌)를 말한다.

12) 천도교중앙총부, 1994, 『천도교 의절』, 천도교중앙총부출판부; 문화체육부 종무실, 1996, 『한국종교의 의식과 예절』, 화산기획, '천도교의 의례' 부분을 참고하여 재정리한 것이다.

13) 천덕송은 천도교에서 한울님의 덕을 찬송하는 노래이다. 그 중 개벽을 노래한 대표적인 것이 〈개벽의 등불〉이다. "시련과 어두움의 한 갑자는 지나가고, 도약과 밝음의 새 시대는 열렸도다. 긴 세월 시련 속에 꺼져가던 개벽의 불씨, 포덕 두 갑자 새날을 맞아 다시 피어 오르나니, 잠자는 겨레 가슴에 등불 되게 하소서. 긴 세월 형극의 길 헤메이던 여인들의 멍든 가슴에 새 삶을 심어주던 그날의 님들처럼 긴 잠 깨어나 등불을 밝히니, 한울님 감응하소서. 개벽의 등불 켜는 불씨 되리니, 한울님 감응하소서."

14) 수운대신사가 득도(得道) 후 교도들에게 신앙의 첫 조목으로 가르친 도법(道法)이다. 한울님을 높고 먼 데서 찾지 말고 내 몸에 모신 한울님을 부모님 모시듯 해야 한다는 정신에 의거해, 크고 작은 일을 막론하고 일의 시작과 끝을 한울님께 정성껏 고(告)하는 의례다.

15) 초학주문은 '위천주고아정 영세불망만사의(爲天主顧我情 永世不忘萬事宜)'의 13자, 강령주문은 '지기금지 원위대강(至氣今至 願爲大降)'의 8자, 본주문은 '시천주조화정 영세불망만사지(侍天主造化定 永世不忘萬事知)'의 13자이다.

16) 한울님의 개념은 오직 한 분인 유일신이고, 인격적이면서도 초월적인 신이며, 동시에 인간 안에 내재하며, 인간을 통해 역사를 이끌어나가는 신이다.

17) 여기서는 강증산을 신앙대상으로 하는 증산계 종교 모두를 통칭하여 증산교라고 하였다.

18) '훔치'란 원래 불경의 다라니에 나오는 말의 한자역(漢子譯)으로 축마(逐魔)의 힘을 지니는 것이라고도 하며, 송아지가 모태 밖에 나오면서 우는 소리를 본뜬 것으로 신생(新生)의 뜻이 있다고도 한다. 또한 송아지는 음성(陰性)이므로 후천을 뜻하기도 한다고 풀이한다.

19) 상제, 미륵불, 옥황상제, 천사, 강성상제, 무극상제 등 다양하게 불린다.

20) 경전이 증보되면서 증산교 교단 내에서는 각 판에 대한 평가가 엇갈리기도 했다. 일각에서는 초판이 가장 신빙성 있다고 주장하며 이를 따르는 반면, 다른 이들은 제3판이나 혹은 제8판이 가장 믿을 만하다고 맞서고 있다.

21) 해방 이후 1947년 일제하에서 기록할 수 없었던 내용을 더 추가해서 총 9장 731절 362면으로 증편하여 제3판을 출간했다. 그리고 1979년에 총 9장 859절 431면으로 낸 것이 현재 제8판 『대순전경』의 모습이다.

22) 『생화정경』(삼덕교), 『중화경』(미륵불교), 『선도진경』(태극도), 『증산대도전경』(법종교), 『전경』(대순진리회), 『교전』(보천교), 『도전』(증산도) 등의 경전이 등장하였다.

23) 문화체육부, 위의 책의 '증산교의 의례편'을 참고로 하여 재정리한 것이다. 태극도 편찬위원회, 1985, 『修道要訣』, 태극도 본부 참고.

24) 입춘, 입하, 하지, 입추, 입동, 동지를 말한다.

25) 김홍철, 1991, 「한국 신종교의 부적신앙연구」, 『한국종교』 16, 원광대학교 종교문제연구소, 38-51쪽 참고.

26) 우보(禹步)란 먼저 숨을 죽이고 왼발을 내밀고, 다음에 오른발을 앞에 내어 왼쪽 발과 나란히 하는 것을 말한다. 상최(相催)란 발을 서로 꺾어서 움직인다는 뜻이다. 우보의 제 이보에서는 오른발을 먼저 움직이고 왼발을 움직여 나란히 한다. 제 삼보는 제 일보와 같다. 이렇게 반복해서 법4배를 하고 기도를 올리면 만사에 형통한다고 한다.

27) 하늘의 정기를 몸에 실어 상통천문(上通天文)한다는 뜻으로, 두 손을 위로 올려 주먹을

권 다음 내려서 어깨 위에서 펴고, 다시 땅의 정기를 몸에 실어 하달지리(下達地理)하고, 자신의 마음을 집중하여 중통인의(中通人義)한다는 뜻으로 손을 내려서 주먹을 쥔 다음, 가슴 앞으로 올려 주먹을 펴서 합장(合掌)했다가 손을 내려 땅을 짚고 엎드렸다 일어나는 배례이다.

28) 먼저 구천상제께 법배를 4번 올린 다음, 우진 1보(右進一步)하여 옥황상제께 법배를 4번 올린다. 다시 좌진 2보(左進二步)하여 석가여래께 평배(平拜)를 3번 올리고, 다시 갱진 1보(更進一步)하여 명부시왕, 오악산왕, 사해용왕, 사시토왕께 평배를 2번 올린다. 다시 우진 4보하여 관성제군, 칠성대제, 직선조, 외선조께 평배를 2번 한다. 모두 15배 한 다음 좌진 2보하여 원위치로 돌아와서 향남(向南)하여 칠성(七星), 우직(右稷), 좌직(左稷), 명부사자(冥府使者)께 드리는 읍을 올린다.

29) 전통적으로 신명이라는 말은 한국의 붉사상이나 산악숭배 사상과도 관련이 깊다. 따라서 무(巫)사상만이 아니라 선(仙)사상과도 밀접한 관계를 가진다.

30) 『대순전경』, 4장 49절.

31) 『대순전경』, 4장 139절.

32) 『대순전경』, 2장 116절.

33) 나철이 발표한 「단군교포명서」의 내용은 개천을 재천명한 중광 이념이다. 그 내용의 핵심은 세계일가 사상, 천신 대황조의 성육화, 삼신일체신앙, 국조대황조 숭봉, 대교 대도로서 종교의 조종(祖宗), 도(道)의 연원을 통한 단군조 실사, 단군 성현들의 숭조사상 고취, 권선징악 등이다. 안병로, 2006, 「단군한배검사상에서 드러난 나철의 수행관」, 『한국신종교연구』 14, 신종교학회, 169-173쪽 참고.

34) "나의 이름은 두일백(杜一白)인데 나이는 69세이며, 동지 등 32인과 함께 백봉신사(白峯神師)를 사사(師事)하였고, 1904년 10월 3일 백두산에서 회합하여 이 포명서를 발행한 것이니, 귀공의 금후의 사명은 이 포명서를 널리 펴는 일이오." 그렇게 이르고 간 며칠 뒤인 12월 9일 밤, 그 노인이 다시 찾아와서 "국운은 이미 다하였는데 어찌 이 바쁜 시기에 쓸데없는 일로 다니시오? 곧 귀국하여 단군대황조(檀君大皇祖)의 교화를 펴시오. 이 한마디 부탁뿐이니, 빨리 조국으로 떠나시오."하고 당부하고 갔다.

35) 순명 3조(殉命三條)는 다음과 같다. 첫째, 나는 죄가 무겁고 덕이 없어서 능히 한배님의 큰 도를 빛내지 못하며 능히 한겨레의 망(亡)케 됨을 건지지 못하고 도리어 오늘의 업신여김을 받는지라. 이에 한 올의 목숨을 끊음은 대종교를 위하여 죽는 것이다. 둘째, 내가 대종교를 받든지 여덟 해에 빌고 원하는 대로 한얼의 사랑과 도움을 여러 번 입어서 장차 뭇사람을 구원할 듯하더니 마침내 정성이 적어서 갸륵하신 은혜를 만에 하나도 갚지 못할지라. 이에 한 오리 목숨을 끊음은 한배검을 위하여 죽는 것이다. 셋째, 내가 이제 온 천하에 많은 동포가 가달의 길에서 괴로움에 떨어지는 이들의 죄를 대신으로 받을지라. 이에 한 오리 목숨을 끊음은 천하를 위하여 죽는 것이다.

36) 『참전계경』은 단군교에서 사용했던 기자의 경전으로, 지지자들은 환국시대부터 전해 온 것으로 믿고 있다.

37) 대종교 전범실, 1975, 『대종교 규례 규범』, 대종교출판사; 강수원 편, 1993, 『대종교 요 감』, 대종교 총본사, 3판, '의식편'; 문화체육부, 위의 책, '대종교 의례편' 등을 참고로 하 여 재구성하였다.

38) 특히 조선조에서는 평양의 숭령(崇靈殿)과 구월산의 삼성사에서 봄가을 제사를 지내게 했고, 여러 관청은 부군당(府君堂)에서, 모든 고을은 성황당(城皇堂)에서 관리들이 제 사를 지냈다.

39) 노길명, 2003, 「대종교의 선의식」, 『2003 민족종교 전통예술 조사연구보고서』, 한국민 족종교협의회, 74-75쪽.

40) 여기서 성품을 튼다는 것은 사람이 한얼님으로부터 받은 바의 본성을 닦아, 본래의 성 품을 회복하여 한얼님의 품으로 돌아가는 것을 말한다.

41) 이 각사는 대종교에서 주술적 힘이 있다고 믿어지며, 항시 외우면 신상의 갖가지 어려 운 일에 한배검께서 도와주실 것이라는 기도문이다. '세검 한몸이신 우리 한배검이시 여, 가마이 위에 계시사, 한으로 돌보시며, 낳아 살리시고, 늘 나려주소서.'(神靈在上 天 視天聽 生我活我 滿滿世降衷.)

42) 첫째의 천상천궁은 극락세계나 천당과 같은 개념이고, 다음의 지상천궁은 백두산을 가 리키며, 마지막의 인신천궁(人身天宮)은 사람의 몸이 하늘나라요 머리골이 천궁이라는 것이다.

43) 일제 강점기 불교계 신종교로는 원불교 외에 대각회나 선학원 등을 들기도 한다. 그러 나 불교학계에서 대각회나 선학원 등은 불교계 내의 혁신운동으로 취급하고 있기 때문 에 신종교에 포함시키지 않았다.

44) 소태산이 대각을 하고 나서 유교의 사서와 『소학』, 불교의 『금강경』과 『불교대전』과 『팔상록』, 선가의 『음부경』과 『옥추경』, 동학의 『동경대전』과 가사, 기독교의 구약과 신약을 모두 검토하고 나서 석가불을 연원불로 삼았다고 한다.

45) 원불교중앙총부, 1977, 『원불교 예전』 5판.

46) 문화체육부, 위의 책, 381-420쪽.

47) 김성장, 1984, 「원불교 의례 성격」, 숭산 박길진박사 고희기념 『한국근대종교사상사』, 원광대학교 출판부, 1212쪽.

48) 『원불교전서』, 1987, 원불교출판사, 5판, 55쪽.

49) 같은 책, 72-75쪽.

50) 원시반본을 한다는 것은 모든 것이 태초나 근원으로 되돌아간다는 뜻이다. 특히 개벽사 상에서는 우주와 인간의 역사는 말할 필요도 없고, 문명과 혈통도 근원으로 되돌아가 게 되어 있다는 당위적이고 윤리적 의미를 가진다.

제5장 개벽사상과 지상천국

1) 동학을 예로 들면, 개벽의 운수를 잘 맞이하기 위해 우선 시운을 알아 무위이화(無爲而化)하고, 다음은 성경신(誠敬信)으로 수심정기(守心正氣)하여 시천주(侍天主)함으로써 도성덕립(道成德立)한 군자가 되어 여천지합기득(與天地合其德)하는 윤리적 당위를 강조하고 있다. 신일철, 1995,『동학사상의 이해』, 나남, 84쪽.

2) 삼국시대 이전의 仙과 巫의 고유 신앙, 삼국시대 儒 · 佛 · 道 삼교의 유입, 고려시대의 고유 신앙과 불교의 융합, 조선시대의 신유교의 정착과 서학의 유입, 개항기 개신교의 유입과 신종교의 발생 등을 고려해서 유교, 불교, 기독교, 신종교 등 4개의 종교유형을 선택한 것이다.

3) 운수란 길흉화복의 운명이 점지되어 있는 운명을 의미한다. 사람의 힘으로는 어찌할 수 없는 길흉화복으로, 운명(運命) · 운기(運氣) · 운회(運會) · 기수(氣數) · 도수(度數)라고도 한다.

4) 동학의 최제우는 개벽 후 5만년 운수를 받아 천도(天道)를 얻게 되어 이 천도에 기반한 동학(東學)의 운수가 5만년을 가리라 했고(『용담유사』의 용담가), 소태산은 음양상승의 진급 강급의 운수에 따라 지금을 우주자연의 진급기에 해당된다고 하였다(『대종경』의 「변의품」6).

5) 『회남자(淮南子)』「천문훈(天文訓)」의 주(注)에 보면 운은 선(旋)이라고 풀이되고 있으며, 여기에 덧붙여 『정자통(正字通)』에서는 "운은 오행기화유전지명(運五行氣化流轉之名)."이라고 풀이하고 있다. 『민족문화백과사전』의 「운수(運數)」 항목.

6) 송(宋)의 장재(張載)는 주역의 이치를 연구하여, 만물이 태허(太虛)의 일원기(一元氣)로부터 생겨난다는 기일원론(氣一元論)적 학설을 세웠다.

7) 동양의 수리철학의 주제는 수 그 자체가 아니라, 역수(曆數) 혹은 역수(歷數)로서의 기능에 관한 것이다. 역수로서의 수는 본질로서의 '체(體)'가 아니라 현상으로서의 '용(用)'에 머물러 있을 뿐이다.

8) 조선 후기에 나타난 『정감록(鄭鑑錄)』이나 김일부(金恒)의 『정역(正易)』 등은 이런 운수관(運數觀)을 전제로 하여 조선사회가 맞고 있는 위기라는 액운(厄運)을 풀어보려는 것이다.

9) 곽신환, 2014,『조선유학과 소강절 철학』, 예문서원. 193-198쪽 참고.

10) 문중양, 1999,「16세기 조선 우주론의 상수학적 성격-서경덕(1489-1546)과 장현관(1554-1637)을 중심으로-」,『역사와 현실』34, 98-110쪽.

11) 서경덕의 철학이 장재의 기철학, 주돈이의 본체론, 그리고 소강절의 선천역을 종합화하였다는 사실을 지적한 연구로 정항재, 1990,「서경덕과 그 학파의 선천학설」, 서울대학교 석사학위논문, 79-85쪽.

12) 장정림, 2011, 「화담 서경덕 철학사상의 역학적 고찰」, 대전대학교 석사학위논문, 48-51 쪽.

13) 여기에는 소강절의 선후천론과 소강절과 그 문인의 저서인 『황극경세서』를 깊이 소화 한 서경덕의 역할이 적지 않았던 것으로 보인다. 그의 학적 계보를 살펴보면 이 사실 이 보다 분명해진다. 서경덕이 소강절의 선후천론을 계승하고, 그의 학통을 계승한 인 물이 『토정비결』을 쓴 토정(土亭) 이지함(李之菡, 1517-1578)이다. 토정 다음에는 전라 감사를 지낸 이서구(1954-1825), 그리고 『정역(正易)』을 쓴 김일부로 계승되었다. 이후 동학의 최수운, 증산교의 강증산, 원불교의 박종빈, 갱정유도의 강대성으로 이어진다. 조용헌, 2009, 『조용헌의 사주명리학의 이야기』, 생각나무, 270-271쪽.

14) 원회운세설은 1世를 30년, 1運을 360년, 1會를 10,800년, 1元을 129,600년으로 나눈다. 이것은 우주변화의 대소절(大小節)을 규정한 것이다. 다시 말하면 30년에 한 번씩 소변 화가 일어나고, 360년에 한 번씩 중변화가 일어나며, 10,800년에 한 번씩 대변화가 일어 난다. 129,600년은 우주 개벽작용이 완전히 상태를 바꾸게 되는 변화, 즉 천지가 개벽 작용을 완료하고 다시 새로운 개벽작용을 시작하게 되는 1주기를 말한다.

15) 정감록신앙은 정씨(鄭氏) 성을 가진 진인(眞人)이 출현하여 미래국토를 실현하고, 지복 (至福)의 터전을 이룩한다는 것이다. 이 신앙의 핵심은 삼절운수설(三絶運數說)과 계룡 산천도설 그리고 정성진인출현설(鄭姓眞人出現說)로 요약할 수 있다.

16) 한국 신종교의 후천개벽사상을 참위설에 근거한 종말론적 메시아니즘으로 해석하는 데 문제를 제기하는 견해도 없지 않다. 후천개벽사상의 본래 의미는 망각되고 대체로 운도론적 시운관과 혁세사상, 참위설에 바탕을 둔 종말론적 메시아니즘, 즉 진인출현 에 대한 기대, 미륵불 출현 갈망 등의 사상으로 왜곡하여, 신종교가 참위설에 근거한 사 교로 오인하는 원인을 제공하였다고 주장한다. 임병학, 2013, 「한국신종교에 있어서 후 천개벽과 역의 상관성」, 『원불교사상과 종교문화』55, 원광대학교 원불교사상연구원, 222쪽.

17) 개벽(開闢)이라는 말은 하늘이 처음 열리고(天開) 땅이 처음 만들어짐(地闢)을 말한다. 천지가 새로 짜여진 것(肇判), 현재 우리가 살고 있는 세상이 새로 만들어진 것 등을 의 미한다. 이 말은 일찍이 중국에서 사용되기 시작했으나 우리나라 민간에서는 우주자연 의 대변화와 종말을 의미하는 개념으로도 사용되었다. 김홍철, 2012, 「근현대 한국 신 종교의 개벽사상 고찰」, 『한국 신종교의 개벽사상』, 원광대학교 종교문제연구소, 8-9쪽 참고.

18) 운도론(運度論)은 동양 우주론의 핵심적 사상이다. 천지자연의 운행 과정이나 인간 역 사의 흐름이 운도에 의해 생장쇠멸, 원시반본, 성주괴공(成住壞空)을 되풀이한다고 본 것이다. 예컨대, 소강절(邵康節)의 원회운세설(元會運世說)이나 불교의 성주괴공과 대 겁설(大劫說) 등이 우주 자연의 운도에 따른 변화를 설명하는 대표적인 이론들이다.

19) '참(讖)'이란 은어를 가지고 길흉을 예정하는 것으로 일종의 예언을 말하며, '위(緯)'란 수직적인 경(經)에 대한 수평적인 횡(橫)을 뜻하여 경서(經書)의 비정통적 해석을 의미한다. 경서에 담긴 뜻이 비정통적으로 해석되는 동시에 신비적인 재이(災異)나 점성(占星)과 결부되어 주술적인 예조사상을 낳게 된 것이다. 이런 참설이나 예언설은 조선시대 이전부터 있어 왔다. 이것은 한국에서 참위설에 풍수지리설이 결부되어 왕도(王都)의 택정과 관련된 왕조의 흥망성쇠를 예언하는 독특한 형태로 발전하였다. 『정감록』의 감결신앙은 참위론의 전형이다.

20) 운세설이란 음양오행 · 복점(卜占) · 역수(曆數)와 관련된 것으로, 인간계와 자연계 사이에 개재하는 법칙성을 이론화한 것을 말한다. 특히 왕조의 흥망성쇠는 그런 운세설에 따라 좌우된다는 믿음이 바탕을 이루고 있다. 이러한 사상은 전한(前漢) 동중서(董仲舒)의 '천인상여(天人相與)' 및 '재이설(災異說)'을 통해 주술적이며 신비적인 지위를 획득하게 되었다. 여기에 왕조의 흥망성쇠를 예언하는 참위설이 가미됨으로써 미래국토의 대망사상으로 민간에 전승하여 자리 잡게 되었다.

21) 신정론은 세상에 존재하는 악과 고통의 문제에 대해 하나님의 의로우심과 선하심을 변호하려는 시도다. 즉 하나님이 존재하시는데 어째서 세상이 이처럼 모순투성이인지, 왜 계속하여 죄악이 맹위를 떨치는지, 그렇다면 하나님은 공의로우신 분이 맞는지 등의 문제를 다루는 신학적인 입장이다. 여기서는 현재의 고통에 대해 정당화하는 신정론의 기능을 강조한 것이다. 피터 버거, 이양구 옮김, 1982,『종교와 사회』, 종로서적의 '제3장 변신론의 문제' 참고.

22) 황선명, 1987,『근대한국종교문화와 후천개벽사상에 관한 연구』, 서울대학교 박사학위논문, 61-65쪽.

23)『용담유사』,「교훈가」, "…팔도(八道)한 세상사람 그날부터 군자 되어 무위이화(無爲而化)될 것이니 지상신선(至上神仙) 네 아니냐…"

24)『東經大全』,「修德文」과「論學文」.

25) 천공은 하늘이 백성(百姓)을 다스리는 조화(調和)를 말하는 것으로 화공(化工)이라고도 한다. 우주의 생성과 변화의 원리를 설명하는데, 그 변화를 일으키는 최고의 원인자로서 기(氣)를 설정하고, 이를 주재하는 주재자의 역할을 말하기도 한다.

26) 이정호, 1970,『정역연구』, 국제대학 인문과학연구소, 209쪽.

27) 노길명, 1977,「신종교 창시자와 추종자의 사회적 배경과 그들의 관계」,『증산사상연구』3, 증산사상연구회, 137-168쪽.

28) 증산교에서는 증산에 의해 집행된 종교적 의례를 공사(公事)라고 말한다. 공사에는 무척 많은 종류가 있으나 그 중에서도 해원공사(解冤公事)는 다른 공사의 선행조건이 된다. 인간의 삶에 있어 상극의 발생은 원(冤)으로 말미암아 야기된 것이다. 그러므로 신명공사를 행하여 상극의 시대 대신에 수화상생, 화금상생, 음양상생의 정역시대를 개

창하려는 것이 증산의 해원사상이다. 이정립, 1977, 「해원사상」, 『증산사상연구』 3, 증산사상연구회, 197-201쪽 참고.

29) 김홍철, 1981, 「수운·증산·소대산의 비교연구」, 『한국종교』 6, 원광대학교 종교문제연구소 참고.

30) 원형이정은 천(天)이 갖추고 있는 4가지 덕(德) 또는 사물의 근본원리를 말한다. 『주역(周易)』의 「건괘(乾卦)」에서 유래되었다. 『주역』 「문언전(文言傳)」에서는 원형이정을 다음과 같이 풀이하고 있다. 원형이정은 보통 만물이 처음 생겨나서 자라고 삶을 이루고 완성되는, 사물의 근본 원리를 말한다. 여기서 원은 만물이 시작되는 봄(春)에, 형은 만물이 성장하는 여름(夏)에, 이는 만물이 이루어지는 가을(秋)에, 정은 만물이 완성되는 겨울(冬)에 해당된다. 또 원형이정은 각각 인(仁)·의(義)·예(禮)·지(智)를 뜻하기도 한다. 이 사계절의 시간을 우주적 시간에 적용한 것이 바로 소강절의 원회운세설이다. 한국의 근대 신종교들은 대체로 사계절의 시간을 이용해 개벽을 가을개벽(동학과 증산교)과 봄개벽(금강대도와 갱정유도)으로 설명한다.

31) 『용담유사』, 「교훈가」.

32) 이것은 19세기 후반부터 다윈(C. Darwin)의 진화론에 힘입어 근대 자본주의의 시민사회를 사회적 진화의 대표적 표본이라고 본 서구 지식사조의 영향이라고 본다.

33) 화옹, 조화옹, 화무상제 등으로도 불린다. 민간 전승의 토착신앙을 가진 사람이나 불교 혹은 도교적 경향을 가진 사람들이 즐겨 사용하는 말이다. 일반 유림들은 잘 사용하지 않는다. 하늘의 조화로 자연히 이루어진 묘한 재주를 가진 자라는 뜻이나, 여기서는 기를 생성하고 조화롭게 하는 자로 이해할 수 있다. 곽신환, 앞의 책, 361쪽.

34) 『한국정신문화백과사전』의 「운수(運數)」 항목.

35) 성균관대학교 교재편찬위원회, 1978, 『유학사상』, 성균관대학교 출판부, 63-68쪽.

36) 금장태, 1999, 『현대한국유교문화』, 서울대학교 츨판부, 126-129쪽.

37) 人心惟危 道心惟微 惟精惟一 允執厥中.(『서경(書經)』 「대우모(大禹謨)」.)

38) 종법제도(宗法制度)는 서주의 봉건제도를 뒷받침하는 사회제도로서 가부장적 가족제도를 국가 단위로 확장한 것을 말한다. 사회 시스템 전체의 중심에 종법제도가 있고, 종법제도를 포함한 사회시스템을 총괄하는 말이 예(禮)이다. 주대의 예는 단순히 제례의식이나 그것을 행하는 마음가짐뿐만이 아니라 신분질서와 사회규범, 나아가 여러 가지 문물제도까지 포괄한다.

39) 陳正炎·林其錟, 1988, 『中國古代大同思想研究』, 香港: 中華書局, 122-130쪽.

40) 이성규, 1992, 「중국 대동사상의 역사적 전개와 그 특징」, 『한국사 시민강좌』 10집, 일조각, 206쪽. 진한 시대에 이르러 제자백가의 제반 주장들이 혼합되었고, 동시에 불교의 도입과 교단 도교가 생성되었으며, 위진남북조시대에 유불선 삼교의 혼합이 많이 이루어지면서 대동세계에 대한 내용도 또한 여러 사상이 절충되면서 다양하고 풍부해

졌다.

41) 위의 책, 204쪽.

42) 위의 책, 205-207쪽.

43) 동양에서만 이런 소국과민의 모형이 있는 것은 아니다. 예컨대 루소의 민주적 이상 세계도 빈부의 차이가 없는 소농으로 구성된 정치 공동체를 주장하였다.

44) 『노자』 80장.

45) 『포박자』는 동진의 갈홍(葛洪)이 지었다. 내편에는 고래의 도교사상이 체계적으로 논술되어 있고, 외편에는 사회의 이해득실이 논술되어 있다.

46) 이성규, 앞의 책, 208-209쪽.

47) 金三龍, 1983, 『한국 미륵신앙의 연구』, 동화출판사, 38-39쪽.

48) 살생, 투도, 사음, 양설, 악구, 기어, 망어, 탐욕, 진심, 치침의 10가지 악업을 벗어나 선업을 짓는 것을 말한다.

49) 정토의 본래 뜻은 부처가 상주하는 불국토이다. 우리나라의 정토신앙에서는 아미타불이 거주하는 서방정토와 미륵이 거주하는 도솔천의 미륵정토가 대표적이다.

50) 이종익, 1975, 『용화세계건설과 십선운동』, 미륵숭봉회, 61-70쪽.

51) 미륵신앙이 계율을 중시하고 십선업을 강조하는 것을 보면 알 수 있다. 특히 해동미륵의 교조가 진표율사라는 것을 상기하면 더욱 그러하다. 위의 책, 169-172쪽.

52) 이종익이 미륵신앙의 특징을 도솔왕생신앙, 미래불신앙, 미륵공덕신앙, 평화사상신앙, 지상천국신앙, 미륵사상과 십선도 등 여섯 가지로 들고 있음을 고려한 것이다. 위의 책, 140-150쪽.

53) 이 성주괴공의 대겁은 각기 20소겁(小劫)으로 나뉜다. 소겁의 시간이란 인간의 평균수명이 100년마다 한 살씩 변한다고 했을 때, 10살부터 늙기 시작해서 8만 4천살이 된 다음 다시 줄어들어 10살이 될 때까지의 거의 무한의 시간을 말한다.

54) 송대 지반(志盤)이 편찬한 「불조통기(佛祖統紀)」의 '三世出興志'의 내용을 요약한 것이다. 崔甲洵, 1982, 「明·淸代 宗敎結社의 "三陽說"」, 『역사학보』 94·95합본, 역사학회, 278-280쪽.

55) 崔甲洵, 위의 글, 280쪽. 중국에서 말법사상을 분명한 신앙형태로 내세우기 시작한 이는 남북조 말(6세기 말) 삼계교(三階敎)를 제창한 신행(信行)이다. 삼계교는 탁발수행이나 1일 1식과 같은 엄격한 규율을 요구하는 금욕적인 교단이지만, 민중의 지지가 많아지자 이에 불안을 느낀 조정과 기성교단은 8세기 말 소멸시켜 버렸다. 이후 삼계교는 민중 속에 침잠하게 된다.

56) 이종익, 앞의 책, 131쪽.

57) 金三龍, 앞의 책, 228-230쪽.

58) 이후 중국에서는 일관도(一貫道)로 발전하였고, 한국에서는 '국제도덕협회'로 정착했

다.

59) 鈴木中正, 1974, 『中國史における革命と宗敎』, 東京: 東京大學出版會, 62-63쪽.

60) 최갑순, 앞의 글, 280쪽.

61) 鈴木中正, 앞의 책, 불교의 미륵신앙과 관련된 다양한 전개과정들이 곳곳에 소개되어 있다.

62) 김영한, 1992, 「이상사회와 유토피아」, 『한국사 시민강좌』 10집, 일조각, 181쪽.

63) 그리어, W. J., 명종남 역, 1990, 『재림과 천년왕국』, 새순출판사, 21-27쪽.

64) 메시아 신앙은 천년지복(Millennialism)의 절대기대, 선과 악의 이원론(Twain Cosmogony), 힘의 근원은 하나(Monism) 등의 교리를 가진다. 또 메시안니즘의 특성으로 종말론적인 추구, 절대적이고 유일한 신앙, 모든 일을 한 번에 해결함, 성자성, 민중에 대한 죄의식, 이상적인 것만 추구함 등을 들 수 있다.

65) 클라우스 편, 권호덕 역, 1980, 『천년왕국』, 성광문화사, 117-121쪽.

66) 같은 책, 229-230쪽.

67) Lewy, G., 1974, *Religion & Revolution*, New York: Oxford Univ. Press. pp. 35-36.

68) 같은 책, pp. 38-43.

69) 천년왕국을 기대한 종교 엘리트로는 156년 프리기아(Phrygia) 지방에서 스스로 거룩한 영의 화신이라고 선언하고 새 예루살렘이 임할 것이라고 한 몬타니우스(Montanius), 3세기 초의 유명한 신학자 터툴리아누스(Tertullianus), 순교자 유스티누스(Justinus Martyr), 2세기 말 리용(Lyon)의 주교이자 신학자인 이레네우스(Irenaeus), 4세기의 달변가 락탄티우스(Lastantius), 라틴 시인인 코모디아누스(Commodianus) 등이 있다. 노만 콘, 27-33쪽 참고.

70) Lewy, G. 김승찬 옮김, 1993, 『천년왕국운동사』, 한국신학연구소, 앞의 책, pp. 40-41.

71) 노만 콘, 앞의 책, 381-388쪽.

72) 김홍수, 2007, 「한국기독교 이단의 역사적 고찰」, 『대학과 선교』 12, 한국대학선교학회 참고.

73) 통일교 계통의 소종파로는 국제크리스찬 연합(JMS, 정명석)과 생령교회 등이 있다.

74) 장막성전은 본래 박태선의 전도관에서 분파된 것이다. 전도관과 관련된 교단으로는 천국복음전도회, 한국증산교회, 재창조교회, 하나님 성회, 신천지교회(이만희), 한국복음전도회(구인회), 실로성전(김풍일), 한국기독교 에덴성회(이영수), 영생교(조희성) 등이 있다.

75) 새일교단 계열로는 새일수도원, 새일중앙교회(1972), 구원파(한국대한침례회, 권신찬), 다미선교원(이장림) 등이 있다.

76) 류병덕 편저, 1985, 『한국민중종교사상론』, 시인사, 14-16쪽.

77) 『대순전경』, 5장 4절.

78) 류병덕 편저, 앞의 책, 54쪽.

79) 황선명, 1987, 「근대한국종교문화와 후천개벽사상에 관한 연구」, 서울대학교 박사학위 논문, 61-65쪽.

제6장 개벽사상의 종교별 전개

1) '불완전한 인간'이란 결국 인간의 죽음 문제와 연결된다. 인간의 죽음은 삶의 의미를 상실하는 절망이라는 정신적 죽음과 최종적인 육체적 죽음으로 구분되며, 일상적인 삶 속에서는 육체적인 질병과 정신적 고통으로 나타난다. 이 같은 죽음현상을 극복하고 영생을 추구하고자 하는 것이 바로 종교적 구원이라고 할 수 있다. 윤승용, 1982, 「신종교의 반구조적 성격에 관한 소고」, 서울대학교 석사학위논문의 '제1장 구원과 완전사회' 참고.

2) Maduro, O., 강인철 역, 1988, 『사회적 갈등과 종교』, 한국신학연구소, 59-66쪽.

3) 신종교의 구원관이자 역사관인 개벽사상은 시대변화와 시대과제에 대응하며 항시 변화해 왔다. 사회개벽(東學, 다시개벽), 삼계개벽(甑山, 천지공사), 개천개벽(大倧敎, 重光), 신사회개벽(天道敎, 이돈화의 후천개벽), 정신개벽(圓佛敎) 등으로 전개되었다. 윤승용, 2012, 「한국의 근대 신종교, 근대적 종교로서 정착과 그 한계: 개벽사상을 중심으로」, 『종교문화비평』 22, 종교문화비평학회 참고.

4) 류병덕 편저, 1985, 『한국 민중종교사상론』, 시인사, 14-16쪽.

5) 『용담유사』, 「용담가」.

6) 『용담유사』, 「몽중노소문답가」.

7) 『용담유사』, 「용담가」.

8) 『용담유사』, 「안심가」.

9) 『海月산사법설』의 「開闢運數」, "運卽, 天皇氏始創之運."

10) 『용담유사』, 「안심가」.

11) 오문환, 2004, 「수운의 다시개벽과 새로움의 마래」, 『민족종교의 개벽사상과 한국미래』, 한국민족종교협의회, 113쪽.

12) 『동경대전』, 「布德文」.

13) 부적의 모양은 삶의 원리와 복덕의 근원인 태극(太極) 또는 궁궁(弓弓)이다.

14) 김호빈, 1999, 「동아시아 근대 민중운동에 나타난 유토피아 -동학농민전쟁 과정에서 설치된 집강소를 중심으로-」, 『시대와 철학』 10, 한국철학사상연구회, 18-23쪽.

15) 전통적인 유교의 천인합일 사상은 천(天)에 무게를 중심을 두고 있으나 동학은 인(人)에 무게 중심을 두고 있다. 이로써 한울님이 마음속에 들어간 모든 사람은 똑같은 한울님이며 모두가 평등할 수 있다. 이는 신분질서를 중요시하는 전통적인 유교를 전면적으로 거부하는 것이 된다.

16) 이것은 하도(河圖) 가운데에 위치한 수인 五인 황극(皇極)과 이를 둘러싸고 있는 수인 十인 무극(無極)을 말한다. 따라서 십오일언이란 '十·무극, 五황극, 一태극으로 합해지는 말씀'이라는 의미이다. 황준현, 1992, 『한국사상의 이해』, 박영사, 161쪽.

17) 십일일언이란 十무극이 一태극과 하나로 일치한다는 뜻이다. 이는 무극으로 표현되는 본체 이전의 세계와 본체의 세계인 태극의 세계와는 궁극적으로 하나라는 뜻이다. 같은 책, 163쪽.

18) 류병덕, 2000, 『근현대 한국종교사상연구』, 마당기획, 169쪽.

19) 위의 책, 169쪽.

20) 윤리규범을 잘 실천하여 자신이 나온 본 고향으로 돌아갈 수 있는 사람을 황극인이라고 한다. 이정호, 1975, 『정역연구』, 국제대학 인문사회과학연구소, 161-153쪽.

21) 곽신환, 2014, 『조선의 유학과 소강절 철학』, 예문서점, 357쪽.

22) 황선명, 1983, 『한국근대민족종교사상』, 학민사, 373쪽.

23) 곽신환, 곽신찬, 2004, 『조선유학과 소광절철학』, 예문서원, 360-362쪽.

24) 윤이흠 외, 2011, 『한국민족종교의원류와 미래』, 한국민족종교협의회, 262쪽.

25) 여기 존공이라 함은 선천의 존(尊)을 불용하는 까닭에 존대(尊待)하기만하고 공위(空位)로 두는 것을 말한다. 전체 역수인 원력수(375도)에서 새로운 우주생성의 정력수(360도)로 변역하는 과정에서 탈락될 윤력수가 15도이다. 정역에서 역 변화 원리의 핵심이다. 황선명, 앞의 글, 364-365쪽 참고.

26) 一夫之朞 三百七十五度, 十五尊空, 正吾夫子之朞, 當朞三百六十日.(『정역』의 「金火五頌」.)

27) 황준현, 1992, 『한국사상의 이해』, 박영사, 161쪽; 164-165쪽.

28) 先天而天不違 後天而奉天時.(『周易』의 「乾卦文言」.)

29) 황선명, 앞의 글, 373쪽.

30) 복희팔괘가 천지가 창조된 원 틀을 그려놓은 생역(生易)이라면, 문왕팔괘는 선천의 장구한 역사 기간 동안 만물을 키워내는 봄여름의 장역(長易)이고, 정역팔괘는 만물을 익혀내고 열매 맺는 가을의 성역(成易)으로 보았다.

31) 간(艮)은 겨울과 봄이 교체를 이루는 괘(卦)로서 간방에서 세상의 결실을 이루고 다시 출발하는 것을 의미한다.

32) 노길명, 2004, 「증산의 개벽사상과 한국의 미래」, 『민족종교의 개벽사상과 한국미래』, 한국민족종교협의회, 125-131쪽.

33) 『대순전경』 4:173.

34) 『대순전경』 2:5.

35) 『대순전경』 5:4.

36) 『대순전경』 5:4.

37) 류병덕 편저, 앞의 책, 54쪽.

38) 『대순전경』 5:16; 5:18.

39) 『대순전경』 2:24.

40) 『대순전경』 9:19.

41) 『대순전경』 4:129; 10:1.

42) 『대순전경』 9:19.

43) 『대순전경』 1:31.

44) 『대순전경』 1:56.

45) 이찬구, 2001, 「한국역학사상의 개관」, 『한국신종교연구』 5, 신종교학회, 56-57쪽.

46) 같은 책, 75쪽.

47) 안병로, 2006, 「단조 한배검사상에서 드러난 나철의 수행관」, 『한국신종교연구』 14, 신종교학회, 174쪽.

48) 문명지도론은 1904년 러일전쟁이 발발하면서 일본에 의한 한국식민 지배를 적극 옹호하는 역할을 한다. 이화여자대학교 한국문화연구회편, 2006, 『근대계몽기 지식의 발견과 사유지평의 확대』, 신명출판, 288쪽.

49) "大告天道敎出現, 道則天道 學則東學 則 古之東學 今之天道敎,宗旨는 人乃天이요, 綱領은 性身雙全, 敎政一致요, 目的은 輔國安民,布德天下,廣濟蒼生,地上天國建設이요, 倫理는 事人如天이요, 修行道德은 誠敬信이라." 손병희, 1905.12.1, 「제국신문」; 1905.12.1, 「대한매일신보」.

50) 고건호, 2002, 「한말 신종교문명론: 동학 천도교를 중심으로」, 서울대학교 박사학위논문의 '제Ⅲ장 천도교의 문명론의 구조', 66-114쪽 참고.

51) 김형기, 2004, 『후천개벽사상연구』, 한울, 92쪽.

52) 위의 책, 93쪽.

53) 일명 物開闢이라고도 한다.

54) 민족사학을 주창한 학자들은 대부분 조선정신을 강조하였다. 예컨대 신채호의 '낭가사상', 박은식의 '조선혼', 정인보의 '조선얼', 문일평의 '조선심' 등이 그것이다.

55) 1946년 4월 북한지역 교회에 대한 책임을 맡아 북한에 거주하던 중 6·25전쟁 때 평안남도 양덕 천도교수도원에서 북한군으로부터 납치되었다.

56) 『신인철학』은 이돈화의 저서이다. 초판은 1930년에 간행되었으며, 1963년 중간되었다. 『인내천요의(人乃天要義)』(1924년 간행), 『수운심법강의(水雲心法講義)』(1926년 간행) 등과 함께 천도교 사상을 근대 철학의 입장에서 체계적으로 정리한 책 가운데 하나다.

57) 윤이흠 외, 앞의 책, 261쪽.

58) 김형기, 앞의 책, 111-114쪽.

59) 위의 책, 130-131쪽.

60) 1920년에는 전국의 신도를 60방주(方主)의 조직으로 묶고, 60여 만에 달하는 간부를 임명하기도 하였다.

61) 천자등극의 실상은 김재영, 2010, 『보천교와 한국의 신종교』, 신앙출판사, 210-217쪽 참고.

62) 신앙대상은 초기에는 옥황상제하감지위(玉皇上帝下鑑之位)·구천하감지위(九天下鑑之位)·칠성성군하감지위(七星聖君下鑑之位)를 써 붙이고 경천(敬天)이 위주로 하였으나, 지금은 천자의 일월성(日月星)의 삼광영(三光影)을 중심으로 받든다.

63) 대표적인 예가 해방 이후 원불교로 개칭한 불법연구회와 민중 유교의 역할을 한 갱정유도다.

64) 『정전』, 「총서편」, '개교의 동기'.

65) 『대종경』의 「서품」과 「전망품」 등 전편에서 용화회상의 모습이 다양하게 묘사되어 있다.

66) 윤이흠 외, 앞의 책, 280쪽.

67) 김홍철, 앞의 글, 223쪽.

68) 『대종경』, 「교의품」 31-32장, 131-132쪽; 『정산종사법어』, 「유촉편」 5장, 1007쪽.

69) 『대종경』, 「인도품」 5장, 187쪽.

70) 『대종경』, 「수행품」 60장, 180-181쪽.

71) 『정전』, 「제2 교의편」, '제4 삼학'. 원불교의 삼학수행은 정신수양, 사리연구, 작업취사이다. 정신수양은 마음이 두렷하고 고요하여 분별성과 주착심이 없는 경지인 정신을 수양하는 것이다. 즉 안으로 분별성과 주착심을 없이 하며 밖으로 산란하게 하는 경계에 끌리지 아니하여 두렷하고 고요한 정신을 양성하는 것이다. 사리연구는 인간의 시비리해와 곧 천조의 대소유무의 이치를 연마하고 궁구하는 수행이다. 작업취사는 안이비설신의 육근을 작용할 때 정의는 취하고 불의는 버리는 수행이다.

72) 『대종경』, 「변의품」 29장, 252-253쪽.

73) 『대종경』, 「전망품」 5장.

74) 『대종경』, 「전망품」 4장.

75) 『대종경』, 「전망품」 23장.

76) 『대종경』, 「전망품」 전편 참고.

77) 『대종경』, 「변의품」.

78) 황선명, 1987, 「근대한국종교문화와 후천개벽사상에 관한 연구」, 서울대학교 박사학위논문, 61-65쪽.

79) 윤승용, 1982, 「신종교의 반구조적 성격에 관한 소고」, 서울대학교 석사학위논문, 77-80쪽.

80) 일제는 1910년 이래 조선인을 일본 국왕의 충량한 '황국신민'으로 만들기 위한 정책을 계속 추진하였다. 특히 1937년 중일전쟁 이후에는 황국신민서서의 암송, 내선일체, 신사참배, 창씨개명으로 더욱 가혹하게 황민화 정책을 강행하였다.

제7장 개벽종교들의 사회사적 전개

1) 윤이흠은 종교경험과 사상의 공통점이라는 면에서 접신과 주문이라는 신비경험, 정역과 개벽이라는 우주관, 수심정기와 영가무도라는 수신관, 통합진리와 민족주체 의식이라는 진리관을(윤이흠, 1991, 「근대 민족종교의 유형과 사상적 전개」, 『한국종교 연구』 3, 집문당, 78-82쪽), 그리고 노길명은 사상적인 측면에서 인존사상과 민중사상, 개벽사상과 지상천국사상, 구세주 신앙과 선민사상, 조화사상과 통일사상 등을 공통점으로 들고 있다(노길명, 1996, 『한국신흥종교 연구』, 경세원, '제1부 II. 한국 신종교운동의 사상적 특성' 참고).

2) '집단의 정체성과 미래 희망'을 고려하면서 서구 근대성을 주체적으로 수용하려는 태도를 말한다.

3) 사회사(社会史)는 사회의 전체상을 구축하려는 역사학의 한 방법이다. 사회관계와 집단화라는 점에서의 인간의 역사를 말한다. 1970년대 무렵부터 진행되어온 일반 연구 분야이다. 그러나 여기서는 종교와 사회의 관계를 사적으로 고찰하는 것에 중점을 두고 있다.

4) 19세기 민란은 1811년(순조11) 홍경래의 난을 필두로 하여, 19세기 중엽의 철종 대에 이르러 전국적으로 확산되었다. 진주민란(1862), 광양민란(1869), 이필제의 난(1871), 명화적의 활동 등으로 계속되었다. 그 연장선상에서 1894년의 동학농민혁명이 발생하게 된 것이다.

5) 조선의 개항은 1876년(고종13) 강화도조약 체결을 기점으로 한다. 이후 미국(1882), 영국(1882), 독일(1883), 러시아(1884), 이탈리아(1884), 프랑스(1887)와 연이어 불평등조약을 체결하였다.

6) 정감록신앙은 음양 풍수사상을 기초로 한 고유한 민간 신앙으로, 말세가 되어 세상이 혼란하게 되면 정도령이 출현하여서 세상을 구원한다는 일종의 '메시아'적 사상과 택지(擇地) 사상에 근거한 십승지(十勝地) 사상을 주된 내용으로 하고 있다. 차용준, 단기 4334(2001), 『전통문화의 이해(제5권 한국의 신종교 문화 편)』, 전주대학교 출판부, 84쪽.

7) 정순일, 2006, 「원불교와 미륵신앙」, 「원불교사상과 종교문화』, 원광대학교 원불교사상연구원, 116-117쪽.

8) 남조선신앙은 미래의 영원한 조선을 뜻한다. 그 연원은 알 수 없다. 불교의 미륵사상, 도

교의 선경, 풍수도참설, 그리고 무속신앙 등이 습합된 민간전승의 신앙형태이다. 새로운 지상천국이 이루어지는 후천개벽지와 민중들의 피난처인 궁궁촌 등도 이 남조선 신앙과 관련성이 많다.

9) 한국종교연구회, 1998, 『한국종교문화사 강의』, 청년사, 281-287쪽.

10) 노길명, 1998, 「한국 신종교운동의 전개과정」, 『한국종교』 23, 원광대학교 종교문제연구소, 325-332쪽.

11) 황선희, 1999, 「한국 민족주의운동에 대한 역사적 평가 -국내 민족운동을 중심으로-」, 『한국민족운동사연구』 23, 한국민족운동사학회, 260쪽.

12) 1886년 6월 4일 조불수호통상조약이 체결되었다. 한영조약을 모방한 것으로서 내용은 거의가 불평등 조약이었다. 이 조약에서 특기할 것은 전문 제9조 2항에 '교회(教誨)'의 항목을 넣어 조선정부로부터 가톨릭 포교권을 인정받은 점이다. 이 항목은 최혜국 조관(條款)에 의거하여 프랑스와 마찬가지로 미국과 구미 제국에 포교는 물론 선교 사업을 위한 교육문화 기관을 운영할 수 있게 하였다. 이에 기독교가 한국 교육문화 사업에 적극적으로 참여하게 되었다.

13) 선교와 도교는 지상선경이라는 이상 세계의 형성과 단전호흡과 같은 종교적 수련방법에 풍부한 자양분을 제공하였다. 윤이흠, 앞의 책 참고.

14) 정역(正易)은 모순과 부조리로 특징되는 낡은 질서는 곧 종말(終末)을 고하고, 새로운 후천 유리세계(琉璃世界)가 도래하게 된다는 선후천운도(先後天運度)를 강조한다. 이 선후천운도 때문에 개벽사상은 당시의 대내외 위기에 대응하고 사회변혁 의지를 담아낼 수 있는 신종교의 구원관으로 자리 잡았다. 윤승용, 2013, 「개항기 민중종교운동의 근대화과정」, 『한국근대 100년의 사회변동과 종교의 대응』, 원광대학교 원불교사상연구원, 55쪽 참고.

15) 동학을 필두로 하여 이운규(李雲圭)의 남학이 등장하였다. 남학(南學)은 1880년대 일부의 영가무도교(詠歌舞蹈敎)와 김치인(金致寅)의 오방불교(五方佛敎) 등을 통해 이어졌다. 노길명, 2006, 앞의 책, 131-132쪽.

16) 동학은 조선의 지배 권력으로부터 서학과 같은 좌도난적의 무리로서의 계속 탄압을 받았다. 그러나 천주교와 개신교가 이미 종교의 자유를 누리고 있었던 상황을 고려한다면, 동학의 금압은 시대를 반영하지 못한 조치로 볼 수 있다. 이에 동학교도들은 동학의 활동을 공인받기 위해 교조신원 운동을 전개하였다.

17) 동학농민혁명으로 발전한 교조신원운동은 공주취회(1892)에서 시작하여 삼례취회(1892), 광화문복합상소운동(1893), 보은취회(1893), 금구·원평취회(1893) 등으로 이어진다. 이 운동의 내용은 동학 교조 최제우의 억울한 죽음을 풀어달라는 요구, 동학을 금지한다는 핑계로 동학교도 및 일반 민중들의 재산을 함부로 수탈하는 행위 금지, 서학의 만연과 일본상인의 침탈을 막아낼 것 세 가지 요구로 집약된다. 박맹수, 1994, 『개

벽의 꿈, 동아시아를 깨우다』, 모시는사람들, 485쪽.

18) 폐정개혁안 12조는 반제 반봉건을 주 내용으로 하고 있다. 이는 민중이 자신들의 정치적 견해를 밝힌 첫 문건이다. 1. 동학교도와 정부 사이에는 원한을 해소하고 서정을 협력할 것, 2. 탐관오리는 그 죄를 엄징할 것, 3. 횡포한 부호를 엄징할 것, 4. 불량한 유림과 양반 무리의 못된 버릇을 징계할 것, 5. 노비 문서는 불태워버릴 것, 6. 천인의 대우는 개선하고 백정 머리에 쓰는 평양립은 벗어버릴 것, 7. 청춘과부의 개가를 허락할 것, 8. 무명잡세는 일체 거두어들이지 말 것, 9. 관리 채용은 지벌을 타파하고 인재를 등용할 것, 10. 왜와 간통하는 자는 엄징할 것, 11. 공사채를 막론하고 기왕의 것은 모두 무효로 할 것, 12. 토지는 평균으로 분작하게 할 것.

19) 청일전쟁 이전만 하더라도 조선은 청국의 영향을 받았다. 그러나 이후 일본의 영향이 크게 증대된다. 이에 문명개화의 기조도 달라진다. 이전에는 중체서용(中體西用)이라고 하여 사회제도는 그대로 두고 서양의 과학 기술문명만 받아들이는 양무운동을 기조로 하였다. 그러나 청일전쟁 이후 친일 개화파의 등장과 더불어 기술과학만이 아니라 일본식 근대국가 체제로의 개혁을 함께 받아들이려고 하였다. 김연희, 2011, 「漢城旬報 및 漢城周報의 과학기술 기사로 본 고종 시대 서구 문물 수용 노력」, 『과학사학회지』 33, 한국과학사학회, 1-39쪽.

20) 주요 내용은 반상의 계급타파, 문벌을 초월한 인재의 등용, 인신매매의 금지, 천민대우의 폐지 등이다. 특히 종교에 영향을 끼친 것은 독립국가로서 조선의 연호 사용, 음력 대신 양력(陽曆) 사용, 근대적 교육제도 도입, 공문서의 한글 사용, 단발령 시행 등이다.

21) 하영선 외, 2009, 『근대 한국의 사회과학 개념 형성사』, 창비, 9쪽.

22) 만민공동회(萬民共同會) 또는 관민공동회(官民共同會)는 대한제국의 시국 대토론회이다. 시민운동이자 시민사회단체로 독립협회에서 처음 주관하였다가, 1898년 4월을 기점으로 독립협회의 영향력에서 독자적인 민중대회 단체로 성장했다.

23) '헌의 6조(獻議 六條)'라고도 한다. 그 내용은 자주적 전제황권의 강화, 이권양도의 반대, 예산공개, 장정(章程: 중추원 개조안) 실천 등 자주외교와 국정대개혁에 관한 것이었다.

24) 이후 만민공동회라는 이름으로 존속하다가 1898년 말 해산하였다. 대한자강회(大韓自强會)와 대한협회(大韓協會)가 그 정신을 이어갔다.

25) 의미상 동도서기와 크게 다르지 않으나, 구본신참에서 말하는 옛 것은 갑오개혁과 을미개혁 이전의 우리 것을 뜻한다.

26) 박맹수, 앞의 책, 492-495쪽.

27) 정규훈, 2001, 「한국의 신종교」, 서광사, 61-66쪽.

28) 당시 일본군의 기록인 「조선폭도토벌지(朝鮮暴徒討伐誌)」에 의하면, 1907년 8월에서 1911년 6월까지 의병과 일본군 수비대 · 헌병 · 경찰이 충돌한 횟수는 2,852회였고, 의

병 수는 불확실한 통계로도 약 14만 1818명이나 되었다.

29) 신민회는 대부분 독립협회(獨立協會)의 청년회원들로 구성되었다. 중심인물은 회장 윤치호(尹致昊), 부회장 안창호, 유학자 출신의 장지연(張志淵)·신채호(申采浩)·박은식(朴殷植), 청년장교 출신의 이동휘(李東輝)·이갑(李甲), 평양 지방의 자산가인 이종호(李鍾浩)·이승훈(李昇薰), 그리고 안태국(安泰國)·이동녕(李東寧)·이회영(李會榮) 등의 독립 운동가들이다.

30) 3·1운동 이후 교육과 식산흥업을 강조하는 전형적인 문명개화론을 지향하다 보니 실력양성론 노선을 따르게 되고, 결국 체제 내화하여 친일화의 길을 가게 된다.

31) 근대 서구에서 국민국가와 조화를 이루는, 국민국가가 지원하는 종교이다.

32) 김상일, 1995, 「대종교사상사」, 『한국종교사상사』 IV, 연세대학교 출판부, 152-154쪽.

33) 1. 인류의 신앙인 대종교를 위하여, 2. 우주의 참 주인이신 한배 하느님을 위하여, 3. 천하 영장인 인류를 위하여 목숨을 끊는다고 하였다.

34) 노길명, 앞의 글, 147-154쪽.

35) 전통사회에서 중심적 역할을 해왔던 지배종교를 어떻게 처리할 것인가, 그리고 정교분리를 기본으로 하는 근대국가에서 전통을 계승하고 국민을 통합하는 새로운 지배종교를 어떻게 만들 것인가 하는 것은 근대국가 건설과 근대 문명사회를 만드는 데 있어 핵심적인 문제였다. 이런 면에서 당시 한중일 삼국의 지배종교의 처리 방법에는 많은 차이가 보인다. 일본은 '신도비종교론'으로 천황제를 보호하였으며, 반종교운동을 벌인 중국은 '유교비종교론'으로 중국의 중화사상을 이어가려고 하였고, 신종교가 민족운동의 주역으로 등장한 식민지 조선에서는 일제가 '신종교비종교론(유사종교론)'으로 식민지 민족독립운동을 탄압하는 수단으로 사용하였다. Hsi-yuan Chen, 1999, *Confucianism Encounters Religion: The Formation of Religious Discourse and The Confucian Movement in Modern China*, Harvard University Ph.D.; Jason Ananda Josephson, 2012, *The Invention of Religion in Japan*, The university of Chicago Press; 星野靖二, 2012, 『近代日本の宗教概念 -宗教者の言葉と近代』, 東京: 有志舍 등을 참고.

36) 당시 종교로 인정받는다는 것은 정교분리의 원칙에 의해 예외적으로 일제의 권력으로부터 종교 활동과 종립학교 운영에 자율성을 보장받는다는 의미가 있었다. 그러나 식민지 조선에서는 그것마저도 형식적인 것에 지나지 않았다.

37) 종교의 교화업무는 지배 권력의 요구에 부응하는 사회적 역할로 한정된다.

38) 유림 세력들은 을사늑약에 반대하여 의병투쟁을 하거나 혹은 박은식·장지연 등과 같은 유교개혁주의자들은 친일 대동학회(大同學會)에 대항하기 위하여 대동교(1909)를 만들었고, 개신교에서는 평양 대부흥회 운동(1907)이 일어나 망국의 서러움과 그 죄책을 부흥회를 통하여 달래려고 하였다. 이 운동으로 인하여 개신교의 신앙은 마침내 개화적 지식인들의 한계를 넘어 민중에게 뿌리 내리기 시작하였다. 불교에서는 1895년

승려의 도성 출입이 가능해졌고, 친일승려인 이회광은 일본불교와 연합하여 근대 불교 종단 원종(圓宗, 1908)을 창립하였다.

39) '근대적 종교개념'은 종교의 실천적 측면보다는 인간의 내면적 믿음을 강조하는 서구 개신교를 모델로 하고 있다. 이 종교개념에는 문명기호적인 의미와 개인 단위의 구원이 전제되어 있다. 그리고 성(聖)과 속(俗)의 이원론을 기반으로 정치(세속)와 종교(신앙)를 분리하는 것을 원칙으로 삼는다. 이런 개념이 사회에 통용될 경우 종교의 활동이 사회에서 규정된 종교적인 것에만 한정되기 때문에 해당 사회 문화와 얽혀있던 전통종교들은 더 이상 사회 문화적인 힘을 발휘할 수가 없다. 윤승용, 1997, 『현대 한국종교문화의 이해』, 한울, 46-49쪽.

40) 당시 기호지방 유림에 의해 간행된 『尊華錄』(1900)과 영남지방 유림에 의해 간행된 『大東正路』(1903)에 유교를 종교로 선포한 『尊聖綸音』이 포함되어 있다. 그 뿐 아니라 의병장 유인석(柳麟錫)도 유교를 '상현종교(聖賢宗教)'라고 표현하고 있다. 여기에서 당시 대부분의 유림들은 유교를 하나의 '종교'로 간주하고 있었음을 추론하여 볼 수 있다. 이진구, 1995, 「근대한국 개신교의 타종교 이해 -비판의 논리를 중심으로-」, 『한국기독교와 역사』 4, 한국기독교연구소, 131-160쪽 참고.

41) 3·1운동 이후 교육과 식산흥업을 강조하는 전형적인 문명개화론을 지향하다 보니 실력양성론의 노선을 따르게 되고 친일화의 길을 가게 된다.

42) 1920-1930년대에 신비주의적 종교체험을 한 기독교 신령파들이 등장한다. 그 첫 교단인 새주파는 개신교가 전래된 지 50여 년 만에 처음으로 '한국적인 기독교'의 신앙 형태를 보여준 것으로, 한국종교사에서 큰 의미를 찾을 수 있다. 김홍수, 2007, 「한국기독교 이단의 역사적 고찰」, 『대학과 선교』 12, 한국대학선교학회 참고.

43) 한국에서 진화론이 수용된 것은 1880년대로, 이를 접한 대표적인 인물이 유길준이다. 그가 쓴 「競爭論」은 국가 일로부터 개인 일에 이르기까지 경쟁을 통하여 사회가 진화한다는 것이다. 그 결과로 조선에 나타난 것이 사회 경쟁력을 높이기 위한 애국계몽운동이었다. 조선에서는 1905년 을사늑약에서 1908년 사이에 절정에 달하였다. 그러나 이런 운동은 경쟁의 모델이 되는 선진국에 체제 내화(內化)되는 모순을 안고 있다. 김성규, 1992, 「19세기말, 20세기 초의 한국과 일본의 진화론 수용」, 『한국사회과학사학회지』 14(1), 124쪽.

44) 천도교의 기독교 신앙 부당성을 비판한 내용은 조경달, 정다운 역, 2012, 『식민지조선의 지식인과 민중: 식민지 근대성 비판』, 선인, 115-119쪽.

45) 천도교가 보천교 신앙의 미신성을 비판한 내용은 위의 책, 111-115쪽 참고.

46) 민중종교적인 성향을 탈피하고 신문화를 받아들여 엘리트적인 성향의 종교, 그리고 과학적이고 문명적인 종교가 되었다는 것을 의미한다.

47) 하루마쓰 와타루, 김항 역, 2003, 『근대의 초극론』, 민음사, 239-248쪽.

48) 조경달, 앞의 책, 167-175쪽.

49) 1970년 문화공보부는 신종교에 대해 실태 조사한 보고서를 『한국 신흥 및 유사종교 실태조사 보고서』라는 제목으로 발간하였다. 이것을 보면 이때까지도 유사종교라는 개념이 한국사회에서 유효했음을 알게 된다.

50) 정용화, 2006, 「1920년대 초 계몽담론의 특성: 문명, 문화, 개인을 중심으로」, 『동방학지』 133쪽과 173쪽.

제8장 결론과 근대 이후

1) 종교문화적 평면에서 근대 신종교를 평가한 책으로는 島薗進, 1997, 『현대 일본종교문화의 이해』, 청년사, 33-38쪽 참고.

2) 전통종교가 출가주의나 금욕주의를 지향한다는 것은 현세를 평가절하하고 있음을 의미한다.

3) 백종구, 2003, 「한국 개신교의 성정과 평가」, 『선교신학』 7, 한국선교신학회.

4) 1970년 문화공보부가 신종교 실태조사를 한 보고서를 『한국 신흥 및 유사종교 실태조사 보고서』라는 제목으로 발간한 것을 보면 이때까지도 유사종교개념은 한국사회에서 유효했음을 말해준다.

5) 허영섭, 2009, 『해방 이후 한국교회의 재형성 1945-1960』, 서울신학대학교 출판부 : 한국기독교역사연구소, 117-126쪽.

6) 근대국가 형성과정에서 민족국가는 역사의 주체였다. 그러나 식민자인 일본이 천황제를 중심으로 한 국가 민족주의였다면, 피식민자인 한국은 민족종교를 중심으로 한 민간 민족주의였기 때문에 같은 근대 민족주의라도 민족주의 성격이 다르다.

7) 불교계에서도 비구, 대처 분쟁의 와중에서 법화종(1946, 혜일정각), 진각종(1957, 손규상)과 같은 신흥 종파불교들이 대거 나타났다. 새로 생긴 불교종단들은 고려 말기에 이미 끊어진 과거 종파불교를 중창한다는 명분으로 창립되었다.

참고문헌

제1장 서론

강돈구 외, 2006. 『근대성의 형성과 종교지형변동』, 한국학중앙연구원 종교문화연구소.

권동우, 2013, 「해방 이후 한국종교계의 변화와 신종교: 공인교 제도와 영성운동, 그리고 신종교의 대응」, 『신종교연구』, 28, 한국신종교학회.

김도형, 2014, 『근대한국의 문명전환과 개혁론』, 지식산업사.

김동노, 2009, 『근대와 식민의 서곡』, 창비.

김용휘, 2012, 「동학의 개벽사상과 새로운 문명」, 『한국종교』, 35, 원광대학교 종교문제 연구소.

김형기, 2004, 『후천개벽사상 연구』, 한울.

김홍철, 1989, 『한국신종교사상연구』, 집문당.

김홍철, 1997, 「신종교학 연구 어디까지 왔나」, 『해방후 50년 한국종교연구사』, 도서출판 창.

김홍철, 2012, 「근현대 한국 신종교의 개벽사상 고찰」, 『한국 신종교의 개벽사상』, 원광대학교 종교문제연구소.

노길명, 1988. 『한국의 신흥종교』, 가톨릭신문사.

노길명, 2008, 「개벽 사상의 전개와 성격」, 『국학연구』 28, 고려대학교 한국학연구소.

류병덕, 1985, 『한국 민중종교 사상론(한국종교연구1)』, 시인사.

민영현, 2013, 「한국근대민중종교에 나타난 개벽사상의 이상사회론에 관한 연구: 附. 선(仙)과 선경(仙境)에 대한 이해를 중심으로」, 『仙道文化』 14, 국학연구원.

민족운동사회학회, 2002, 『일제강점기의 민족운동과 종교』, 국학자료원.

박광수 외, 2017, 『한국신종교의 사회운동사적 조명』, 집문당.

박광수, 2012, 「한국 신종교의 개벽사상 소고」, 『한국종교』 35, 원광대학교 종교문제연 구소.

박광수, 2015, 「한국신종교지형과 종교문화서설」, 『한국신종교지형과 문화』, 집문당.

박기민, 1986, 『외래신흥종교연구』, 혜림사.

서강대학교 사회문제연구소 편, 1976, 『한국의 신종교에 관한 연구』, 서강대학교 사회문 제연구소.

성주현 외, 2014, 『민족종교항일운동사』 IV, 한국민족종교협의회.

송재국, 2012, 「정역(正易)의 개벽사상」, 『한국종교』 35, 원광대학교 종교문제연구소.

안병무, 1993, 『민중신학을 말한다』, 한길사.

안연희, 2016, 「세계종교와 종교 가르치기」, 『종교문화비평』 29, 종교문화비평학회.

안창범, 2001, 『환웅천황과 한국고유사상의 탄생: 현대사상 이전의 선천개벽사상』, 제주대학교 출판부.

양은용, 2012, 「원불교의 개벽사상」, 『한국종교』 35, 원광대학교 종교문제연구소.

우혜란, 2003, 「포스트모던 시대의 새로운 종교현상: 한국의 예를 중심으로」, 『新宗敎硏究』 19, 한국신종교학회.

우혜란, 2005, 「동시대 한국의 종교현상 연구와 '종교'개념의 재고찰: '영성'(spirituality)에 대한 논의를 출발점으로」, 『한국종교연구』 7, 서강대학교 종교연구소.

유철, 2000, 「증산도의 "原始返本" 사상과 개벽」, 『증산도사상』 2, 증산도사상연구소.

윤승용, 2011, 「한국 신종교운동의 미래와 금강대도」, 「신종교연구」 24, 한국신종교학회.

윤승용, 2012, 「한국의 근대 신종교, 근대적 종교로서의 정착과 그 한계: 개벽사상을 중심으로」, 『종교문화비평』 22, 종교문화비평학회.

윤승용, 2013, 「한국신종교에 대한 종교사적 연구와 과제」, 『한국종교 제36집: 신종교의 연구방법론과 과제』, 원광대학교 종교문제연구소.

윤이흠 외, 2004, 「민족종교의 개벽사상과 한국의 미래」, 한국민족종교협의회.

이강오, 1992, 『한국신흥종교총감』, 한국신흥종교연구회.

이재헌, 1999, 「금강대도의 午中運度사상과 새시대의 비전」, 『신종교연구』 1, 한국신종교학회.

이찬구, 2012, 「수운교 개벽사상의 역리적(易理的) 고찰」, 『한국종교』 35, 원광대학교 종교문제연구소.

이현희, 1998, 「최제우의 개벽사상과 19세기의 한국사회」, 『동학연구』 2, 한국동학학회.

임형진, 2004, 「동학의 정치사상과 개벽」, 『동학연구』 17, 한국동학학회.

정해정, 2010, 「동학의 개벽사상과 역사의식」, 『역사와 교육』 10, 역사와교육학회.

조극훈, 2013, 「동학 개벽사상의 역사철학적 의미」, 『동학학보』 17(1), 동학학회.

村山智順, 최길성·정상언 옮김, 1991, 『조선의 유사종교 上·下』, 계명대학교 출판부.

최길성, 1993, 「천지개벽과 종말론」, 『비교민속학』 10, 비교민속학회.

하영선, 2009, 「근대 한국의 문명개념 도입사」, 『근대적 사회과학 개념 형성사』, 창비.

허명섭, 2009, 『해방이후 교회의 재형성: 1045-1960』, 서울신학대학교 출판부: 현대기독교역사연구소.

허수, 2009, 「러셀 사상의 수용과 『개벽』의 사회개조론 형성」, 『역사문제연구』 21, 역사문제연구소.

황선명, 1887, 「근세한국종교문화와 후천개벽사상에 關한 연구: 근대화과정에 있어서 文化의 지속성 인식」, 서울대학교 박사학위논문.

황선명, 1983, 「후천개벽과 혁세사상: 조선말기 민중종교운동을 중심으로」, 황선명 외, 『한국근대 민중종교사상』, 학민사.

Robert A. Segal, 2007, "The Invention of World Religions; or How European Universalism

Was Preserved in the Language of Pluralism", *The Journal of Religion*, Vol. 87, No. 1.

Tomoko Masuzawa, 2005, *The Invention of World Religions, or, How European Universalism Was Preserved in the Language of Pluralism*, Chicago: University of Chicago Press.

제2장 근대와 종교, 그리고 신종교

『개벽』63호(1925.11.), 6호(1920.6.).
《동아일보》창간호(1920.4.1.).

강돈구, 1987, 「종교연구서설」, 『종교학연구』6, 서울대학교 종교학연구회.
고건호, 2002, 「한말 신종교문명론: 동학 천도교를 중심으로」, 서울대학교 박사학위논문.
고건호, 2005, 「"종교-되기"와 "종교-넘어서기": 이돈화의 신종교론」, 『종교문화비평』, 7권, 종교문화비평학회.
권태억, 2014, 『일제의 한국 식민지화와 문명화(1904-1919)』, 서울대학교 출판문화원.
磯前順一, 제점숙 옮김, 2016, 『근대일본의 종교담론 계보』, 논형.
磯前順一・尹海東編, 2013, 『植民地朝鮮と宗敎』, 東京: 三元社.
김봉렬, 1998, 『유길준 개화사상연구』, 경남대학교 출판부.
김세민, 2002, 『한국 근대사와 만국공법』, 경인문화사.
김준엽・김창순, 1986, 『한국공산주의운동사』(제1권), 청계연구소.
김태용, 「중국특색의 사회주의 종교이론에 대한 고찰」, 『中國學報』63, 한국중국학회.
김현주, 2002., 「식민지시대와 '문명'・'문화'의 이념 -1910년대 이광수의 정신적 문명론을 중심으로-」, 『민족문학사연구』20, 민족문학사학회.
김형국, 1999, 「1919-1921년 한국지식인들의 '개조론'에 대한 인식수용에 대해서」, 『충남사학』11, 충남대학교 사학회.
김형국, 2001, 「1920년대 초 민족개조론 검토」, 『한국근현대사연구』19, 한울.
김흥수, 1992, 『일제하 한국기독교와 사회주의(한국기독교사논문선집)』, 한국기독교역사연구소.
나연준, 2011, 「1920년대 전반 부르주아 민족주의 세력의 문화주의 담론: 이광수와 이돈화를 중심으로」, 중앙대학교 석사학위논문.
島薗進, 1997, 『현대 일본종교문화의 이해』, 청년사.
류병덕, 2000, 『근현대 한국종교사상연구』, 마당기획.
류병덕・김홍철・양은용, 1988, 『한중일 삼국 신종교 실태의 비교연구』, 원광대학교 종교문제연구소.
星野靖二, 2012, 『近代日本の宗敎槪念: 宗敎者の言葉と近代』, 東京: 有志舍.

송현주, 2012, 「서구 근대불교학의 출현과 '부디즘'의 창안」, 『종교문화비평』 22, 종교문화비평학회.

수요역사연구회, 2007, 『식민지동화정책과 협력 그리고 인식 -일제의 식민지 지배정책과 매일신보 1920-30년대-』, 두리미디어.

양명, 1926, 「여시아관」, 『개벽』 65호(1928. 1).

야스마루 요시오, 이원범 역, 2002, 『천황제 국가 성립과 종교변혁』, 한림대학교 일본학연구소.

윤승용, 1997, 『현대 한국종교문화의 이해』, 한울.

윤승용, 2013, 「한국 신종교에 대한 종교사적 연구와 과제」, 『한국종교』 36, 원광대학교 한국종교연구소.

이광수, 1917.11, 「금일 조선야소교회의 결점」, 『청춘』.

이돈화, 1933, 『천도교창건사』, 천도교중앙종리원.

이돈화, 1971, 『신인철학(新人哲學)』, 천도교중앙총부.

이진구, 1995, 「근대한국 개신교의 타종교 이해 -비판의 논리를 중심으로-」, 『한국기독교와 역사』 4, 한국기독교연구소.

이진구, 1996, 「종교의 자유에 대한 한국개신교의 이해에 관한 연구」, 서울대학교 박사학위논문.

이재화 편역, 1986, 『한국근대민족해방운동사』 1, 백산서당.

이혁배, 1988, 「천도교의 신관에 관한 연구 -역사적 변천을 중심으로-」, 『종교학연구』 7, 서울대학교 종교학연구회.

장규식, 2001, 『일제하 한국 기독교 민족주의 연구』, 혜안.

장석만, 1992, 「개항기 한국사회의 종교개념 형성에 관한 연구」, 서울대학교 박사학위논문.

장석만, 1997, 「한국근대성 이해를 위한 몇 가지 검토」, 『현대사상』, 민음사.

장석만, 2012, 「종교를 묻는 까닭과 그 질문의 역사: 그들의 물음은 우리에게 어떤 문제를 던지는가?」, 『종교문화비평』 22, 종교문화비평학회.

장석만, 2015, 「식민지조선에서 "문명-문화-종교"의 개념적 네트워크 형성」, 『종교문화비평』 28, 종교문화비평학회.

장창진, 1994, 「일제하 민족문제 논쟁과 반종교운동: 1920년대 사회주의자들의 반기독교운동을 중심으로」, 서울대학교 석사학위논문.

정용화, 2006, 「1920년대 초 계몽담론의 특성: 문명 · 문화 · 개인을 중심으로」, 『동방학지』 133, 연세대학교 국학연구원.

정해정, 2001, 『동학 천도교의 교육사상과 실천』, 혜안.

조경달, 정다운 역, 2012, 『식민지조선의 지식인과 민중: 식민지 근대성 비판』, 선인.

村山智順, 1991, 최길성 · 정상언 옮김, 『조선의 유사종교』 상 · 하, 계명대학교 출판부.

최동희 외, 1993,『한국종교사상사』 III, 연세대학교 출판부.

최동희, 1980,『동학의 사상과 운동』, 성균관대학교 출판부.

한국종교문화연구소 엮음, 2003, 장병길 교수 논집『한국종교와 종교학』, 청년사.

허수, 2011,『이돈화 연구 -종교와 시회의 경제-』, 역사비평사.

홍선영, 2005,「1920년대 일본 문화주의의 조선 수용과 그 파장」,『일어일문학연구』 55, 한국일어일문학회.

홍장화, 1992,『천도교 운동사』, 천도교중앙총부.

Brent Nongbri, 2013, *Before Religion: A History of a Modern Concept*, Yale University Press.

Jang Sukman, 2013, "The Historical Formation of the Religious-Secular Dichotomy in Modern Korea, Religion and Secularity", Marion Eggert and Lucian Holscher, eds., *Transformations and Transfers of Religious Discourses in Europe and Asia*.

Jason Ananda Josephson, 2012, *The Invention of Religion in Japan*, The university of Chicago Press.

Markus Dressler and Arvind-Pal S. Mandair, eds., 2011, *Secularism and Religion-Making*, Oxford University Press.

Turner, B. S., 1983, *Religion And Social Theory*: A Material Perspective, Heinemann Edcational Books.

Vincent Goossaert and David A. Palmer, 2011, *The Religious Question in Modern China*, The University of Chicago Press.

제3장 한국 근대 신종교의 탄생

『대순전경』.

『동경대전』.

『숙종실록』 19권.

『용담유사』.

『영조실록』 33권.

『일성록』, 고종7년.

『일성록』, 고종9년.

『정감록』 감결, 1967, 한국민속종교사상, 삼성출판사.

『정조실록』 19권.

『진중일기』, 국사편찬위원회, 한국사료총서 제15.

강재언, 1973,『近代朝鮮の變革思想』, 東京: 日本評論社.

강재언, 1980,『朝鮮の開化思想』, 東京: 岩波書店.

金煐泰, 1974,「신라불교에 있어서의 용신사상」,『불교학보』11, 동국대학교 불교문화연구소.

금장태, 1980,『유학과 한국사상』, 성균관대학교 출판부, 수선문고 4.

김낙필, 1992,「조선후기 민간신앙의 윤리사상」,『총서』6, 서울대학교 규장각 한국학연구원.

김열규, 1976,「신흥종교와 민간신앙」,『한국학보』4, 일지사.

김용섭, 1974,『조선후기농업사연구』, 일조각.

김의환, 1972,『한국근대사논집 제1편: 초기동학사상연구』, 성진문화사.

김종만 편, 1980,『한국근대민중불교의 이념과 전개』, 한길사.

김진봉, 1966,「임술민란의 사회경제적 배경」,『사학연구』19, 한국사학회.

노길명, 1977,「신종교 창시자와 추종자의 사회적 배경과 그들의 관계」,『증산사상연구』3, 증산사상연구회.

藤井正雄, 1978,「運動としこの宗敎」, 講座宗敎學 3,『秩序への挑戰』, 東京: 東京大學出版會.

류병덕, 1973,「한국신흥종교」, 원광대학교 종교문제연구소.

배종호, 1974,『한국유학사』, 연세대학교 출판부.

신일철, 1980,「동학사상의 전개」,『한국사상』17, 한국사상연구회.

安秉珆, 1975,『朝鮮近代經濟史』, 東京: 日本評論社.

에브너 코헨, 윤승용 옮김, 1982,『이차원적 인간: 복합사회의 권력과 상징의 인류학』, 한벗.

유남상, 1971,「정역사상의 연구」,『한국종교』1, 원광대학교 종교문제연구소.

이남영, 1980,「호락논쟁의 철학사적 의의」,『동양문화국제학술회의논문집』, 대동문화연구원.

이능화, 1918,『조선불교통사 상편』.

이능화, 이종은 역주, 2000,『조선도교사』, 보성문화사.

이의화, 2017,『민란의 시대, 조선의 마지막 100년』, 한겨레출판사.

이정립, 1977,「해원사상」,『증산사상연구』3, 증산사상연구회.

이정호, 1976,『정역연구』,「제5장 황극논삼고」, 국제대학 인문사회과학연구소.

이태진,「사림과 유향소 복구운동」,『한국사 논문선집』IV, 일조각.

장병길, 1965,「한국민간신앙」,『논문집: 인문사회과학편』11, 서울대학교 교양과정부.

장병길, 1970,『한국고유신앙연구』, 서울대학교 동아문화연구소.

장병길, 1971,「韓國農村의 신앙집단구조에 관한 연구」,『논문집: 인문사회과학편』18, 서울대학교 교양과정부.

정석종, 1981,「조선후기숙종연간의 미륵신앙과 사회운동」,『전통시대의 민중운동사』

상, 풀빛.

酒井忠婦, 1972,「幇の民衆の意識」,『東洋史研究』31-2, 東洋史研究會.

한국사상연구회, 1959,「전봉준공초」,『한국사상』1・2합본, 한국사상연구회.

한우근, 1961,『조선후기의 사회와 사상』, 한국문화총서 제16집, 을유문화사.

한우근, 1969,「동학사상의 본질」,『동방학지』10, 연세대학교 국학연구원.

한우근, 1979,『동학농민기인에 관한 연구』, 한국문화연구.

Comstock, W. R., 1971, *The Study of Religion and Primitive Religion*, New York Harper & Row.

Eliade, M. & Kitagawa, T. M., ed., 1959, *The History of Religion*, The Univ. of Chicago Press.

From, E., 1976, *To Have and To Be*, New York: Harper & Row.

Giddens, A., 1971, Capital and Modern Social Theory, Cambridge; 박여일・박노영 역, 1981,『현대사회이론』, 한길사.

King, W., 1968, *Introduction to Religion*, New York: Harper & Row.

Lefever, H. G., 1977, "Religion & Minorities", *Journal for the Scientific Study of Religion*, September, Vol. 16, No.3.

Lewis, I. M., 1971, *Ecstatic Religion*, Penguin Books.

Peter Berger & Thomas Luckman, 1967, *The Social Construction of Reality*, New York: Doubleday.

Stonequist, E. V., 1965, *The Marginal Man*, New York: A Division of Ateneneum Publisher, Inc..

Turner, V.(a), 1969, *The Ritual Process*, Chicago: Univ. of Chicago.

Turner, V.(b), 1974, *Dramas, Fields and Metaphors*, Ithaca and London: Cornell Univ. Press.

Van der Leeuw, 1963, *Religion in Essence and Menifestation*, New York: Harper & Row.

Wolf, E. R., 1966, *Peasant*, New Jersey Prentice-Hall.

Workman, H. B., 1913, *The Evolution of Monastic Idea*, Beacon Press.

제4장 한국 근대 신종교의 경전과 의례

강수원 편, 1993,『대종교 요감』, 대종교 총본사, 3판.

갱정유도성당, 단기 4322,『갱정유도 개설』, 보전출판사.

김성장, 1984,「원불교 의례 성격」,『한국근대종교사상사』, 원광대학교 출판부.

김홍철, 1981,「수운・증산・소대산의 비교연구」,『한국종교』6, 원광대학교 종교문제연구소.

김홍철, 1989, 『한국신종교 사상연구』, 집문당.

김홍철, 1991, 「한국신종교의 부적신앙연구」, 『한국종교』 16, 원광대학교 종교문제연구소.

노길명, 1996, 『한국신흥종교연구』, 경세원.

노길명, 2003, 「대종교의 선의식」, 『2003 민족종교 전통·예술 조사연구보고서』, 한국민족
　　종교협의회.

대종교전범실, 1975, 『대종교 규례 규범』, 대종교출판사.

대종교총본사, 2011, 『대종교요감』, 온누리.

덕성여자대학교 인문과학연구소, 1997, 『한국 의례문화 연구사 및 연구방법』, 96년
　　인문사회과학 중점연구 연구결과 보고서.

류병덕 편저, 1985, 『한국민중종교사상론』, 시인사.

류병덕, 2000, 『근현대 한국종교사상연구』, 마당기획.

류병덕 외, 1997, 『한국신종교실태조사보고서』, 원광대학교 종교문제연구소.

문화체육부 종무실, 1996, 『한국종교의 의식과 예절』, 화산기획.

세계통일신령협회, 1988, 『원리강론』, 성화사, 25판.

안병로, 2006, 「단군 한배검사상에서 드러난 나철의 수행관」, 『한국신종교연구』 14,
　　신종교학회.

원불교 총부, 1987, 『원불교전서』, 원불교출판사, 5판.

원불교정화사, 1999, 『원불교전서』, 원불교출판사.

원불교중앙총부, 1977, 『원불교 예전』 5판.

윤승용, 1982, 「신종교의 반구조적 성격에 관한 소고」, 서울대학교 석사학위논문.

윤이흠, 1991, 「근대민족종교의 유형과 사상적 전개」, 『한국종교연구』 3, 집문당.

이강오, 1975, 「한국 신흥종교 개관」, 『최일훈화갑기념논문집』, 최일훈화갑기념논문집
　　편찬위원회.

이상호, 단기 4324, 『대순전경』, 증산교본부.

이찬구, 2001, 「한국역학사상의 개관」, 『한국신종교연구』 5, 신종교학회.

장석만, 1993, 「개항기의 한국사회와 근대성 형성」, 『세계의 문학』 69, 민음사.

정규훈, 2001, 『한국의 신종교』, 서광사.

천도교중앙총부, 1998, 『천도교 경전』, 천도교중앙총부출판부.

최중현, 1999, 『한국 메시아운동사 연구』, 백성.

태극도 편찬위원회, 1985, 『修道要訣』, 태극도 본부.

한국종교연구회 편, 1996, 『한국 신종교조사연구보고서』, 한국종교연구회.

한국종교연구회 편, 1998, 『한국종교문화사 강의』, 청년사.

한국종교학회 편, 1997, 『해방 이후 한국종교연구사』, 도서출판 창.

한국종교학회 편, 1997, 『해방 후 50년 한국종교 연구사』, 도서출판 창.

한국종교학회, 1985, 『한국신종교실태조사보고서』, 1985.

한진만, 2001, 『원불교 대종경 解義(하)』, 도서출판 동아시아.
홍장화 편저, 1996, 『천도교의 교리와 사상』. 천도교중앙총부.

제5장 개벽사상과 지상천국

『노자』.
『대순전경』.
『대종경』.
『동경대전』.
『민족문화백과사전』.
『佛祖統紀』의 「三世出興志」.
『서경(書經)』.
『성리대전(性理大全)』.
『용담유사』.
『정감록(鄭鑑錄)』.
『정역(正易)』.
『정자통(正字通)』.
『주역(周易)』.
『천부경(天符經)』.
『화담집(花譚集)』.
『회남자(淮南子)』.

곽신환, 2014, 『조선유학과 소강절 철학』, 예문서원.
금장태, 1999, 『현대한국유교문화』, 서울대학교 출판부.
김갑순, 1982, 「명・청대 비밀결사의 삼양설」, 『역사학보』 94・95합본, 역사학회.
김삼룡, 1983, 『한국 미륵신앙의 연구』, 동화출판사.
김영한, 1992, 「이상사회와 유토피아」, 『한국사 시민강좌』 10집, 일조각.
김지연, 2005, 「동학의 '주문'과 '영부'의 해석-『동경대전』과 『동학주문영부』를 중심으로」,
　　　『동학연구』 18, 한국동학학회.
김홍철, 1980, 「원불교의 후천개벽사상: 水雲・甑山과의 比較를 中心으로」, 『원불교사상
　　　과 종교문화』 4, 원광대학교 원불교사상연구원.
김홍철, 1981, 「수운・증산・소대산의 비교연구」, 『한국종교』 6, 원광대학교 종교문제연
　　　구소.
김홍철, 2012, 「근현대 한국 신종교의 개벽사상 고찰」, 『한국 신종교의 개벽사상』, 원광
　　　대학교 종교문제연구소.

김홍수, 2007, 「한국기독교 이단의 역사적 고찰」, 『대학과 선교』 12, 한국대학선교학회.

노길명, 1977, 「신종교 창시자와 추종자의 사회적 배경과 그들의 관계」, 『증산사상연구』 3, 증산사상연구회.

노만 콘, 김승찬 옮김, 1993, 『천년왕국운동사』, 한국신학연구소.

鈴木中正 編, 1982, 『千年王國の民衆運動の硏究』, 東京: 東京大學出版會.

鈴木中正, 1974, 『中國史における革命と宗敎』, 東京: 東京大學出版會.

류병덕 편저, 1985, 『한국민중종교사상론』, 시인사.

문중양, 1999, 「16,17세기 조선 우주론의 상수학적 성격 -서경덕(1489-1546)과 장현관(1554-1637)을 중심으로-」, 『역사와 현실』 34, 한국역사연구회.

성균관대학교 교재편찬위원회, 1978, 『유학사상』, 성균관대학교 출판부.

신일철, 1995, 『동학사상의 이해』, 나남.

王治心, 전명용 옮김, 1988, 『중국종교사상사』, 이론과 실천.

유남상, 1971, 「정역사상연구」, 『한국종교』 1, 원광대학교 종교문제연구소.

윤승용, 2012, 「한국의 근대 신종교, 근대적 종교로서 정착과 그 한계: 개벽사상을 중심으로」, 『종교문화비평』 22, 종교문화비평학회.

이병도, 1986, 『한국유학사략』, 아세아문화사.

이상백, 1949, 『이조건국의 연구』, 아세아문화사.

이성규, 1992, 「중국 대동사상의 역사적 전개와 그 특징」, 『한국사 시민강좌』 10집, 일조각.

이정립, 1977, 「해원사상」, 『증산사상연구』 3, 증산사상연구회.

이정호, 1970, 『정역연구』, 국제대학 인문과학연구소.

이종익, 1975, 『용화세계건설과 십선운동』, 미륵승봉회.

임병학, 2013, 「한국신종교에 있어서 후천개벽과 역의 상관성」, 『원불교사상과 종교문화』 55, 원광대학교 원불교 사상연구원.

장정림, 2011, 「화담 서경덕 철학사상의 역학적 고찰」, 대전대학교 석사학위논문.

정재서, 1995, 「유토피아의 槪念 및 類型에 관한 比較 試論」, 『중국문학』 24, 한국중국어문학회.

정항재, 1990, 「서경덕과 그 학파의 선천학설」, 서울대학교 석사학위논문.

조경달 · 박명수 옮김, 2008, 『이단의 민중반란: 동학과 갑오농민전쟁, 그리고 조선의 민중의 내셔널리즘』, 역사비평사.

조용헌, 2009, 『조용헌의 사주명리학의 이야기』, 생각나무.

陳正炎 · 林其錟, 1988, 『中國古代大同思想硏究』, 香港: 中華書局.

崔甲洵, 1982, 「明·淸代 宗敎結社의 "三陽說"」, 『역사학보』 94 · 95합본, 역사학회.

클라우스 편, 권호덕 역, 1980, 『천년왕국』, 성광문화사.

페레이라데 · 케이로즈, 이상률 옮김, 1992, 『세계의 메시아운동』, 청아출판사.

피터 버거, 이양구 옮김, 1982, 『종교와 사회』, 종로서적.

한영우, 1973, 『정도전사상의 연구』, 서울대학교 출판부.

현상윤, 1949, 『조선유학사』, 민중서관.

홍윤식, 1984, 「近代韓國佛敎의 信仰儀禮와 民衆佛敎」, 숭산 박길진박사 고희기념사업
　　회 편, 『한국근대종교사상사』, 원광대학교 출판부. 황선명, 1987, 「근대한국종교
　　문화와 후천개벽사상에 관한 연구」, 서울대학교 박사학위논문.

황선명, 1987, 「근대한국종교문화와 후천개벽사상에 관한 연구」, 서울대 박사학위논문.

황선명, 1983, 『한국근대민중종교사상』, 학민사.

Berger, Peter L., 1967, *The Sacred Canopy: elements of a sociological theory of religion*,
　　New York: Anchor Books.

King, W., 1968, Introduction to Religion, New York: Harper & Row.

Lewy, G., 1974, Religion & Revolution, New York: Oxford Univ. Press.

Maduro, O., 강인철 역, 1988, 『사회적 갈등과 종교』, 한국신학연구소.

Talmon, Y., 1980, "Millenarianism", *International Encyclopidia of the Social Science* 10,
　　Farmington Hills: Gale.cengage.com. Retrieved.

그리어, W. J., 명종남 역, 1990, 『재림과 천년왕국』, 새순출판사.

제6장 개벽사상의 종교별 전개

『대순전경』 (대법사, 1947년판).

『대종교경전』 (대종교 종경 편수위원회, 2002년판).

『대종경』 (『원불교전서』, 1984년 4판, 원불교출판사).

『동경대전』.

『수운심법강의(水雲心法講義)』 (1926년 간행).

『신인철학』 (이돈화, 1963년 중간).

『용담유사』.

『원불교교서』 (원불교 정화원, 1987년판).

『인내천요의(人乃天要義)』 (1924년 간행).

『전경(典經)』 (대순진리회 교무부, 1987판).

『정역』 (목판본, 연산 돈암서원, 1923년).

『정전』 (『원불교전서』, 1984년 4판, 원불교출판사).

『주역』.

『천도교경전』 (천도교 중앙총부, 포덕138년판).

『해월신사법설』.

강인철, 1994, 「종교운동과 사회운동으로서의 동학운동」, 『신학사상』 가을, 한국신학연
　　구소.
고건호, 1993, 「동학의 내적 혁신과정」, 『종교학연구』 12, 서울대학교 종교학연구회.
고건호, 2002, 「한말 신종교문명론: 동학 천도교를 중심으로」, 서울대학교 박사학위논문.
곽신환, 2014, 『조선유학과 소강절 철학』, 예문서원.
김상일, 1995, 「대종교사상사」, 『한국종교사상사』 IV, 연세대학교 출판부.
김재영, 2010, 『보천교와 한국의 신종교』, 신앙출판사.
김형기, 2004, 『후천개벽사상연구』, 한울.
김호빈, 1999, 「동아시아 근대 민중운동에 나타난 유토피아 -동학농민전쟁 과정에서
　　설치된 집강소를 중심으로-」, 『시대와 철학』 10, 한국철학사상연구회.
김홍철 외, 2012, 「현대 한국 신종교의 개벽사상 고찰」, 『한국 신종교의 개벽사상』,
　　원광대학교 종교문제연구소.
김홍철, 1981, 「수운 · 증산 · 소태산의 비교연구」, 『한국종교』 6, 원광대학교 종교문제연
　　구소.
김홍철, 1989, 『한국신종교사상연구』, 집문당.
김홍철, 2000, 『증산사상연구』, 원광대학교 출판국.
노길명, 1996, 『한국신흥종교연구』, 경세원.
노길명, 2004, 「증산의 개벽사상과 한국의 미래」, 『민족종교의 개벽사상과 한국미래』,
　　한국민족종교협의회.
노길명, 2006, 『한국의 종교운동』, 고려대학교 출판부.
노길명, 2008, 「개벽 사상의 전개와 성격」. 『한국학연구』, 28,
류남상, 1971, 「정역사상의 연구」, 『한국종교』 1, 원광대학교 종교문제연구소.
류병덕 편저, 1985, 『한국민중종교사상론』, 시인사.
류병덕, 2000, 『근현대 한국종교사상연구』, 마당기획.
박광수, 2012, 『한국신종교의 사상과 종교문화』, 집문당.
박승길, 1987, 「한말신종교의 혁세정신과 민중의 자기 인식」, 『한국의 종교와 사회변동』,
　　문학과 지성사.
안병로, 2006, 「단군 한배검사상에서 드러난 나철의 수행관」, 『한국신종교연구』 14,
　　신종교학회.
양은용, 2012, 『한국근대사상사 탐구』, 논형.
오문환, 2004, 「수운의 다시개벽과 새로움의 마래」, 『민족종교의 개벽사상과 한국미래』,
　　한국민족종교협의회.
윤건차, 이지원 옮김, 2003, 『한일근대사상의 교착』, 문화과학사.
윤석산, 1989, 「동학에 나타난 도교적 요소」, 한국도교사상연구회 편, 『도교사상의
　　한국적 전개』, 아세아문화사.

윤승용, 1982, 「신종교의 반구조적 성격에 관한 소고」, 서울대학교 석사학위논문.

윤승용, 1997, 「한국 근대종교의 성립과 전개」, 『사회와 역사』 52, 한국사회사학회.

윤승용, 2012, 「한국의 근대 신종교, 근대적 종교로서 정착과 그 한계: 개벽사상을 중심으로」, 『종교문화비평』 22, 종교문화비평학회.

윤이흠 외, 2011, 『한국민족종교의 원류와 미래』, 한국민족종교협의회.

윤이흠, 1987, 「동학의 개벽사상」, 『한국문화』 8, 서울대학교 한국문화연구소.

윤이흠, 1991, 「근대민족종교의 유형과 사상적 전개」, 『한국종교연구』 3, 집문당.

이돈화, 1968, 『수운심법강의』, 천도교중앙본부.

이정호, 1975, 『정역연구』, 국제대학 인문사회과학연구소.

이찬구, 2001, 「한국역학사상의 개관」, 『한국신종교연구』 5, 신종교학회.

이화여자대학교 한국문화연구회 편, 2006, 『근대계몽기 지식의 발견과 사유지평의 확대』, 신명출판.

임병학, 2013. 「한국신종교에 있어서 후천개벽과 역의 상관성」, 『원불교사상과 종교문화』 55, 원광대학교 원불교 사상연구원.

최종성, 2009, 『동학의 테오프락시: 초기동학 및 후기동학의 사상과 의례』, 민속원.

한국민족종교협의회, 2004, 『민족종교의 개벽사상과 한국의 미래』, 한국민족종교협의회.

한국종교문화연구소 편, 2004, 「특집: 종교와 근대성」, 『종교문화비평』 4, 종교문화비평학회.

한기두, 1985, 『禪과 無時禪의 硏究』, 원광대학교 출판국.

허수, 2011, 『이돈화 연구: 종교와 사회의 경계』, 역사비평사.

홍범초, 1988, 『범증산교사』, 범증산교연구원.

황선명, 1981, 『민중종교운동사』, 종로서적.

황선명, 1987, 「근대한국종교문화와 후천개벽사상에 관한 연구」, 서울대학교 박사학위논문.

황선명, 2004, 「정역으로 본 개벽사상과 한국의 미래」, 『민족종교의 개벽사상과 한국미래』, 한국민족종교협의회.

황준현, 1992, 『한국사상의 이해』, 박영사.

Maduro, O., 강인철 역, 1988, 『사회적 갈등과 종교』, 한국신학연구소.

제7장 개벽종교들의 사회사적 전개

강돈구 외, 1997, 「한국 신종교의 역사관」, 『현대 한국종교의 역사관』, 정신문화연구원.

강돈구 외, 2005, 『근대성의 형성과 종교지형변동』 1, 한국학 중앙연구원 종교문화연구소.

고건호, 2002, 「한말 신종교문명론: 동학 천도교를 중심으로」, 서울대학교 박사학위논문.

김낙필, 1999, 「민족종교의 회고와 과제」, 『한국종교연구』 1, 서강대학교 종교연구소.

김상일, 1995, 「대종교사상사」, 『한국종교사상사』 IV, 연대출판부.

김성규, 1992, 「19세기말, 20세기 초의 한국과 일본의 진화론 수용」, 『한국과학사학회지』 14(1), 한국과학사학회.

김연희, 2011, 「漢城旬報 및 漢城周報의 과학기술 기사로 본 고종 시대 서구 문물 수용 노력」, 『한국과학사학회지』 33, 한국과학사학회.

김호빈, 1999, 「동아시아 근대 민중운동에 나타난 유토피아 -동학농민전쟁 과정에서 설치된 집강소를 중심으로-」, 『시대와 철학』 10, 한국철학사상연구회.

김흥수, 2007, 「한국기독교 이단의 역사적 고찰」, 『대학과 선교』 12, 한국대학선교학회.

노길명, 1998, 「한국 신종교운동의 전개과정」, 『한국종교』 23, 원광대학교 종교문제연구소.

노길명, 1996, 『한국신종교연구』, 경세원.

류병덕, 2000, 『근현대 한국종교사상연구』, 마당기획.

문화공보부, 1970, 『한국 신흥 및 유사종교 실태조사 보고서』, 문화공보부.

박맹수, 1994, 『개벽의 꿈, 동아시아를 깨우다』, 모시는사람들.

星野靖二, 2012, 『近代日本の宗教概念-宗教者の言葉と近代』, 東京: 有志舍.

윤승용, 「근대 한국종교의 전개」, 『사회와 역사』 52, 한국사회사학회.

윤승용, 1987, 『현대 한국종교문화의 이해』, 한울.

윤승용, 2012, 「한국의 근대 신종교, 근대적 종교로서 정착과 그 한계: 개벽사상을 중심으로」, 『종교문화비평』 22, 종교문화비평학회.

윤승용, 2013, 『개항기 민중종교운동의 근대화과정』, 『한국근대 100년의 사회변동과 종교의 대응』, 원광대학교 원불교사상연구원.

윤이흠, 1991, 「근대 민족종교 유형과 사상적 전개」, 『한국종교연구』 3, 집문당.

이진구, 1995, 「근대한국 개신교의 타종교 이해 -비판의 논리를 중심으로-」, 『한국기독교와 역사』 4, 한국기독교연구소.

정규훈, 2001, 「한국의 신종교」, 서광사.

정순일, 2006, 「원불교와 미륵신앙」, 『원불교사상과 종교문화』, 원광대학교 원불교사상연구원.

정용화, 「1920년대 초 계몽담론의 특성: 문명, 문화, 개인을 중심으로」, 『동방학지』 133, 연세대학교 국학연구원.

조경달, 정다운 역, 2012, 『식민지조선의 지식인과 민중 -식민지 근대성 비판』, 선인.

차용준, 2001, 『전통문화의 이해(제5권 한국의 신종교 문화 편)』, 전주대학교 출판부.

하루마쓰 와타루, 김항 역, 2003, 『근대의 초극론』, 민음사.

하영선 외, 1986, 『근대한국의 사회과학 개념 형성사』, 창비.

한국종교문화연구소 엮음, 2003, 장병길 교수 논집 『한국종교와 종교학』, 청년사.

한국종교연구회, 1998, 『한국종교문화사 강의』, 청년사.

허수, 2011, 『이돈화의 연구: 종교와 사회의 경계』, 역사비평사.

황선희, 1996, 『한국근대사상과 민족운동』 I , 혜안.

황선희, 1999, 「한국 민족주의운동에 대한 역사적 평가 -국내 민족운동을 중심으로-」, 『한국민족운동사연구』 23, 한국민족운동사학회.

Hsi-yuan Chen,, 1999, Confucianism Encounters Religion: The Formation of Religious Discourse and The Confucian Movement in Modern China, Harvard University Ph.D..

Jason Ananda Josephson, 2012, The Invention of Religion in Japan, The university of Chicago Press.

제8장 결론과 근대 이후

강돈구, 1992, 『한국 근대종교와 민족주의』, 집문당.

강돈구, 2008, 「현대 한국의 종교, 정치 그리고 국가」, 『종교연구』 51, 한국종교학회.

강인철, 2000, 「한국전쟁과 종교생활」, 『아시아문화』 16, 한림대학교 아시아문화연구소.

강인철, 2010, 「해방 후 한국 종교-정치 상황의 특성과 변동: 분석틀 구성을 위한 시론」, 『종교문화비평』 18, 종교문화비평학회.

백종구, 2003, 「한국 개신교의 성정과 평가」, 『선교신학』 7, 한국선교신학회.

이만열, 1999, 「민족주의」, 『한국사 시민강좌』 25, 일조각.

이진구, 2007, 「해방 이후 남한 개신교의 미국화」, 『한국기독교역사연구소소식』, 한국기독교 역사연구소.

정진홍, 2002, 「한국사회의 근대성과 종교문화: 한국 종교문화의 근대성 경험 -새로운 종교성의 출현을 중심으로-」, 『종교문화비평』 1, 종교문화비평학회.

최대광, 2013, 「해방 후 한국개신교의 정체성: 근본주의와 반공주의를 중심으로」, 제32회 원광대학교 원불교사상연구원 학술대회: 광복이후 한국사회와 종교의 정체성 모색.

허영섭, 2009, 『해방이후 한국교회의 재형성 1945-1960』, 서울신학대학교 출판부, 한국기독교역사연구소.

찾아보기

한국/근대/종교 총서 05

한국 신종교와 개벽사상

등록 1994.7.1 제1-1071
1쇄 발행 2017년 11월 10일

지은이 윤승용
펴낸이 박길수
편집인 소경희
편 집 조영준
관 리 위현정
디자인 이주향
펴낸곳 도서출판 모시는사람들
        03147 서울시 종로구 삼일대로 457(경운동 88번지) 수운회관 1207호
전 화 02-735-7173, 02-737-7173 / 팩스 02-730-7173
홈페이지 http://modl.tistory.com/

인 쇄 상지사P&B(031-955-3636)
배 본 문화유통북스(031-937-6100)

값은 뒤표지에 있습니다.
ISBN 979-11-86502-99-0   94200
세트 979-11-86502-63-1   94200

이 도서의 국립중앙도서관 출판예정도서목록(CIP)은 서지정보유통지원시스템 홈
페이지(http://seoji.nl.go.kr)와 국가자료공동목록시스템(http://www.nl.go.kr/
kolisnet)에서 이용하실 수 있습니다.(CIP제어번호: 2017026535)

이 저서는 2011년 대한민국 교육부와 한국학중앙연구원(한국학진흥사업단)의 한국학
총서사업(모던코리아 학술총서)의 지원을 받아 수행된 연구임(AKS-2011-DAE-3101)